Der Trebing-Lecost

Hotel Guide

Hotels und ausgewählte Restaurants
getestet und bewertet

Der Trebing-Lecost

Hotel Guide

Hotels und ausgewählte Restaurants
getestet und bewertet

VORWORT

"Zu reisen ist zu leben", so der Dichter Hans Christian Andersen. Auch wir von der Deutschen Bahn sehen das so. Nach den herausfordernden zwei Jahren der Corona-Pandemie verspüren wir sicher alle den Drang, endlich wieder neue Orte zu entdecken. Aus dem Homeoffice ausbrechen, einen Tapetenwechsel vornehmen, über den Tellerrand hinausschauen. Die Sehnsucht zu verreisen ist größer denn je!

Service und Komfort sind untrennbar miteinander verbunden. Diesen beiden Eckpfeilern fühlen sich sowohl wir, die Deutsche Bahn, als auch der Trebing-Lecost Hotel Guide verpflichtet, dessen neueste Auflage Sie in den Händen halten. Service- und Dienstleistungsqualität sind nicht erst beim Check-in im Tagungs- oder Leisurehotel, sondern bereits bei der Anreise äußerst wichtige Parameter.

Ob für Urlauber, Tagesausflügler oder Geschäftsreisende: Wir arbeiten stets daran, das Bahnfahren so attraktiv und komfortabel wie möglich für unsere Kundinnen und Kunden zu gestalten. Eine angenehme und bequeme Reise fängt für uns bereits am Bahnhof an: Hier hat Komfort oberste Priorität. Unsere deutschlandweit 15 DB Lounges bieten eine angenehme Möglichkeit, die Wartezeit sinnvoll zu nutzen oder vor Reisebeginn noch in Ruhe einen Kaffee zu trinken. In den fünf größten Knotenbahnhöfen in Berlin, Hamburg, München, Frankfurt a. M. und Köln gibt es in den Lounges für Reisende der 1. Klasse sogar gesonderte Premiumbereiche. Neben mehr Platz und Komfort umfasst unser Angebot hier auch einen gastronomischen Service mit kostenfreien Snacks sowie einer Auswahl alkoholischer Getränke. Aktuell modernisieren wir alle DB Lounges. In Berlin, Nürnberg, Stuttgart, Leipzig, Frankfurt Flughafen, Hamburg und München erstrahlen sie bereits im neuen Glanz und überzeugen mit bequemen Sitzlandschaften, praktischen Arbeitsbereichen, Telefonnischen und Ruhesesseln.

Komfort bieten wir Ihnen aber vor allem auf der Schiene: Im Jahr 2022 verbessern wir unser Angebot weiter und bringen noch mehr XXL-ICE auf die Gleise. Mit diesem ICE der Superlative können wir fünfmal so viele Passagiere wie ein Mittelstreckenflugzeug befördern. Zudem verfügen unsere ICE über ein leistungsfähigeres WLAN im Zug – ideal zum Arbeiten oder für die Nutzung digitaler Medien auf dem Weg zum Reiseziel. Unsere Bordrestaurants und -bistros laden Sie mit einem vielseitigen Angebot zum Genießen ein. In unserer 1. Klasse bedient Sie unser Service-Personal sogar direkt am Platz – ein schönes Glas Wein zur Entspannung nach einer langen Geschäftsreise oder einen wohltuenden Café Crème zwischendurch? Kommt sofort!

Ob bei Geschäfts- oder Privatreisen: Die Bahn als klimafreundliches Verkehrsmittel gewinnt zunehmend an Bedeutung. Wir alle haben ein stärkeres Bewusstsein für unsere

Umwelt und den Klimaschutz entwickelt und stellen uns die Frage: Wie will ich leben? Wo kaufe ich ein? Und natürlich auch: Wie will ich reisen? Die Antwort wird in Zukunft immer häufiger lauten: umweltfreundlich! Mit der Bahn! Unsere vielen neuen Sprinterverbindungen und Fernverkehrslinien bieten eine schnelle und umweltfreundliche Alternative zum Flugzeug. Unsere moderne ICE-Flotte fährt zu 100 Prozent mit Ökostrom. Wir verbinden europäische Metropolen mit neuen Nachtzugverbindungen, die wir gemeinsam mit unseren europäischen Partnerbahnen in den nächsten Jahren kontinuierlich ausbauen werden.

So stehen bei der Deutschen Bahn Klima- und Umweltschutz in perfekter Harmonie mit Komfort, Erholung und Genuss. Als Verkehrsträger der Zukunft freuen wir uns, ein Teil der bedeutenden Tourismusbranche in Deutschland zu sein.

Ich wünsche Ihnen viel Freude mit dem Trebing-Lecost Hotel Guide 2022, der Ihnen inspirierende neue Reiseziele und Highlights in Bezug auf Service- und Dienstleistungsqualität vorstellen und Sie hoffentlich zu einer baldigen Reise animieren wird!

Ihr

Dr. Michael Peterson
Vorstand Personenfernverkehr der Deutschen Bahn AG

Frankfurt, im Juli 2022

HOTELMANAGER DES JAHRES

Axel Matzkus
Europa Hotel & Max am Meer
Kühlungsborn

In diesem Jahr zeichnen wir mit Axel Matzkus eine Persönlichkeit der deutschen Hotellerie zum Hotelmanager des Jahres aus, der es gelungen ist, das Europa Hotel sowie das Hotel Max am Meer im Ostseebad Kühlungsborn mit progressiven und innovativen Konzepten unter den besten Leisurehotels im Segment der First-Class-Hotellerie der Region zu positionieren. Sein beruflicher Werdegang begann ganz klassisch zunächst mit einer Ausbildung zum Hotelkaufmann im Airport Hotel Hamburg, die er 1993 beendete. Sie war sozusagen das Fundament seiner Karriere, die fortan rasant an Fahrt aufnahm. Unmittelbar nach dieser Ausbildung nutzte er die Möglichkeit, sich zum Betriebsleiterassistenten Food & Beverage fortzubilden. Anschließend war er gastronomischer Leiter und stellvertretender Direktor im Europa Hotel Greifswald. Mitte des Jahres 1995 führte ihn sein Berufsweg dann als Direktor in das Europa Hotel Kühlungsborn, jenes Haus, welches er in der Folge maßgeblich prägen sollte. In dieser Position blieb er mehrere Jahre und begleitete verschiedene Entwicklungs- und Erweiterungsprozesse. Im Jahr 2003 ergab sich die Gelegenheit, das Europa Hotel in Eigenregie zu übernehmen. Für ihn sicherlich ein Wagnis, aber auch eine spannende berufliche Herausforderung, die er als eine große Chance verstand. Mit zielgerichteten Investitionen und seiner Kreativität gelang es ihm, das Europa Hotel im First-Class-Segment zu etablieren. Größtes und gleichzeitig herausforderndstes Projekt der letzten Jahre war die Übernahme des Ausbildungshotels des Internationalen Bundes im Jahr 2015. Dieses ließ er kernsanieren und nach seinen Vorstellungen umbauen; ebenso war er federführend in die Planung des Interieurs involviert. Auch dieses Haus hat er wie das Europa Hotel zu einem beliebten Boutique-Hotel entwickelt. Teil seiner Erfolgsformel ist, alle Projekte grundsätzlich immer neu zu denken und aus unterschiedlichen Perspektiven zu beleuchten, um sie so realistisch auf ihre Tragfähigkeit überprüfen zu können. Zu seinen Stärken zählen neben seiner Agilität und der damit verbundenen Spontaneität sein Pragmatismus, sein starker Durchsetzungswille, aber auch sein analytisches Denken und die Bereitschaft, ein erfolgreiches Konzept zu verwerfen, wenn dieses der Weiterentwicklung seiner beiden Hotels nicht zuträglich ist. Dieser transformationsorientierte Führungs- und Arbeitsstil von Axel Matzkus, der neben dem großen Ganzen seines Unternehmens auch die Details nicht aus den Augen verliert, hat ihn dahin geführt, wo er heute steht. Es ist ihm gelungen, mit seiner empathischen und vor allem charismatischen Persönlichkeit ein Team hinter sich zu versammeln, das seine Ideen in die operativen Abläufe integriert und direkt umsetzt. So wurde das Europa Hotel zu einem hochklassigen Leisurehotel. Matzkus' hohe Sozialkompetenz zeigte sich besonders deutlich, als er, um dem grassierenden Fachkräftemangel zu begegnen, nach Schaffung der notwendigen Rahmenbedingungen junge Indonesier nach Deutschland holte und sie im Europa Hotel und im Max am Meer ausbildete, um ihnen danach eine Festanstellung anzubieten. Axel Matzkus hat bislang stets Mut und Pioniergeist bewiesen, Veränderungen anzustoßen und auch in schwierigen Zeiten zu investieren. Sein Leitmotiv ist, heute besser zu sein als gestern. Durch das kontinuierliche und kritische Prüfen und Überdenken aller Prozesse und nicht zuletzt auch dank seiner Anpassungsfähigkeit an sich ändernde Marktbedingungen ist es ihm gelungen, seine Häuser zukunftsfähig aufzustellen. Notwendige Entscheidungen trifft er häufig auch situativ und verlässt sich dabei auf sein untrügliches Gespür. Seine unkomplizierte und vor allem optimistische Persönlichkeit sorgt für eine hohe Mitarbeiterzufriedenheit, die sich positiv auf die Service- und Dienstleistungsbereitschaft auswirkt. Für seine beachtliche Gesamtleistung im Hinblick auf die Weiterentwicklung des Europa Hotels und des Max am Meer zeichnen wir Axel Matzkus zum Hotelmanager des Jahres 2022 aus.

Diese Auszeichnung erhielten bisher:

2021 Susan Cantauw	2020 Michael Kain	2019 Sabine Unckell	2018 Marc Cantauw
2017 Stefan Stahl	2016 Sven von Jagemann	2015 Dietmar Karl	2014 Christoph Unckell
2013 Matthias Golze	2012 Dr. Bertram Thieme	2011 Rogier Hurkmans	2010 Helmut Stadlmann
2009 Jörg T. Böckeler	2008 Michael Rupp	2007 Nicole Kobjoll	2006 Norbert Lang
2005 Florian Meyer-Thoene	2004 Christoph Mares	2003 Dr. Bertram Thieme	

HOTELS / RESTAURANTS

INHALTSVERZEICHNIS

ZEICHENERKLÄRUNG 12

AACHEN
PARKHOTEL QUELLENHOF 13

AUGSBURG
DORINT 15
MAXIMILIAN'S 17

BAD BRÜCKENAU
DORINT RESORT &SPA 18

BAD DOBERAN
GRAND HOTEL HEILIGENDAMM 20
PRINZENPALAIS 22

BAD ELSTER
DAS ALBERT 24
KÖNIG ALBERT 26
MUSIKA 29

BAD GÖGGING
DORINT MARCEL AUREL
RESORT BAD GÖGGING 30

BAD GRIESBACH
KLINIK & HOTEL ST. WOLFGANG 32
MAXIMILIAN 34

BAD HOMBURG
STEIGENBERGER 36

BAD PETERSTAL-GRIESBACH
DOLLENBERG 38

BAD ZWISCHENAHN
JAGDHAUS EIDEN 40

BADEN-BADEN
BELLE EPOQUE 42
BRENNERS PARK-HOTEL & SPA 44
DER KLEINE PRINZ 47
MAISON MESSMER 49
ROOMERS 51

BAIERSBRONN
BAREISS 54
TRAUBE TONBACH 56

BERCHTESGADEN
KEMPINSKI 58

BERLIN
ADLON KEMPINSKI 60
DAS STUE 62
DORINT KURFÜRSTENDAMM 64
HOTEL DE ROME 66
HOTEL ZOO 67
GRACE RESTAURANT & BAR 70
INTERCONTINENTAL 71
RADISSON COLLECTION 73
REGENT 75
THE RITZ-CARLTON 77
WALDORF ASTORIA 78

BIELEFELD
BIELEFELDER HOF 80

BONN
KAMEHA GRAND 82

BRAUNSCHWEIG
STEIGENBERGER PARKHOTEL 84

BREMEN
DORINT CITY-HOTEL BREMEN 85
MARITIM 87
PARKHOTEL BREMEN 89
STEIGENBERGER 91

CHIEMING
GUT ISING 92

CUXHAVEN
BADHOTEL STERNHAGEN 94
STRANDPERLE 96

DARMSTADT
JAGDSCHLOSS KRANICHSTEIN 98

DORTMUND
DORINT AN DEN WESTFALENHALLEN 100
L'ARRIVÉE 101
RADISSON BLU 103

DRESDEN
GEWANDHAUS 104
HILTON 106
INNSIDE 108
KEMPINSKI TASCHENBERGPALAIS 109
MARITIM 111

DÜSSELDORF
BREIDENBACHER HOF 113
DERAG LIVINGHOTEL DE MEDICI 116

HYATT REGENCY	118
KÖ59 DÜSSELDORF	119
NIKKO	122
STEIGENBERGER PARKHOTEL	124
THE WELLEM	126

EISENACH

HOTEL AUF DER WARTBURG	128
VIENNA HOUSE THÜRINGER HOF	130

ERFURT

DORINT HOTEL AM DOM	131
RADISSON BLU	133

ESSEN

SCHLOSSHOTEL HUGENPOET	134

FRANKFURT

CROWNE PLAZA CONGRESS HOTEL	137
JW MARRIOTT HOTEL FRANKFURT	138
MARITIM	140
MELIÃ FRANKFURT CITY	142
SOFITEL FRANKFURT OPERA	144
STEIGENBERGER FRANKFURTER HOF	146

FREIBURG

COLOMBI	148
DORINT THERMENHOTEL	150
HOTEL STADT FREIBURG	152

FREISING

MÜNCHEN AIRPORT MARRIOTT HOTEL	154

FULDA

ESPERANTO	155

HALLE

DORINT	157
DORMERO	159

HAMBURG

ATLANTIC HAMBURG	160
FAIRMONT HOTEL VIER JAHRESZEITEN	163
MÖVENPICK	165
RADISSON BLU HOTEL HAMBURG	167
REICHSHOF HAMBURG	169
THE FONTENAY HAMBURG	171
THE WESTIN HAMBURG	173

HANNOVER

KASTENS HOTEL LUISENHOF	175
RADISSON BLU	177

HOHWACHT

HOHE WACHT	178

KARLSRUHE

NOVOTEL KARLSRUHE CITY	180
SCHLOSSHOTEL	181

KASSEL

LA STRADA	183

KIEL

ATLANTIC	185
MARITIM HOTEL BELLEVUE	187
ROMANTIK HOTEL KIELER KAUFMANN	188

KÖLN

DORINT AM HEUMARKT	190
EXCELSIOR HOTEL ERNST	192
STEIGENBERGER	194

KÖNIGSTEIN

FALKENSTEIN GRAND	196

KÖNIGSWINTER

STEIGENBERGER GRANDHOTEL & SPA PETERSBERG	198
BILL'S RESTAURANT UND GRILL	200

KRONBERG

SCHLOSSHOTEL KRONBERG	202

KÜHLUNGSBORN

EUROPA HOTEL	204
MAX AM MEER	207
TRAVEL CHARME OSTSEEHOTEL	208
UPSTALSBOOM	210

LEIPZIG

BEST WESTERN CITY CENTER	212
STEIGENBERGER GRANDHOTEL HANDELSHOF	214
THE WESTIN LEIPZIG	216

LÜBECK

A-ROSA TRAVEMÜNDE	218
ATLANTIC GRAND HOTEL TRAVEMÜNDE	220

MAGDEBURG

MARITIM	221

MAINZ

HILTON	223
HYATT REGENCY	224

MANNHEIM
DORINT KONGRESSHOTEL 226
MARITIM PARKHOTEL 228
RADISSON BLU 229

MEISSEN
DORINT PARKHOTEL MEISSEN 230

MÜNCHEN
BAYERISCHER HOF 232
HYPERION 235
KEMPINSKI HOTEL VIER JAHRESZEITEN 237
MANDARIN ORIENTAL 238
SOFITEL BAYERPOST 240
STEIGENBERGER 242

MÜNSTER
ATLANTIC 244
KAISERHOF 246
MAURITZHOF 247

NEU-ISENBURG
KEMPINSKI GRAVENBRUCH 248

NÜRNBERG
BEST WESTERN HOTEL AM HAUPTBAHNHOF 250
SCHINDLERHOF 252
UNVERGESSLICH 256
SHERATON CARLTON HOTEL 257

OBERURSEL
DORINT 258

OLDENBURG
ALTERA 260
TREND HOTEL 262

POTSDAM
DORINT SANSSOUCI 264

ROSTOCK
NEPTUN 266
PARK-HOTEL HÜBNER 268
STRAND-HOTEL HÜBNER 269
WARNEMÜNDER HOF 271
YACHTHAFENRESIDENZ HOHE DÜNE 273

ROTTACH-EGERN
ALTHOFF SEEHOTEL ÜBERFAHRT 275

RÜGEN/BINZ
KURHAUS BINZ 277

RÜGEN/SELLIN
CLIFF HOTEL 278

SCHWANGAU
AMERON ALPSEE RESORT & SPA 280

ST. GOAR
SCHLOSSHOTEL RHEINFELS 282

STUTTGART
MARITIM 284
STEIGENBERGER GRAF ZEPPELIN 286

SYLT/RANTUM
SÖL'RING HOF 288

SYLT/WESTERLAND
DORINT STRANDHOTEL & SPA 290

TIMMENDORFER STRAND
GRAND HOTEL SEESCHLÖSSCHEN 292

USEDOM/AHLBECK
AHLBECKER HOF 293

USEDOM/HERINGSDORF
STEIGENBERGER GRANDHOTEL & SPA 295

WEIMAR
DORINT AM GOETHEPARK 297
ELEPHANT WEIMAR 299
GRAND HOTEL RUSSISCHER HOF 300

WIESBADEN
DORINT PALLAS 302
NASSAUER HOF 303
RADISSON BLU SCHWARZER BOCK 305

WILHELMSHAVEN
ATLANTIC 306

WÜRZBURG
BEST WESTERN PREMIER REBSTOCK 308
KUNO 1408 311
WÜRZBURGER HOF 313

IMPRESSUM 315

ZEICHENERKLÄRUNG

HOTEL

●●●●● Spitzenhotel für höchste Ansprüche mit einem beeindruckenden Ambiente und einem herausragenden Service

●●●● Luxushotel mit hervorragendem Service

●●● erstklassiges Hotel mit sehr gutem Service

●● Hotel mit gutem Komfort

● einfaches und/oder zweckmäßiges Hotel

(halber Punkt (Mittelwert)

⊙ Sonderpunkt für besonders herausragenden Service

↗ oder ↘ Bewertung im Vergleich zum Vorjahr

RESTAURANT

●●●●● absolutes Spitzenrestaurant mit einem herausragenden Service und einem beeindruckenden Ambiente

●●●● außergewöhnlich kreative Küche, verbunden mit einem sehr guten Service und einem schönen Ambiente

●●● sehr gute kreative Küche

●● überdurchschnittlich gute Küche

● durchschnittlich gute Küche

(halber Punkt (Mittelwert)

⊙ Sonderpunkt für besonders herausragenden Service

↗ oder ↘ Bewertung im Vergleich zum Vorjahr

HOTEL

Einzel-/Doppelzimmer
Suiten/Juniorsuiten
Tagungsräume
behindertenfreundliche Zimmer
klimatisierte Zimmer
Zimmerservice
kostenfreie Getränke aus der Minibar
WLAN-Nutzung kostenfrei
Restaurant

Bar
Schwimmbad
Whirlpool
Sauna
Fitness
Massage
Kosmetik
Elektroladestation
Parken

RESTAURANT

KATEGORIE

großer Luxus
Luxus
erstklassig
anspruchsvoll
einfach/Landgasthof

AACHEN Nordrhein-Westfalen

PARKHOTEL QUELLENHOF
(Innenstadt)
Monheimsallee 52
52062 Aachen
Telefon: 02 41-91 32-0
Internet: www.parkhotel-quellenhof.de
E-Mail: info@parkhotel-quellenhof.de
Direktor: Andreas Wieckenberg
DZ ab € 139,00

Seit Januar 2020 wird der Aachener Quellenhof nach mehreren Jahrzehnten als Bestandteil des Portfolios bedeutender Ketten endlich unabhängig betrieben und kann so sein Profil neu schärfen. Bereits der neue Internetauftritt des luxuriösen ehemaligen Kurhotels mutet vielversprechend an, wirkt doch alles nun persönlicher und sieht weniger nach steriler und bisweilen austauschbarer Konzernhotellerie aus. Das gesamte Leitungsteam stellt sich dort mit großen Fotos individuell vor. Man zeigt Gesicht und will durch eine persönlichere Ansprache punkten, so der sich aufdrängende Eindruck. Dieser eingeschlagene Weg ist die logische Konsequenz, wenn bedacht wird, dass sich unter anderem Ketten wie Dorint oder verschiedene Marken des französischen Accor-Konzerns über viele Jahre mühten, den Quellenhof mit seiner einzigartigen Geschichte, Größe und Bedeutung innerhalb ihrer Markenwelt zu positionieren. Mit dem neuen Kurs geriet die Nobelherberge zugleich etwas in Schieflage. Nachdem der langjährige Direktor Walter Hubel im September 2020 von Marco Grossmann abgelöst worden war, hat Letzterer das Haus aus gesundheitlichen Gründen – so zumindest die offizielle Verlautbarung – bereits wieder verlassen. Seine Nachfolge trat der vom Schlosshotel Kronberg abgeworbene Andreas Wieckenberg an. Mit diesem konnte ein ausgewiesener Experte in der Luxushotellerie verpflichtet werden. Der Quellenhof blickt auf eine in der Gesamtschau recht wechselvolle und bis zum Anfang des vorigen Jahrhunderts reichende Geschichte zurück, wurde er doch ursprünglich als Kur- und Parkhotel innerhalb eines in den letzten Jahren des Deutschen Kaiserreiches konzipierten Kurzentrums nebst Spielbank sowie großem Kurpark geplant und 1916 eröffnet. In den 1990er-Jahren hatte man Schwierigkeiten, sich als Luxusbusinesshotel unter Leitung der wechselnden Betreiberketten zu etablieren. Da sich Aachen entgegen den Planungen nie zur wirklichen Kurstadt mit entsprechend zahlungskräftigem Publikum entwickelte, schien das riesige Gebäude mit seinem fürstlichen Raumangebot samt ausladenden Sälen und breiten Korridoren stets etwas überdimensioniert zu sein. Die drei angeschlossenen historischen Bäder, das Thermalbad, das Kaiserbad und das Römerbad, wurden zwischen 1973 und 1996 allesamt geschlossen und die konzeptionelle Ausrichtung verlagerte sich auf das 1977 eröffnete Eurogress-Kongresszentrum. In diesem Rahmen sind auch die bisherigen Bemühungen zu erklären, sich auf Businessgäste und Kongresse zu fokussieren. Lediglich zu besonderen Anlässen wie dem in

Aachen verliehenen Karlspreis und ähnlichen internationalen Veranstaltungen wurde sich im Quellenhof dem Rang eines Grandhotels alter Schule angenähert. Abseits dieser Ereignisse suchten die verschiedenen Betreiber innerhalb der letzten Dekaden ihr Heil dann aber wieder fast ausschließlich im Businesssegment. Bei der Bewertung des neuen Konzeptes nach dem Wechsel in die Eigenregie stehen vor allem Äußerlichkeiten im Vordergrund, bevor ein Regelbetrieb wieder vollständig frühestens nach einem Jahr beurteilt werden kann. Allerdings ließ der Telefonkontakt mit dem Haus bei uns gewisse Zweifel aufkommen, ob das alles funktionieren mag. Auf die Frage, was die Zimmer denn Besonderes zu bieten haben, lautete die Antwort kurz und knapp, es gebe keine Besonderheiten. Dann folgte ein tiefes Schweigen. Dabei ist das Zimmerprodukt mit den beeindruckenden Decken und herrlichen Bädern – teilweise sogar mit Tageslicht – doch allemal eine kleine Anpreisung wert. Dieser Umstand überforderte unser Gegenüber am Telefon aber offenbar so sehr, dass einfach die nächsthöhere Kategorie angeboten wurde, denn deren Zimmer seien schlicht größer. Wie weit es zum Bahnhof sei, war dann allerdings wieder unbekannt, obwohl in Aachen mit der Verbindung Köln–Brüssel Schnellzüge wie ICE und Thalys verkehren, die durchaus internationale Gäste zu einer Übernachtung in die Kaiserstadt bringen könnten. Die Nähe zum Bahnhof, der nach kurzer Taxifahrt oder gar zu Fuß bequem erreicht werden kann, wurde gar nicht erst erwähnt. Die Befreiung von Standards und Vorgaben von Ketten bietet allgemein den Raum, einen Wechsel hin zu mehr Service und mehr Luxus zu wagen, und zu versuchen, wieder verstärkt die Individualreisenden mit touristischem Interesse und Wellnesswunsch zu bedienen. Diese Strategie empfiehlt sich allein schon in Anbetracht der coronabedingten Veränderungen am Markt. Denn neben einem prächtigen Zimmerprodukt, das zu keiner Zeit Anlass zur Kritik bot, hat der Quellenhof seit 20 Jahren einen luxuriösen Wellnessbereich mit großem, elegantem Schwimmbad im asiatischen Stil und Saunen sowie Ruhezonen im Innen- und Außenbereich zu bieten, der teilweise in den Räumen der historischen Bäder errichtet wurde. Auch die große, zum Kurpark ausgerichtete Terrasse, welche direkt vor den Speisesälen des Frühstücksrestaurants liegt, bietet die Möglichkeit, sich bei Frühstück oder Dinner im Freien wie bei einem Kururlaub im Grünen zu fühlen. Natürlich war Aachen bereits in der Antike als Heilbad bekannt und geschätzt und als Kaiserstadt zur Zeit Karls des Großen wurden die Thermalquellen noch gern genutzt. Nur müssen heute, da sich der Tourismus für wohlhabende Europäer auf weltweit erreichbare Ziele ausgedehnt hat, Argumente gefunden werden, warum sich ein Wellnesshotel mit Luxusanspruch inmitten einer geschichtsträchtigen Stadt wie Aachen neben all den anderen potenziellen Destinationen für einen Urlaub anbietet. Der Weg hierhin wird über ein hervorragendes Serviceangebot führen, über eine individuelle Ansprache der Gäste und ein Herausstellen der Luxus- und Komfortmerkmale. Hardware und Architektur sind in einem recht guten Pflegezustand, Säle und Veranstaltungsräume bieten ein großzügiges Ambiente und der neu aufgenommene Wortteil „Park" im Namen verweist zu Recht auf die wunderbare grüne Lage inmitten des Aachener Kurparks. Das Haus musste nie um eine Empfehlung in diesem Hotel Guide bangen, denn das beeindruckende Gebäude, die geschmackvolle Ausstattung und das großzügige Ambiente blieben über alle Markenwechsel hinweg unverändert. So wiederholen wir in diesem Jahr unsere Einschätzung, dass in Aachen eines der großen deutschen Traditionshäuser der Grandhotellerie vorzufinden ist, in dem sich ein mehrtägiger Aufenthalt durchaus lohnt. Mit dem Wechsel in die Eigenregie besteht die Chance, nach dem endgültigen Ende der Pandemie neue Konzepte umzusetzen, die dem Charakter des Hauses gerechter werden, als es der bisherige Fokus auf die Kongress- und Businesshotellerie vermochte.

Bewertung: ●●●◐

AUGSBURG Bayern

DORINT
(OT Göggingen)
Imhofstraße 12
86159 Augsburg
Telefon: 08 21-59 74-0
Internet: www.dorint.com
E-Mail: info.augsburg@dorint.com
Direktor: Harald Lange *(ab 05/22)*
DZ ab € 121,00

Dieses Dorint ist zumindest in architektonischer Hinsicht eine Besonderheit, sticht es doch aus der Augsburger Stadtsilhouette heraus, da es eine deutliche Reminiszenz an die beiden in den 1960er-Jahren errichteten Zwillingstürme der Marina City in Chicago darstellt. Während die Marina-City-Türme mit einer Höhe von 179,2 Metern 61 Etagen integrieren konnten, kann das Augsburger Gebäude lediglich eine Höhe von 115 Metern mit 35 Etagen vorweisen. So sehr die Architektur gleichwohl zu begeistern vermag, so wenig gilt dies – zumindest in den letzten fünf Jahren – für die Service- und Dienstleistungsqualität. Direktor Benjamin Barth täte gut daran, wenn er durch verbindliche Leitlinien für seine Mitarbeiter entsprechende Standards festlegen würde, denn solche lassen sich bestenfalls erahnen. Vieles wirkt improvisiert und unüberlegt. Auch dieses Jahr stellte sich bei unserem telefonischen Check Ernüchterung ein. Es fing damit an, dass die Reservierungsabteilung wieder einmal nicht besetzt war. Auf Nachfrage erklärte die Mitarbeiterin, das Team der Rezeption bediene jetzt das Front- und Backoffice gleichzeitig. Ob diese Entscheidung aus Kostengründen getroffen wurde oder eine Folge des Fachkräftemangels darstellt, ist fraglich. Die Mitarbeiterin gab sich immerhin Mühe, weiterzuhelfen, obgleich die Beratung letztlich nicht zufriedenstellend war. Es gelang ihr nicht, zu verbergen, dass ihr die entsprechende Schulung fehlte. Nicht nur für uns, sondern auch für sie war es unerklärlich, warum zum angefragten Termin kein Frühstück mitgebucht werden konnte. Deshalb erkundigte sie sich bei einem Kollegen, der vermutete, dass dies eventuell mit der zu diesem Zeitpunkt stattfindenden Messe zu tun haben könnte.

Welche das sei, wisse er zwar nicht, empfahl jedoch, erst bei Anreise das Frühstück gegebenenfalls nachzubuchen. Die Mitarbeiterin konnte sich dieses seltsame Prozedere nicht erklären. Uns allerdings drängt sich der Verdacht auf, dass bei einer hohen Gästefrequenz, etwa bei einer Messe, in Verbindung mit einer ausgedünnten Personaldecke der Gast so beim Frühstück abgewiesen werden kann, was nicht möglich wäre, wenn er das Frühstück bereits verbindlich gebucht hätte. Immerhin schaut sich Herr Hoteldirektor regelmäßig auf Bewertungsportalen um und scheint auf Bewertungen bisweilen persönlich zu reagieren. Sofern nicht Mitarbeiter dies in seinem Namen tun, wäre das zumindest lobenswert, würde diese Vorgehensweise doch zeigen, dass ihm die in der Branche um sich greifende und notorische Kritikresistenz nicht vorzuwerfen wäre. Nicht alle Etagen des Gebäudes werden im Übrigen vom Hotel genutzt, denn zwischen der 12. und 33. Etage befinden sich Eigentumswohnungen. Wer einen wunderbaren Ausblick über die Dächer der Stadt bevorzugt, der kommt nicht umhin, die Kategorie *Superior* zu buchen, denn diese Zimmer sind in der zehnten und elften Etage verortet. Alternativ steht die sogenannte Komfort Suite in der 34. Etage zur Auswahl. Im Tagungs- und Businesssegment ist dieses First-Class-Hotel zweifelsohne ein Schwergewicht. Schließlich verfügt es über 13 multifunktionale Tagungsräume, die sich überwiegend im Erdgeschoss befinden, teilweise aber auch in der 34. Etage. Veranstaltungen sind mit bis zu 220 Personen möglich, etwa im Raum „Augsburg", der in drei Räume unterteilbar ist und über einen Zugang zu einer Außenterrasse verfügt. Durch die direkte Anbindung an die Kongresshalle Augsburg sind die Gesamtkapazitäten noch einmal deutlich erweiterbar. Denn der Kongresssaal mit seiner 200 Quadratmeter großen Bühne kann bis zu 1.440 Personen fassen. Dies darf durchaus als ein Alleinstellungsmerkmal verbucht werden. Das Restaurant offeriert die üblichen Standardgerichte, wie sie in den allermeisten Dorint-Hotels geboten werden: Salate, Burger und Schnitzel. Also nichts, was dem Gast nachhaltig in Erinnerung bleiben müsste. Wer eine regionale Küche auf gutem Niveau präferiert, dem sei eines der Restaurants in der näheren Umgebung empfohlen. In das Untergeschoss wurde ein übersichtlich gestalteter, 195 Quadratmeter großer Freizeitbereich mit einer finnischen Sauna, Dampfbad, Ruheraum sowie kleinem Trainingsraum integriert, der rund um die Uhr zugänglich ist. Da die meisten Gäste mit dem eigenen Fahrzeug anreisen, weisen wir noch darauf hin, dass insgesamt 150 Parkplätze zur Verfügung stehen, für die jeweils 18 Euro pro Tag berechnet werden. Ansonsten ist es – wenn auch mehr schlecht als recht – möglich, im direkten Umfeld des Hauses zu parken.

Bewertung:

MAXIMILIAN'S
(Innenstadt)
Maximilianstraße 40
86150 Augsburg
Telefon: 08 21-50 36-0
Internet: www.hotelmaximilians.com
E-Mail: info@hotelmaximilians.com
Direktor: Theodor Gandenheimer
DZ ab € 161,00

Wir berichten bereits seit einigen Jahren über die positive Entwicklung dieses Traditionshotels. Gastgeber Theodor Gandenheimer, den wir an dieser Stelle schon mehrfach gelobt haben, konnte zu dessen Erfolg maßgeblich beitragen, schließlich leitet er es äußerst souverän, und das bereits über einen längeren Zeitraum. Seine sehr geschickte Außendarstellung ist dabei besonders hervorzuheben. Im Dezember letzten Jahres wurde mit dem Anbringen eines großen Schildes am Eingang die Umbenennung dieses Traditionshauses abgeschlossen. Die zuvor getroffene Entscheidung, künftig nicht mehr den Namen „Drei Mohren" zu führen, sondern fortan als „Maximilian's" zu firmieren, fußt vermutlich auf pragmatischen Gründen. Der ursprüngliche Name ging angeblich auf Mönche aus Abessinien zurück, die hier über eine längere Zeit gewohnt haben sollen. Direktor Gandenheimer äußerte sich in diesem Kontext gegenüber Pressevertretern, dass dieser Transformationsprozess dem „gesellschaftlichen Wandel" Rechnung trage. Wobei sich das nicht jedem erschließen mag, denn es gibt hingegen Stimmen, die davon überzeugt sind, Geschichte könne nicht einfach neu oder umgeschrieben werden. Für Produkte aus der Lebensmittelindustrie mag das etwas anderes sein. Daher heißen Negerküsse oder Mohrenköpfe seit Längerem Schoko- oder Schaumküsse. Weitaus schwieriger ist die Umbenennung von Straßen. Jüngste Beispiele sind die Mohrenstraße und die gleichnamige U-Bahnstation in der neuen Mitte Berlins, die in Wilhelm-Amo-Straße umbenannt werden sollen. Vor dem Hintergrund, dass solche Themen in der Regel sehr hitzig erörtert werden und solche Diskussionen in der Folge nicht selten entgleisen, war die in Absprache mit den Eigentümern erfolgte Entscheidung von Theodor Gandenheimer letztlich die richtige. Vermutlich konnte er damit eine Rassismus-Debatte verhindern, die sich vielleicht zu einem Mediendesaster hätte entwickeln können. Eine Mitarbeiterin der Reservierungsabteilung erklärte uns auf Nachfrage, mit dem neuen Namen könne das Hotel auf dem amerikanischen Markt besser vermarktet werden. Diese Aussage steht im Einklang mit der bereits im letzten Jahr an dieser Stelle vorgestellten offiziellen Lesart. Wie dem auch sei, das Maximilian's ist und bleibt unserer Einschätzung nach das erste Haus am Platz, es sticht zum einen mit seiner Ausstattung, seiner Gastronomie sowie den guten Tagungsmöglichkeiten hervor. Zum anderen vermag zudem die Service- und Dienstleistungsqualität zu überzeugen. Zu den verbrieften Standards zählen der 24-Stunden-Etagen- sowie ein Valet-Parking-Service. Die insgesamt 127 Zimmer und 5 Suiten sind edel und sehr geschmackvoll eingerichtet und in Grau- und Blautönen gehalten. Obgleich die letzte Komplettrenovierung bereits zehn

Jahre zurückliegt, wirken die Zimmer nach wie vor zeitgemäß, sind in einem guten Pflegezustand und allesamt mit einer Nespresso-Kapselmaschine ausgestattet. Die Bäder verfügen entweder über eine Badewanne oder eine begehbare Dusche. Bei den Amenities setzt man auf die Nobelmarke Molton Brown. Die *Classic*-Zimmer haben eine Größe von 18 Quadratmetern, während die Zimmer der *Executive*-Kategorie mit 40 Quadratmetern mehr als doppelt so geräumig sind. Kulinarisch rangiert das Gourmetrestaurant Sartory in Augsburg an der Spitze. Küchenchef Simon Lang gelingt es, mit seiner französischen Haute Cuisine seit 2019 die wichtigste Auszeichnung der Branche, einen Michelin Stern, zu erkochen. Dieser Ritterschlag sorgt für positive Aufmerksamkeit und ist sicherlich ein Alleinstellungsmerkmal. Alternativ steht dem Gast das Restaurant maximilian's zur Verfügung, dessen Küchenkonzept hip mit „best urban kitchen" umschrieben wird. Bei Lichte besehen handelt es sich lediglich um die üblichen Klassiker einer Hotelküche wie Burger, Schnitzel und Steaks. Immerhin findet sich in der Karte auch Anspruchsvolleres wie eine Bouillabaisse oder der geflämmte Seesaibling an Graubrot-Speck-Crumble und Meerrettichcreme. Hier wird im Übrigen das tägliche Champagner-Frühstücksbuffet zelebriert, das die allermeisten Gäste begeistert. Klasse hat zudem der 1.200 Quadratmeter große Veranstaltungsbereich, der mit insgesamt zwölf Räumlichkeiten Veranstaltungen mit bis zu 500 Personen erlaubt. Alle diese Räume wurden mit moderner Tagungstechnik ausgestattet und sind teilweise sogar mit einem Pkw befahrbar. Eine Besonderheit und sicherlich ein weiteres Alleinstellungsmerkmal ist die über 500 Quadratmeter große historische Teehalle mit ihrer beeindruckenden Glaskuppel. Alles in allem hebt sich dieses Traditionshotel mit diesen nennenswerten Attributen und nicht zuletzt mit seiner über 300-jährigen Geschichte von den zahlreichen Marktbegleitern deutlich ab.

Bewertung: ●●●

BAD BRÜCKENAU Bayern

DORINT RESORT & SPA
(Innenstadt)
Heinrich-von-Bibra-Straße 13
97769 Bad Brückenau
Telefon: 0 97 41-85-0
Internet: www.dorint.com
E-Mail: info.badbrueckenau@dorint.com
Direktor: Michael Demmerle
DZ ab € 143,00

Das Dorint Resort & Spa in Bad Brückenau ist ein Haus mit großem Potenzial, das unseres Erachtens bislang nicht vollumfänglich ausgeschöpft wird. Mit dem Gesamtprodukt ist es Dorint möglich, unterschiedliche Segmente zu bespielen. Zuallererst wäre die prominente Lage inmitten des Kurparks hervorzuheben, gefolgt von dem hervorragenden Wellnessangebot. Zugegeben, es lassen sich in der deutschen Spitzenhotellerie weitaus größere und vor allem spektakulärere Spa-Bereiche finden, aber mit 2.800 Quadratmetern erstreckt sich jener im Dorint Resort & Spa Bad Brückenau über mehrere Ebenen und umfasst neben einem Bade-, Sauna- und Anwendungsbereich ferner einen recht ordentlich ausgestatteten Trainingsraum mit modernen Cardio- und Krafttrainingsgeräten.

Die Saunalandschaft wartet mit zwei unterschiedlich temperierten Saunen, Dampf- und Kräuterbad sowie einer Solegrotte auf. Zur Erfrischung nach dem Saunagang können die Gäste auf der Außenterrasse ein Abkühlbecken nutzen. Herrlich entspannen lässt es sich auf den Liegestühlen im Ruheraum mit Rhönblick. Zum Badebereich zählen unter anderem ein Sportbecken sowie ein ganzjährig beheizter und über eine Schwimmschleuse zugänglicher Außenpool sowie eine Sonnenliegewiese. Mit Bezug auf die Hardware kann konstatiert werden, dass der überwiegende Teil der Zimmer inzwischen einer umfassenden Renovierung unterzogen wurde – wobei sie auch ein neues Design erhielten. Ist dies nicht der Fall, kamen sie zumindest in den Genuss einer kosmetischen Auffrischung. Somit bietet dieses First-Class-Superior-Hotel beste Rahmenbedingungen für eine Auszeit oder einen Kurzurlaub. Ferner ist man in der Lage, das Convention-Segment zu bespielen, da zum Gesamtangebot zehn Veranstaltungsräume zählen, die Meetings, Tagungen, Produktpräsentationen und natürlich Festbankette mit bis zu 160 Personen ermöglichen. In Anbetracht der bereits erwähnten exponierten Lage ist es naheliegend, dass eine verstärkte Nachfrage für Hochzeiten zu verzeichnen ist, der mit einer eigenen Hochzeitsplanerin Rechnung getragen wird, die minutiös den Ablauf nach den Wünschen und Vorstellungen des Brautpaares plant, organisiert und umsetzt. Unweit des Hauses befinden sich eine evangelische sowie eine katholische Kirche, sodass Brautpaare beider Konfessionen den göttlichen Segen erhalten können, aber rein standesamtliche Eheschließungen sind selbstverständlich ebenfalls möglich. Das Restaurant Ludwigs, in dem auch das tägliche Frühstücksbuffet serviert wird, offeriert sowohl eine regionale als auch internationale Küche. An das Restaurant grenzt eine große Terrasse, auf der bei sommerlichen Temperaturen gefrühstückt werden kann. Seit vielen Jahren arbeitet man mit regionalen Erzeugern zusammen, verfügt seit mehr als zehn Jahren zudem über eine eigene Schaf- und Rinderherde und setzt mittlerweile überwiegend auf Bioprodukte. Voll des Lobes sind die Gäste über das reichhaltige Frühstücksbuffet. Auf dem neuesten Renovierungsstand sind die *Superior-* und *Deluxe*-Zimmer im sogenannten Parkflügel. Für Letztere würden wir eine Empfehlung aussprechen, bieten diese mit einer Größe von 30–35 Quadratmetern doch reichlich Platz und sind zudem mit einer Klimaanlage ausgestattet. Im Juni letzten Jahres wurde der etwas blass wirkende Gastgeber Sven Näser mit einer neuen Aufgabe betraut. Er übernahm die operative Leitung des neuen Hotels in Bad Vilbel, in dem er bereits die Pre-Opening-Phase begleitete. Zu seinem Nachfolger in Bad Brückenau wurde Michael Demmerle bestellt, den wir noch aus Dortmund kennen, wo er das Dorint An den Westfalenhallen führte. Ihm können wir zwar weitaus mehr Gastgeberqualitäten

bescheinigen als Näser, schließlich leitete Demmerle während seiner beruflichen Laufbahn über viele Jahre unter anderem Leisurehotels, dennoch haben wir bislang nicht den Eindruck gewinnen können, dass er in Bad Brückenau die Rolle des formvollendeten Gastgebers adäquat ausfüllen wird. Zu guter Letzt noch der Hinweis, dass sich im Bereich des Parkflügels die Tiefgarage befindet, in der pro Tag 18 Euro berechnet werden. Allerdings steht nur eine begrenzte Anzahl an Stellflächen zur Verfügung, jedoch befindet sich auf der gegenüberliegenden Seite ein öffentliches Parkhaus, in dem erstaunlicherweise sogar kostenfrei geparkt werden kann.

Bewertung:

BAD DOBERAN Mecklenburg-Vorpommern

GRAND HOTEL HEILIGENDAMM
(OT Heiligendamm)
Prof.-Dr.-Vogel-Straße 6
18209 Bad Doberan
Telefon: 03 82 03-7 40-0
Internet: www.grandhotel-heiligendamm.de
E-Mail: info@grandhotel-heiligendamm.de
Direktor: Thies Bruhn
DZ ab € 301,00

Seit Sommer 2019 trägt Thies Bruhn die Verantwortung für das Grandhotel Heiligendamm. Mit ihm, so zumindest unser Eindruck, hat sich vieles zum Positiven gewendet. So hat er für verbindliche Leitlinien gesorgt und fordert deren konsequente Umsetzung von seinen Mitarbeitern ein. Zudem wurden unter seiner Ägide die Servicestandards nochmals angehoben. In turbulenten Zeiten wie diesen ist er der richtige Manager, um das Grandhotel Heiligendamm sowie das Schwesterhotel Prinzenpalais durch die aktuelle Krise zu führen. Vor diesem Hintergrund war es wichtig, nicht nur auf

Sicht zu fahren, sondern zudem Entscheidungen zu treffen, die für den weiteren wirtschaftlichen Erfolg existenziell sind. Bruhn ist eher der smarte Manager, der in den ihm bisher übertragenen Häusern die Weichen in Richtung Zukunft stellt. Unverzichtbar für ihn, regelmäßig zu überprüfen, wie das Hotel noch breiter aufgestellt werden kann. In seinem Team hat er Mitarbeiter, die sich um die Guest Relation kümmern.

Dieses Vorgehen ist unverzichtbar, denn gerade die zahlreichen Stammgäste erwarten hin und wieder eine Ansprache, wenn nicht durch den Direktor selbst, dann aber zumindest durch die Abteilungsleiter. Mehrfach haben wir an dieser Stelle bereits erwähnt, dass Bruhn kein Direktor ist, der bei seinen Gästen regelmäßig die Vitalwerte überprüft, obgleich er über die entsprechende Eloquenz verfügt und durchaus in der Lage wäre, sein Gegenüber nonchalant zu unterhalten. Die Zimmer und Suiten sind über fünf Gebäude verteilt. Da diese nicht unterirdisch miteinander verbunden sind, empfiehlt es sich, wenn der Wellnessbereich direkt vom Zimmer aus bequem im Bademantel aufgesucht werden soll, vielleicht besser im Severin Palais zu logieren. In diesem befinden sich 49 Zimmer und 17 Suiten. Von jeder Etage aus kann der 3.000 Quadratmeter große und sich über zwei Etagen erstreckende Spa bequem mit dem Aufzug erreicht werden. Eine kluge Entscheidung war die Erweiterung des Wellnessbereiches um einen 9 x 22,5 Meter großen Außenpool, dessen Wassertemperatur ganzjährig konstant auf 29 Grad gehalten wird. Das Schwimmbecken im Innenbereich, in das sogar ein separater, recht großer Whirlpool integriert wurde, ist mit 11 x 18 Metern unwesentlich kleiner. Der Saunabereich umfasst eine finnische Sauna, ein Dampfbad, eine Biosauna, einen Eisraum sowie einen kleinen Frischlufthof. Der Beauty-Spa ist mit seinem Angebot an Kosmetik- und Massagetreatments sehr breit aufgestellt. Für das tägliche Fitnessprogramm kann der Gast entweder allein im gut ausgestatteten Gym trainieren oder sich einen Personal Trainer hinzubuchen – auf Wunsch sogar für den Outdoorsport. Seit 2020 befindet sich auf der Außenterrasse ein kleiner Foodtruck, über den in den Sommermonaten die Gäste mit Snacks und Getränken direkt an der Sonnenliege versorgt werden können. Das Grandhotel Heiligendamm steht bekanntermaßen für kulinarische Vielfalt, dessen Star das Gourmetrestaurant Friedrich Franz ist, welches seit Langem zu den besten Adressen in der Region gehört und verlässlich jedes Jahr mit einem Michelin-Stern ausgezeichnet wird. Chef de Cuisine Ronny Siewert ist es gelungen, mit seiner kreativen Haute Cuisine das von seinem Vorgänger Tillmann Hahn etablierte hohe Niveau zu halten. Er tat gut daran, nicht – im Gegensatz zu vielen seiner Kollegen – ins mediale Rampenlicht zu streben. Im Kurhaus befindet sich das Kurhaus Restaurant, an das eine große Terrasse mit Meerblick angrenzt. Im kleinen Wandelgang zwischen Kurhaus und Haus Mecklenburg wurde die Sushi Bar integriert. Hier wird das tägliche, in Buffetform angebotene Frühstück eingenommen. Eierspezialitäten können à la minute geordert werden. Eier Benedict, Pancakes und frisch gepresste Säfte sind ebenfalls erhältlich, werden aber gesondert berechnet. In der Nelson Bar im Hauptgebäude kann ebenfalls gespeist werden, im Angebot sind die üblichen Klassiker  wie Salat in unterschiedlichen Variationen, aber auch Clubsandwiches, Burger und Steaks. Wir sprechen an dieser Stelle erneut eine Empfehlung für das Haus Mecklenburg aus. Einige der ausnahmslos in Erdtönen gehaltenen und mit edlen Marmorbädern ausgestatteten 127 Zimmer und 71 Suiten bieten einen uneingeschränkten Meerblick. Erstgenannte haben bereits in der Kategorie *Doppelzimmer* eine Mindestgröße von 35 Quadratmetern. Das Grandhotel Heiligendamm versteht sich als familienfreundlich, sodass mitreisende Kinder zwischen drei und zwölf Jahren in der eigens eingerichteten Kindervilla betreut werden. Diese ist ganzjährig geöffnet, außerhalb der Ferienzeiten werden die Öffnungszeiten an die Belegung angepasst. Für den Nachwuchs wird ein gesondertes Unterhaltungsprogramm offeriert. Somit können die Eltern die Gelegenheit nutzen, um im Spa zu entspannen, eine Anwendung zu genießen oder auf dem Golfplatz unweit des Hotels an ihrem persönlichen Handicap zu feilen, ohne auf die lieben Kleinen Rücksicht nehmen zu müssen.

Bewertung:

PRINZENPALAIS
Alexandrinenplatz 8
18209 Bad Doberan
Telefon: 03 82 03-22 12-0
Internet: www.hotel-prinzenpalais.de
E-Mail: info@hotel-prinzenpalais.de
Direktor: Thies Bruhn
DZ ab € 90,00

Unabhängig davon, ob man von der Küstenautobahn A20 Richtung Heiligendamm kommt oder die ältere Bundesstraße 105 nutzt, um parallel zur Ostseeküste die Seebäder entlang der mecklenburgischen Küste zu erreichen: Das in beiden Fällen immer auf dem Weg liegende Bad Doberan prägt sich vielen Reisenden durch ein besonders stattliches, klassizistisches Gebäude ein. Geprägt wird das Straßenbild von einer Besonderheit, die Eisenbahnerherzen höherschlagen lässt. Der historische, von einer Dampflok, der liebevoll genannten Molli, gezogene Zug von Bad Doberan nach Heiligendamm verkehrt hier nach wie vor auf Gleisen, die im Ort mitten auf der Straße verlaufen und so den Autofahrern den Weg an die Küste weisen. Auf seiner Fahrt zur Ostsee passiert der Zug auch das sogenannte Prinzenpalais,  und zwar so nah, dass den Gästen tagsüber ein regelrechter Logenplatz zur Beobachtung von Molli und ihren Waggons geboten wird. Das repräsentative Gebäude wurde 1821 vom Architekten Carl Theodor Severin erbaut, der es prompt nach der Fertigstellung an den Erbgroßherzog Paul Friedrich verkaufte. Da dieser erst später, nach dem Tod des zuvor amtierenden Großvaters, zum Großherzog aufstieg, hatte Paul Friedrich bis zu diesem Zeitpunkt daher den Status eines Prinzen – wodurch sich der Name Prinzenpalais erklären lässt. 2009 eröffnete in dem prominent gelegenen Gebäude sowie im rückwärtigen, stilistisch gleich gestalteten Hinterhaus, in dem früher Kutscher und Amtsdiener wohnten sowie Pferde untergebracht waren, das Hotel Prinzenpalais. Das Erdgeschoss des Prinzenpalais wurde dabei auf der Gartenseite um einen halbkreisförmigen, wintergartenähnlichen Anbau ergänzt, der seitdem das nötige zusätzliche Raumangebot für kleinere Empfänge oder Veranstaltungen bereithält. Die geringe Zimmerzahl und der begrenzte Platz insgesamt erwiesen sich jedoch von Anfang an als Problem für einen eigenständigen Betrieb. Und somit finden Urlauber trotz der prominenten Lage unweit des Meeres aufgrund der fehlenden Infrastruktur im Haus – wie eines Restaurants – nur bedingt gute Voraussetzungen für einen längeren Aufenthalt vor. Mittlerweile hat sich die sinnvollste Lösung dieses Problem etabliert, sodass nun der Direktor des Grandhotels Heiligendamm, am anderen Ende der historischen Eisenbahntrasse gelegen, für das Prinzenpalais ebenfalls die Verantwortung trägt. So kann das kleine Prinzenpalais von Synergien der gemeinsamen Führung profitieren. Eine gute Lösung, nachdem das ursprünglich eigenständige Management offensichtlich mit dem Versuch gescheitert war, das schöne, aber viel zu kleine Haus autark und gewinnbringend zu führen. Zimmer und Räumlichkeiten erreichen natürlich nicht ganz den Stil und die Qualität des Grandhotels Heiligendamm, sind aber attraktiv mit Stilmöbeln und bisweilen Antiquitäten dezent und klassisch gestaltet. Das Prinzenpalais ist für diejenigen zu empfehlen, die den intimeren Rahmen dem opulenten eines Grandhotels vorziehen. Auf jeden Fall wohnt es sich aber immer noch stilvoll sowie nobel, zudem lassen sich Strand sowie Grandhotel Heiligendamm wie erwähnt auf direktem Wege per historischer Schmalspurbahn erreichen – oder eben, indem deren Gleise mit dem Pkw gefolgt werden. Zwei Golfplätze sind zu beiden Seiten Bad Doberans gelegen und ebenso gut zu erreichen. Auch an sonstigen Möglichkeiten zu Sport-, Freizeit- und touristischen Aktivitäten herrscht kein Mangel. Das Prinzenpalais hat somit einige Vorzüge und wer diese zu schätzen weiß, für den bietet sich durchaus ein Urlaub im historischen Rahmen eines klassizistischen Palais an. Vor allem, wenn man die in Heiligendamm gebotenen Wellnessangebote nicht unbedingt nutzen möchte und das weitestgehend fehlende Restaurantangebot tolerieren kann. Eisenbahnliebhaber werden sich ohnehin nach wie vor hier einquartieren und die Vorbeifahrten von Molli mit der durch sie fortbestehenden, wunderbaren Technik des Dampfmaschinenzeitalters genießen.

Bewertung:

BAD ELSTER   Sachsen

DAS ALBERT
**Königliches Kurhaus
(Innenstadt)
Badstraße 25
08645 Bad Elster
Telefon: 03 74 37-53 58 72**
Internet: www.dasalbert.de
E-Mail: office@dasalbert.de
Küchenchef: Michael Büttner
Hauptgang ab € 14,00

Im historischen Kurpark von Bad Elster fühlt man sich im besten Sinne in das 19. Jahrhundert zurückversetzt. Gepflegte Blumenrabatten, einladende Parkbänke und die stattliche Architektur des alten Kurhauses bilden ein Ensemble, das in dieser Harmonie und Authentizität wirklich die besondere Qualität des traditionsreichen Kurortes ausmacht. Das im äußersten Südwesten Sachsens gelegene Bad Elster war schon lange Anziehungspunkt für Heilung und Erholung suchende Gäste, wurden hier doch die Moritzquelle schon zur inneren und äußeren Anwendung genutzt sowie Behandlungen mit Moorbädern durchgeführt, bevor der Ort im Jahr 1848 in den Rang eines königlich-sächsischen Staatsbades erhoben wurde. Auch heute lässt sich an einigen Orten in der Gegend nachvollziehen, dass die Moritzquelle nicht die einzige ihrer Art ist. Die ganze Region ist ein geologisches Abenteuerland, wie zum Beispiel das nur wenige Kilometer von Bad Elster entfernte tschechische Naturreservat und Hochmoor von Soos mit allein etwa 200 Mineralquellen und Austrittspunkten von heißem Kohlenstoffdioxid. Dass die geologischen Verhältnisse in der Grenzregion zu Tschechien Mineral- und Thermalquellen begünstigen, ist die zentrale Erklärung für die entstandenen traditionsreichen böhmischen Kurbäder wie Franzensbad, Marienbad und Karlsbad oder eben Bad Elster und Bad Brambach. Bad Elster als vergleichsweise sehr kleines, aber eben auch besonders feines Kurbad mit wunderschöner Architektur musste nach dem Fall des Eisernen Vorhangs erst wieder in seine alte Rolle finden und mit dem Bau des modernen Leisurehotels König Albert zog nach dem luxuriösen Um- und Ausbau des historischen „Albert Bades" wieder richtiges touristisches Leben in den kleinen Ort ein. Das belebte nicht nur den kulturellen Betrieb, der sich auf das wunderschöne „König Albert Theater" neben

dem Kurpark konzentriert, sondern ließ zudem die Nachfrage nach einer guten Gastronomie außerhalb des Hotels im Ort steigen. Die österreichischen Hotelinvestoren und Entwickler aus dem steirischen Bad Gleichenberg nahmen hier das Heft in die Hand und eröffneten – wenige Jahre nach dem Start des Hotels – im Kurhaus mit dem Restaurant DAS ALBERT einen Hort österreichischer Küche in Sachsen. Die Karte war zunächst klein, aber ausgesucht sowie qualitätvoll. Denn auch wenn man in Bad Elster auf eine lange Geschichte zurückblickt, nach dem Mauerfall blieb das kulinarische Angebot lange Zeit bis auf einige Pioniere in der Gegend allgemein auf einfachem Niveau. In Bad Elster strebt man natürlich nicht nach der Gourmetküche auf Sterneniveau, obgleich das herrliche Kurhaus und die noble Architektur des gesamten historischen Ortszentrums mit „Albert Bad" und „König Albert Theater" natürlich den Rahmen dafür böten. Vernünftigerweise entschied man sich aber, nicht zu hoch fliegen zu wollen und etwa ein veritables Gourmetrestaurant zu planen. Stattdessen besannen sich die Hotelmacher aus der Steiermark auf die österreichische Küche. Mehlspeisen wie Kaiserschmarrn oder Gerichte wie Tafelspitz, Wiener Schnitzel und Backhendl sind überall beliebt und stehen daher auch im neuen Restaurant in Bad Elster auf der Speisekarte. Österreichische Küche wird in ebenso hochwertiger wie vertrauter Qualität geboten, sodass gerade konservative Gäste zufrieden sein werden. Nach dem Abklingen der Coronapandemie, zu deren Beginn das Restaurant gerade neu geöffnet hatte, wird man hoffentlich besser erkennen können, den richtigen Weg eingeschlagen zu haben. Aber auch jetzt schon sitzt man in den hohen Hallen des Kurhauses luftig und muss sich über Ansteckungsgefahren kaum Sorgen machen, ganz zu schweigen von den idyllischen Außenplätzen vor dem Restaurant unter einer der herrschaftlichen Loggien des Kurhauses.

Bewertung:

KÖNIG ALBERT
(Innenstadt)
Carl-August-Klingner-Straße 1
08645 Bad Elster
Telefon: 03 74 37-54 0-0
Internet: www.hotelkoenigalbert.de
E-Mail: info@koenigalbert.de
Direktor: Marc Cantauw
DZ ab € 196,00

Seit Juni letzten Jahres ist das Hotel König Albert wieder vom Krisenmodus in den Regelbetrieb übergegangen. Wie gut, dass ein erfahrener Manager wie Marc Cantauw diesem Haus vorsteht, der mit seinem pragmatischen und oft unkonventionellen Führungsstil immer wieder versucht, gerade auch dem altbekannten und im Zuge der Coronapandemie noch einmal verschärften Fachkräftemangel etwas entgegenzusetzen. Cantauw führt es seit der Eröffnung mit viel Herzblut und Leidenschaft, als sei es sein eigenes. Für seine Mitarbeiter hat er, der in der Regel auch spätabends sowie an Wochenenden und Feiertagen im Hause anzutreffen ist, Vorbildfunktion. Sein Engagement und vor allem seine Loyalität schätzen die österreichischen Eigentümer des König Albert. Sie dürften froh darüber sein, mit diesem Direktor einen Glücksgriff für ihr Leisurehotel getätigt zu haben, auf den sie sich im Management des serviceintensiven Hauses mit vielen Gästen, die noch persönliche Ansprache und Präsenz vom Direktor erwarten, zu 100 Prozent verlassen können. Während des letzten Lockdowns ist er sogar in das Hotel eingezogen und konnte, da er rund um die Uhr vor Ort war, umgehend auf neue Situationen im Zusammenhang mit der jeweils aktuellen Pandemielage reagieren. Er nutzte Schließzeiten, um notwendige kosmetische Fresh-ups der Zimmer durchführen zu lassen, delegierte und überprüfte die Handwerker und behielt die über längere Zeit im Dornröschenschlaf befindliche Technik im Auge. Und nicht zuletzt blieb Cantauw dadurch für seine Mitarbeiter und nach Wiedereröffnung fragende Gäste jederzeit ansprechbar. Als beispielsweise Rainer Calmund im Mai letzten Jahres aus dienstlichen Gründen in der Region war und anfragen ließ, ob er für zwei Tage Quartier nehmen dürfe, obwohl offiziell geschlossen war, war das kein Problem für den versierten Gastgeber und Manager. Da ja kein Mitarbeiter in der Küche tätig war, bekochte Cantauw seinen Gast dort kurzerhand selbst. Typisch Cantauw, denn auch im Tagesgeschäft ist er stets da zu finden, wo Personalmangel herrscht. Sein Team, wann immer notwendig, zu unterstützen, sei es an der Rezeption oder im Service, ist für ihn eine Selbstverständlichkeit und eine Frage des Berufsethos. Ein positiver Effekt dieser Haltung ist, dass sich das natürlich positiv auf das Gemeinschaftsgefühl im Hotel auswirkt und eine hohe Mitarbeiterzufriedenheit mit sich bringt. Darüber hinaus gibt er einen Gastgeber wie aus dem Bilderbuch ab, steht er doch immer

in Kontakt mit seinen Gästen, erkundigt sich nach deren Zufriedenheit und eruiert so schnell Serviceungereimtheiten. Nach dem Lockdown war die Auslastung des König Albert wieder hervorragend, dieses Niveau konnte bis zur Omikron-Welle im November gehalten werden. Belegungsschwache Zeiten sind gänzlich unbekannt und die Auslastung liegt in der Regel weit über dem Durchschnitt gleichartiger Häuser in Deutschland. Dieser Erfolg ist natürlich den herausragenden Rahmenbedingungen zu verdanken, die für eine Wellnessauszeit – sei es für ein Wochenende oder gar einen ganzen Urlaub – geradezu optimal sind. Nicht wenige Gäste kommen mehrfach im Jahr hierher und die Stammgästequote ist dementsprechend überdurchschnittlich hoch. In den Ferienzeiten ist das Hotel dann auch unter der Woche meist komplett ausgebucht. Das König Albert ist, das darf man sagen, ohne sich der Übertreibung verdächtig zu machen, Sachsens bestes Wellnesshotel. Es gibt eine Vielzahl an Gründen, sich für einen Aufenthalt in diesem First-Class-Superior-Hotel zu entscheiden. Allein die 4.500 Quadratmeter große Bade- und Saunalandschaft mit ihren jeweiligen Außenbereichen spricht für sich. Diese kann der Gast von seinem Zimmer aus bequem im Bademantel erreichen, denn Hotel und historisches „Albert Bad" mit der riesigen Sauna- und Badelandschaft sowie der Soletherme und einer Gesamtgröße von 10.500 Quadratmetern sind mit einem gläsernen Übergang verbunden. Hervorzuheben ist auf jeden Fall das historische Gebäude des „Albert Bades" mit seinem exzellenten Anwendungsbereich samt breitem Spektrum an Behandlungsmöglichkeiten, die sich größter Beliebtheit erfreuen und sogar über eine Kassenzulassung bei bestimmten medizinisch-therapeutischen Anwendungen verfügen. Aufgrund der hohen Auslastung ist es zu empfehlen, die Beauty- und Massagetermine, wenn möglich, bereits bei Reservierung des Aufenthalts zu fixieren. Termine können vor Ort gegenüber der Rezeption gebucht werden, denn hier beraten Mitarbeiterinnen der Sächsischen Staatsbäder die Gäste in der Regel vormittags und nachmittags jeweils zwei Stunden lang. Herausragend für den kleinen, aber traditionsreichen Kurort ist zweifelsohne das kulturelle Angebot in unterschiedlichsten Genres wie Oper, Operetten, Rock, Pop und Schlager sowie Lesungen, welches im historischen „König Albert Theater" und im prächtigen Kurhaus aus dem 19. Jahrhundert oder in den Sommermonaten im „Natur Theater" dargeboten wird. Selbst Weltstars wie Chris de Burgh gaben hier bereits Konzerte. Unverzichtbar in den jetzigen Zeiten ist natürlich ein hervorragendes Hygienekonzept, das dem Gast ein begründetes Sicherheitsgefühl vermittelt. Beim Frühstück sowie Abendessen wurden drei Zeitfenster eingerichtet, um so die Abstandsregeln am Buffet optimal einzuhalten. Auch nach Aufhebung der Coronavorgaben der Sächsischen Staatsregierung werden diese und andere Hygienemaßnahmen aufrechterhalten. Gäste können sich täglich neu entscheiden, ob sie ihr Zimmer reinigen lassen oder doch lieber darauf verzichten möchten und sich vielleicht nur mit frischen Handtüchern oder Bademänteln versorgen lassen. Dies kann den Mitarbeitern der Housekeeping-Abteilung durch eine entsprechende Karte signalisiert werden. Positiv zudem, dass bis 24 Stunden vor Anreise eine Umbuchung möglich ist, wenn Gäste sich nicht wohlfühlen und befürchten, erkrankt zu sein. Auch die Soletherme des Sächsischen Staatsbades verfügt über ein ausgefeiltes Hygienekonzept, mit dem kurzfristig auf eine sich verändernde Lage reagiert werden kann. Etwa über das jedem Gast ausgegebene Armband, um so die Zahl der Gäste zu reglementieren, die über die Drehkreuze der Soletherme und der Saunen Zutritt erhalten. Alle Zimmer des Hotels wurden darüber hinaus im vergangenen Jahr mit einem Handdesinfektionsspender ausgestattet. Die 96 Zimmer und 12 Suiten verfügen jeweils über einen eigenen Balkon und bereits in der untersten Kategorie *Superior* haben die Zimmer eine Größe von 24 Quadratmetern. Aufgrund der Nähe zu Tschechien bieten sich Tagesausflüge an, etwa in das westböhmische Bäderdreieck Karlsbad, Franzensbad oder Marienbad. Alle drei sind seit 2021 sogar UNESCO-Welterbe und können mit dem Pkw in 45 bis 90 Minuten gut erreicht werden. Nach wie vor ein Kritikpunkt ist die etwas umständliche Anreise mit den öffentlichen Verkehrsmitteln. Dieses Manko liegt aber außerhalb des Einflussbereiches des Hotels. Wenn es die personelle Situation zulässt, werden Stammgäste auf Wunsch immerhin vom Bahnhof im bayerischen Hof abgeholt, der in etwas mehr als einer halben Stunde zu erreichen ist. Die meisten Gäste reisen mit dem eigenen Fahrzeug an, was wegen des stilvoll hinter einer gebogenen Holzfassade versteckten Parkhauses, das mit dem Hotel über eine verglaste Brücke verbunden ist, kein Problem darstellt. Mit 10 Euro pro Tag, die ab drei Tagen Aufenthaltsdauer nochmals ermäßigt werden, sind die Gebühren hierfür in Anbetracht der Tatsache, dass in Häusern dieses Segments üblicherweise das Dreifache bezahlt werden muss, mehr als moderat. Das Hotel bleibt auch 2022 eine der empfehlenswertesten Adressen in Sachsen und weit darüber hinaus.

Bewertung: ● ● ● ◐

MUSIKA
**im Hotel König Albert
(Innenstadt)
Carl-August-Klingner-Straße 1
08645 Bad Elster
Telefon: 03 74 37-54 0-0**
Internet: www.hotelkoenigalbert.de
E-Mail: info@koenigalbert.de
Küchenchef: Daniel Moos
Menü ab € 30,00

Als vor einigen Jahren, nur kurze Zeit nach der Neueröffnung des Hotels König Albert, entschieden wurde, vom À-la-carte-Angebot auf Buffetform umzustellen, war diese Entscheidung rein pragmatischer Natur. Das Haus wurde vom Eröffnungstag an regelrecht überrannt und die Auslastung war nicht nur in den Hauptferienzeiten, sondern auch in der Nebensaison hervorragend. Das tägliche Buffet ist abwechslungsreich und erfreut sich größter Beliebtheit. Immerhin werden hier neben Salat, Suppe, Geflügel, Fisch und Fleisch sowie einem vegetarischen Gericht auch mehr als nur ein Dessert angeboten. Dieses Konzept hat sich bewährt, deshalb ist in einigen Packages die Halbpension bereits enthalten. Diese kann aber auch ganz individuell zur Zimmerrate hinzugebucht werden. Mit 30 Euro pro Person ist dies in Anbetracht des kulinarisch recht guten Angebotes fair kalkuliert. Für den kleinen Hunger empfiehlt sich der Buffetteller, wobei sich der Gast nur einmal am Buffet bedienen darf und wofür 17,90 Euro in Rechnung gestellt werden. Der ehemalige Küchenchef Tobias Kad überraschte gelegentlich mit vogtländischen Spezialitäten, die er neu interpretierte. Im vergangenen Jahr hat er das Hotel verlassen, um den elterlichen Betrieb zu übernehmen. Im letzten Jahr hat Daniel Moos, der zuvor fast zwölf Jahre lang in Irland tätig war, die Verantwortung für das Restaurant übernommen. Erfreulicherweise konnten wir insbesondere bei den Fleischgerichten und Saucen noch einmal eine kleine Leistungssteigerung feststellen. Natürlich gibt es hin und wieder Gäste, die lieber à la carte speisen würden. Diesen kann seit Februar 2020 das Restaurant DAS ALBERT, das sich im königlichen Kurhaus Bad Elster befindet und ebenfalls unter der Regie des Hotels steht, empfohlen werden. Es wird eine deutschösterreichische Küche auf einem wirklich guten Niveau geboten. Somit stellt sich das Hotel König Albert in gastronomischer Hinsicht breiter auf. Wenn im gebuchten Gesamtpaket im Hotel Halbpension enthalten ist, kann der Gast auf Wunsch auch im Restaurant DAS ALBERT speisen. In diesem Fall erhält er einen Wertscheck in Höhe von 30 Euro, der im Restaurant eingelöst werden kann.

Bewertung:

BAD GÖGGING Bayern

**DORINT MARC AUREL
RESORT BAD GÖGGING**
**Heiligenstädter Str. 34–36
93333 Bad Gögging
Telefon: 0 94 45-958-0**
Internet: www.dorint.com
E-Mail: info.marcaurel@dorint.com
Direktor: Franz Margraf *(ab 06/22)*
DZ ab € 157,00

Die antike römische Badekultur ist kein beliebig gewähltes Thema für dieses besondere Wellnesshotel im bayerischen Bad Gögging, ist die Gegend doch bereits seit der Antike für ihre Schwefelquellen bekannt. Als Kaiser Trajan die Region aufsuchte und hier im Grenzland am Limes zwischen dem Römischen Reich und Germanien eine Therme errichten ließ, wurde spätestens der Ruf als Heil- und Kurort begründet. Heute hat Bad Gögging mit Schwefelwasser, Mineralthermalwasser und Heilmoor sogar drei staatlich anerkannte Naturheilmittel im Angebot. In Eining, das neben Bad Gögging einer der Ortsteile von Neustadt an der Donau ist, wurde um 80 nach Christus ein Kastell erbaut, dessen Überreste – inklusive einiger noch sehr gut erhaltener Reste einer luxuriösen Badetherme aus römischer Zeit – besichtigt werden können. Es ist in diesem Landstrich also eine beeindruckende, fast 2.000-jährige Geschichte der professionellen Nutzung von Heil- und Thermalquellen nachzuweisen. Die Hotels, Restaurants, Gasthäuser und Heileinrichtungen der Region geizen nicht mit Bezügen auf die römische Geschichte und die Thermen. Die Limes-Therme ist beispielsweise das große, zentrale Thermalbad des Kurortes, in dem die aus sehr vielen deutschen Wellnessbereichen vertrauten römischen Saunen und Wärmeräume wie Laconium, Sudatorium, Caldarium und Tepidarium mit authentisch-geschichtlichem Ortsbezug präsentiert werden. Der

Limes, der den Rhein und die Donau als Grenzlinie und Grenzbauwerk des Römischen Reiches verband, war Namenspate. Das hiesige Dorint nimmt mit Marcus Aurelius eine der bekanntesten Persönlichkeiten der römischen Geschichte im Namen auf, wobei kein historischer Zusammenhang zu Bad Gögging auszumachen ist. Die schlichte Architektur der Anlage mit den einfachen Satteldächern und den lang gestreckten Gebäudeflügeln erinnert entfernt an die Militärbauten eines römischen Kastells, während im Inneren des Resorthotels tiefer in die Kiste römischer Architektur- und Ausstattungselemente gegriffen wird. Spa, Lobby und Restaurants sind mit antik wirkenden Säulen und Brunnen sowie im römischen Stil bemalten Decken dekoriert, zudem zieren Statuen und Büsten viele weitere Bereiche. Wie beim Griechen oder Italiener an der Ecke sollte man resistent gegen Kitsch und Krempel sein beziehungsweise diesen hier als angemessene Deko akzeptieren können. Die vielfach ebenfalls verwendeten Balustraden als Trennelement oder Absturzsicherung waren zwar weder Römern noch Griechen bekannt und sind eher eine Idee der Renaissance, sind aber seitdem so sehr mit Architekturelementen dieser Zeit verbunden, dass sie generell in jeder Pizzeria als passendes Element für ein Interieur mit südländischer Atmosphäre gern verwendet werden. In den Zimmern und Suiten muss man den gestalterischen, manche sagen auch kitschigen Überschwang jedoch nicht befürchten, denn klassisch-elegant – mit tiefblauem Teppich und dunklem ansprechendem Mobiliar – präsentieren sich diese Räumlichkeiten angenehm schlicht. Minibar, Safe, Bad mit Fußbodenheizung und Handtuchwärmer sowie Queensize-Betten gehören bereits in der Standardkategorie zur Ausstattung. In diesem Vier-Sterne-Superior-Wellness-&-Tagungsresort mit immerhin 165 Zimmern und Suiten sowie 17 Veranstaltungsräumen ist jedoch vor allem der 2.800 Quadratmeter große Wellnessbereich mit Thermalpool und sogar einem 50 Meter langen Außenpool die Hauptattraktion. Als meist beworbene Sportart des Marc-Aurel-Resorts darf jedoch der Golfsport gelten, für den auf hauseigenem DGV-9-Loch-Golfplatz und einer klassischen Driving Range beste Bedingungen vorherrschen. Dieser Sport befördert die angenehme Lässigkeit, welche die Atmosphäre der gesamten Anlage bestimmt. Das so geschaffene Ambiente bietet auch eine entspannte Umgebung für Tagungen, bei denen der Wellnessbereich oder der Golfplatz willkommene Erholungsangebote nach Absolvieren des Pflichtprogramms einer Konferenz oder Veranstaltung sind. Zusätzlich erschließen Rad- und Wanderwege in Hülle und Fülle die malerische Donaulandschaft im weiten Umland des Hotels, zudem ergänzen noch andere Erholungs- und Urlaubsangebote das Portfolio. Weniger gut hingegen der Eindruck von der Dame an der Rezeption bei einem Testanruf, die offenbar nur über Basiskenntnisse der deutschen Sprache verfügte, denn sie konnte mit der Bitte, mit der Reservierungsabteilung verbunden zu werden, nichts anfangen. Im gebrochenen Deutsch stammelte sie „Was Sie wollen von mir?". Da ein Gespräch so nicht möglich war, informierten wir sie dann, dass wir dann ein anderes Hotel buchen würden, worauf ein gut einstudiertes „Sehr gern, auf Wiedersehen!" entgegnet wurde. Ein „Training on the Job" soll offenbar eine eigentlich nötige Schulung und einen Sprachkurs ersetzen. Trotz dieser zugegeben als Einzelaufnahme zu wertenden Schlappe ist das Haus aber ein wirklich attraktives Angebot in der geschichtsträchtigen und landschaftlich schönen Donauregion zwischen Regensburg und Ingolstadt, in dem ein ganz persönlicher Fokus im Urlaub aus den genannten Gründen sowohl auf Aktivitäten als auch auf reine Erholung gelegt werden kann.

Bewertung: ●●●

BAD GRIESBACH Bayern

KLINIK & HOTEL ST. WOLFGANG
(Innenstadt)
Ludwigpromenade 6
94086 Bad Griesbach
Telefon: 0 85 32-980-0
Internet: www.stwolfgang.de
E-Mail: badgriesbach@asklepios.com
Direktor: Frank Tamm
DZ ab € 230,00

Für uns ist dieses Fünf-Sterne-Hotel in vielerlei Hinsicht etwas Besonderes. Die Melange aus Luxushotel und Privatklinik hat einen besonderen Wert für viele der treuen Gäste. Renommierte Spezialisten aus den Fachdisziplinen Orthopädie, Innere Medizin, Urologie und plastische Chirurgie sind hier tätig. Ein Schwerpunkt ist die orthopädische Chirurgie. Aus dem gesamten Bundesgebiet pilgern Patienten hierher, um sich

von Kapazitäten wie Dr. Heinz-Jürgen Eichhorn, Prof. Carsten Tibescu, Prof. Peter Angele oder Prof. Stefan Greiner – in der Regel operativ – behandeln zu lassen. Wer die herausragende medizinische und pflegerische Betreuung kennen- und schätzen gelernt hat, möchte natürlich auch seine Anschlussheilbehandlung vor Ort durchführen. Patienten werden nicht etwa – wie in den meisten Kliniken – über eine Großküche verpflegt, sondern über das hervorragende Hotelrestaurant. Und dessen Qualität, so viel sei gesagt, ist auf einem so hohen Niveau, dass man bei einem längeren Aufenthalt keine Verköstigung außerhalb des Hauses in Erwägung ziehen wird. Geboten wird in der Regel ein Drei-Gänge-Menü, abends gelegentlich ein Buffet. Erstklassig ist zudem das Frühstücksbuffet, dessen Angebot wirklich reichhaltig ist und auf dem auch ein Anteil regionaler Spezialitäten zu finden ist. Eierspeisen werden in der offenen Showküche vor den Augen der Gäste zubereitet. Der langjährige Küchenchef Markus Krompaß ist in die Formel 1 gewechselt, wider Erwarten ist das nicht metaphorisch gemeint, denn er sorgt nun beim Formel-1-Rennstall McLaren für die Kulinarik. Als Chef de Cuisine konnte Torsten Petri verpflichtet werden,  der zuletzt in Bad Füssing für ein Wellnesshotel tätig war. Die Zimmer und Suiten, die in den letzten Jahren sukzessive renoviert wurden, sind sehr geräumig und bieten einen hohen Aufenthaltskomfort. Teilweise, zumindest bei jenen, die zuletzt komplett renoviert wurden, ist es möglich, aufgrund des sehr hochwertigen Bettensystems mit elektrisch einstellbarer Matratze auch Patienten unterzubringen, die eine Anschlussheilbehandlung durchführen. Ein Teil der Zimmer verfügt über einen Balkon, ein anderer über eine eigene Terrasse. Im vergangenen Jahr wurden je zwölf Zimmer im Klinik- sowie im Hotelbereich komplett erneuert. Die Bäder haben begehbare Duschen. Zutritt zum Spa erhalten Gäste des Hotels ebenso wie Patienten des Klinikbereiches. Er umfasst neben einem Innen- und einem beheizten Außenpool einen Saunabereich mit finnischer Sauna, Dampfbad und Ruhezone. Der Sportpark ist mit modernsten Cardio- und Krafttrainingsgeräten ausgestattet und ein Team von Sporttherapeuten betreut Gäste und Patienten gleichermaßen. Erwartungsgemäß erstklassig ist die physiotherapeutische Abteilung aufgestellt. Allerdings kommen in der Regel nur Privatversicherte und Selbstzahler in den Genuss dieser besonderen Rundumbetreuung. Mit einer gesetzlichen Krankenkasse besteht immerhin ein Rahmenvertrag für spezielle Krankheitsbilder. Es gibt zudem die Möglichkeit, seinen Aufenthalt mit einem Check-up in der Abteilung für Innere Medizin und Kardiologie unter der Leitung von Chefärztin Dr. Petra Heizmann zu verbinden. Entsprechende Komplettpakete wurden geschnürt, sodass beispielsweise zum Basis-Gesundheitscheck zusätzliche Leistungen wie Magen- oder Darmspiegelung vereinbart werden können. Beide Bereiche, Klinik und Hotel, profitieren eindeutig voneinander. Nicht selten werden Patienten, die von weiter her anreisen, bei ihrem stationären Aufenthalt von Angehörigen begleitet, welche dann im Hotel logieren und sich erholen können. Während der Coronapandemie kam dem St. Wolfgang zugute, dass seit jeher ein Hygienekonzept etabliert wurde, das weit über das einer Klinik der Regelversorgung hinausgeht. Nicht zuletzt deshalb, weil der MRSA-Keim, im Volksmund „Krankenhauskeim" genannt, auch vor einer Privatklinik keinen Halt machen würde. Eine Klinik mit bundesweitem, herausragendem Ruf kann es sich nicht leisten, dass es zu einem Coronahotspot wird oder dass ein Keim den operativen Erfolg bei Patienten zunichtemacht. Mit dieser stringenten Haltung in Bezug auf die Hygiene ist der geschäftsführende Direktor Frank Tamm bislang sehr gut gefahren. Bei unserem Besuch im November letzten Jahres hatte er die Maßnahmen zur Bekämpfung der Coronapandemie noch einmal verschärft. Zutritt gab es nur für Geimpfte oder Genesene mit zusätzlichem Antikörpertest einer zertifizierten Teststation. Selbstverständlich mussten sich Besucher der Klinik an der Rezeption anmelden sowie entsprechende Nachweise vorlegen. Bei Patienten innerhalb des Hotels sind regelmäßige PCR-Tests Standard. Und auch nachdem der Bayerische Ministerpräsident Dr. Markus Söder als Landesherr vom „Team Vorsicht" ins „Team Leichtsinn" wechselte, manche sprachen sogar vom „Team Wahnsinn", hält man im St. Wolfgang an den Hygiene- und Abstandsregeln fest. Seit einigen Monaten lässt sich Geschäftsführer Frank Tamm die Hausinformation zur Coronapandemie von Hotel- und Klinikgästen abzeichnen, um so Missverständnissen und unnötigen Diskussionen vorzubeugen. Ein wichtiger Teil des Hygienekonzepts ist, dass in der Housekeeping-Abteilung nur eigene Mitarbeiter beschäftigt werden, die immer wieder für dieses Thema sensibilisiert, regelmäßig geschult und auf die Einhaltung der Hygienestandards kontinuierlich überprüft werden. Ein Aufenthalt in diesem Haus lohnt sich aufgrund der hervorragenden Rahmenbedingungen auch für eine Wochenendauszeit oder einen Kurzurlaub – gegebenenfalls in Verbindung mit einem medizinischen Check-up. Ein weiteres Argument ist sicherlich, dass Bad Griesbach ein Eldorado für Golfer ist, denn das hiesige Golfresort gilt als eines der größten Europas. Und genau diese anspruchsvolle Klientel weiß natürlich den besonderen Komfort dieses Luxushotels zu schätzen, schließlich führt das St. Wolfgang Klinik & Hotel nach wie vor die Spitze der Hotellandschaft in Bad Griesbach an.

Bewertung: ●●●◖ ◐ ↗

MAXIMILIAN
(Innenstadt)
Kurallee 1
94086 Bad Griesbach
Telefon: 0 85 32-795-0
Internet: www.quellness-golf.com
E-Mail: maximilian@quellness-golf.com
Direktorin: Irene Mayer-Jobst
DZ ab € 166,00

Ganz selbstverständlich wird für sich in Anspruch genommen, das erste Haus am Platz zu sein. Wir können diese Selbsteinschätzung allerdings nicht teilen. Hauptsächlich deshalb nicht, weil hier bislang die Service- und Dienstleistungsbereitschaft der Mitarbeiter nicht durchgängig zu überzeugen vermochte. Bereits seit einigen Jahren weisen wir an dieser Stelle darauf hin, dass offensichtlich ein tief liegendes Problem struktureller Art vorliegt. Das bekommt der potenzielle Gast bereits bei der telefonischen Kontaktaufnahme mit dem selbst ernannten Luxushotel zu spüren. So wollten wir mit der Reservierungsabteilung verbunden werden. Es wurde bedauert, es sei nicht möglich, weil diese – wie schon so oft – augenblicklich nicht besetzt sei. Ob der Mitarbeiter selbst denn helfen könne, wollten wir wissen. Er gab zu bedenken, nur Empfangsmitarbeiter zu sein – Begeisterung für den eigenen Beruf klingt anders. Es sollte doch zu den grundsätzlichen Pflichten eines jeden Mitarbeiters in der Hospitality-Branche gehören, sich mit dem eigenen Haus dergestalt auseinanderzusetzen, dass adäquat Auskunft gegeben werden kann. Wir erkundigten uns, welche Zimmer zuletzt renoviert wurden. Das wisse er nicht genau, vermute aber, dass dann eines der Kategorie *Max First Class* gebucht werden müsse. Das ist selbstredend korrekt, uns stellt sich bei allem Mitleid für den jungen Mann jedoch die Frage, wann die Verantwortlichen endlich begreifen, dass jeder im direkten Gastkontakt stehende Mitarbeiter in jedem Fall alle Basisinformationen weitergeben können muss. Zudem ist hier im Maximilian ein Rückversicherungsautomatismus festzustellen, weshalb selbst bei banalsten Anliegen des Gastes grundsätzlich mindestens ein Kollege involviert wird, um nicht selbst eine Entscheidung treffen zu müssen. Man hat noch Glück, wenn dieser dann nicht versucht, wieder seinen Vorgesetzten zu kontaktieren. Das fordert mitunter die Zeit und die Geduld des Gastes. Der Eigentümer der Hotelgesellschaft hält es offenbar nicht für geboten, einen Direktor mit Persönlichkeit und Managementqualitäten zu verpflichten, der nicht nur über entsprechende Gastgeberqualitäten, sondern zudem über die Kompetenz verfügt, Mitarbeitern den selbstständigen Umgang mit Gästen und eigenverantwortliches Handeln zu vermitteln. Denn es ist so, dass die Aufenthaltsdauer der Gäste in einem Leisurehotel wie diesem deutlich länger ist als etwa in einem City-Businesshotel, und da sind nun einmal höhere Ansprüche in Bezug auf Gästebetreuung und Kommunikation mit diesen gefragt. Dass sich ein geübter Gastgeber und gleichzeitig kommunikativer Direktor positiv auf die Stammgästebindung auswirkt, dürfte unbestritten sein. Stattdessen wurde bislang daran festgehalten, Irene Mayer-Jobst nicht nur die Führung dieses Hauses, sondern auch zweier weiterer Häuser, nämlich des Hotels Fürstenhof sowie des Hotels König Ludwig aufzubürden. Vermutlich wird sich daran nach der zwischenzeitlichen Übernahme der Häuser durch die RMCI-Gruppe als Pächter wenig ändern. Einst war diese Aufteilung wohl als Interimslösung gedacht, hat sich aber längst unter dem allmächtigen Gesichtspunkt der Wirtschaftlichkeit etabliert. Denn da wir bei Mayer-Jobst bislang weder eine überdurchschnittliche Kommunikationsbegabung noch besondere Gastgeberqualitäten bewundern konnten, spricht nach unserer Ansicht nur die Wirtschaftlichkeit für dieses Cluster-Management und dies ist unter allen anderen Gesichtspunkten zu kurz gedacht. Kommen wir zu den Hardwarefakten im Maximilian: Bayerischer Luxus und Eleganz wird den Gästen dieser vermeintlichen Nobelherberge versprochen. Bei Lichte betrachtet können wir dieser Selbsteinschätzung nur bedingt folgen. Die meisten der insgesamt 216 Zimmer und Suiten lassen sich eher der einfacheren First-Class-Kategorie zuordnen. Immerhin verfügen diese über eine Mindestgröße von 30 Quadratmetern und bieten damit zugegeben reichlich Platz. Während jene der Kategorie *Comfort Class* ein wenig altmodisch wirken, sind die *Max-First-Class*-Zimmer immerhin stilistisch auf der Höhe der Zeit. Der Preis beinhaltet grundsätzlich das tägliche Frühstück, die Nutzung der

Max-Therme sowie ein Begrüßungsgetränk. Über die Größe des Wellnessbereiches scheint kein Konsens zu herrschen, denn die Angaben schwanken zwischen 1.800 und bis zu 2.500 Quadratmetern. Eines ist zumindest sicher, neben einem Thermalinnen- und Sportaußenbecken sowie einem Saunabereich mit finnischer Sauna, Sanarium und Aromadampfbad sind auch eine Schneegrotte und ein Ruheraum vorhanden. Die Hotelgruppe betreibt den nach eigenen Angaben größten Golfparcours vor Ort. Gäste des Hauses erhalten auf die Greenfee eine Ermäßigung von 20 Prozent und können einen Shuttleservice zu allen Plätzen des Resorts nutzen. Sicherlich bestehen im Maximilian nur dann gute Ausgangsbedingungen für einen Kurzurlaub, sofern die Bereitschaft besteht, teilweise Abstriche beim Zimmerprodukt zu machen und gelegentliche Serviceschwankungen hinzunehmen.

Bewertung: ● ● ●

BAD HOMBURG Hessen

STEIGENBERGER
Kaiser-Friedrich-Promenade 69–75
61348 Bad Homburg
Telefon: 06172 -181-0
Internet: www.steigenberger.com
E-Mail: reservations@bad-homburg.steigenberger.de
Direktor: Michael Kain
DZ ab € 135,00

Dieses Steigenberger direkt am Kurpark – unweit der Bad Homburger Spielbank – ist seit einigen Jahren wieder in Hochform. Die Zimmer und Suiten sind nach wie vor auf der Höhe der Zeit, auch wenn die Masterrenovierung des Hotels mehr als fünf Jahre zurückliegt. Sie strahlen durch Erdfarben und Farbakzente Wärme sowie Behaglichkeit aus und werden in die Kategorien *Superior*, *Deluxe* und Suite eingeteilt. Ob ihrer

Größe von 32 Quadratmetern würden wir eine Empfehlung für die *Deluxe*-Zimmer aussprechen, zumal diese teilweise einen sehr schönen Parkblick ermöglichen. Die Qualität eines Hauses sollte nicht nur an der Hardware, also an der Ausstattung und seinem Zimmerangebot gemessen werden, sondern vor allem an der Service- und Dienstleistungsqualität. Vor allem in dieser Beziehung bekleidet das Steigenberger seit Jahren wieder die Spitzenposition. Seit Sommer 2020 steht diesem First-Class-Businesshotel mit Michael Kain ein renommierter Manager vor. Kain führte zuletzt äußerst erfolgreich zwei Flaggschiffe des Konzerns, das Parkhotel Düsseldorf sowie das Grandhotel Petersberg & Spa. In beiden Häusern begleitete er Renovierungsprozesse mit anschließender Repositionierung auf den jeweiligen Märkten. Auch in Bad

Homburg, da sind wir uns sicher, wird er es verstehen, Potenziale vollends auszuschöpfen, aber zudem alles daransetzen, dieses Steigenberger wieder zu „dem" beliebtesten gesellschaftlichen Treffpunkt zu entwickeln. Nicht nur das Haus, sondern auch den hiesigen Markt kennt er bestens, war er hier doch vor einigen Jahren schon einmal tätig. Kain ist ein Vollbluthotelier, ein Direktor wie aus dem Bilderbuch, der die gesamte Klaviatur eines formvollendeten Gastgebers beherrscht. Für die Steigenberger-Hotelgruppe ist er mittlerweile seit mehr als 35 Jahren tätig und führte für diese zahlreiche Häuser an teilweise nicht einfachen Standorten. Dank der ausgeprägten Sozialkompetenz Kains ist die Mitarbeiterzufriedenheit unter ihm hoch, was sich wiederum merklich auf das allgemeine Betriebsklima und damit auf die Service- und Dienstleistungsbereitschaft auswirkt. Bei unserem letzten Besuch hatte er uns von zahlreichen Konzepten und neuen Ideen wie der Kooperation mit dem Management von Tennisstar Angelique Kerber berichtet. Nunmehr tritt man mittlerweile als Hauptsponsor und als Turnierhotel für das jährliche Sommerturnier in Bad Homburg auf. Ursprünglich für 2020 geplant, dann wegen der Coronapandemie abgesagt, fand es im vergangenen Jahr erstmalig statt. Der Werbeerfolg dadurch war hervorragend. Ganz oben auf Kains Projektliste steht nun ein neuer, circa 300 Quadratmeter großer Spa, den er am liebsten mit Pool realisieren würde. Als erfahrener Manager weiß er natürlich selbst, dass ein solcher bei einem Haus dieses Zuschnitts mit großer Wahrscheinlichkeit nicht kommen wird, was vielschichtige Gründe hat. In jedem Fall, davon ist Kain überzeugt, würde ein derartiger neuer Spa den Gästemix zwischen Business- und Leisuresegment nochmals neu, und zwar in Richtung von mehr touristisch motivierten Übernachtungen verändern. Aktuell kann den Gästen lediglich ein kleiner Freizeitbereich mit finnischer Sauna sowie einem Fitnessraum geboten werden. Gastronomisch ist aber noch etwas Luft nach oben zu konstatieren. Für das Ritter's Bar & Restaurant konnten wir stets eine Empfehlung aussprechen, war man doch bereits auf einem sehr guten Weg. Aufgrund der Coronapandemie war die Karte zuletzt deutlich reduziert, was mittlerweile jedoch geändert wurde, sodass den Gästen wieder ein deutlich umfangreicheres kulinarisches Angebot zur Verfügung steht. Bislang fanden sich in der kleineren Karte lediglich Klassiker wie der Caesar-Salat, das Clubsandwich, das Wiener Schnitzel oder ein Filetsteak. Nach wie vor darf dieses Steigenberger als die erste Adresse der Kurstadt Bad Homburg gelten und in Anbetracht der Lage am Kurpark, des zeitgemäßen Zimmerproduktes, der Gastronomie und der Service- und Dienstleistungsqualität lässt sich eine uneingeschränkte Empfehlung für dieses Haus aussprechen.

Bewertung:

BAD PETERSTAL-GRIESBACH Baden-Württemberg

DOLLENBERG
(OT Griesbach)
Dollenberg 3
77740 Bad Peterstal-Griesbach
Telefon: 0 78 06-78-0
Internet: www.dollenberg.de
E-Mail: info@dollenberg.de
Inhaber: Meinrad Schmiederer
DZ ab € 386,00

In der Coronapandemie zählen Leisurehotels wie der Dollenberg im Hochschwarzwald zu den absoluten Gewinnern. Vor allem auch deshalb, weil hier die Melange aus Wellness, Kulinarik und Möglichkeiten der aktiven sowie passiven Freizeitgestaltung erstklassig ist. Es lassen sich somit beste Rahmenbedingungen sowohl für einen Genuss- und Erholungs- als auch für einen Aktivurlaub vorfinden. Im Trend liegt seit Jahren, den Urlaub auch einmal im eigenen Land zu verbringen, und das nicht erst seit der Coronapandemie. Nicht zuletzt begeisterte Berichte, Fotos und Videos ausländischer Social-Media-Nutzer und Deutschlandurlauber machen Deutsche darauf aufmerksam, dass im eigenen Land zahlreiche lohnenswerte Urlaubsziele zu finden sind. Das Image von Schwarzwald, Neuschwanstein und Mosel als Ziel von rentnerlastigen Kegeltruppen im Reisebus ist verschwunden, seitdem ausländische Influencer von Selfies vor Burgen, Schlössern und idyllischen Bergpanoramen gar nicht genug bekommen können. Von diesem unter anderem auf Deutsche ausstrahlenden Imagewandel profitiert natürlich ebenfalls dieses Luxushotel. Es zählt zu den Häusern, die vorbildlich unter Beweis gestellt haben, dass es möglich ist, alle Coronavorgaben der jeweiligen Landesregierung wie die 2G+-Regel zu beachten und dabei alles daranzusetzen, dass der Gast während seines Aufenthalts keine nennenswerten Abstriche – kein Wortspiel beabsichtigt – hinnehmen muss, um in diesen Zeiten einen unbeschwerten und vor allem relativ sicheren Aufenthalt auf dem Dollenberg zu verbringen. Hotelchef Meinrad Schmiederer hat mit durchdachten und nachhaltigen Konzepten sein Haus über die vielen Jahre seiner Verantwortlichkeit zukunftsfähig aufgestellt. Seine zahlreichen guten Entscheidungen und Investitionen haben dazu beigetragen, dass der Dollenberg unter den besten Leisurehotels deutschlandweit rangiert. So hat sich Schmiederer bereits vor dem allgemeinen Wellnesshype der vergangenen 20 bis 25 Jahre mit dem Thema Health Care & Beauty auseinandergesetzt und es in sein Gesamtkonzept integriert. Der 4.500 Quadratmeter große Spa mit Innen- und Außenbereich wurde kontinuierlich erweitert und das Angebot immer wieder modifiziert. Der Badebereich verfügt über fünf Pools, die bis auf einen mit Mineralwasser befüllt sind, für das die Region bekannt ist, ergänzt durch ein Solebad. Erfreulicherweise kann das Außenschwimmbad ganzjährig genutzt werden. Auch die Saunalandschaft begeistert mit ihren fünf unterschiedlich temperierten Saunen, den zwei Dampfbädern sowie dem Kneipp-Tretbecken. Der großzügig gestaltete Fitnessbereich ist mit modernen Cardio- und Krafttrainingsgeräten ausgestattet. Und selbstverständlich darf ein Beauty-Spa mit einem breiten Spektrum an Kosmetik- und Massagetreatments nicht fehlen. Der Aufenthalt kann zudem mit einem medizinischen Check-up verbunden werden. Auch hier geht der Hotelchef mit der Zeit, denn im Haus befindet sich die Arztpraxis Schindler Privé, die ihr ärztliches Spektrum mit „integraler Premium-Medizin" umschreiben. Möglich ist ein sportmedizinischer oder auch ein internistischer Präventionscheck. Gegen die Zeichen des Alterns kann sich der Gast eine Dosis Hyaluronsäure oder Botulinumtoxin spritzen lassen. Über solche Maßnahmen lässt sich natürlich ebenso trefflich streiten wie über Geschmack, was nicht zuletzt für den Stil der Zimmer und Suiten gilt, die im gediegenen Landhausstil designt wurden. Sie sind entweder zum Weinberg oder zur Talseite ausgerichtet und bieten bereits in der untersten Kategorie mit 28 Quadratmetern mehr als ausreichend Platz. Die Suiten, die auf dem neuesten Renovierungsstand sind, befinden sich laut Schmiederer „auf der Höhe der Zeit". Diese sind teilweise mit einem eigenen Kamin oder Whirlpool ausgestattet. Es ist ganz offensichtlich, dass mit dem Zimmerprodukt ganz gezielt eine eher konservative Gästeklientel angesprochen werden soll. Hervorragend und über alle Altersgruppen hinweg auf Zustimmung treffend ist sicherlich die Gastronomie des Hauses. Das Gourmetrestaurant Le Pavillon unter der Leitung von Martin Herrmann zählt seit vielen Jahren zu den kulinarischen Hotspots der Region, denn der Guide Michelin adelt es regelmäßig mit zwei Sternen. Diese Ehre wurde in diesem Jahr bundesweit nur 46 Restaurants zuteil. Alternativ steht dem Gast die Kaminstube zur Auswahl, in welcher eine authentische badische Küche serviert wird. Zahlreiche Gäste buchen ihren Aufenthalt mit Halbpension, welche ein Sechs-Gänge-Dinner beinhaltet. Hierfür werden pauschal 50 Euro berechnet. Gut zu wissen, dass das Parken auf dem Hotelgelände ohne Kosten bleibt. Für den Stellplatz in der Garage werden pro Tag allerdings 16 Euro aufgerufen.

Bewertung: ●●●◖

BAD ZWISCHENAHN Niedersachsen

JAGDHAUS EIDEN
(OT Aschhauserfeld)
Eiden 9
26160 Bad Zwischenahn
Telefon: 0 44 03-6 98-0 00
Internet: www.jagdhaus-eiden.de
E-Mail: info@jagdhaus-eiden.de
Inhaber: Familie zur Brügge
DZ ab € 135,00

Es ist noch gar nicht so lange her, als wir an dieser Stelle vor allem das sichtbar angejahrte Zimmerprodukt des Hotels Jagdhaus Eiden monierten. Aus der eigenen Wahrnehmung heraus, keine ernst zu nehmenden Mitbewerber zu haben, war die Motivation bis vor einigen Jahren vermutlich nicht allzu groß, erhebliche Geldmittel für grundlegende Erneuerungen aufzuwenden. Hinzu kam der allgemeine Niedergang des gesundheitsorientierten Kurwesens in Deutschland, das im Zuge des demografischen Wandels und des aus der zunehmenden Überalterung resultierenden Ökonomisierungszwangs bei den Krankenkassen stark zu leiden hat. Bis Ende der 1990er-Jahre ist unter anderem die Zahl der ambulanten Vorsorgeleistungen der Krankenkasse um 80 Prozent gesunken. Von dieser Klientel profitierte man in einem Kurort wie Bad Zwischenahn und somit auch im Jagdhaus Eiden über mehrere Jahrzehnte hinweg mehr oder weniger direkt. Die Zeiten, in denen rüstige Senioren hier in der überwiegenden Zahl kurten und Heilbehandlungen genossen, sind definitiv vorbei. Und in Anbetracht der Tatsache, dass Bad Zwischenahn das Gegenteil eines glamourösen Kurortes ist, in dem eine wohlsituierte Klientel schon einmal ihren Jahresurlaub verbringt, war es geboten, im Hotel die entsprechenden Rahmenbedingungen für eine anspruchsvollere Zielgruppe zu schaffen, um sich zukunftsfähig aufzustellen. Zudem überzeugten weder das Freizeit- noch das Kulturangebot dieses Kurortes für sich genommen ein zahlungskräftigeres Publikum. Die hiesigen Golfplätze sowie der 14 Hektar große „Park der Gärten", ein Relikt der Landesgartenschau 2002 unweit des Hotels, einmal ausgenommen. Shoppinglaune mag in Anbetracht des Angebotes im Zentrum des Ortes nur aufkommen, wenn man wie überall in norddeutschen Ferienorten die üblichen Angebote an Funktionskleidung, Windjacken und maritimem Kitsch zu schätzen weiß. Familie zur Brügge hat daher nun ihre Hausaufgaben gemacht, denn es erfolgten in den vergangenen Jahren umfangreiche Investitionen, unter anderem in die Zimmer und Suiten, aber auch in Erweiterungsmaßnahmen im Wellnessbereich, sodass wieder zu Konkurrenzprodukten anderer deutscher Traditionskurhotels mit Wellness- und Gourmetangebot aufgeschlossen werden konnte. Ein Pluspunkt ist zudem das nur zwanzig Kilometer entfernte Stadtzentrum der 170.000-Einwohnerstadt Oldenburg, das mit dem Pkw, der Deutschen Bahn oder per geliehenem Fahrrad erreicht werden kann. Dort ist das kulturelle Angebot hervorragend. Neben

Klassikern wie einem Schlossmuseum, einem historischen Naturkundemuseum mit Moorleichen und prähistorischen Artefakten oder Kunstsammlungen im Augusteum oder im Prinzenpalais ist das futuristische Horst-Janssen-Museum ein Besuchermagnet. Letzteres ist ganz dem hier aufgewachsenen Grafikkünstler gewidmet, dessen Werke seit den 1960er-Jahren weltweit zu Lieblingen von Kunstexperten, Sammlern und einem breiten Publikum wurden. Auch das Oldenburgische Staatstheater mit seinen drei Spielstätten sowie mehrere private Bühnen, darunter zwei Spielstätten des deutschlandweit bekannten Figurentheaters Laboratorium, sind lohnende Ziele. Die Fußgängerzone der Innenstadt mit ihren zahlreichen historischen Straßenzügen samt Boutiquen, Cafés, Restaurants und Kaufhäusern lädt zum Bummeln ein. Bad Zwischenahn selbst hat eine Spielbank zu bieten, die in die Anlage des Hotels Jagdhaus Eiden integriert ist, die aber bei dem einen oder anderen Gast ein Gefühl der Ernüchterung und Enttäuschung auslösen könnte, denn sie ist so etwas wie der nüchterne Gegenentwurf zu den historischen Spielbanken in mondänen Kurorten wie Baden-Baden oder Bad Homburg. Dennoch, das Jagdhaus Eiden mit seinem guten Wellness- und Gastronomieangebot – immerhin mit einem Michelin-Stern-prämierten Gourmetrestaurant – und nicht zuletzt mit der exponierten Lage direkt am Zwischenahner Meer, einem Binnensee mit einer 550 Hektar großen Wasserfläche, kann seit den jüngsten Investitionen insgesamt wieder empfohlen werden. Vor allem deshalb, weil das Zimmerprodukt zwischenzeitlich entweder einer Komplettrenovierung oder zumindest einer erweiterten Auffrischung unterzogen wurde. Wir empfehlen in Anbetracht der Tatsache, dass diese Maßnahmen über einen längeren Zeitraum erfolgten, bei einer Reservierung den individuellen Renovierungsstand zu erfragen. Der Wellnessbereich kann sich im Hinblick auf sein Gesamtangebot durchaus mit renommierten Wellnesshotels in Deutschland messen, auch wenn er vergleichsweise klein ausfällt. Ein Schwimmbad mit Gegenstromanlage sowie ein Sanarium, eine finnische Sauna, ein Dampfbad, Erlebnisduschen, Wärmebänke sowie verschiedene Ruhezonen mit Wasserbetten konnten integriert werden. Im Außenbereich stehen ein beheizter Pool, ein Whirlpool sowie eine Außensauna und natürlich Liegeflächen zur Verfügung. Das erwähnte Gourmetrestaurant Apicius ist für Gourmets der nahezu einzige Anlaufpunkt in dieser Region. Chef de Cuisine ist seit 2014 Tim Extra. Ihm ist es gelungen, mehrfach in Folge einen der begehrten Michelin-Sterne zu sichern, die international wohl bedeutendste Auszeichnung der Spitzengastronomie. Somit kann das Jagdhaus Eiden in der Region ein echtes Alleinstellungsmerkmal vorweisen.

Bewertung: 🔵🔵🔵

BADEN-BADEN Baden-Württemberg

BELLE EPOQUE
(Innenstadt)
**Maria-Viktoria-Straße 2c
76530 Baden-Baden
Telefon: 0 72 21-3 00 66-0**
Internet: www.hotel-belle-epoque.de
E-Mail: info@hotel-belle-epoque.de
Inhaber: Familie Rademacher
DZ ab € 239,00

Bereits seit Jahrzehnten sind die beiden ebenso pittoresken wie luxuriösen Hideaways der Familie Rademacher Institutionen in Baden-Baden. In fast direkter Nachbarschaft zum legendären Brenners Park-Hotel erfüllen sich hier Edeltraut und Norbert Rademacher ihren Traum vom eigenen Hotel auf Spitzenniveau. Zunächst eröffneten sie in den 1980er-Jahren den Kleinen-Prinzen, dessen gleich neben der neugotischen Evangelischen Stadtkirche befindliches Gebäude ein Schmuckstück aus der sich architektonisch deutlich am nahen Frankreich orientierten Gründerzeit ist. Mit seiner detailverliebten Fassade ist es schon von außen ein Hingucker. Die Idee, den stilistischen Detailreichtum der Fassade auch auf Zimmer und Suiten des Hauses zu übertragen, erwies sich als Erfolgskonzept, denn individuell ausgesuchte Antiquitäten in jedem Zimmer und der konsequente Verzicht auf Standardmobiliar aus Hotelausstatterkatalogen schafften ein einmaliges Interieur. Verbindendes Element sind Motive aus dem weltberühmten kleinen Prinzen von Antoine de Saint-Exupéry, die überall im Hotel und als großes Wandbild an einer Außenwand auftauchen. Mit dem Hotel Belle Epoque wurde das Konzept aufgegriffen, denn als man wenige Jahre später eine großbürgerliche Villa in der Nähe erwerben konnte, verfeinerte man es für die höheren, großzügigen Räume und griff gleichzeitig die luxuriöse private Atmosphäre des historischen Gebäudes auf. Der Verzicht auf einen klassischen Rezeptionstresen und der stattdessen eingeführte Check-in an einem großen Tisch am Fuße der herrschaftlichen Treppe zum ersten Stock des Hauses setzte einen Akzent auf den intimen Charakter des Belle Epoque, das dabei gleichzeitig wesentlich repräsentativer wirkt als der städtebaulich in den Straßenblock integrierte Kleine Prinz. Im Belle Epoque logiert man in einem frei stehenden, villenartigen Gebäude mit ebenfalls eindeutig französischen Anklängen in der Architektur. Ein tiefgreifender

Umbau zu einem Hotel ist kaum zu erkennen, nicht nur durch die fehlende Rezeption. Auch die Salons im Erdgeschoss werden genau so genutzt, wie sie immer verwendet wurden – als Speise- und Wohnsalons mit Ausblick zum zugehörigen Garten der Villa. Der Lockdown wurde genutzt, einen bisher nicht vorhandenen Besprechungsraum einzurichten – ein kleines, aber attraktives Angebot für Gäste, die zwi-

schendurch einen geschäftlichen Termin oder ein Treffen organisieren möchten, ohne dafür in die eigene Suite bitten zu müssen. Zudem wurden dank der coronabedingten Leerzeiten andere Bereiche erneuert und renoviert, etwa die Salons und der herrliche Treppenaufgang. Selbst die Terrasse konnte gefliest und der Sandstein an den Treppen restauriert werden. Ein Restaurant existiert nicht. Hier wird auf das feine und französisch inspirierte Restaurant im Kleinen Prinzen verwiesen. Das Frühstück und der tägliche High Tea am Nachmittag mit hausgemachten Scones und Kuchen werden jedoch in den Salons des Belle Epoque serviert. Beides ist im Übrigen bereits in die Zimmerrate inkludiert. Im Sommer kann dies auf der vorgelagerten Terrasse und im Garten der Villa geschehen, der mit auf dem Rasen verteilten Liegestühlen zum Entspannen rund um den kleinen Springbrunnen in seiner Mitte einlädt. Die symmetrisch angelegten und teilweise buchsbaumgesäumten Wege im Garten sowie die Auffahrt und der benachbarte Parkplatz sind mit losem Kies bedeckt, was die Atmosphäre auch im Freien privat und luxuriös wirken lässt. Hauptcharakteristikum des Belle Epoque ist jedoch sein vollumfänglicher Service, denn livrierte Mitarbeiter agieren professionell und aufmerksam für die Gäste – wie individuell abgestellte Butler. Sie sind dabei gleichzeitig omnipräsent und unsichtbar, je nachdem, ob die Gäste einen Wunsch haben oder ungestört sein wollen. Dass hierbei fast ausschließlich männliche Angestellte zu Diensten sind, erleichtert es den Gästen, körperlich anstrengende Serviceleistungen wie das Ausladen des Gepäcks dem Personal zu überlassen. Zudem steht im Haus rund um die Uhr einer der Concierges zur Verfügung, einige sogar Mitglied bei der elitären Organisation der „Les Clefs d'Or", der traditionsreichen Gilde der Concierges der Luxushotellerie mit weltweit nur 3.000 Mitgliedern. Kein Wunder also, dass ein perfekter Service nicht nur eine Frage des Verständnisses der Concierges von ihrem Beruf, sondern geradezu eine Frage der Ehre ist. Sie geben der eleganten Hülle dieses kleinen und exklusiven Luxushotels erst die Seele und Hoteliers wie die Familie Rademacher haben dies immer verstanden. Schließlich hatte das inzwischen leider verstorbene Familienoberhaupt Norbert Rademacher in den 1970er- und 1980er-Jahren einen Managerposten im New Yorker Waldorf Astoria inne. Bewundernswert, wie es der Familie Rademacher gelungen ist, die Servicequalität sowie das edle und gleichzeitig wohnliche Ambiente der beiden Boutique-Hotels miteinander zu verbinden und so zwei Ausnahmeprodukte zu schaffen. Beide Häuser sind in den 21 Jahren des Erscheinens dieses Hotel Guide ununterbrochen eine uneingeschränkte Empfehlung geblieben, wenn man nach einer Adresse abseits der klassischen Grandhotels sucht und sich, ohne in Bezug auf Luxus und Ambiente Abstriche hinnehmen zu müssen, das gewisse Extra an Intimität und Exklusivität wünscht. Das Belle Epoque bietet dabei ein noch herrschaftlicheres Zimmerprodukt und mit den Salons im Erdgeschoss, dem parkartigen Garten und den hohen historischen Räumen das gegenüber dem Kleinen Prinzen noch einmal exklusivere Angebot. Und wer etwas Glück hat, trifft gelegentlich auf die Seniorchefin Edeltraut Rademacher, die in der Familienvilla gleich nebenan wohnt und nach wie vor regelmäßig in dem von ihr persönlich so wunderbar ausgestatteten und gestalteten Hotel nach dem Rechten schaut.

Bewertung: ●●●◖ ◐

BRENNERS PARK-HOTEL & SPA
(Innenstadt)
Schillerstraße 4–6
76530 Baden-Baden
Telefon: 0 72 21-9 00-0
Internet: www.brenners.com
E-Mail: info@brenners.com
Direktor: Henning Matthiesen
DZ ab € 498,00

Das Brenners Park-Hotel als zur Oetker-Collection zählende Hotellegende ist ein Grandhotel von Weltruf. „Luxus ist Service!" war und ist Leitmotiv sowie Markenkern dieses Traditionshauses mit seiner mittlerweile 150-jährigen Geschichte. Um diesem Motto auch rund um die Uhr gerecht werden zu können, ist eine entsprechende Personaldichte notwendig. Hier sind für den Gast augenblicklich ungefähr 260 Mitarbeiter tätig. Und mit Henning Matthiesen, dem geschäftsführenden Direktor, steht dem Haus seit Januar 2020 erfreulicherweise eine Persönlichkeit vor, die mit ihrer Expertise neue Impulse gibt. Matthiesen bringt die notwendige Erfahrung aus der Spitzenhotellerie mit, führte er doch unter anderem Prestigehotels wie das Grandhotel Heiligendamm oder das Excelsior Ernst in Köln. Gleich zu Beginn seiner Tätigkeit für dieses Haus stand der neue Direktor vor der Herausforderung, wie mit einer Pandemie umzugehen ist. Daher musste der smarte Manager kurzfristig auf sich verändernde Bedingungen reagieren und dabei manchmal bewährte Konzepte über Bord werfen. Die gesamte Hotellerie klagt seit Längerem darüber, dass viele Mitarbeiter die Branche verlassen, was vielschichtige Gründe hat. Die  augenblickliche Situation hat das Problem nochmals verschärft. Im Brenners Park-Hotel & Spa gab es diesbezüglich erfreulicherweise keine Probleme. Das könnte auch an dem besonders guten Betriebsklima liegen. In Anbetracht dessen, dass internationale Privatreisende einen nicht unerheblichen Anteil der Gäste ausmachen, musste sich Matthiesen eher darüber sorgen, dass sich die augenblickliche Coronakrise signifikant auf deren Reiseverhalten auswirken könnte. Nicht zuletzt auch deshalb, weil die Bundesländer aufgrund des föderalen Systems unterschiedliche Bestimmungen erließen, was bisweilen zur Irritation und Verunsicherung der Gäste beigetragen hat. Zu beobachten ist, dass Buchungen derzeit nicht langfristig erfolgen, sondern meist spontan. Darauf ist man aber eingestellt. Die Entscheidung im vergangenen Jahr, das Haus vorübergehend zu schließen, war von Matthiesen wohlüberlegt, denn seiner Überzeugung nach sei es aufgrund der Hygiene- und Abstandsregeln nicht möglich gewesen, den Gästen die gewohnten Annehmlichkeiten und Serviceleistungen zu bieten. Eine herausragende Dienstleistungskultur und ein rückhaltlos perfekter Service sind nun einmal das Alleinstellungsmerkmal dieses Luxus- und Grandhotels. Anfang Juni letzten Jahres konnte aber wieder in den Regelbetrieb übergegangen werden. Herausragend ist nach wie vor die Gastronomie, der im Brenners stets ein hoher Stellenwert zukommt. Kreative Kochkünstler wie Andreas Krolik oder Paul Stradner, die beide für ihre Haute Cuisine mit zwei Michelin-Sternen ausgezeichnet wurden, waren hier tätig. Mit dem Restaurant Fritz & Felix wurde vor ein paar Jahren ein neues gastronomisches Konzept etabliert, mit dem sich nunmehr breiter aufgestellt und ein wenig die Hemmschwellen abgebaut werden konnten, um somit vermehrt externe Gäste ansprechen zu können. Statt einer klassischen Haute Cuisine wird nach eigenen Angaben eine „weltoffene Küche" geboten. Im 5.000 Quadratmeter großen Spa, der sich über zwei Ebenen erstreckt, wird dem Gast eine Saunalandschaft mit unterschiedlich temperierten Saunen, Ruhebereichen und Erlebnisduschen geboten. Im großen Pool zieht man seine Bahnen mit Blick auf den Privatpark. Es gab Überlegungen – wie bereits in der Vergangenheit –, erneut eine exklusive Private-Spa-Suite einzurichten, obgleich sich vorerst dagegen entschieden wurde. Wohl auch, weil bereits drei Luxus-Spa-Suiten im Portfolio sind, die immerhin über ein eigenes Wellnessbad mit finnischer Sauna und Dampfbad verfügen. Während die teilweise mit Antiquitäten ausgestatteten Zimmer und Suiten im Hauptgebäude klassisch-elegant daherkommen, sind diejenigen in der Villa Stéphanie im zeitgemäßen Chic unter Verzicht auf jegliche Stilelemente eingerichtet, die auf die Zeiten vor der Bauhausepoche als Initialzündung der internationalen Moderne verweisen könnten. Seinen Aufenthalt mit einem internistischen oder einem sportmedizinischen Check-up zu verbinden, ist ebenso möglich, wie sich einem ästhetisch intendierten Eingriff zu unterziehen. Auf dem Gelände, im Haus Julius, befinden sich Privatpraxen, unter anderem für integrale Naturheilkunde und ästhetische Medizin- und Zahnheilkunde. Wer sich für das Brenners Park-Hotel im immer noch mondänen Baden-Baden entscheidet, der schätzt vorwiegend das kultivierte Service- und Dienstleistungsniveau. Zu den Standards zählen Valet Parking, Hilfe beim Gepäck, Begleitung des Gastes zu seinem Zimmer, 24-Stunden-Etagen- sowie Schuhputzservice. Das Concierge-Team ist Ansprechpartner für alle großen und kleinen Wünsche und steht den Gästen beratend zu Seite. Die Zimmer und Suiten werden regelmäßig einer Revision unterzogen und sind somit ausnahmslos in einem hervorragenden Pflegezustand. Dem traditionellen Status des Hauses entsprechend gibt es noch klassische Einzelzimmer, die aber mit 26 Quadratmetern doch recht großzügig bemessen sind. Wenn der Aufenthalt besonders luxuriös sein darf, dann bucht man eine der Suiten. Für Gäste, die mit großer Entourage reisen, bietet sich die 600 Quadratmeter große Parkvilla an. Diese erstreckt sich über drei Etagen und verfügt über sechs Schlafräume, sechs Bäder, drei Wohn- und Arbeitsbereiche, Balkone sowie eine eigene Terrasse. Außerdem besteht direkter Zugang zum Wellness- und Fitnessbereich in der Villa Stéphanie. Wer einen beruflich oder privat initiierten Aufenthalt in Baden-Baden plant und bei Service, Gastronomie, Wellness und Lage keine Abstriche hinnehmen möchte, für den ist das Brenners Park-Hotel als ein Juwel der deutschen Luxushotellerie nach wie vor die erste Wahl.

Bewertung: ●●●●(● ↗

> **HINWEIS:**
> *Die Recherche wurde nach bestem Wissen und Gewissen durchgeführt. Es besteht trotzdem die Möglichkeit, dass Daten falsch oder überholt sind. Eine Haftung kann auf keinen Fall übernommen werden. Wir weisen darauf hin, dass es sich bei den geschilderten Eindrücken oder Erlebnissen um Momentaufnahmen handelt, die nur eine subjektive Beurteilung darstellen können.*

DER KLEINE PRINZ
(Innenstadt)
Lichtentaler Straße 36
76530 Baden-Baden
Telefon: 0 72 21-3 46 60-0
Internet: www.derkleineprinz.de
E-Mail: info@derkleineprinz.de
Inhaber: Familie Rademacher
DZ ab € 191,00

Der Kleine Prinz mit seinen insgesamt 40 Zimmern und Suiten, der genau wie das nur wenige Schritte entfernt liegende Belle Epoque der Hoteliersfamile Rademacher gehört, ist ein Boutique-Hotel der Spitzenklasse. Es ist eines der Häuser, das bei einem geplanten Baden-Baden-Aufenthalt in jedem Fall immer in die engere Wahl genommen werden sollte. Überall sind Reminiszenzen an die Geschichte des Kleinen Prinzen von Antoine de Saint-Exupéry sichtbar. Gründer Norbert Rademacher, ein ehemaliger internationaler Hotelmanager, der, bevor er mit seiner Familie zurück nach Deutschland kam, zuletzt für das Waldorf Astoria in New York tätig war, kaufte in den 1980er-Jahren dieses Gebäude in der Baden-Badener Innenstadt und entwickelte es zu einem kleinen Hideaway, welches sich durch eine herausragende Service- und Dienstleistungskultur auszeichnet. Der Kleine Prinz ist dabei das Stammhaus des zwei Häuser umfassenden Portfolios der Rademachers, denn im Obergeschoss befand sich einst die nunmehr zu einer großen Suite umfunktionierte Wohnung der Familie. Das Ehepaar teilte sich die Aufgaben beim Aufbau dieses heutigen Hotelklassikers in Baden-Baden. Edeltraud Rademacher war unter anderem komplett für das Interieur verantwortlich, ihr Ehemann für Leitung und Management. Man entschied sich von Anfang an dazu, die Zimmer mit Antiquitäten verschiedener Epochen auszustatten. Aufgrund der fehlenden Möglichkeiten, einen adäquaten Wellnessbereich in das Gebäude zu implementieren, war die Idee, die Bäder der Juniorsuiten und Suiten mit einer Whirlwanne auszustatten, um trotz der begrenzten Größe ein gewisses Extra an Luxus in das Hotelkonzept zu integrieren. In Anbetracht der Tatsache, dass es sich um ein Gebäude handelt, das nicht unter der Prämisse geplant wurde, ein Hotel zu betreiben, sondern ursprünglich als Wohngebäude genutzt wurde, verfügen einige der Zimmer bis heute über große Tageslichtbäder. Sohn Andreas Rademacher übernahm im Laufe der Zeit immer mehr Aufgaben bis hin zur operativen Führung von seinem später erkrankten und mittlerweile verstorbenen Vater. Ihm gelang es, den Kurs zu halten, aber auch neue Akzente zu setzen. Schwester Melissa unterstützte ihn bis vor ein paar Jahren und führte als Direktorin das Schwesterhaus Belle Epoque. Seniorchefin Edeltraud Rademacher ist nach wie vor im Unternehmen tätig und delegiert eine kleine Brigade von Housekeeping-Mitarbeiterinnen, außerdem ist sie für die Erhaltung und Erneuerung 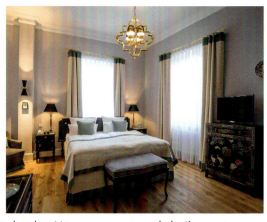 der von ihr entworfenen Zimmer in beiden Häusern verantwortlich. Ihrem strengen und kritischen Blick entgeht nichts, sodass beide Hotels von ihrer Detailverliebtheit profitieren. Entsprechend gut ist der Pflegezustand, auch jener der öffentlichen Bereiche. Vor allem deswegen, weil über die Jahre natürlich regelmäßige Softliftings stattfanden. Zuletzt wurden beispielsweise Matratzen getauscht, Teppichböden durch Parkett ersetzt und eine Lounge sowie das Restaurant neu gestaltet. Zudem wurden drei Bäder renoviert, die nun mit großen, begehbaren Duschen ausgestattet sind, und ein Gros der Klimaanlagen kam in den Genuss einer Erneuerung. Unter der Federführung von Monja Rademacher, der Ehefrau von Andreas Rademacher, wurden drei Zimmer in Abstimmung mit der Seniorchefin konzeptionell ganz neu gestaltet. Das Ergebnis kommt auch bei langjährigen Gästen sehr gut an, denn ihr ist eine Modernisierung ohne Abkehr vom elegant-individuellen Stil des Hauses gelungen. Grundsätzlich ist es so, dass die zahlreichen Stammgäste die romantisch-verspielte Innenausstattung sehr schätzen. Über viele Jahre war der Kleine Prinz passenderweise Mitglied der Vereinigung der „Romantik-Hotels". Dass der Innenhof, der das Haupthaus mit dem Nebengebäude verbindet, nunmehr belebt und in nach Frischluft heischenden Coronazeiten als Außenbereich genutzt wurde, war eine sehr gute Entscheidung. Der Hof wandelte sich folglich zu einer Art Open-Air-Lounge und teilweise zum Außenbereich des Restaurants. Durch diesen konnten externe Gäste hinzugewonnen werden, denn der von schön gedeckten und gut besetzten Restauranttischen belegte Hof ist von der Straße aus bestens einsehbar. Lange war sich Chef Andreas Rademacher nicht sicher, ob dieser Ort, der aus Brandschutzgründen jederzeit freizuräumen ist, von den Gästen auch angenommen würde und ob es gelingen könnte, wie im Restaurant einen brillanten Service zu bieten. Höchste Priorität haben die Speisen, die warm beim Gast ankommen müssen. Der Coronapandemie war es dann geschuldet, dass dieser Abwägungsprozess abgekürzt und die Bewirtschaftung des Außenbereiches kurzfristig umgesetzt wurde. Denn im Sommer 2020, als es noch keine Corona-Impfung gab, wollten die Gäste nicht im Restaurant speisen. Und so wird hier nunmehr bei sommerlichen Temperaturen am Abend die hervorragende französisch inspirierte Küche von Chef de Cuisine Bertold Krieg geboten. In den vielen Jahren seiner Tätigkeit in diesem Haus leistete sich dieser keine handwerklichen Fehler, wie sie Küchenchefs bei zu viel Routine bisweilen unterlaufen können. Beliebte Klassiker bei Krieg sind etwa das Tournedo vom irischen Weiderind mit Gänseleber und Trüffelsauce oder das Medaillon vom Seeteufel in Safransauce und rotem Reis. Und Maître d'hôtel Edgar Vehlgut trägt als Restaurantchef dafür Sorge, dass die perfekten Serviceabläufe genau nach seinen Vorstellungen von seinem Team umgesetzt werden. Das tägliche Frühstück wird im feinen Salon des Restaurants zelebriert. Die hervorragend geschulten Mitarbeiter, die sich mit einer vorbildlichen Aufmerksamkeit um die Gäste kümmern, Kaffee bringen, die Eierspeisen abfragen, machen das Frühstück zu einem kleinen Erlebnis. Ein Gedicht ist das hausgemachte Geflügelleber-Parfait von Küchenchef Krieg, welches regelmäßig auf dem Buffet angeboten wird. Es sind diese kleinen Dinge, die für besondere Erinnerungsmomente bei Gästen sorgen, die genau deswegen wiederkommen. Ein Zimmerservice zählt ebenso zu den selbstverständlichen Serviceleistungen wie die Hilfe beim Gepäck und auf Wunsch auch ein Valet-Parking-Service. Das Frühstück ist wie der Nachmittagstee, zu dem Scones, Clotted Cream, Marmelade und selbst gebackene Kuchen angeboten werden, Teil der Zimmerrate. Vor dem Hintergrund der Vielzahl an positiven Attributen sprechen wir für dieses Schmuckstück der Baden-Badener Spitzenhotellerie eine uneingeschränkte Empfehlung aus.

Bewertung:

MAISON MESSMER
(Innenstadt)
Werderstraße 1
76530 Baden-Baden
Telefon: 0 72 21-30 12-0
Internet: www.hommage-hotels.com
E-Mail: info.maison-messmer@dorint.co
Direktor: Norman Mark
DZ ab € 229,00

Erstmals nach der Eröffnung des Neubaus 2001 unter dem Namen des Traditionshauses Maison Messmer wurde es bis Mitte 2019 grundlegend renoviert. Dank des modern-eleganten Stils – ganz im Geiste der damals in puncto Design und Ausstattung führenden deutschen Traditionskette Dorint – gab es kaum Grund zur Klage über den Zustand, denn die knapp 20 Jahre waren ihm innen wie außen kaum anzusehen. Hochwertige Materialien trugen dazu bei, dass kaum Abnutzungserscheinungen zu bemängeln waren, was insbesondere für den über zwei Ebenen reichenden Wellnessbereich mit seinem 60 Quadratmeter großen Indoor-Pool, den Erlebnisduschen und der Saunalandschaft samt Dampfbädern, klassischer Sauna, Ruhebereichen und Eisbrunnen gilt. Dennoch war die Erneuerung der 141 Zimmer, 11 Suiten sowie eines Luxus-Penthouses mit riesiger Dachterrasse inklusive Pano-

ramablick auf die Stadt ein deutliches und notwendiges Zeichen für einen strategischen Neuanfang. Denn obwohl das Maison Messmer Anfang des Jahrtausends als modernstes Luxushotel des traditionsreichen Weltbades Baden-Baden gestartet war und mit seinem Standort direkt neben Casino, Kurhaus und Theater eine einmalige Lagegunst genießt, konnte sich das Haus in keinem Punkt komplett von den
Mitbewerbern absetzen. Mittlerweile ist mit dem Roomers sogar ein Mitbewerber am Markt angetreten, der eindeutig ein noch moderneres und weitaus innovativeres Design bietet als das Maison Messmer. Da kurz nach dem Abschluss der Renovierung die Coronapandemie über die Welt hereinbrach, ist die Auswirkung dieses geplanten Neustarts natürlich noch nicht abzuschätzen. Ausstattung und Design der Zimmer und Suiten allein werden natürlich nicht dafür sorgen, dass neue Konzepte Wirkung zeigen können. Eher wird das schon durch die Neupositionierung als Teil der Hommage Hotels Luxury Collection von Dorint der Fall sein, mit der im Luxussegment eine eigene Marke etabliert werden soll. Da der Name Dorint international eher weniger bekannt ist als in Deutschland und dort entsprechend weniger vom sehr guten hiesigen Renommee der Marke profitiert werden kann, bleibt abzuwarten, ob der eingeschlagene Weg, eine international ausgerichtete Marke für die Luxushotels der Kette zu etablieren, von Erfolg gekrönt sein wird. Der Name „Messmer" dürfte davon unabhängig nur Eingeweihten und Geschichtskundigen etwas sagen. Bereits ab 1834, also lange, bevor sich Grandhotels als Tummelplatz des Bürgertums und neuer gesellschaftlicher Treffpunkt ihren Namen machten, wurde ein Gästehaus für ein gehobenes Publikum eröffnet, in dem bald auch der spätere deutsche Kaiser Wilhelm I. abstieg und dem Meßmer'schen Haus fortan über Jahrzehnte die Treue hielt. Erhalten ist der historische Malersaal, der größte Veranstaltungssaal mit Platz für bis zu 130 Personen bei Kino- oder Bankettbestuhlung, dessen Gebäudeflügel Ende des 19. Jahrhunderts angebaut wurde, sowie der rückwärtige Anbau im Jugendstil von 1906, der heute zu einem Großteil vom Wellnessbereich belegt wird. Das ursprüngliche Eckgebäude des Maison Messmer wurde jedoch Ende der 1950er-Jahre abgerissen, ohne dass der Platz neu bebaut wurde. Über 38 Jahre blieb das Grundstück im Besitz der Stadt und als Parkplatz und Grünanlage eine untergenutzte Freifläche in zentraler Lage, bevor es ab 1996 durch Dorint neu bebaut und unter Einbeziehung der beiden erhaltenen Anbauten bis 2001 zum neuen Maison Messmer wurde. Nachdem der Versuch, ein Gourmetrestaurant als Zeichen des Anspruchs auf eine Spitzenposition der Baden-Badener Hotellerie erfolgreich zu etablieren, nach einigen Jahren aufgegeben wurde, ist der Fortbestand des stimmungsvollen, rustikalen Restaurants Theaterkeller im Souterrain unter dem Malersaal

umso erfreulicher. Das Maison Messmer bleibt eine absolute Empfehlung für einen Aufenthalt in dieser international beliebten und bekannten Kurstadt, die im Allgemeinen in Deutschland selbst vielleicht bei einigen immer noch als luxuriöses Rentnerparadies mit Kurortcharme falsch eingeschätzt wird. Denn tatsächlich gibt es kaum Destinationen, die ein so breites Portfolio an Attraktionen, historischen Orten

und Freizeitmöglichkeiten zu bieten haben – verbunden mit einem wunderschönen Stadtbild und einmaliger landschaftlicher Lage. Wer das Stadtbild im Panoramablick von der eigenen Terrasse aus genießen möchte, bucht die einmalige Suite im obersten Stockwerk des Gebäudes. Und wer ein Event plant, wird in diesem Luxushotel bestens bedient, denn bei Veranstaltungen und Tagungen stehen neben dem bereits erwähnten Malersaal fünf weitere Tagungsräume zur Verfügung, in denen je nach Bestuhlung jeweils nochmals 20, 30 oder 50 Personen einen Sitzplatz finden. Fassen wir zusammen: In jedem Fall ist Dorint mit dem neuen Hommage-Konzept auf einem guten Weg, nicht zuletzt deswegen, weil dem Service nun wieder der ihm gebührende Stellenwert zukommt.

Bewertung: ●●●◐ ↗

ROOMERS
(Innenstadt)
Lange Straße 100
76530 Baden-Baden
Telefon: 0 72 21-9 01 93-0
Internet: www.roomers-badenbaden.com
E-Mail: info@roomers-badenbaden.com
Direktor: Marcus Scholz
DZ ab € 212,00

Baden-Baden ist nach Meinung vieler Besucher und Touristen, welche dieses ehemalige „Weltbad" einmal besucht haben, eine der am leichtesten zu übersehenden und gleichsam lohnenswertesten touristischen Ziele Deutschlands. Dank des Booms sozialer Medien erhalten zwar viele der üblichen Verdächtigen unter den international bekannten deutschen Destinationen wie Neuschwanstein, Heidelberg oder Rothenburg ob der Tauber seit einigen Jahren zusätzliche Aufmerksamkeit, sind dies doch zumeist die ohnehin seit Jahrzehnten vermarkteten Tummelplätze für Besucher aus aller Welt. Obwohl der Schwarzwald als Ganzes hier durchaus einiges an Aufmerksamkeit erfährt, ist Baden-Baden als Tor zum beliebtesten deutschen Mittelgebirge und Beginn der Schwarzwaldhochstraße bisher bei YouTube und Co. noch nicht Teil der am meisten beachteten Orte. Das liegt sicherlich unter anderem an der großen Nähe zu bekannten Städten wie Straßburg in Frankreich sowie Freiburg und Basel in der grenznahen Schweiz. Bei dieser Vielzahl attraktiver Ziele kann nicht nur aus globaler Perspektive, sondern auch mit deutschem Blick auf die Region das Juwel Baden-Baden leicht übersehen werden. Hinzu kommt, dass Kurorten an sich für deutsche Gäste oft ein etwas verstaubtes Image anhaftet und in diesem Zusammenhang oft fälschlicherweise angenommen wird, das Angebot einer Stadt wie Baden-Baden richte sich ausschließlich an eine wohlhabende, doch vor allem ältere Klientel. Die klassischen Kur- und Grandhotels der Stadt verfestigten dieses Image, obwohl deren Glamour und klassische Eleganz natürlich durchaus auch junge Gäste mit Sinn für Luxus und für das Klassische anzusprechen vermag. Seit 2016 jedoch macht Baden-Baden mit einem hippen Fünf-Sterne-Haus im Stil moderner Metropolenhotels zudem einer jüngeren und nicht konservativen Klientel ein Angebot. Das Roomers ist neben den Häusern in München und Frankfurt, wo es ab 2022 sogar ein zweites Roomers geben soll, und den zugehörigen Häusern Bristol, The Pure und Gekko House in Frankfurt am Main sowie dem Provocateur in Berlin Teil der Frankfurter Gekko Group. Mit ihren modernen Konzepten bereichern sie derzeit den deutschen Hotelmarkt. Das Haus in Baden-Baden könnte daher im Schatten Frankfurter Bankentürme stehen – wie hier schräg gegenüber dem wunderbaren Baden-Badener Festspielhaus, das mit 2.500 Sitzplätzen und mit dem historischen Gebäude des ehemals großherzoglichen Bahnhofs als Empfangsgebäude zu einer der größten Spielstätten der klassischen Musik in Europa zählt. Mit seinen 130 Zimmern und Suiten ist das Hotel eine gute Wahl, denn am Anfang der Baden-Badener Innenstadt gelegen, muss nicht erst der Michaelstunnel durchquert werden, wie das bei einigen Häusern seit Sperrung der direkten Ortsdurchfahrt der Fall ist. Die Architektur setzt mit ihren klaren, schlichten Formen und Farben sowie dem auffälligen fliegenden Dach über der Terrasse im obersten Stockwerk einen klaren Kontrapunkt zu den gemischten Baustilen vergangener Jahrzehnte und Jahrhunderte in der unmittelbaren Umgebung. Auch im Inneren begegnet dem Gast dieser Kontrast zwischen den klaren Linien, Formen und Farben der Architektur sowie Grundausstattung und Akzente setzenden Ausstattungselementen, seien es auffällige Kunstwerke an den Wänden oder Objekte wie eine Bibliothekswand, ein Billardtisch oder ausgefallenes Mobiliar. Ausgesprochen modern ist das Konzept der fehlenden Rezeption in der Lobby. Statt sich an einen Tresen zu stellen, setzen sich ankommende Gäste mit einem Rezeptionsmitarbeiter an einen von mehreren runden Tischen unter das Licht einer tief hängenden Deckenlampe und werden so in Sesseln sitzend ohne Hektik und Eile fast in gemütlicher Küchentischatmosphäre eingecheckt. Drei herausgehobene Suiten mit 100, 115 und 185 Quadratmeter Größe sind vorhanden, die mit individuellen Features – unter anderem mit einem eigenen Billardtisch in der größten Suite – aufwarten. Ein 500 Quadratmeter großer Spa- und Fitnessbereich erstreckt sich über einen Teil der vierten Etage und bietet Zugang zum kleinen Open-Air-Pool auf der Dachterrasse, der abends gleichzeitig als Feature der beeindruckenden Rooftop-Bar fungiert. Es erfordert unter Umständen aber ein gewisses Maß an Selbstbewusstsein, hier zu schwimmen, während man von anderen, chillenden und Cocktails schlürfenden Gästen auf der Sonnenterrasse beobachtet wird. Der Rundumblick über diesen Teil Baden-Badens gehört daneben ebenso zu den erwähnten Gimmicks der Bar wie der kreisrunde Bartresen mit umlaufender Eisrinne, welche als besonders „cooles" Detail ins Auge fällt. Dass das Standardzimmer im Roomers mit 32 Quadratmetern den meisten Platz in dieser Kategorie in ganz Baden-Baden bietet, überzeugt sicherlich nicht wenige Gäste zusätzlich von diesem herausragenden Haus. Das panasiatische Restaurant Moriki lockt seit der Eröffnung des Hotels ohnehin die unterschiedlichsten Gäste ins Roomers. Vor allem aber ist das Haus ein Ausgangspunkt zur Neuentdeckung Baden-Badens durch eine jüngere Klientel, die mit dem Museum Frieder Burda, dem historischen Friedrichsbad oder einer Fahrt mit der Standseilbahn auf den Hausberg Merkur und vielleicht anschließendem Rückflug per Gleitschirm wirklich genug spannende Motive fände, die jedem Instagram-Account gut zu Gesicht stünden. Dank Hotelangeboten wie dem Roomers kann auch eine Stadt wie Baden-Baden jüngeren Generationen ein Angebot für einen luxuriösen Aufenthalt in dieser wirklich attraktiven Kurstadt machen und trägt damit sicherlich viel zur Auffrischung des Images der Stadt bei. Allerdings ist der Umgangston bei Anrufen im Hotel mehr als gewöhnungsbedürftig und vielleicht etwas zu locker geraten. Wir baten, mit der Zimmerreservierung verbunden zu werden, was der Mitarbeiter mit „Jo, hier sind Sie richtig!" beantwortete. Dann aber schien ihm einzufallen, doch nicht zuständig zu sein, sodass er uns mit der Rezeption verbinden wollte. Das gelang ihm offenbar nicht, worauf er das Mikrofon zuhielt und seinem Kollegen „Da will einer ein Zimmer buchen, was soll ich machen?" zuflüsterte. Ein Kollege übernahm dann das Gespräch und erklärte kurz und knapp: „250 Euro fürs Zimmer." Es lässt sich der Eindruck gewinnen, hier hätten Schülerpraktikanten das Regiment übernommen. Einem solchen Spitzenhaus auf jeden Fall absolut unangemessen. Hinsichtlich der Serviceorientierung können wir an dieser Stelle eine Empfehlung aussprechen: schulen, schulen, schulen!

Bewertung: ●●●

BAIERSBRONN Baden-Württemberg

BAREISS
(OT Mitteltal)
Hermine-Bareiss-Weg
72270 Baiersbronn
Telefon: 0 74 42-47-0
Internet: www.bareiss.com
E-Mail: info@bareiss.com
Inhaber: Hermann Bareiss
DZ ab € 590,00 (HP)

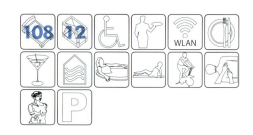

Der Schwarzwald ist nicht nur eine der beliebtesten deutschen Mittelgebirgsregionen, welche einen international hohen Bekanntheitsgrad genießt, sondern durch den kleinen Ort Baiersbronn zudem ein Hotspot für Gourmets aus aller Welt. Selbst während des durch ein Feuer Anfang des Jahres 2020 verursachten Ausfalls der mit drei Michelin-Sternen ausgezeichneten Schwarzwaldstube in der Traube Tonbach im-

merhin noch vier weitere Michelin-Sterne auf die hiesigen Gourmetrestaurants verteilt. Und allein drei dieser Michelin-Sterne sind – wie bereits seit 14 Jahren – für das Restaurant Bareiss im gleichnamigen Luxusferienhotelresort unter der Ägide von Küchenchef Claus-Peter Lumpp vergeben worden. Lumpp kann ohne Zweifel innerhalb der Gourmetgastronomie als eine der größten deutschen Koryphäen in der internationalen Liga der Chefs de Cuisine gelten. 1992 ins Bareiss gekommen, stieg Stern um Stern das Niveau, bevor 2008 schließlich der Olymp erklommen war und Lumpp sich als einer von damals nur neun Küchenchefs in Deutschland die höchste Auszeichnung in der international renommiertesten Bewertungsskala für kulinarische Leistungen erarbeitet hatte. Dieses Luxusferienresort ist seit Langem eine feste Adresse für Liebhaber anspruchsvoller Kulinarik und einer Erholungskultur auf absolutem Spitzenniveau. Dieses Jahr feiert man bereits 40 Jahre Restaurant Bareiss und 30 Jahre Claus-Peter Lumpp. Aus kleinen Anfängen im Jahr 1951 durch Hermine Bareiss, die Mutter des heutigen Chefs, entstand eine ständig wachsende und heute beeindruckend vielfältige Hotelanlage, die mit Spitzenküche, einmaligen Wellnessanlagen und zahlreichen Restaurants und gastronomischen Dependancen auf hohem Niveau im Laufe der Jahrzehnte zu einer Lieblingsadresse einer anspruchsvollen und zahlungskräftigen Klientel geworden ist. Diese will nicht nur die wunderbare Landschaft des Schwarzwaldes genießen und die möglichen Aktivitäten wie Wanderungen, Sport und Naturerlebnisse direkt vor der Tür des Hotelresorts ausschöpfen, sondern auch in einer Umgebung logieren, die ihr bei jedem Wetter und zu jeder Jahreszeit ein maximal vielfältiges Angebot an aktiver und passiver Freizeitgestaltung offeriert. Und dies kann das Bareiss wahrlich bieten. Nicht nur die vorhandenen Angebote wie die Wanderwege und Freizeitmöglichkeiten in der umgebenden Landschaft stehen dabei zur Verfügung. Darüber hinaus wurde eine Auswahl an Möglichkeiten und Einrichtungen geschaffen, die Gäste des Hotelresorts nutzen können, ohne nur einmal das Areal verlassen zu müssen. Auch Kinder und Jugendliche finden ein buntes Angebot an Spiel und Unterhaltung vor, das einem Aufenthalt im Bareiss das gewisse Extra an Spaß und Erholung verleiht, wofür dieses Luxusresort nun schon so viele Jahrzehnte lang bekannt ist. Ein Hauptcharakteristikum des Bareiss ist neben der großen Unterhaltungsvielfalt die Kulinarik. Obgleich Claus-Peter Lumpp natürlich unbestritten im Mittelpunkt steht, sind die Kaminstube und die mit zwei Gault-Millau-Hauben ausgezeichneten Dorfstuben ebenfalls auf absolutem Spitzenniveau angesiedelt. Diese beiden Restaurants in behaglichem Ambiente stehen dem bereits genannten Gourmetrestaurant nur wenig nach und bieten den Hotelgästen ein tagtägliches kulinarisches Vergnügen – selbstverständlich auf hohem „Bareiss-Niveau", welches von anderen Häusern dieser Kategorie selten erreicht wird. Aber das Essen und Trinken für höchste Ansprüche ist nur eine Facette der Angebote des Bareiss, denn auch der 6.000 Quadratmeter große Spa mit einer Badelandschaft samt vier Innenpools wie dem Süßwasserpool, dem Meerwasserbecken, dem Massage-Wirbelbad und dem Kinderplanschbecken sowie drei Außenpools zeigt eine in der deutschen Hotellerie sonst unerreichte Vielfalt und Klasse. Daneben bilden in der Saunawelt eine finnische Sauna, eine Biosauna und ein Sanarium sowie ein Kräuterdampfbad, ein Rosendampfbad und eine Kaminlounge sowie ein Saunagarten die Umgebung, in der zu jeder Jahreszeit Entspannung und Erholung gefunden werden kann. Ergänzt wird diese Vielfalt der Bade- und Saunafreuden durch ein umfangreiches Angebot an Massagen und Beauty-Treatments sowie an Wellnessanwendungen. Um die 100 Zimmer und Suiten halten dabei die Anzahl der Gäste in einem Rahmen, der Überfüllung und zu viel Unruhe ausschließt. Das Bareiss ist ein Familienhotel, was unter anderem der für die Kleinen betriebene Aufwand verdeutlicht. Die Villa Kunterbunt ist inklusive Garten ganz dem Toben, Spielen und Lernen der Kinder gewidmet. In der danebenliegenden Villa Sternenstaub können Jugendliche, die mit ihren Eltern angereist sind, Billard, Darts, Videospiele und alle Arten von Brett- und Gesellschaftsspielen spielen oder einfach nur chillen. Sollte dies noch nicht ausreichen, um den Nachwuchs auszulasten, so wurde neben dem Hotel, den dortigen Hang hinaufreichend, ein Park angelegt, in dem ein Wasserspielplatz, ein Abenteuerspielplatz mit Lakota Ranch sowie ein Zirkuswagen und ein Baumhaus geboten werden. Der Hochschwarzwald ist ein Eldorado für Wintersportarten wie Skifahren und Snowboarden, Skilanglaufen und Eisstockschießen oder nur Schlittenfahren. Wandern, Fahrradfahren, Tennisspielen und Golfen, Letzteres im nahen Golfclub Freudenstadt, bieten sich im Sommer als attraktive Sportarten an. Fitnessräume, Yoga- und Pilateskurse sind im Bareiss immer buchbar. Wer unter die

Jäger und Angler gehen möchte, kann ebenso im hoteleigenen Jagdrevier auf die Pirsch gehen oder sich mit Forellenangeln und Fliegenfischen die Zeit vertreiben. Fast mag es unsere Leser überfordern, aber nach all den Aufzählungen darf zum großen Finale nicht unerwähnt bleiben, dass in den vergangenen Jahren drei anspruchsvolle „Outlets" mit hohen baulichen, logistischen und denkmalpflegerischen Anforderungen zum Resort hinzugekommen sind. Der historische Morlokhof aus dem 18. Jahrhundert in direkter Nachbarschaft kann seitdem für Veranstaltungen gebucht werden und der Forellenhof Buhlbach mit einer eigenen Forellenzucht direkt neben einem Gasthaus und einer Gastronomie rund um die Forelle in urgemütlicher Atmosphäre sind die beiden größeren dieser Projekte. Das dritte ist die Wanderhütte Sattelei mitten im Wald oberhalb von Baiersbronn, die Wanderern und Hotelgästen mit einer Gastronomie auf „Bareiss-Niveau" eine willkommene Anlaufstation im Grünen bietet. Wer das Hotel überhaupt nicht verlassen und nicht im Rahmen von Tagestrips in gut erreichbaren Städten wie Baden-Baden oder Straßburg shoppen möchte, findet sogar eine eigene kleine Ladenpassage mit Modeboutique, Juwelier, Parfümerie, Friseur und kleinen Läden für Wohnaccessoires, Spielwaren, Spezialitäten und andere Mitbringsel vor. Alles in allem ist es kein Wunder, dass dieses Fünf-Sterne-Superior-Resorthotel oft ausgebucht ist und dass viele Gäste als Stammgäste schon Monate im Voraus buchen. Wer sich dabei angesichts der kulinarischen Angebote – das opulente Frühstück und Leistungen wie der Mitternachtssnack wurden noch nicht genannt – irgendwie an eine Kreuzfahrt erinnert fühlt, liegt nicht ganz falsch. Das Bareiss bleibt unverrückbar an der absoluten Spitze der deutschen Luxus-Ferienhotellerie. Nicht zuletzt die Freundlichkeit der Mitarbeiter, das gebotene Service- und Dienstleistungsniveau und die schier unerschöpfliche Zahl an Freizeitaktivitäten veranlassen uns, für das Bareiss eine uneingeschränkte Empfehlung auszusprechen.

Bewertung: ●●●●◐

TRAUBE TONBACH
(OT Tonbach)
Tonbachstraße 237
72270 Baiersbronn
Telefon: 0 74 42-4 92-0
Internet: www.traube-tonbach.de
E-Mail: info@traube-tonbach.de
Inhaber: Heiner Finkbeiner
DZ ab € 367,00

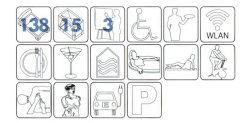

Die Traube Tonbach in Baiersbronn, ein weiteres Leisurehotel der Luxusklasse in dieser Streugemeinde mit knapp 16.000 Einwohnern im Schwarzwald, steht seit mehreren Jahrzehnten fest im Fokus der Aufmerksamkeit auch anspruchsvollster Reisender. Stammgäste, die hier nicht selten einen kompletten Urlaub verbringen, schätzen die Melange aus Wellness, Kulinarik und den zahlreichen Möglichkeiten der aktiven und passiven Freizeitgestaltung. Auch wenn die Zimmer und Suiten ein wenig bieder daherkommen, scheint dies zumindest den treuen Stammgast nicht zu stören oder ihm vielleicht sogar zu gefallen. Und über Geschmack lässt sich ja bekanntlich streiten. Unstrittig hingegen ist, dass es der Traube Tonbach gelingt, mit zwei Spitzenrestaurants, der Schwarzwaldstube und der Köhlerstube, die nunmehr in „1789" umbenannt wurde und eine neue Küchenlinie verfolgt, sozusagen in der gastronomischen Champions League zu spielen. Beide werden vom Guide Michelin ausgezeichnet. Ein Stern ist für Gourmets ein verlässlicher Indikator und Orientierungspunkt. In der Schwarzwaldstube wird eine klassische, mit drei Sternen prämierte französische Haute Cuisine geboten. Augenblicklich wird dieser Ritterschlag nur neun Restaurants in Deutschland zuteil. Den Ruf, das beste Restaurant Deutschlands zu sein, begründete einst der legendäre Starkoch Harald Wohlfahrt, der nicht nur von der Fachpresse mit Superlativen überhäuft wurde, sondern von Gourmets aus aller Welt als so etwas wie ein Säulenheiliger der Kulinarik verehrt wird. Erfreulicherweise konnte sein Nachfolger Torsten Michel die in ihn gesetzten Erwartungen erfüllen – für ihn sicherlich eine große Bürde. Für ein Haus dieser Klasse hat eine solche Auszeichnung noch einmal ein ganz anderes Gewicht. Gleichwohl waren für die Traube Tonbach die letzten Jahre keine einfachen, denn es kam zum unrühmlichen Abgang von Harald Wohlfahrt, was zu juristischen Auseinandersetzungen führte. Dann folgte der verheerende Brand im Januar 2020 im Stammhaus der Traube Tonbach, bei dem die Restaurants Schwarzwaldstube sowie Köhlerstube ausbrannten. Infolgedessen setzte dann der Guide Michelin die Bewertung zunächst einmal aus. Beide Restaurants wurden relativ schnell wiedereröffnet, allerdings nur als eine Art Provisorium. Gott sei Dank ließe sich sagen, denn zumindest auf uns wirkt das Innendesign kalt und nüchtern. Erfreulicherweise konnte dieses Kapitel abgeschlossen werden, das Stammhaus ist zwischenzeitlich wiederaufgebaut und beide Restaurants wurden wieder integriert. Und als wenn das nicht schon genug wäre, hat auch die weltweite Pandemie dieses Haus vor neue Herausforderungen gestellt, obwohl diese am Ende die Ferienhotels nicht so hart traf wie Tagungs- und Businesshotels. Schwierig dennoch, wenn Privatreisende die Hauptklientel darstellen, denn beim ersten und beim zweiten Lockdown durften Hotels nur Geschäftsreisende einquartieren. Aber es gibt auch Positives zu berichten, etwa die Tatsache, dass die Schwarzwaldstube unter der Verantwortung von Torsten Michel im Ranking der Restaurantbestenliste „La Liste" auf Platz zwei weltweit geführt wird. Und natürlich folgte auch in der Ausgabe 2022 des Guide Michelin erneut die Zuerkennung der drei Sterne. Was wäre aber ein Luxus-Leisurehotel ohne einen veritablen Wellnessbereich? Der hat hier eine Größe von 4.500 Quadratmetern und lässt nichts vermissen. Angefangen bei einem erstklassigen Badebereich mit Innen- und Außenpool inklusive dreier Whirlpools bis hin zur Saunalandschaft mit Wald-, Klang- und Infrarotsauna sowie mit Sanarium und Blütendampfbad. Sehr breit ist der Beauty-Spa aufgestellt, denn der Gast kann aus einem großen Angebot an Behandlungen wählen. Geboten wird all das, was augenblicklich in diesem Bereich angesagt ist: eine klassische Massage mit oder ohne Aromaöle oder Hot-Stone- und Detoxmassagen, zudem exotische Massagen wie Lomi Lomi Nui und Ayurveda-Anwendungen. Alle Treatments können im Übrigen in einer privaten Spa-Suite genossen werden. Zuletzt noch der Hinweis, dass bei Reservierung des Aufenthaltes in der Traube Tonbach ein etwaiger Besuch des Gourmetrestaurants Schwarzwaldstube gleich mit fixiert werden sollte, denn hier ist man bereits über mehrere Monate im Voraus ausgebucht. Eine spontane Entscheidung, hier zu speisen, ist daher meist nicht möglich. Und was wäre ein Aufenthalt in der Traube Tonbach ohne einen Besuch der legendären Schwarzwaldstube?

Bewertung:

BERCHTESGADEN Bayern

KEMPINSKI
(Obersalzberg)
Hintereck 1
83471 Berchtesgaden
Telefon: 0 86 52-97 55-0
Internet: www.kempinski.com
E-Mail: info.berchtesgaden@kempinski.com
Direktor: Werner Müller
DZ ab € 314,00

Das 2005 fertiggestellte Luxushotel Kempinski Berchtesgaden ist sicherlich eines der außergewöhnlichsten modernen Luxus-Resorthotels in Deutschland. Mit 138 Zimmern und Suiten, einem 1.400 Quadratmeter großen Spa inklusive eines auch im Winter nutzbaren Außenpools und eines Michelin-Stern-prämierten Gourmetrestaurants erreicht die Anlage schon mit diesen Eckpunkten bei Weitem die Standards der höchsten Luxushotelkategorie. Allein die futuristische und dennoch in die einmalige Landschaft zwischen den Gipfeln des Kehlsteins, des Watzmanns und des Untersbergs eingebettete Architektur ist beeindruckend. Dabei ist es vor allem erstaunlich, wie gekonnt sich der Komplex in die Umgebung einfügt und wie geschickt sämtliche Nebenanlagen und Infrastruktureinrichtungen in die Anhöhe, auf der das Gebäude liegt, integriert wurden. So erfolgen die Ein- und Ausfahrten zur beziehungsweise aus der Tiefgarage direkt von der spiralförmig um diese Anhöhe aufsteigenden Zufahrtsstraße aus, und zwar dort, wo die Straße das Niveau des Kellergeschosses erreicht hat. Auch Zulieferer können diesen Weg nehmen, um das Hotel mit Waren zu versorgen. Im Umfeld des Kempinski stören daher keine geparkten Pkws oder Lieferfahrzeuge die herrliche Aussicht auf die Bergkulisse. Umfangreiche Dachbegrünungen – verbunden mit Pflanzungen und der Gestaltung eines unmerklichen, fließenden Überganges zwischen der umgebenden Natur und dem Hotelareal – tragen dazu bei, dass man als Gast die nahezu perfekte Symbiose von Erholung und Natur genießen kann. Der oberirdische Teil der Anlage tritt aufgrund der Einbettung in die Anhöhe wenig massiv und mit nur wenigen Stockwerken in Erscheinung, wobei das jeweils oberste Geschoss der beiden Seitenflügel als Staffelgeschoss zusätzlich hinter die Fassade der darunterliegenden Stockwerke zurückweicht. Der Grundriss der Anlage erinnert an ein Hufeisen, wobei die beiden äußeren Gebäudeflügel den Großteil der Zimmer und Suiten aufnehmen und der vordere Bogen des Hufeisens im Grundriss gleichsam umgedreht beziehungsweise nach innen gebogen wurde. Er beinhaltet das lang gezogene, beeindruckend große und sich über zwei Stockwerke erstreckende Foyer des Hauses, in dessen Mitte sich die Kaminbar mit offener Feuerstelle befindet, welche die riesige Lobby mit Wärme und Behaglichkeit erfüllt. Die Wände der Lobby sind übrigens genauso wie die äußere Fassade weitestgehend durch ein Mauerwerk aus unregelmäßig geformten Natursteinen geprägt. Obwohl es sich sehr wahrscheinlich nur um vorgesetzte Steine vor einer tragenden Betonkonstruktion handelt, bewirkt dies wiederum eine landschaftsbezogene, gewachsene Atmosphäre im und um das Gebäude, das so trotz seiner modernen Grundformen nicht als Fremdkörper wirkt. Eigentümer und Bauherr des Resorts ist im Übrigen eine Betriebs-GmbH der Bayern LB und damit indirekt der Freistaat Bayern, denn das Grundstück und die benachbarten Liegenschaften befinden sich in staatlichem Besitz. Schließlich handelt es sich um das Areal rund um Hitlers ehemaligen Berghof, dessen Sockel noch in einem der umliegenden Wäldchen steht und auf den dort mit einer Hinweistafel eingegangen wird. Der Freistaat wollte aber bei einer Nutzung des Grundstücks ausschließen, dass sich ein Ziel für „Berghof-Wallfahrer" etabliert, was ihm mit der Ansiedlung des Luxusresorts sicherlich gut gelungen ist. Zudem ist der Ort Anlaufstelle für unzählige Bayerntouristen, gerade auch aus dem Ausland, die das Kehlsteinhaus auf dem benachbarten Kehlstein in der Annahme aufsuchen, in Hitlers „Eagle's Nest" der Geschichte Nazideutschlands mit einigem Grusel nahezukommen. Dennoch bedeutet dieser Tourismus natürlich zudem einen Standortvorteil für das Kempinski-Hotel, ohne dass damit ausdrücklich geworben wird. Schöner allerdings als die Fahrt auf den Kehlstein ist es ohnehin, im Außenpool des Spa den Ausblick auf die Berge zu genießen, vor allem im Winter – inmitten einer dann schneebedeckten Landschaft. Der größere Teil des Pools liegt zwar im Inneren des Gebäudes, aber durch eine Schwimmschleuse lässt sich in der kalten Jahreszeit, ohne zu frieren, in den äußeren Teil gelangen. An den Poolbereich schließt sich der Beauty-Spa mit Räumen für die separat zu buchenden Massage- und Wellnessanwendungen an, zudem der Saunabereich mit finnischer und Kräutersauna, Dampfbad, einer Meditationslounge mit Wasserbettliegen, einem Solarium sowie einer Physiotherm-Infrarotkabine. Gastronomisch bietet das Restaurant Johann Grill eine erstklassige Küche mit regionaler Inspiration, deren Qualität wirklich als hervorragend einzustufen ist, wobei das Gourmetrestaurant PUR unter der Ägide von Chef de Cuisine Ulrich Heimann gleich nebenan eine weitere Steigerung des kulinarischen Levels auf Michelin-Stern-Niveau anbietet. Das Frühstück übertrifft das erwartbare Spitzenniveau sogar noch etwas und wird mit seiner Live-Cooking-Station sicherlich kaum Wünsche offenlassen. Zimmer und Suiten bieten nach dem offenen Feuer in der Kaminbar mit den teilweise – in den höheren Kategorien – eingebauten Gaskaminen ein weiteres Mal die Option, sich eine heimelige Atmosphäre ins Zimmer zu holen, wobei das aus Sicherheitsgründen nur über eine Fernbedienung hinter einer Glasscheibe zu entzündende Feuer sicherlich nicht bei jedem Gast auf Knopfdruck Behaglichkeit aufkommen lässt. Insgesamt ist das Kempinski, das in den ersten Jahren nach seiner Eröffnung noch als InterContinental-Hotel betrieben wurde, sicherlich ein Spitzenresort der deutschen Hotelszene und lohnt sich für einen mehrtägigen Aufenthalt, zumal weitere touristische Hotspots wie Salzburg oder der Königssee sozusagen gleich nebenan liegen und nach nur wenigen Kilometern Anfahrt erreicht werden können.

Bewertung:

BERLIN

ADLON KEMPINSKI
(OT Mitte)
Unter den Linden 77
10117 Berlin
Telefon: 0 30-22 61-0
Internet: www.hotel-adlon.de
E-Mail: hotel.adlon@kempinski.com
Direktor: Michael Sorgenfrey
DZ ab € 350,00

Bereits 25 Jahre sind 2022 seit der Wiedereröffnung des auf dem Grundstück des historischen Adlon am Pariser Platz errichteten Luxushotels vergangen. 1997 fand die Eröffnung statt, verbunden mit der bis heute viel beachteten „Ruck-Rede" des damaligen Bundespräsidenten Roman Herzog, in der er forderte, durch Deutschland müsse ein Ruck gehen und die Ost-West-Teilung in den Köpfen endlich überwunden werden. Ein fast symbolhaftes Ereignis: Zu Zeiten der geteilten Stadt schien die Vorstellung nahezu absurd, dass das berühmte historische Hotel Adlon, das 1907 bei seiner Eröffnung mit modernster Technik deutschlandweit Standards setzte und mit opulentem Luxus beeindruckte, am Todesstreifen zwischen Ost- und West-Berlin jemals wieder entstehen könnte. Dass es doch dazu kam, führte vielen Deutschen – insbesondere den Berlinern – vor Augen, dass sich der geschichtliche Wandel seit dem Mauerfall nun auch ganz konkret und städtebaulich niederschlug. Unter anderem die Eröffnung des neuen Komplexes am Potsdamer Platz und mit dieser die Auferstehung des zuvor verschwundenen Platzes waren ein solches Signal. Und gleich in den ersten Jahren nach der Eröffnung nahmen Stadt und Abgeordnete des 1999 in das benachbarte Reichstagsgebäude umgezogenen Bundestages das Hotel als Lobby der neuen Berliner Republik gleichsam in Beschlag. Zunächst stand das Haus noch allein am Pariser Platz vor dem Brandenburger Tor, dann aber öffneten in der näheren Umgebung mehrere Botschaften, dazwischen siedelten sich Kulturinstitutionen und Bankenvertretungen an. Heute ist die Fläche vor dem

Hotel ein Tummelplatz für Berlintouristen, was dem Haus durchaus gut zu Gesicht steht, denn schließlich erwartet niemand von einer international renommierten Adresse im Herzen Berlins das ruhige Umfeld für einen Erholungsurlaub. Seit 2021 endet die U-Bahn-Linie 5 nicht mehr vor dem Adlon, sondern führt von der dortigen Station „Brandenburger Tor" nun über drei neue, aufwendig gestaltete Bahnhöfe bis zum Alexanderplatz und darüber hinaus. Touristisch interessierte Gäste des Hauses können heute die U-Bahn nehmen, um die Hauptsehenswürdigkeit Berlins, das Weltkulturerbe Museumsinsel mit fünf historischen Großmuseen und dem Berliner Dom sowie dem 2021 eröffneten Humboldtforum im Stadtschloss aufzusuchen. Die Büste der Nofretete, das Ischtar-Tor und der Pergamonaltar sind weltweit einzigartige Exponate. Nunmehr kann nach einem Besuch der Museumsinsel also bequem im gleichnamigen, wunderschönen Bahnhof die Fahrt zurück mit der U-Bahn angetreten werden. An der Straße Unter den Linden zwischen Adlon und Friedrichstraße wird noch an mehreren Stellen gebaut. Unattraktive DDR-Bürogebäude sind verschwunden und werden durch Neubauten ersetzt, die hoffentlich mehr zum ehemals besungenen Boulevardcharakter der Straße beitragen werden. Auch die Komische Oper wird aus ihrer unwürdigen architektonischen Hülle aus den 1980er-Jahren befreit. Das Adlon wird durch all das noch mehr an Renommee und Attraktivität hinzugewinnen. Einzig Architekturliebhaber werden einwenden, dass nach 25 Jahren die nicht sehr nachhaltige Bauweise mit vorgehängten Steinplatten an der Fassade, die solides Mauerwerk nur vortäuschen, und die barockisierenden Interieurs der Lobby, die dem Ganzen etwas Bühnenhaftes geben, zusammengenommen etwas in die Jahre gekommen wirken. Das Überdekorierte, die bis ins Filigrane reichende Gestaltungswut der Gründerzeit wurden nur sparsam nachempfunden, was hauptsächlich im Kontrast zu den vor dem Haus stehenden Schupmann-Kandelabern deutlich wird, die im Jahr 1888 für die Prachtstraße Unter den Linden entworfen wurden und ungleich kunstvoller und verzierter sind als die vergleichsweise platte Fassade des modernen Adlon. Im Inneren sind die Zimmer und Suiten ihrem Stil treu geblieben und bieten im Bad sogar noch Keramik-Waschbecken unter ausgeschnittenen Marmor- beziehungsweise Granitplatten. Natürlich werden ältere Herrschaften diesen Stil als den eines klassischen Luxushotels wertschätzen, Modernität bevorzugende Gäste dürften sich aber mehr Helligkeit, glattere und fließende Oberflächen im Bad wünschen statt all dem Holz, Granit und Chrom. Muffig riechende Duschabflüsse tun ein Übriges, dass man doch zu der Überzeugung kommen muss, Bäder und Zimmer des Adlon verdienten mittlerweile ein gründliches Make-over. Getrennte Wasserventile für warmes und kaltes Wasser, die horizontal über der Waschtischoberfläche angebracht sind wie Schleusenräder, sind sicher nostalgisch und schön. Dass sich so aber erst einmal eine passende Wassertemperatur zurechtgeschraubt werden muss, bevor man sich, ohne sich die Hände zu verbrennen, dieselben waschen kann, ist weniger praktisch. In einem wirklich historischen Haus schön, nerven diese Details hier hingegen. Ein aktuelles Luxushotel mit dem Anspruch eines Adlon muss mehr auf der Höhe der Zeit bleiben, auch was die gesamte Technik und Ausstattung der Zimmer und Suiten betrifft, die schon 1997 mindestens genauso konservativ wie nobel wirkten. Zudem kommt sichtbar zum Tragen, dass das Adlon durch einen geschlossenen Immobilienfonds finanziert wurde, der Anleger mit übertriebenen Renditeaussichten angelockt hatte, die als „Schutzgemeinschaft der Adlon-Anleger" gegen die Fondsmanager vorgingen. Daher wurde vermutlich der eher klein dimensionierte Spa des Hauses noch nicht durch eine größere Einrichtung ersetzt. Der Spa könnte etwas enttäuschen, da von einem Haus mit solch einem Renommee vermutlich immer etwas mehr erwartet wird. Das Gourmet-Restaurant „Lorenz Adlon Esszimmer", das unter Küchenchef Hendrik Otto seit 2012 mit zwei Michelin-Sternen ausgezeichnet wird, gehört dagegen zu den Einrichtungen des Luxushotels, die nach wie vor gut dastehen. Nun aber hat Otto zu Anfang dieses Jahres das Haus mit noch nicht absehbaren Auswirkungen für das Restaurant verlassen. Die Nachfolge hat im Mai Reto Brändli angetreten. Insgesamt zehrt das Haus immer mehr von seinem Ruf und seiner Historie und Unzulänglichkeiten wie die beschriebenen nehmen die Besucher, die des Namens wegen hier logieren, sicherlich kaum wahr.

Bewertung: ●●●●◖ ○

DAS STUE
(OT Tiergarten)
Drakestraße 1
10787 Berlin
Telefon: 0 30-31 17 22-0
Internet: www.das-stue.com
E-Mail: stay@das-stue.com
Direktor: Dario Pithard
DZ ab € 315,00

Das Fünf-Sterne-Boutique-Hotel Das Stue, verortet zwischen dem größten Berliner Park, dem Tiergarten, und dem Zoologischen Garten, hat sich in den zehn Jahren seit seiner Eröffnung einen festen Platz am Markt der Berliner Luxushotellerie erobert. Durch die Lage am Rand des Parks sowie gleichzeitig an einer Sackgasse im Westen des Berliner Botschaftsviertels fehlt jeder Durchgangsverkehr. Lediglich bei sommerlichen Temperaturen kann es zu verstärktem Andrang kommen, denn das nahe Traditionsrestaurant „Café am Neuen See" mit seinem Biergarten lockt dann zahlreiche Gäste an. Oft kommen dann allerdings Ordner und Ordnungspolizei zum Einsatz, welche die Zufahrt in die Sackgasse regeln. Im Hotel selbst herrscht hingegen immer Ruhe und im Gegensatz zu anderen Luxusadressen der Hauptstadt kann man sich hier seiner Ungestörtheit vor Autolärm sicher sein. Dass die ehemalige dänische Gesandtschaft aus den 1930er-Jahren nach der Wiedervereinigung umgenutzt werden konnte, ist der Tatsache geschuldet, dass sich die fünf nordischen Staaten Dänemark, Schweden, Norwegen, Finnland und Island damals zum Bau einer gemeinsamen neuen Botschaft entschlossen hatten, die 1999 an der nahe gelegenen Stülerstraße eröffnet wurde. An der Drakestraße konnte das neoklassizistische Bauwerk trotz seiner prominenten Lage zwischen den historischen und nach dem Mauerfall wiederbelebten Botschaften von Spanien und Georgien daher zum Luxushotel umgebaut werden. Dabei wurde der edle, steinerne und von außen etwas nüchtern-graue Stil jener Architekturepoche, der bei faschistischen Regimen wie denen in Italien und Spanien, aber auch im Dritten Reich in Mode war, bewusst beibehalten. Er kontrastiert im Inneren mit einer modern-eleganten und durch Farben und Materialien Behaglichkeit schaffenden Innenausstattung. Auch der Name „Das Stue", die dänische Bezeichnung für Stube, zielt auf das hier initiierte neue Wohngefühl in dem früheren Repräsentationsbau und die angestrebte Behaglichkeit und Wohnlichkeit für die Gäste ab, eben wie in einer „guten Stube". Dabei wurde die Bausubstanz in weiten Teilen kaum verändert. Hölzerne Böden, Treppenhäuser, Fenster sowie die Eingangshalle in Travertin wurden in das neue Gestaltungskonzept integriert, sodass sich überall noch die Spuren eines ehemaligen Botschaftsgebäudes erkennen lassen. Erstaunlicherweise wurde sogar ermöglicht, im Gebäude mit seinen 78 Zimmern und Suiten trotz der sicherlich weitreichenden denkmalrechtlichen Auflagen einen Innenpool mit Tageslicht unterzubringen. Ein in Baudenkmalen verorteten Hotels oft fehlendes Feature. Das von der Gastro-Kritik hoch gelobte Restaurant Cinco by Paco Pérez mit der avantgardistischen Gourmetküche, als eine Art Dependance des spanischen Sternekochs unterhalten, wurde mittlerweile geschlossen. Den Gästen steht jedoch weiterhin das Restaurant The Casual zur Verfügung, in dem das Frühstück serviert und kulinarische Bedürfnisse erfüllt werden, die sich jedoch nicht auf dem Fine-Dining-Niveau des Cinco bewegen. Seit 2017 ist der französische Hotelriese Accor Betreiber des Stue, der es innerhalb seines Portfolios unter der exklusiven Marke der „SO/"-Hotels betreibt. Längst scheinen auch internationale Prominente das Stue für sich entdeckt zu haben, denn bei einem von Keanu Reeves selbst geposteten Selfie aus dem vergangenen Jahr war für Ortskundige zu erkennen, dass er während längerer Dreharbeiten im Stue abgestiegen war. Eine Bestätigung hierüber würde ein Haus wie dieses natürlich von sich aus niemals selbst verlautbaren. Denn Ruhe und Abgeschiedenheit vom Trubel der City West bei gleichzeitig zentraler Lage sind sicherlich Vorzüge, die auch andere Prominente zu schätzen wissen, die zum Beispiel ungesehen zur morgendlichen Joggingrunde durch den Tiergarten starten können. Nachdem sie einfach über die Drakestraße in den hier stark bewaldeten Teil des Parks gehuscht sind, dürften sie kaum einem Passanten besonders auffallen. Und wer zum Beispiel mit Kindern den angrenzenden Zoologischen Garten besuchen möchte, dem kann das Hotel dem Vernehmen nach einen direkten und exklusiven Zugang vom Grundstück aus ermöglichen, nachdem beim Concierge ein entsprechender Besuch angemeldet und ein Ticket gelöst wurde. Alles in allem ist dieses Kleinod der Berliner Luxushotellerie immer noch ein Tipp für jeden anspruchsvollen Reisenden, der die Nähe der grünen Lunge des Tiergartens, die versteckte Lage unweit des Zentrums des westlichen Berlins und die exklusive, individuelle Architektur und Ausstattung des Hauses schätzt. Wer mehr Hauptstadttrubel und Publikumsverkehr möchte, um sich jederzeit in der Mitte des Großstadtgeschehens zu fühlen, für den sind in Berlin zahlreiche Alternativen vorhanden.

Bewertung: ●●●◐

DORINT KURFÜRSTENDAMM
(OT Charlottenburg)
Augsburger Straße 41
10789 Berlin
Telefon: 0 30-800 999 -0
Internet: www.dorint.com
E-Mail: info.berlin@dorint.com
Direktor: Carsten Colmorgen
DZ ab € 134,00

Dass eine deutsche Kette mit dem Image eines Innovationstreibers und Vertreters der modernen Design- und Businesshotellerie wie Dorint über viele Jahre nicht mehr im Zentrum der deutschen Hauptstadt vertreten war, wurmte nicht nur deren Geschäftsführer. Viele regelmäßige Gäste der Hauptstadt erinnern sich noch gut an die Rolle, die das Dorint am Gendarmenmarkt seit seiner Eröffnung im Jahr 1999 für das Wachsen und Gedeihen der neuen alten Berliner Mitte einnahm. Weit vor der Eröffnung eines Hotel de Rome übernahm dieses Dorint unter der charismatischen Chefin Tini Gräfin Rothkirch lange Jahre die Vorreiterrolle des führenden, eleganten Designhotels der Hauptstadt und zählte neben dem 1998 eröffneten Adlon und dem bereits 1996 fertiggestellten Four Seasons Berlin – heute ein Regent Hotel – einige Jahre zur Speerspitze der neuen Spitzenhotellerie in Berlin-Mitte. Somit avancierte es zu einer klaren Alternative zu den aus DDR-Zeiten überdauerten Häusern wie dem plüschigen Grand Hotel Berlin – heute The Westin Grand Berlin – aus dem Jahr 1987 oder dem Domhotel der DDR-Hotelkette Interhotel – heute ein Hilton. Nach dem Niedergang der alten Dorint-Gruppe wurde aus dem Flagship-Hotel von Dorint am Gendarmenmarkt ein Sofitel des Accor-Konzerns und die Präsenz der Gruppe beschränkte sich auf ein einfaches Businesshotel in Adlershof in der Nähe des Flughafens Schönefeld. Nun endlich konnte Dorint mit der Übernahme des ehemaligen Sofitel am Kurfürstendamm eine angemessene Hauptstadtrepräsentanz realisieren. Das beeindruckende Haus mit einer an das Art déco und seine New Yorker Hochhäuser erinnernden Architektur war 2005 fertiggestellt worden und firmierte zunächst als Hôtel Concorde. Nachdem wohl festgestellt wurde, dass ein Haus dieser Größe ohne Management durch eine international operierende Kette kaum zu betreiben ist, wurde aus dem Concorde ein Sofitel und nunmehr nach erneutem Wechsel ein Dorint. Das luxuriöse Businesshotel mit hohem Anspruch an Architektur und Design wäre von Anfang an hervorragend im Portfolio von Dorint aufgehoben gewesen, denn die Reduktion auf schlichte Formen, Farben und hochwertige Materialien waren seit den 1990er-Jahren

ein Erkennungszeichen der Dorint-Häuser, die damals in ganz Deutschland entstanden oder diesem Prinzip folgend umgestaltet wurden. Nicht ganz glücklich ist man mit dem Umstand, dass die Erdgeschosszone der prominentesten Gebäudespitze in Richtung des Kurfürstendamms einst an die Restaurantkette Vapiano verpachtet wurde. Seitdem ist die Front des Gebäudes von Touristen belagert, die hier ihre preiswerte Pizza oder Pasta verspeisen. Schon allein die Tatsache, dass bei Vapiano Selbstbedienung herrscht, führt dazu, dass eher schlampig gesäuberte und unaufgeräumte Tische den Außenbereich prägen. Das hoteleigene Restaurant Le Faubourg scheint sich bereits in Stellung zu bringen, ein breiteres Publikum anzusprechen, um mit dem benachbarten Vapiano zumindest so weit gleichzuziehen, dass es sichtbar als hochwertigere Alternative zum schnellen Pasta- und Pizzagenuss wahrgenommen werden kann. Wir waren bei unserem letzten Besuch von der Küchenqualität und dem breiten Aromenspiel mehr als begeistert: Der Zander mit Artischocken, Tomate und Fenchel und der rosa gegarte Tafelspitz an Spargel, Bärlauch und Parmesankartoffel waren wirklich hervorragend komponiert, sodass man den Eindruck gewinnen könnte, es würden höhere kulinarische Weihen angestrebt. Direktor Carsten Colmorgen führte das Haus bereits seit 2005 als Concorde und später als Sofitel und die Entscheidung, beim Übergang zur neuen Kette auf seine Erfahrung zu setzen, scheint nachvollziehbar. Er kennt das Haus bestens, ist hervorragend vernetzt und wirkt im Gespräch eher introvertiert. Colmorgen agiert lieber im Hintergrund und weiß seine vielen Kontakte im Interesse des Hauses zu nutzen. Dieses Dorint unter der neuen Marke neu zu positionieren, wird ihm aber auch nicht allein überlassen bleiben, schließlich hat Dorint mit seiner neuen Renommieradresse einige Erwartungen zu erfüllen. Angesichts der wirklich guten Hardware mit 267 Zimmern und 44 Suiten mit Marmorbädern sowie 16 Konferenzräumen und einem Ballsaal für bis zu 350 Personen ist unter der neuen Marke ein vielversprechender Neuanfang möglich, denn gerade bei deutschsprachigen Gästen genießt Dorint einen ausgezeichneten Ruf. Es ist zu hoffen, dass dies zusammen mit frischen Konzepten ausreicht, hier endlich die Erfolgsgeschichte zu schreiben, die dieses Haus mit seiner herausragenden Lage und Architektur verdient. Denn trotz all der Awards und Auszeichnungen fehlte dem Haus bisher ein Gesicht, eine Persönlichkeit, was teilweise der Fassade des stilistisch zwar beeindruckenden, aber nicht gerade freundlich wirkenden grauen Gebäudes geschuldet war. Hier sind viele Ansatzpunkte für Verbesserungen denkbar und Dorint ist mehr als den bisher hier wirkenden Betreibern durchaus zuzutrauen, an diese Punkte anzuknüpfen.

Bewertung: ●●●

HOTEL DE ROME
(OT Mitte)
Behrenstraße 37
10117 Berlin
Telefon: 0 30-4 60 609-0
Internet: www.hotelderome.com
E-Mail: info.derome@roccofortehotels.com
Direktor: Gordon Debus
DZ ab € 370,00

Im vergangenen Jahr hat die historische Mitte Berlins gleich mehrere Schritte hin zu ihrer Rekonstruktion und Erschließung getan. Nach jahrelanger Bauzeit wurde nicht nur die Lücke der U-Bahnlinie 5 zwischen Brandenburger Tor und Alexanderplatz mit drei neuen Bahnhöfen geschlossen, sondern auch das als Humboldtforum in seiner äußeren Hülle wiedererrichtete Berliner Stadtschloss eröffnet. Seit dem Fall der Mauer stand der Wiederaufbau des historischen Herzens des preußischen Berlins bei vielen ganz oben auf der Wunschliste, während viele Ostdeutsche noch lange Zeit ganz der Überzeugung anhingen, der an der Stelle des Schlosses 1976 eröffnete Palast der Republik solle als Denkmal des im Kern menschenfreundlich gedachten Sozialismus erhalten bleiben. Die Asbestverseuchung des Palastes der Republik machte einen Totalabriss unumgänglich, sodass ein Wiederaufbau des Palastes der Republik nicht günstiger als der des Stadtschlossrohbaus gekommen wäre. Nachdem ein Förderverein sich bereit erklärt hatte, die Kosten für die Fassaden des Schlosses einschließlich des Schlüterhofes aus Spenden zu finanzieren, konnte der Bund die Rekonstruktion beschließen, ohne sich vorwerfen lassen zu müssen, öffentliche Gelder seien in den Fassadenschmuck eines Gebäudes geflossen, das ursprünglich einmal zum Zwecke der Verherrlichung und Repräsentation der Aristokratie Preußens errichtet wurde. Durch die Integration des Humboldtforums in die Hülle des Schlosses, das sich explizit mit schwierigen Fragen der Beutekunst beschäftigen soll, wurde den Gegnern des Schlossneubaus der ideologische Wind aus den Segeln genommen. Mehr noch mussten die Schlossgegner nun feststellen, dass unbemerkt sogar ein historisch korrektes, aber in seiner Aussage zweifelhaftes Spruchband zur göttlichen Legitimation der kaiserlichen Herrschaft rund um die Kuppel mit rekonstruiert wurde. Der Berliner Senat bemühte sich durch eine bewusst schmucklose Gestaltung des Umfeldes und das Vorantreiben des Baus des Einheitsdenkmals, den sozialen Frieden nicht dadurch zu gefährden, zusätzlich noch etwa historisierende Balustraden rund um das Schloss zu errichten oder den berühmten Neptunbrunnen vom Roten Rathaus wieder an seinen ursprünglichen Standort neben dem Schloss zu versetzen. Für die historische Mitte Berlins und damit auch die dortigen Häuser wie das Hotel de Rome am Bebelplatz zwischen Opernhaus und Humboldt-Universität bedeutet die Komplettierung des Stadtbildes durch das Schloss beziehungsweise Humboldtforum einen riesigen Zugewinn an Attraktivität. Endlich ist zwischen Friedrichstraße und Spree bezüglich der wesentlichen Repräsentativbauten wieder nahezu der Vorkriegszustand der historischen Berliner Mitte hergestellt worden. In dieser Mitte wie auch in der Riege der führenden Berliner Luxushotels hat sich das Hotel de Rome in den

16 Jahren seit seiner Eröffnung einen festen Platz erarbeitet und bietet einen Standort, der für Berlinbesucher immer mehr an Attraktivität gewinnt. Mittlerweile ist im Haus etwas Patina eingezogen, sodass die von Puristen anfangs vielleicht beanstandete Tatsache, dass es sich bei dem Gebäude keinesfalls um das historische Hotel de Rome an der Ecke Friedrichstraße handelt, sondern um ein in den Räumen der ehemaligen Dresdner Bank komplett neu konzipiertes Hotel, mehr und mehr in den Hintergrund tritt. Im Inneren schafft die Originalausstattung an Vertäfelungen, Stuck und anderen baulichen Elementen eine authentische historische Atmosphäre, die um moderne Ausstattungselemente ergänzt und in reizvolle Kontraste gesetzt wurde. Zwar findet man – dem Konzept der Kette der Rocco-Forte-Häuser entsprechend – kein Gourmetrestaurant vor, aber das Ambiente mit den teilweise 4,50 Meter hohen Räumen, dem spektakulären Ballsaal mit Glasüberdachung und Kronleuchtern im Zentrum sowie der wunderbare Spa-Bereich in einem ehemaligen Tresorraum bieten alle anderen Komponenten eines Spitzenhauses, die in einer Metropole wie Berlin zu erwarten sind. Die Zimmer der *Classic*-Kategorie haben einen Ausblick zur Französischen Straße oder den Innenhof und sind 35 bis 38 Quadratmeter groß, die *Superior-Deluxe*-Zimmer bieten hingegen einen Blick auf den Bebelplatz oder die St. Hedwigs-Kathedrale. Einige Zimmer verfügen erfreulicherweise über Tageslichtbäder. Eine eigene Tiefgarage hat das Hotel nicht, in unmittelbarer Nähe befindet sich jedoch eine öffentliche Parkgarage. Selbstverständlich werden den Gästen ein Valet-Parking-Service sowie Hilfe beim Gepäck geboten. Das Hotel de Rome ist eine uneingeschränkte Empfehlung gerade für diejenigen Berlinbesucher, die Preußens Glanz und Gloria in der Mitte Berlins ganz direkt und unmittelbar vor der Hoteltür in edlem Ambiente genießen möchten. Hier zu logieren, ist für betuchte Berlin-Touristen sicherlich kein Fehler und auch mehr und mehr internationale Prominente genießen den Rahmen von Hotel und Umgebung bei ihrem Berlinaufenthalt, wie Elon Musk mit Familie noch Mitte des Jahres 2021 unter Beweis stellte.

Bewertung:

HOTEL ZOO
(OT Charlottenburg)
Kurfürstendamm 25
10719 Berlin
Telefon: 0 30-88 43 7-0
Internet: www.hotelzoo.de
E-Mail: info@hotelzoo.de
Direktorin: Karolin Brückner
DZ ab € 232,00

Auch wenn das Hotel Zoo am Kurfürstendamm längst kein Geheimtipp mehr ist, so würden wir es auf die Frage nach einem solchen dennoch zuallererst benennen. Es hat seit der Eröffnung im Herbst 2014 nichts an Glamour und Glanz verloren. Ganz im Gegenteil, gelang es doch, sich Kultstatus zu erarbeiten und diesen zu erhalten.

Das Besondere ist, dass es sich an einem für Film-Enthusiasten geschichtsträchtigen Ort befindet, denn in den Zeiten vor dem Mauerfall war das ehemalige Hotel am Zoo auch ein Filmfestival-Hotel. Nach seiner Schließung Ende 2012 erhielt das Gebäude eine Kernsanierung und die amerikanische Star-Innenarchitektin Dayna Lee wurde beauftragt, ein individuelles Designkonzept zu erarbeiten. Mit diesem ist es ihr

gelungen, einen außergewöhnlichen Ort mit Townhouse-Charakter zu schaffen. Obwohl das Hotel im eigentlichen Sinne schon wegen der insgesamt 141 Zimmer und Suiten kein Hideaway sein kann, so verfügt es doch über zahlreiche Attribute eines solchen kleinen, intimen Luxushotels. Kein großer überdachter Eingang mehr, der die Blicke auf sich zieht, sondern ein Zugang, der an den eines noblen Privatclubs erinnert, zu dem nur eine ausgewählte Klientel Zugang erhält. Man schreitet über einen jadegrünen Catwalk-Teppich mit dem Muster schleichender Leoparden, bis die Rezeption erreicht ist. Interessant ist der anzutreffende Gästemix, denn das Gesamtkonzept des Hotels spricht den Konzernchef ebenso an wie den Medienhipster oder den auf Städtetrip befindlichen Privatier. Sie alle schätzen den besonderen Spirit. Bewusst wurde darauf geachtet, keine Hemmschwellen aufzubauen, deshalb wirkt hier nichts gekünstelt und es gibt keinen ostentativ zu Schau gestellten Luxus. Lee hat mit ihrem durchdachten Designkonzept ein Gesamtkunstwerk geschaffen, das nicht zu pompös, in jedem Fall aber progressiv ist und dabei eine klare Designbotschaft vermittelt, nämlich die, dass dieses Haus bedingungslos kosmopolitisch sein will. Ihr ist es gelungen, mit ihrer Detailverliebtheit an vielen Stellen immer wieder für ein Aha-Erlebnis zu sorgen, ohne dabei lediglich demonstrative Effekthascherei an den Tag zu legen. Reminiszenzen an das Thema Film, aber auch an die Nähe zum Zoologischen Garten finden sich im gesamten Hotel. Beispielsweise im Aufzug, wo der Gast überrascht wird, denn nachdem sich die Tür schließt und die Fahrt nach oben angetreten wird, löst dies an der illuminierten Wand der Aufzugskabine für wenige Sekunden ein Blitzlichtgewitter aus, als würden Paparazzi einen Filmstar „abschießen". Der Lobby mit ausladenden Baxter-Ledersesseln oder Tom-Dixon-Wing-Chairs, den großen Leuchtern mit ihrem warm gedimmten Licht sowie mit den farblichen Akzenten bei den Stoffen ist eine Livingroom-Atmosphäre zu attestieren, die sich im Übrigen im Restaurant fortsetzt. Beeindruckend die überdimensionierte Tür, die als Blickfang die Lobby dominiert. Die Mitarbeiter, die sich professionell um das Wohl ihrer Gäste kümmern, treten unkonventionell und ungekünstelt, aber dennoch mit dem nötigen Respekt gegenüber den Gästen auf. Geführt wird dieses Ausnahmehotel von Karolin Brückner, einer erfahrenen Managerin, die sich als eine Idealbesetzung herausgestellt hat. Mit ihrem Esprit und ihrer unkomplizierten Persönlichkeit, gepaart mit Witz, Charme und Temperament, kann sie auf hohe Sympathiewerte bei ihren

Mitarbeitern zählen. In Zeiten des Fachkräftemangels ist dies sicherlich nicht zu unterschätzen. Sie vertritt das Haus mit viel Engagement nach innen wie außen und verzichtet dennoch darauf, sich in den Mittelpunkt zu stellen. Star des Hauses ist das Restaurant Grace, geöffnet von Mittwoch bis Samstag, das sich größter Beliebtheit unter den Gästen erfreut und in der Bundeshauptstadt zu den Top-Adressen der Gastronomieszene zählt. Gleichwohl wäre der Gast nicht nur wegen der zentralen Lage nicht darauf angewiesen, zum Speisen im Hause zu bleiben, denn in unmittelbarer Nähe gibt es in gastronomischer Hinsicht zahlreiche Angebote am Ku'damm und in dessen Seitenstraßen, von klassischer, bodenständiger Küche bis hin zu Fine-Dining-Restaurants, die allesamt fußläufig zu erreichen sind. Dennoch, wer im Grace während seines Aufenthalts nicht mindestens einmal speist, der verpasst etwas. Recht schnell nach der Eröffnung konnte sich die Grace Bar Kultstatus erarbeiten, der über die vielen Jahre bewahrt werden konnte. Aufgrund dieser Popularität ist der Zutritt mitunter nicht ganz einfach und Gäste müssen abgewiesen werden. Seit Sommer letzten Jahres bietet das Hotel im Dachgeschoss von Mittwoch bis Samstag mit der Rooftop-Bar sogar eine Open-Air-Lounge. Auch sie erfreut sich größter Beliebtheit, sodass zu ihr der Zugang ebenfalls geregelt werden muss. Beim sensationellen Blick über die Dächer der Stadt lässt es sich bei sommerlichen Temperaturen und guten Drinks herrlich chillen. Die Zimmer sind geschmackvoll eingerichtet, ermöglichen entweder den Ausblick auf den begrünten Innenhof, das Theater des Westens oder den Kurfürstendamm. Wir sprechen eine Empfehlung für die Kategorie *Grand Deluxe* aus, haben diese doch eine Größe zwischen 34 und 40 Quadratmetern und sind somit recht geräumig. Bis auf die kleinste Kategorie, die mit einer Größe zwischen 16 und 18 Quadratmetern eher von Einzelreisenden genutzt wird, sind alle Zimmer mit einer Nespresso-Kaffeemaschine ausgestattet. Selbstverständlich zählen schicke Luxussuiten zum Portfolio, etwa die *Ku'Damm*-Suite, die wie der Name bereits vermuten lässt, einen Ausblick auf den Boulevard ermöglicht. Sie bietet mit 50 Quadratmetern reichlich Platz und ist mit einer in den Wohnbereich integrierten frei stehenden Badewanne ausgestattet, zusätzlich verfügt sie über einen Balkon mit Austritt. In der ersten Etage befindet sich ein Gym mit modernen Cardio- und Krafttrainingsgeräten, der sogar rund um die Uhr zugänglich ist. Unser Fazit: Das Hotel Zoo hebt sich mit seinem außergewöhnlichen Designkonzept von den meisten Häusern in diesem Segment deutlich ab. Und ein weiterer Pluspunkt bleibt, dass der Gast hier in der City West, direkt am Kurfürstendamm und unweit des Zoologischen Gartens, der Gedächtniskirche und des berühmten Kaufhauses des Westens logiert.

Bewertung: ●●●◖

GRACE RESTAURANT & BAR
(OT Charlottenburg)
Kurfürstendamm 25
10719 Berlin
Telefon: 0 30-88 43 7-0
Internet: www.grace-berlin.com
E-Mail: reservierung@grace-berlin.com
Küchenchef: Martin Bruhn
Hauptgerichte ab € 22,00

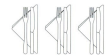

Das Grace Restaurant & Bar im Hotel Zoo zählt nach wie vor zu den angesagtesten kulinarischen Adressen der Hauptstadt und genießt bei vielen Kultstatus. Nicht selten ist es so, dass Restaurants, die einen solchen Ruf und Status innehaben, diesen nicht lange aufrechterhalten können und dann rasant wieder in der Beliebtheitsskala abrutschen. Plötzlich ist dann eine andere, neuere Location en vogue. Es scheint aber, als komme das Grace in den Genuss einer Sonderstellung, denn auch nach mehr als acht Jahren hat es nichts von seinem Renommee eingebüßt und die Erfolgsgeschichte wird unter dem Motto „Design trifft auf Genuss" fortgeschrieben. Spontan – ohne Reservierung – einfach vorbeizuschauen, ist keine allzu gute Idee, vorrangig nicht an einem Freitag oder Samstag, denn da ist das Restaurant oft komplett ausgebucht. Und das, obwohl jeder Tisch in der Regel zweimal am Abend vergeben wird. Nicht nur Hotelgäste, sondern auch ein Querschnitt aus der Berliner Mode-, Film- und Fernseh- sowie Kunstszene genießt bei Starkoch Martin Bruhn die ungezwungene, entspannte Livingroom-Atmosphäre. Sehr geschickt wird das Licht inszeniert, um eine besondere Stimmung zu erzeugen. Wir konnten daher Gäste beobachten, die mit ihrem Handy die Speisekarten ausgeleuchtet haben. Aber schließlich ist man nicht zum Lesen hier, sondern um hervorragend zu essen, gute Weine zu genießen und entspannt zu plaudern, um einen angenehmen, unbeschwerten Abend zu verbringen. Hier fühlt sich der Hipster ebenso wohl wie der CEO, der sich mit Geschäftspartnern trifft, aber auch die ältere Dame oder der ältere Herr im Kreise der Familie. Geboten wird eine kreative und experimentelle, europäisch-asiatisch geprägte Küche. Bruhn ist kein Unbekannter in der Spitzengastronomie, war er doch, bevor er die Verantwortung für das Grace übernommen hat, im ehemaligen Restaurant Fischers Fritz im Hotel Regent in Berlin tätig, das immerhin mit zwei Michelin-Sternen prämiert war. Eine solche Auszeichnung wird nicht angestrebt und würde nicht so recht zum Konzept des Grace passen, wird doch gerade darauf abgezielt, Hemmschwellen gegenüber der Spitzenkulinarik abzubauen. Wer im Grace einmal einen Abend verbracht hat, der weiß es sehr zu schätzen, dass nicht die sakrale Atmosphäre vieler Gourmetrestaurants vorherrschend ist, sondern quirlige Betriebsamkeit und durchaus eine gewisse Lautstärke zu vernehmen sind. Hauptgänge können bei der Bestellung mit verschiedenen Beilagen kombiniert werden. Das Grace Tasting Menu ab zwei Personen ist sehr zu empfehlen und es wird Flexibilität an den Tag gelegt, indem ermöglicht wird, einen Gang mal auszutauschen, wenn besondere Unverträglichkeiten oder Abneigungen gegen bestimmte Zutaten vorliegen. Ansonsten sind die beliebten Klassiker diejenigen Gerichte, die, ohne dass wir übertreiben, fast schon Kultstatus haben, etwa das Crispy Rice & Blue Fin Thunfischtatar oder Pork Belly, Spicy Miso, Ingwer und Limette als Vorspeise. Und als Zwischengang eigentlich ein Muss ist der halbe Hummer an Avocado, Crispy Wan Tan und Chili-Mayonnaise. Beliebte Hauptgänge sind zum Beispiel gedämpfter Lachs, Lamm oder Filetsteak. Die Auswahl an Beilagen ist vielfältig und kreativ, unter anderem junger Pak Choi und gerösteter Kimchi, sautierter Spinat, Flügelbohnen und Kokos oder beispielsweise grüner Spargel und Crispy Panko. Sehr passend, dass der Sommelier nicht den Versuch unternimmt, den Gast durch langwierige Ausführungen über Anbaugebiete, Besonderheiten der Winzer und andere Details zu überfordern, um seine hohe Expertise zu unterstreichen, sondern sich auf die wichtigsten Merkmale der vorgeschlagenen Weine beschränkt. Für den Digestif oder um den Abend ausklingen zu lassen, bietet sich die Grace Bar oder in den Sommermonaten die Rooftop-Bar an. Wichtig aber zu wissen, dass mit dem Restaurantbesuch nicht automatisch ein Zutrittsrecht zur Grace Bar erworben wird, denn beide sind oft schlichtweg zu stark frequentiert. Auch einzeln sind Restaurant und Bar stets einen Besuch wert.

Bewertung:

INTERCONTINENTAL
(OT Tiergarten)
Budapester Straße 2
10787 Berlin
Telefon: 0 30-26 02-0
Internet: www.berlin.intercontinental.com
E-Mail: berlin@ihg.com
Direktor: Aernout de Jong
DZ ab € 152,00

In Berlin ist das InterContinental nach wie vor trotz starker Mitbewerber ein wirkliches Schwergewicht unter den Businesshotels. In direkter Nachbarschaft zum Bahnhof Zoologischer Garten, zudem unweit der Gedächtniskirche sowie des Kurfürstendamms gelegen, logiert der Gast hier in der City West relativ zentral. Insgesamt verfügt das Haus über 558 Zimmer und Suiten, die in die Kategorien *Classic* und

Premium untergliedert werden und alle in einem zeitgemäßen Zustand sind. Zusätzlich gehören auch sogenannte InterContinental-Club-Zimmer zum Portfolio, mit deren Buchung der Gast in den Genuss zusätzlicher Annehmlichkeiten kommt. Darunter der Zutritt zur Clublounge, in der unter anderem das tägliche, erweiterte kontinentale Frühstück, tagsüber kleinere Snacks und Getränke sowie abends eine kleine Auswahl an warmen Speisen offeriert werden. Während der Pandemie war die Lounge allerdings bis April dieses Jahres geschlossen. Aufgrund der Bandbreite der Zimmerkategorien ist es möglich, unterschiedlichsten Komfortansprüchen der Gäste zu entsprechen. Leider haben wir jedoch den Eindruck, dass Direktor Aernout de Jong zwischenzeitlich auf Tauchstation gegangen ist. Es scheint, als fehlten ihm die Antworten auf die vielen Fragen, die ihm nun einmal aufgrund der außergewöhnlichen Situation einer Pandemie gestellt werden. Gerade jetzt zeigen sich wahre Führungsqualitäten. Es ist unter guten Regelbedingungen weitaus einfacher, ein solch komplexes Haus wie dieses zu leiten. Bislang war das InterContinental Hotel in Berlin wegen seiner Gesamtkapazitäten in Bezug auf Zimmer und Tagungsmöglichkeiten, der Gastronomie, der Lage und des Renommees fast schon ein Selbstläufer. Im Convention-Segment, welches die DNA dieses Luxus-Businesshotels darstellt, zählt man zu den besten drei Adressen der Stadt. Nicht zuletzt wegen des 6.200 Quadratmeter großen Veranstaltungskomplexes, der sich über mehrere Bereiche erstreckt und beachtliche 45 Tagungsräume integriert. Darunter zudem einen säulenfreien Ballsaal, der bis zu 2.500 Personen fasst. Buchbar auch für Besprechungen im kleinen Kreis sind edle Boardingrooms. Vor der Pandemie fanden im Haus bedeutende gesellschaftliche Events statt. In der aktuellen Situation wäre es aufgrund der großzügigen Räumlichkeiten rein theoretisch möglich, im größeren Rahmen Präsenztagungen abzuhalten, da alle Abstands- und Hygienemaßnahmen umgesetzt werden könnten – nicht zuletzt wegen der vorhandenen Klima- und Lüftungsanlagen. Dennoch kaum vorstellbar, dass augenblicklich die Belegungssituation zufriedenstellend sein kann. Negativ fällt uns in jedem Jahr bei unserer Recherche die internationale Zimmerreservierung von InterContinental auf, die wirklich so unzuverlässig wie eine Wettervorhersage ist. Bei unseren Testanrufen werden uns teilweise Auskünfte über Ausstattung und Komfortleistungen gegeben, die es entweder nicht mehr gibt oder gar nie gegeben hat. In bester Erinnerung bleibt ein Gespräch mit einer offenbar osteuropäischen Mitarbeiterin, die im strengen Ton jeder ihrer Aussagen „bitte schön, der Herr" anfügte. Etwa beim Frankfurter Schwesterhotel, als sie ein Schwimmbad anpries, das es seit einer Ewigkeit nicht mehr gibt. In diesem Jahr war das Gespräch ebenfalls ernüchternd. So behauptete der Mitarbeiter, die Nutzung des Spa sei grundsätzlich in die Zimmerrate inkludiert. Und auch einen Club-Zugang stellte er in Aussicht, sofern die entsprechende Kategorie gebucht würde. Jetzt war es so, dass der Mitarbeiter akzentfrei Deutsch sprach, es somit keine sprachlichen Barrieren oder Missverständnisse gab. Daher ließen wir die Informationen noch einmal durch eine Rezeptionsmitarbeiterin vor Ort gegenchecken. Sie konnte die Aussagen nicht bestätigen. So waren die sogenannten Club-Zimmer zum angefragten Termin mit Lounge-Nutzung gar nicht buchbar. In Anbetracht der Größe des Hauses ist der 1.000 Quadratmeter große Spa fast schon ein wenig zu klein dimensioniert. Wahrscheinlich auch deshalb wird versucht, den Zutritt gewissermaßen zu reglementieren, denn nicht jeder Gast ist bereit, nochmals zusätzlich 15 Euro für den Besuch des Wellnessbereichs zu bezahlen. Auf den einen oder anderen Gast mag das ein wenig kleinlich wirken. Seit Mitte August letzten Jahres wurde der Zugang, um die Hygiene- und Abstandsregeln einhalten zu können, auf ein im Vorfeld zu buchendes zweistündiges Zeitfenster beschränkt. In jedem Fall ist der Spa sehr schön gestaltet und umfasst einen Saunabereich mit zwei finnischen Saunen, wovon eine für Damen reserviert ist, ein Dampfbad sowie zusätzlich über Kräuterdampfbad, Eisbrunnen, Erlebnisduschen, jeweils einen Ruheraum mit Wärmebänken und Wasserbetten. Zudem können ein 15 x 8 Meter großes Schwimmbecken, in dem es tatsächlich möglich ist, seine Bahnen zu ziehen, sowie ein großer Whirlpool vorgewiesen werden. Im Außenbereich befinden sich ein Eisbad sowie eine Dusche. Der hervorragend ausgestattete Trainingsbereich, dessen Besuch im Übrigen ohne Berechnung bleibt, ist rund um die Uhr zugänglich. Für ein Haus eines internationalen Hotelkonzerns eher ungewöhnlich, dass man sich seit mehr als zwei Jahrzehnten mit dem Hugos ein veritables Gourmetrestaurant leistet, das mit immerhin einem Michelin-Stern ausgezeichnet ist. Es zählt zu den kulinarischen Hotspots der Hauptstadt und hat Donnerstag bis Samstag geöffnet. Seit 2015 trägt hier Eberhard Lange die Verantwortung, der eine modern interpretierte französische Küche kredenzt. Eigentliches Hauptrestaurant ist die Marlene Bar & Restaurant im Erdgeschoss, welche eine internationale Küche auf gutem Niveau bietet. Zusammengefasst ist und bleibt das InterContinental eine uneingeschränkte Empfehlung wert.

Bewertung: ●●●● ◐

RADISSON COLLECTION
(OT Mitte)
Karl-Liebknecht-Straße 3
10178 Berlin
Telefon: 0 30-2 38 28-0
Internet: www.radissonhotels.com
E-Mail: info.berlin@radissoncollection.com
Direktor: Oliver Staas
DZ ab € 163,00

2022 sind auf der Insel zwischen Spree und Spreekanal in Berlins historischer Mitte die Spuren des Zweiten Weltkrieges endgültig beseitigt. Denn das in der rekonstruierten Hülle des historischen Stadtschlosses aufgebaute Humboldtforum nimmt den Raum ein, der seit dem Abriss des Originalgebäudes durch die DDR im Jahre 1950 offen klaffte. Nur teilweise wurde er ab 1976 durch den Palast der Republik wieder gefüllt, aber Leere und Ödnis des großen Aufmarschplatzes vor dem Palast bestimmten über viele Jahre das Areal. Auf der östlichen Spreeseite sah es kaum besser aus, denn was einst das eigentliche mittelalterliche Berlin, direkt neben der zweiten Gemeinde Alt-Cölln auf der Spreeinsel, darstellte, war so zerstört, dass der Ort bis zum heutigen Tage unbebaut blieb. Hier erstrecken sich eine große Grünfläche mit den Statuen von Marx und Engels, das sogenannte Marx-Engels-Forum, und ein großer leerer Platz hintereinander bis zum Alexanderplatz. Lediglich die mittelalterliche Marienkirche steht als einziges bauliches Zeugnis am alten Ort auf dieser Freifläche und der Neptunbrunnen, der einst die Südseite des Stadtschlosses zierte, wurde zu DDR-Zeiten wiederaufgebaut, um die große Leere wenigstens ansatzweise zu füllen. Auch das Rote Rathaus aus dem 19. Jahrhundert am Rande dieser Fläche überlebte und die DDR-Städtebauer wählten den damals zeitgemäßen Kunstgriff, in der Flucht des Rathauses und parallel dazu auf der nördlichen Seite dieser großen Leere Wohnhochhäuser mit Ladenzeilen in den unteren Geschossen zu errichten, um den riesigen verwaisten Raum mit angemessen groß dimensionierten, neuen Baukörpern immerhin städtebaulich zu fassen. Dort, wo die moderne nördliche Randbebauung aus den 1960er-Jahren auf die Spree trifft, wurde von einem schwedischen Konsortium das Palasthotel errichtet und 1979 eröffnet, ein Ost-Berliner Staatshotel westlichen Standards, benannt nach dem schräg gegenüber stehenden Palast der Republik und ausgestattet mit allen Einrichtungen und Funktionen, die ein Staat wie die DDR mit einem solchen Hotel abzudecken dachte. Einschließlich komplett verwanzter Zimmer zum Ausspionieren dort untergebrachter Gäste. 600 Zimmer und 40 Suiten waren Teil des riesigen Komplexes, der nach der Wiedervereinigung weiter als Hotel genutzt wurde. 2001 erfolgte dann der Abriss und anschließend die Errichtung des Cityquartier DomAquarée, in dem auch das 2004 eröffnete Radisson-SAS-Hotel untergebracht ist, das bis heute an dieser Stelle mittlerweile als Radisson Collection betrieben wird. Um einen gänzlich neuen, ja fast ablenkenden Akzent zu setzen, wurde das Hotel neben einem kommerziellen Großaquarium, dem Sea Life Centre, errichtet, dessen größtes Aquarium, der 25 Meter hohe und fast 12 Meter breite AquaDom als türkis schimmernder Glaszylinder zentral in der Lobby steht und mit seinen in etwa 1.500 Fischen als gigantischer Blickfang dient. Gäste des Sea Life Centre fahren mit einem gläsernen Fahrstuhl durch diese aufgeständerte Unterwasserwelt, betreten das Hotel aufgrund des unterirdischen Zugangs zum Fahrstuhl dabei jedoch nicht. Es genießt so nicht nur die Attraktion eines Riesenaquariums, sondern profitiert auch von der dadurch verschönerten Aussicht aus den zum inneren Atrium mit der Lobby ausgerichteten Zimmern. 427 Zimmer und Suiten werden geboten, bei denen die erhebliche Anzahl der nach innen gelegenen durch den Ausblick auf die künstliche Unterwasserwelt besser mit denjenigen konkurrieren können, die einen direkten Blick auf Berliner Dom, Stadtschloss oder das grüne Marx-Engels-Forum bieten. Die zehn Kategorien definieren sich teilweise sogar nach dem Domblick. In der Größe sind die meisten Zimmer gut dimensioniert, Juniorsuiten und Family Rooms mit 47 Quadratmetern bilden die zweitgrößte Kategorie, die nur noch von den doppelt so großen Suiten übertroffen wird. Bei den Tagungsräumen stehen insgesamt 2.740 Quadratmeter mit zahlreichen verschiedenen Raumoptionen für Veranstaltungen mit bis zu 550 Teilnehmern zur Verfügung. Der DomLounge-Tagungsbereich in den beiden oberen Etagen mit spektakulären Ausblicken auf den Berliner Dom und die Stadt verfügt über eine Größe von 1.400 Quadratmetern. Und gastronomisch ist man mit dem Balaustine, als Nachfolger des HEat Restaurant & Bar, mit orientalischer Küche inklusive zugehöriger Terrasse in Richtung Spree mehr als ausreichend aufgestellt in einem Umfeld, das darüber hinaus zahlreiche Restaurantalternativen bietet. Dass der Spa nicht unbedingt als Herz der Anlage zu betrachten ist, liegt schon angesichts seiner Überschaubarkeit nahe. Immerhin bietet der Heaven Spa, der trotz des Namens im Keller des Gebäudes liegt, Sauna, Schwimmbad und Anwendungsräume, obwohl diese Einrichtungen bei Lichte besehen stiefmütterlich behandelt werden, wenn Pflege- und Erhaltungszustand genauer betrachtet werden. Dieses Radisson Collection ist damit ein typischer Vertreter sowohl der Marke als auch der Kategorie eines gehobenen Businesshotels, der sich durch seine Lage und den AquaDom in der Lobby allerdings deutlich besser profiliert zeigt als andere Berliner Häuser dieser Kategorie. Wer Radisson-Häuser kennt und schätzt, der wird in Berlin somit sicherlich nicht enttäuscht werden.

Bewertung:

REGENT
(OT Mitte)
Charlottenstraße 49
10117 Berlin
Telefon: 0 30-2 03-38
Internet: www.regenthotels.com
E-Mail: info.berlin@regenthotels.com
Direktor: Claus Geißelmann
DZ ab € 311,00

Das Regent Berlin, das seit einigen Jahren zum Portfolio der InterContinental Group gehört, ist der Inbegriff eines Luxushotels. Bereits beim Betreten des Hauses wird der Gast vom edlen Marmor, der hier nicht nur als Bodenbelag, sondern auch als Wandverkleidung dient, regelrecht optisch erschlagen. Ostentativ zur Schau gestellter Luxus ist bekanntermaßen das Markenzeichen der kanadischen Hotelgruppe Four Seasons, die dieses Haus am Gendarmenmarkt im Jahr 1996 eröffnete. Der legendäre, wenn auch nicht unumstrittene Direktor Stefan Simkovics führte diese Nobelherberge über viele Jahre. Ihm war es gelungen, dieses Fünf-Sterne-Superior-Hotel – obgleich nur vorübergehend Ende der 1990er-Jahre – sogar zur Nummer eins auf dem Berliner Markt zu entwickeln. Denn in den folgenden Jahren traten weitere, das gleiche Segment bespielende Mitbewerber am Markt an. „Luxus ist Service!" war Simkovics' Leitmotiv, das von jedem seiner Mitarbeiter verinnerlicht werden musste. Sein Anspruch war es, dem Gast mit seiner Vorfahrt eine Rundumbetreuung zu garantieren. Valet Parking, Hilfe beim Gepäck, Begleitung zum Zimmer, 24-Stunden-Etagen- sowie ein Schuhputzservice zählen nach wie vor zu den verlässlichen Standards. Exzellent und bestens vernetzt ist natürlich das Concierge-Team um Stephan

Mehlhorn. Nachdem sich Four Seasons 2004 zurückgezogen hatte, wurde das Haus von The Regent weitergeführt. Vieles hat sich seitdem verändert, leider nicht immer zum Besten. Einige Servicestandards wurden zwischenzeitlich aufgeweicht und der Anspruch, den besten Service aller Luxushotels in Berlin zu bieten, offenbar vor einigen Jahren bereits aufgegeben. Im zweiten Quartal 2019 übernahm Claus Geißelmann, ein international erfahrener Manager, die Verantwortung. Er agiert seitdem so zurückhaltend und unauffällig, dass wir uns regelmäßig erkundigen, ob er hier überhaupt noch tätig ist. Das ist enttäuschend, denn wir kennen ihn noch aus Zeiten, als er für den gleichen Konzern ein Luxusresort in Berchtesgaden leitete und dort einen veritablen Gastgeber abgab. Wichtig auch zu erwähnen, dass seine Führungsqualitäten, gerade in den jetzigen Zeiten, in denen die Dienstleistungsbranche im Allgemeinen und die Hotellerie im Besonderen unter einem Fachkräftemangel leiden, besonders gefragt sind. Wir wissen um seine Sozialkompetenz und die hohen Sympathiewerte, über die er bei seinen Mitarbeitern verfügt. Dieses wirkt sich bekanntermaßen auf deren Motivation und Dienstleistungsbereitschaft positiv aus. Schade nur, dass Geißelmann dieses Haus nun offenbar schon lange vom sprichwörtlichen Elfenbeinturm aus führt. Es drängt sich der Eindruck auf, dass er zu der Überzeugung gelangt sein muss, dass ein Gastgeber par excellence hier nicht vonnöten ist. Mittlerweile ist nach unserer Einschätzung dieses Fünf-Sterne-Hotel auf dem hiesigen Hotelmarkt nur noch eines von vielen. Gastronomisch wurde über viele Jahre mit dem Restaurant Fischers Fritze unter der Führung von Spitzenkoch Christian Lohse in der kulinarischen Bundesliga gespielt. Bis 2017 war das Restaurant insgesamt zehn Jahre lang mit zwei Michelin-Sternen prämiert worden. Dann wurde verlautbart, es zunächst für Renovierungsarbeiten zu schließen. Bereits Anfang 2018 öffnete es wieder als Charlotte & Fritz. Augenblicklich gibt es hier aber offenbar keine Ambitionen mehr, erneut einen Stern zu erringen. Zum Gesamtangebot des Hotels zählt auch ein Spa, obgleich dieser mit keinem Pool aufwarten kann. Wohl aber mit einem Saunabereich sogar in zweifacher Ausfertigung, um so Damen und Herren strikt trennen zu können. Das Frühstück wird hier regelrecht zelebriert, denn neben einem À-la-carte-Angebot gibt es zusätzlich ein kleines Buffet, auf dem sich dann beispielsweise die Cerealien befinden. Einige der Zimmer, die alle über einen französischen Balkon verfügen, sind zum Gendarmenmarkt hin ausgerichtet, andere wiederum zu den Seitenstraßen oder dem Innenhof. Bereits die Kategorie *Classic*, deren Zimmer sich in der ersten und zweiten Etage befinden, bietet mit 40 Quadratmetern reichlich Platz und eine hohe Aufenthaltsqualität. Die Luxusbadezimmer wurden alle mit einer begehbaren Dusche sowie einer separaten Badewanne ausgestattet. Augenblicklich sticht das Regent unter den Luxushotels in Berlin nicht mehr sonderlich hervor. Es wäre wünschenswert, dass Direktor Claus Geißelmann sich darüber Gedanken macht, ob der einst hohe, selbst geäußerte Anspruch des Regent mit der Realität in Einklang zu bringen ist.

Bewertung: ●●●◐

THE RITZ-CARLTON
(OT Tiergarten)
Potsdamer Platz 3
10785 Berlin
Telefon: 0 30-33 7 77-0
Internet: www.ritzcarlton.com
E-Mail: berlin@ritzcarlton.com
Direktor: Torsten Richter
DZ ab € 338,00

Der Potsdamer Platz in Berlin war seit dem Ende des Zweiten Weltkrieges ein nahezu ikonischer Ort in der deutschen Hauptstadt, vereinte er doch alle Aspekte des Nachkriegs- und Mauerelends der Stadt. Zum einen die totale Zerstörung, denn vom einst verkehrsreichsten Platz Europas existierte nach 1945 bis zum Fall der Mauer nur noch eine Einöde mit der Ruine eines Teils des ehemaligen Luxushotels Esplanade. Zum anderen die Teilung der Metropole, denn der Todesstreifen mit der Berliner Mauer verlief mittendurch diese Ödnis. Nach dem Fall der Mauer war es daher offensichtlich fast so etwas wie ein gesamtgesellschaftliches Ziel, diese größte Wunde im Berliner Stadtgefüge wieder zu schließen und den Platz zu bebauen. Vor allen anderen Projekten wurden Planung und Umsetzung vorangetrieben und die erwähnte Ruine des verbliebenen Saals des ehemaligen Hotel Esplanade nicht etwa abgerissen, sondern im Ganzen verschoben und in einen Neubau integriert. 1997, weniger als acht Jahre nach dem Mauerfall, konnten erste Teile des riesigen Areals eröffnet werden. Den Abschluss bildete das Beisheim Center auf dem sogenannten Lenné-Dreieck, einer dreieckig geformten Spitze des Todesstreifens mit einer Seitenlänge von etwa 350 Metern, die, von der Mauer umschlossen, in West-Berliner Gebiet ragte. Erst 2004 wurde die Bebauung durch Investor Otto Beisheim, einen Mitgründer des Düsseldorfer Metro-Konzerns, abgeschlossen. Er hatte ein Hochhauspaar im Stil des Art déco der 1920er- und 1930er-Jahre errichten lassen, dem mehrere Luxusapartmenthäuser entlang der rückwärtig verlaufenden Lennéstraße angegliedert wurden. Im westlichen, etwas aufwendiger gestalteten der beiden Hochhäuser eröffnete das The Ritz-Carlton als damals neuestes Fünf-Sterne-Hotel der Stadt, im anderen ein Marriott-Hotel mit vier Sternen. Das Interieur des Ritz-Carlton kümmerte sich von Anfang an nicht um lokale Bezüge oder baukünstlerische Überlegungen, sondern orientierte sich an dem, was Luxushotelkunden des Marriott-Konzerns weltweit unter einem luxuriösen Ambiente verstehen. Die opulente Innenarchitektur in den öffentlichen Bereichen mit einem ursprünglichen Stilmix aus Art déco und verschiedenen anderen Stilepochen wurde mittlerweile etwas mehr vereinheitlicht. Stilmöbel und korinthische Kapitelle sind seit der millionenschweren, 2019 abgeschlossenen Renovierung verschwunden und durch schlichtere, nicht mehr historisierende Varianten ersetzt worden. Insgesamt wurde sich nun noch mehr am Art-déco-Stil orientiert, dies aber in einer wertigen, modernen Form, die einem Hotel dieser Kategorie absolut würdig ist. Nur die marmorne Freitreppe mit ihrem verschnörkelten schmiedeeisernen Geländer blieb unverändert, was aber als verspielter Kontrast zum jetzt entstandenen eleganten Gesamtbild durchgehen kann. Der in diesem Führer in den vergangenen Jahrzehnten oft geäußerte Vorwurf eines allzu wahllosen Stilmix nach dem Geschmack einer internationalen Klientel, die hauptsächlich ostentativ zur Schau gestellten Luxus schätzt, kann seit dieser Renovierung nicht mehr aufrechterhalten werden. Mittlerweile bilden Äußeres und Inneres eine Einheit mit fein auf die Architektur abgestimmtem Design des Interieurs – sowohl in den öffentlichen Bereichen als auch auf den Zimmern und Suiten. Man ist moderner geworden und hat sich dabei gleichzeitig dem eigentlichen architektonischen Rahmen besser angepasst. Chapeau! Eine Renovierung, die nun rundum überzeugt und das Haus wieder eindeutig in eine Reihe mit den Flaggschiffen der Grandhotellerie in Berlin, dem Hotel Adlon und dem Hotel de Rome, stellt. Dass hier Berlins angeblich zweitgrößter luxuriöser Ballsaal mit Platz für bis zu 500 Gästen vorhanden ist, bedeutet inklusive der Kooperationsmöglichkeit mit dem benachbarten Marriott-Hotel, dass für Großveranstaltungen beste Rahmenbedingungen vorherrschen. Zwei Bars sowie das Restaurant Pots bieten neben der Lounge ein breites gastronomisches Spektrum und der Wellnessbereich mit finnischer Sauna, Dampfsauna und Pool neben Fitnessbereich und Ruhezonen komplettiert somit das Angebot dieses Grandhotels. Das The Ritz-Carlton ist seit der 2019 abgeschlossenen Renovierung wieder eine uneingeschränkte Empfehlung im luxuriösesten Segment der Hauptstadthotellerie.

Bewertung: ●●●●

WALDORF ASTORIA
(OT Tiergarten)
Hardenbergstraße 28
10623 Berlin
Telefon: 0 30-81 40 00-0
Internet: www.waldorfastoriaberlin.de
E-Mail: berlin.info@waldorfastoria.com
Direktor: Gregor Andréewitch
DZ ab € 312,00

Da das Zentrum des alten West-Berlins über einige Luxusbusiness- und Luxus-Grandhotels mit Tradition und Geschichte verfügt, stellte die Eröffnung eines Hauses in der Größenordnung dieses Waldorf Astoria im Januar 2013 eine Herausforderung für die Macher und Investoren dar. Wie sollte man einem solch großen Haus Profil und Charakter verleihen, woran ließe sich anknüpfen? Durch die Wiedervereinigung war der Bezirk Mitte mehr und mehr als eigentliches Berliner Zentrum in den Fokus von Touristen und Berlinern gerückt und der ehemalige Westteil schien lange Zeit der Stagnation anheimgefallen. Dennoch haben der Kurfürstendamm und die Tauentzienstraße als dessen östliche Verlängerung mit dem Kaufhaus des Westens am Wittenbergplatz eine stabile Achse des Konsums gebildet, die sich gegenüber der wiedererstarkten neuen alten Mitte Berlins als unempfindlich erwiesen hat. Denn in dieser stehen weniger der Kommerz und das Shoppingerlebnis im Mittelpunkt, sondern historische Sehenswürdigkeiten und Museen, die in ihrem Umfeld – mit Ausnahme der Friedrichstraße, des Potsdamer Platzes und der Mall of Berlin am Leipziger Platz – nur begrenzten Raum für klassischen, hauptstädtischen Luxuskonsum bieten. Die beiden letztgenannten Orte bieten Malls mit einem Mix an Geschäften, wie er weitgehend in jedem Shoppingcenter anzutreffen ist. Und die Friedrichstraße, in der sich Flagship-Stores und Filialen internationaler Marken ansiedelten, besitzt das Manko, kein Boulevard zu sein wie der Kurfürstendamm. Der Boulevard Unter den Linden, vor dem Krieg durchaus auch Einkaufsmeile, hat diesen Charakter verloren und noch nicht wiedererlangen können. Der Kurfürstendamm hat seinen Status als der zentrale Einkaufsboulevard der Hauptstadt, den er schon vor dem Krieg innehatte, daher bis zum heutigen Tag nicht verloren. Nobelherbergen wie das Hotel Bristol und das Hotel Zoo als Teil des Ku'damms mussten sich daher um ihr Profil nie Gedanken machen. Das Hotelhochhaus „Zoofenster" hingegen, etwas versetzt zum Kurfürstendamm und fast am Bahnhof Zoo gelegen, brauchte von Anfang an ein anderes Konzept, mit dem man sich am Ort verankern konnte, um als Teil der Stadt und nicht als Fremdkörper wahrgenommen zu werden. Die Lösung schien zunächst zu sein, eine verschwundene Institution des intellektuellen Berlins der Vorkriegszeit zu bieten: das Romanische Café. Obwohl früher eher am Standort des heutigen Europacenters gelegen, wurde sich dieser Namen genauso wie der Name Waldorf Astoria zu eigen gemacht und versucht, das Restaurant im Erdgeschoss mit dem Namen des Romanischen Cafés zu verschmelzen, auf dass der historische Glamour dieses ehemaligen Künstlercafés auf das neue Hotel abfärben möge. Leider vergebens, denn Standort und Charakter des Cafés waren für die Wiederbelebung eines Kaffeehausmythos nach Wiener Vorbild nicht geeignet. Mittlerweile firmiert es abgekürzt als ROCA. Besser war da schon die Entscheidung, sich bei der Ausstattung des Hotels von dem Architekturstil inspirieren zu lassen, der die Blütezeit des Romanischen Cafés auszeichnete – dem Art déco. Das ganze Haus ist in seiner Ausstattung von einer modernen Interpretation dieses Stils geprägt. Hinsichtlich Ambiente und Gästeklientel ist es am ehesten mit dem The Ritz-Carlton am Potsdamer Platz vergleichbar. Auch dieses Haus ist ein Luxushotel großen Zuschnitts mit klangvollem Traditionsnamen aus ganz anderen Regionen der Welt, gepaart mit opulentem Interieur, das sich hier allerdings weniger einheitlich zeigt als im Waldorf Astoria. Dass solche Namen letztlich nur geliehen sind und nichts mit dem Ort der Hotels und ihrer Geschichte zu tun haben, spielte bei der Konzeptionierung dieser Häuser keine Rolle. Der Name sollte offensichtlich jeweils nur bekannt sein und nobel klingen, sodass sich internationale Gäste ohne Geschichts- und Ortskenntnisse dennoch dazu angeregt sehen, hier zu buchen. Ein klangvolles Etikett ist für diese Klientel schon die halbe Miete und eine luxuriöse Ausstattung ausreichend, alle Wünsche zu erfüllen. Als besonderes Feature findet sich in der 15. Etage die Library Lounge mit sensationellem und einzigartigem Ausblick über Berlin, in der entspannt gearbeitet oder ein Tee oder Kaffee mit Kuchen und Gebäck genossen werden kann. Ins ROCA werden Gäste verwiesen, wenn sie im Hotel speisen möchten. Vier Zimmerkategorien und zehn individuelle Suiten-Typen stehen zur Auswahl. Mit dem

Guerlain Spa sind auch Wellness- und Beautybereich samt kleinem Pool vorhanden. Kulinarisch glänzen eine veritable Fine-Dining-Option oder gar ein Gourmetrestaurant mit Abwesenheit – ein Trend, der seit mindestens einer Dekade bei neueren Fünf-Sterne-Häusern festzustellen ist. Insgesamt ist dieses Haus eine Option für internationale Businessgäste mit Luxusanspruch oder eben für Touristen, die ein Hotel nicht nach seinem authentischen Charakter aussuchen, sondern fantasievolles, luxuriöses Design schätzen und eher zum Luxusshopping als zum Sightseeing in der Stadt sind, denn die Nähe zum Kurfürstendamm ist ein Hauptargument dafür, dieses Hotel für einen Berlinaufenthalt zu wählen.

Bewertung: ●●●◖

BIELEFELD Nordrhein-Westfalen

BIELEFELDER HOF
(Stadtmitte)
Am Bahnhof 3
33602 Bielefeld
Telefon: 0521-52 82-0
Internet: www.bielefelder-hof.de
E-Mail: info@bielefelder-hof.de
Direktor: Martin Roßmann
DZ ab € 113,00

Es hat sich als eine hervorragende Entscheidung der ehemaligen Eigentümer erwiesen, einst Martin Roßmann von Berlin nach Bielefeld zu holen. Bereits seit Januar 2011 lenkt er die Geschicke dieses Traditionshotels, das zwischenzeitlich auf eine über 120-jährige Geschichte zurückblicken kann. Zuvor war er viele Jahre für die Mövenpick-Hotelgruppe tätig, zuletzt sogar mit regionaler Verantwortung. Roßmann hatte unmittelbar nach Übernahme dieses Hauses verbindliche Leitlinien an seine Mitarbeiter ausgegeben und hob die Service- und Dienstleistungsstandards spürbar an. Spätestens nach der umfangreichen Renovierung der Zimmer sowie der öffentlichen Bereiche war das Haus wieder in Hochform und längst erneut zur guten Stube der Stadt avanciert. Dass die Mitarbeiterzufriedenheit nach wie vor auf konstant hohem Niveau ist, lässt sich zweifelsohne auf die gute Personalpolitik des Direktors zurückführen. Zwei weitreichende Renovierungsprozesse hat er bislang begleitet, zunächst wurden die Zimmer – später auch ein Teil der Bäder – einer kompletten Auffrischung unterzogen. Die Zimmer sind entweder im historischen Teil des Gebäudes oder im sogenannten Neubau untergebracht. Seit Juli 2019 gehört dieses Traditionshaus zur LFPI-Hotelgruppe, die – und das ist kein Geheimnis – alle ihre Häuser zentralisiert führt. Ihren Direktoren kommt lediglich die Funktion von Statthaltern zu, von denen erwartet wird, dass sie die Vorgaben der Zentrale eins zu eins umsetzen. Offenbar hat dies zwischenzeitlich bei Martin Roßmann, der es bislang gewohnt war, den Bielefelder Hof autark zu führen, für eine gewisse Ernüchterung gesorgt. In Bezug auf die Coronakrise ist sein Krisenmanagement zu hinterfragen, hat er es sich bei der Umsetzung der Vorgaben der Landesregierung zur Bekämpfung der Pandemie doch sehr einfach gemacht. Zu Zeiten des Lockdowns, als nur Geschäftsreisende buchen durften, hatte er sogar einmal kurzerhand entschieden, die Serviceleistungen fast vollständig einzustellen, infolgedessen die Gastronomie komplett geschlossen war. Während die meisten Hotels sich größte Mühe gaben und alle Anstrengungen unternahmen, zumindest ein Frühstück entweder à la carte im Restaurant oder als Zimmerservice anzubieten, wurde den Gästen allen Ernstes empfohlen, doch den Bäcker am Hauptbahnhof aufzusuchen. Lediglich einen Kaffee to go bekamen die Gäste. Später ist offenbar dann doch die Erkenntnis gereift, dass in einem Haus dieser Klasse zumindest eine kleine Frühstücksbox angeboten werden sollte, schließlich ist der Bielefelder Hof keine Pension. Darauf angesprochen, erklärte uns eine Mitarbeiterin, sie hätten während dieser Zeit vieles einfach mal so ausprobiert! Da fragt sich der gelernte Gast, wie man so leidenschaftslos agieren konnte. Wir kennen Drei-Sterne-Häuser, die während des Lockdowns ihren Gästen, wenn schon kein Buffet, dann zumindest einen hervorragenden Zimmerservice angeboten haben. Wir können uns des Eindrucks nicht erwehren, dass sich Roßmann zwischenzeitlich mit den „Besonderheiten" des Konzerns abgefunden und zur Kenntnis genommen hat, dass ein hohes Kostenbewusstsein, auch wenn dieses nicht selten zulasten des Service geht, von den Verantwortlichen in der Zentrale sehr geschätzt wird. Deshalb scheint es, als führe er den Bielefelder Hof nur noch administrativ. Mehrere Versuche, mit ihm darüber zu sprechen, scheiterten bislang. Der Convention-Bereich mit seinen elf Veranstaltungsräumen erlaubt Tagungen, Meetings und Bankette mit bis zu 200 Personen. Dieser war jedoch in Anbetracht der Krise bislang natürlich alles andere als ausgelastet. Mit der Aufrüstung der Video- und Tagungstechnik wird dem allgemeinen Trend gefolgt, um den gefragten Hybridtagungen Rechnung tragen zu können. Bislang auf einem guten Niveau war die Küche des Restaurants GeistReich unter der Verantwortung von Rafael Kurcharski, der hier in all den Jahren mit seiner jahreszeitlich angepassten Küche für ein konstant gutes Niveau gesorgt hat. Relativ still und leise hat der von Direktor Martin Roßmann stets in höchsten Tönen gelobte Küchenchef das Haus mittlerweile verlassen. Das bisherige Restaurant wurde geschlossen und dient nunmehr nach eigenen Angaben als Eventlocation. Zu diesem Punkt wird sich bedeckt gehalten. Nur so viel, das Angebot wurde umgestellt, es gibt jetzt im Barbereich – so eine Mitarbeiterin – „eine ganz, ganz kleine Karte". Wir haben eigentlich noch erwartet, dass dies mit dem Hinweis unterstrichen wird, diese Maßnahme sei auf Wunsch der vielen Stammgäste erfolgt. Eine immer gern bemühte Rechtfertigungsfloskel von Dienstleistern, die ihre Standards runterfahren. Beim Blick in die Karte offenbart sich ein gewaltiges Maß an Einfallslosigkeit. Daher können wir die Gerichte aufgrund der Übersichtlichkeit sogar aufzählen. Zur Vorspeise Kartoffelsuppe und Risotto mit Tomaten, Pilzen, Spinat und Parmesan. Natürlich dürfen die Nudeln nicht fehlen, wahlweise mit Garnelen oder Streifen vom Rinderrücken. Zum Hauptgang das Rinderrückensteak oder Lachsfilet. Ein Klassiker zum Dessert, weil es wunderbar vorbereitet werden kann, ist die Crème brûlée. Beliebt war bislang das Frühstücksbuffet. Zum einen wegen der Auswahl und Qualität und zum anderen wohl auch, weil hier versucht wird, immer wieder einmal mit einem neuen Angebot zu überzeugen. Heutzutage eigentlich eher die Regel als die Ausnahme – mittlerweile sogar in Häusern des Mittelklassesegments – ist die Möglichkeit, Eierspeisen à la minute zu bestellen. Sie wird auch hier geboten. Zu guter Letzt noch ein Hinweis für Gäste, die nicht mit den öffentlichen Verkehrsmitteln anreisen, was sich in Anbetracht der Lage gegenüber dem Hauptbahnhof geradezu anbieten würde. Die Parkmöglichkeiten in der Tiefgarage sind beschränkt. Bei guter Auslastung muss auf das benachbarte Parkhaus verwiesen werden. Recht preiswert kann im Parkhaus der Stadthalle geparkt werden, wo pro Tag lediglich 10 Euro und somit 7 Euro weniger als im Haus selbst berechnet werden.

Bewertung:

BONN Nordrhein-Westfalen

KAMEHA GRAND
(OT Oberkassel)
Am Bonner Bogen 1
53227 Bonn
Telefon: 02 28-43 34 50 00
Internet: www.kamehabonn.de
E-Mail: info@kamehagrand.com
Direktor: Andreas Graeber-Stuch
DZ ab € 151,00

Fast 25 Jahre nach dem Umzug der Bundesregierung vom Rhein an die Spree profitiert die ehemalige Bundeshauptstadt Bonn immer noch von den Entschädigungen und Kompensationen, die damals für den verloren gegangenen Hauptstadtstatus ausgehandelt wurden. Dabei muss es als glückliche Fügung angesehen werden, dass nur das vergleichsweise bescheidene Bonn und nicht eine Metropole wie Frankfurt nach dem Zweiten Weltkrieg zur Interimshauptstadt erkoren wurde. Denn der Widerstand der Abgeordneten und Bürger gegen die Wiedereinsetzung der alten Hauptstadt Berlin als Regierungssitz nach der Wiedervereinigung Deutschlands war schon so erheblich. Wären die Vorzeichen in puncto Größe und historischer Bedeutung nicht so eindeutig gewesen wie bei Berlin und Bonn, hätten sich vermutlich deutlich stärkere Widerstände aufgetan. So aber reichte ein maximales „Verwöhnprogramm" für Bonn, die Gegner eines Regierungsumzuges so weit zu besänftigen, dass Berlin dann doch ausgewählt wurde. Firmensitze internationaler Konzerne wie DHL und Telekom kamen nach beziehungsweise verblieben in Bonn; ebenso wie die UN-Institutionen oder die Hauptvertretungen einzelner Ministerien. Mehr als genug Kundschaft also für die Bonner Hotellandschaft, sodass 2009 mit dem Kameha Grand sogar ein ganz besonderes Luxus-Businesshotel eröffnet wurde.

Die markante Architektur des Gebäudes wirkt mächtig und ausladend und war zunächst durchaus kritisch beäugt worden. Der an einen abgerundeten, liegenden Keil erinnernde Baukörper ist an seiner höchsten Stelle sechs Stockwerke hoch und flacht zum Rhein hin auf nur drei Etagen ab. In die zum Fluss geneigte Dachfläche sind Terrassen und sogar ein Swimmingpool integriert, ohne über die äußere Hülle des Bauwerks hinauszuragen und dessen beabsichtigte klare Form dadurch zu stören. Das zentrale Atrium ist ebenfalls derart durch ein Glasdach überspannt, dass es als Teil der Gebäudehülle wahrgenommen wird. Aber nicht nur die Architektur, auch die Ausstattung entspricht dem offensichtlich beabsichtigten avantgardistischen Grundkonzept des Komplexes. Das Design setzt dabei beispielsweise durch die riesigen Acrylglocken über dem Eingang Akzente und konterkariert die sehr klaren und nüchtern wirkenden Glasfassaden. Hierdurch entsteht eine interessante und dem Haus Persönlichkeit verleihende Spannung. Das Interieur stammt vom Innenarchitekten Marcel Wanders, der die Glocken zum Wahrzeichen seines Hoteldesigns bestimmt hat, die daher in der Form von Leuchten immer wieder im Gebäude auftauchen. Die Zimmerkategorie *Premium* ist zum Atrium ausgerichtet und die Kategorie *Superior* nach außen, wodurch ein seitlicher Rheinblick ermöglicht wird. Die letztgenannten Zimmer sind 25 beziehungsweise 30 Quadratmeter groß und verfügen über Luxusbäder. Die mit *Hero*, *Diva* oder *Princess* betitelten Themensuiten bieten ebenso einen direkten Rheinblick wie die Juniorsuiten. Das seit 2016 durchgängig mit einem Michelin-Stern ausgezeichnete japanische Fine-Dining-Restaurant Yunico in der fünften Etage mit Ausblick auf den Rhein ist das kulinarisch exklusivste Angebot des Hotels. Die Brasserie Next Level hingegen, ein À-la-carte-Restaurant mit französischer Ausrichtung, in dem morgens auch das Frühstück serviert wird, offeriert eine sehr akzeptable Küche, die eher den alltäglichen Ansprüchen der Gäste an ein Hotelrestaurant genügt. Der 785 Quadratmeter große Spa mit dem bereits erwähnten Außenpool ist mehr als ausreichend für ein Haus dieser Größe. Das einzigartige Architektur- und Designkonzept des Kameha Grand ist immer noch der tragende Pfeiler, denn die Hardware ist mit dem eigenen Fünf-Sterne-Anspruch schwer vereinbar. Zu modern und schlicht, um das Gefühl eines besonderen Luxus vermitteln zu können, stellt das „Grand" im Namen eine gewisse Irreführung dar, suggeriert dieses doch Ambiente und Serviceniveau eines klassischen Grandhotels. Denn in Konkurrenz zu anderen großen Häusern vor Ort, etwa dem Steigenberger Grandhotel Petersberg, zielt das Konzept des Kameha Grand auf eine junge, dynamische und progressive Gästeklientel ab, die häufig Design über Service stellt.

Bewertung: ●●●◐

BRAUNSCHWEIG Niedersachsen

STEIGENBERGER PARKHOTEL
(Innenstadt)
Nîmes-Straße 2
38100 Braunschweig
Telefon: 05 31-4 82 22-0
Internet: www.steigenberger.de
E-Mail: braunschweig@steigenberger.de
Direktor: Andreas Neininger
DZ ab € 124,00

Über viele Jahre lenkte Joost Smeulders die Geschicke dieses First-Class-Hotels. Wir sind der Ansicht, dass er seinem Nachfolger Andreas Neininger ein gut bestelltes Haus übergeben hat. Augenblicklich können wir aufgrund der Coronapandemie noch nicht abschätzen, wie sich das Haus unter seiner Führung entwickeln wird. Smeulders, wir hatten es an dieser Stelle mehrfach thematisiert, war ein Strippenzieher im positiven Sinne, der aufgrund seiner hervorragenden Kontakte innerhalb der Stadt stets im Interesse des Hauses agierte. Er kannte den Markt bestens, war er doch, bevor er im Februar 2013 dieses Steigenberger übernommen hatte, für das ehemalige Hotel Mövenpick bereits in Braunschweig tätig gewesen. Von Andreas Neininger erhoffen wir uns, dass er ein wenig mehr Guest Relation betreibt, welcher Smeulders wenig Bedeutung beigemessen hatte. Augenblicklich scheint es keine Reservierungsabteilung mehr zu geben und die Mitarbeiter der Rezeption übernehmen einfach zusätzlich diese Aufgabe. Ob dies von Dauer oder nur eine Notlösung ist, um personelle Engpässe zu kompensieren, wusste selbst der Mitarbeiter nicht. Das wiederum hat Auswirkungen auf die Beratungsqualität, auch wenn das Gespräch durchaus unterhaltsam war. Der Mitarbeiter kämpfte sich mehr schlecht als recht durch die Konversation. So konnte er beispielsweise nicht schlüssig erklären, warum sich der Aufpreis für die Kategorie *Superior* besonders lohnen könnte. Es fiel ihm lediglich spontan ein, dass es ein Federkissen und eine Tee- und Kaffeestation gebe, ansonsten seien da noch „die besonderen Ausblicke". Man hatte schon fast ein wenig Mitleid mit ihm. Und schon stellte sich die Frage, was in aller Welt könnten sich denn für „besondere Ausblicke" aus dem Zimmerfenster dieses Steigenbergers auftun. Maximal ein Blick auf den Bürgerpark und den Herzteich, ansonsten vielleicht noch auf das Parkhaus, was aber auch nicht gerade mit einer barocken Fassade zu glänzen weiß. Fast schon ein wenig stolz bestätigte er noch, sozusagen als Benefit, dass die Nutzung des Spa für Privatreisende ohne Zusatzkosten bleibe, und schob dann noch hinterher, dass für Geschäftsreisende eine Gebühr von 7 Euro erhoben werde. Das, erklärte er auf Nachfrage, hätte etwas mit den Steuern zu tun und mit dem Privatvergnügen der Gäste. Wir haben verstanden. Mittlerweile zählt es zu den Gepflogenheiten einiger Häuser, bei Buchung mit Frühstück dieses günstiger anzubieten. Entscheidet sich der Gast erst spontan vor Ort zu frühstücken, dann werden 24 Euro pro Person berechnet, hingegen ist die vorab gebuchte Inklusivrate

11 Euro günstiger. Unbestritten ist, dass dieses First-Class-Hotel seit Langem in Braunschweig die Spitze des Hotelmarktes anführt. Es macht keinen Unterschied, ob die Entscheidung auf ein Zimmer der Kategorie *Comfort* oder *Superior* fällt, denn beide haben eine Größe von 28 Quadratmetern und bieten größtenteils einen Parkblick. Komfortabler sind die Juniorsuiten und Suiten, die entweder über eine Terrasse oder einen Balkon verfügen. Mit 250 Quadratmetern ist der Freizeitbereich in diesem Steigenberger von akzeptabler Größe und umfasst einen Saunabereich samt zwei finnischen Saunen, wovon eine exklusiv für Damen reserviert ist, ein Dampfbad sowie einen Ruheraum. Der Trainingsraum ist mit modernen Cardio- und Krafttrainingsgeräten ausgestattet. Eine tragende Säule ist das Tagungs- und Convention-Segment. Elf Veranstaltungsräume, die teilweise miteinander verbunden werden können, stehen zur Verfügung. Ein Alleinstellungsmerkmal ist die historische Maschinenhalle, denn sie hat eine ganz besondere Atmosphäre und eignet sich für größere Tagungen, Kongresse und Produktpräsentationen, aber auch für festliche Bankette wie Hochzeitsfeiern mit bis zu 450 Personen. Das Restaurant Brasserie an der Oker gibt wenig Anlass zu Kritik, ist die Küchenleistung doch auf einem grundsoliden Niveau angesiedelt. Nicht unerwähnt bleiben darf die sehr zentrale und doch sehr ruhige Lage, denn das Hotel befindet sich inmitten des Bürgerparks und die Innenstadt ist fußläufig gut zehn Minuten entfernt. Zudem ist die Anbindung an den Fernverkehr über den Hauptbahnhof mit ICE-Haltepunkt hervorragend. In weniger als 90 Minuten kann die Bundeshauptstadt erreicht werden. Somit sind im Steigenberger Parkhotel beste Rahmenbedingungen für einen geschäftlichen oder privaten Aufenthalt gegeben.

Bewertung:

BREMEN

DORINT CITY-HOTEL BREMEN
(Stadtmitte)
Hillmannplatz 20
28195 Bremen
Telefon: 04 21-6 20 00-0
Internet: www.dorint.de
E-Mail: info.bremen-city@dorint.com
Direktor: Peter Pusnik
DZ ab € 98,00

Bremen mangelt es wahrlich nicht an First-Class-Businesshotels. Tagungen, Veranstaltungen und Kongresse sind somit an verschiedenen Orten in der Hansestadt im größeren Rahmen möglich. Einige Häuser wie das Maritim-Hotel am Congress Centrum zählen aufgrund ihrer hervorragenden Gesamtkapazitäten zu den Schwergewichten. Und auch dieses ehemalige Swissôtel und heutige Dorint gehört zweifelsohne in diese Kategorie. Mit einem 1.000 Quadratmeter großen, acht Räume umfassenden Veranstaltungsbereich lassen sich Meetings, Tagungen und Festbankette mit bis zu 650 Personen durchführen. Für das Haus spricht zudem die sehr zentrale Lage, denn der Hauptbahnhof kann fußläufig in fünf, die Altstadt in nur zehn Minuten erreicht werden. Eine Anreise mit den öffentlichen Verkehrsmitteln gestaltet sich daher recht bequem und unkompliziert. Mehrfach haben wir an dieser  Stelle darauf hingewiesen, dass eine hoteleigene Tiefgarage nicht vorhanden ist und somit auf das benachbarte Parkhaus verwiesen werden muss. Ein Valet-Parking-Service wird seit einigen Jahren nicht mehr geboten. Dieser wurde offenbar aus Gründen der Kosteneffizienz bereits zu Zeiten eingestellt, als Swissôtel noch die Verantwortung trug. Immerhin wird dem Gast zumindest Hilfe beim Gepäck angeboten, wenn es die personelle Situation zulässt. Auch wenn einen dann das Gefühl beschleicht, dass die Frage, ob ein solcher Service benötigt wird, eher eine Höflichkeitsfloskel ist, vergleichbar mit dem unvermeidlichen Satz „Ich hoffe, Sie hatten eine gute Anreise?". Erfreulicherweise hebt sich die Laune bei der Einfahrt in das öffentliche Parkhaus, denn aufgrund der hier erhobenen Gebühren von lediglich 12 Euro für 24 Stunden ist das fehlende Valet Parking dann doch zu verschmerzen. In diesem Kontext gibt es sogar einen kleinen Fortschritt, denn seit einiger Zeit wird mit dem Parkhausbetreiber Conti Park kooperiert; nunmehr kann das Ticket im Hotel entwertet und auf die Rechnung gesetzt werden. Im Untergeschoss befindet sich der Sauna- und Fitnessbereich, zu dem alle Gäste freien Zutritt haben. Das Hillmann's  Bar & Bistro bietet unter anderem das Dorint-Standardprogramm, folglich Salat, Burger, Clubsandwich, Schnitzel und Pasta, aber auch zwei Fischgerichte. Im Mai 2022 blieb es noch geschlossen und die Gäste wurden auf benachbarte, fußläufig zu erreichende Restaurants verwiesen. Etwas peinlich, denn selbst wenn beispielsweise aufgrund einer geringen Auslastung die Öffnung noch unwirtschaftlich erscheinen mag, wäre es doch geboten, den Gast zumindest über den Zimmerservice mit kleinen Snacks zu versorgen. Wir wollen uns erinnern, dieses Dorint bespielt immerhin das Vier-Sterne-Segment. Nach wie vor sind die Zimmer, die lediglich in die Kategorien *Standard* und *Superior* eingeordnet werden, in einem guten und gepflegten Zustand. Geführt wird das Haus von Peter Pusnik, einem erfahrenen Manager, der bereits dem Atlantic in Hamburg und dem Baden-Badener Luxushotel Dorint Maison Messmer vorstand. Somit bringt er reichlich Erfahrung aus der hochklassigen Hotellerie mit und dürfte somit in der Lage sein, ein Haus an einem nicht ganz einfachen Standort wie Bremen souverän zu leiten. Marktmacht hat die Atlantic-Gruppe, die mit immerhin fünf Häusern vertreten ist. Zusätzlich bespielen Hotelkonzerne wie Radisson oder Steigenberger den Markt der Hansestadt. Nach wie vor ist das Veranstaltungssegment nach zwei Jahren Covid-19-Pandemie noch ein wenig instabil und Präsenztagungen finden nicht in dem Maße statt, wie es eigentlich wünschenswert wäre. Bremen ist auch nicht die Top-Destination für Städtetourismus, wie es etwa München, Frankfurt oder Hamburg sind. Und aufgrund des eher eingeschränkten Wellnessangebotes eignet sich dieses Dorint nur bedingt für eine Wochenendauszeit. Erfreulicherweise finden aber zumindest wieder verstärkt Geschäftsreisen statt, auch wenn diese augenblicklich noch nicht für eine wirtschaftlich ausreichende Auslastung sorgen dürften.

Bewertung:

MARITIM
(OT Findorff)
Hollerallee 99
28215 Bremen
Telefon: 04 21-37 89-0
Internet: www.maritim.de
E-Mail: info.bre@maritim.de
Direktor: Oliver Risse
DZ ab € 87,00

Innerhalb der Maritim-Gruppe ist in den letzten zwei Jahren während der Coronapandemie eine Menge passiert. Bislang konnte davon ausgegangen werden, dass der Konzern mit Sitz im ostwestfälischen Bad Salzuflen auf einem soliden Fundament steht und daher eine solche Krise, wenn auch mit kleinen Blessuren, solide überstehen kann. Dann aber kam der Paukenschlag: die Trennung vom Berliner Flaggschiff an der Stauffenbergstraße, gegenüber dem Verteidigungsministerium. Auch das Leisurehotel in Heringsdorf auf der Insel Usedom und ebenso das Clubhotel Timmendorfer Strand sowie die Häuser in Gelsenkirchen und Braunlage befinden sich mittlerweile nicht mehr im Portfolio von Maritim. Um dieses First-Class-Hotel an der Bremer Stadthalle haben wir uns ebenfalls ein klein wenig Sorgen gemacht, denn wie in den meisten Häusern der Gruppe besteht das Kerngeschäft nun einmal aus Tagungen, Incentives und Kongressen. Hinzu kommt, dass dieses Businesshotel bereits vor der Pandemie an Renommee verloren hatte, was nicht ausschließlich dem Maritim-typischen Renovierungsstau, sondern eher den hiesigen Marktgegebenheiten geschuldet ist. Hinzu kommt, dass aufgrund der Pandemie das Tagungsgeschäft fast vollständig weggebrochen ist. Direktorin Constanze Neuhörl stand nunmehr vor großen Herausforderungen, denn gefragt waren und sind Kreativität im Umgang mit der Situation und Führungsqualitäten. Allerdings war es bereits vor einigen Jahren sehr ruhig um Frau Direktorin geworden. Sie ist zwischenzeitlich so tief abgetaucht, dass uns fast entgangen wäre, dass sie mittlerweile das Haus verlassen hat und nun dem Maritim in Frankfurt vorsteht. Ihrem Nachfolger Oliver Risse wünschen wir mehr Sichtbarkeit. Nicht zuletzt deshalb, weil es auf dem Bremer Hotelmarkt starke Mitbewerber gibt. Ein angeschlagenes Selbstbewusstsein ist da hinderlich. Hinzu kommt, dass viele Häuser auf einem weitaus besseren Renovierungsstand sind als dieses Maritim, fanden bislang doch nur kleinere kosmetische Maßnahmen statt, die allenfalls als erweiterte Softliftings durchgehen. Diese finden offenbar immer dann statt, wenn die Beschwerdequote exorbitant ansteigt. Wir erinnern uns allzu gut der Zeiten, da beharrlich noch an den alten Röhrenfernsehern festgehalten wurde, obwohl bereits jeder bessere Landgasthof auf die günstig gewordenen Flachbildfernseher umgerüstet hatte. Zuletzt wurden in den oberen Etagen die Bäder renoviert und der Freizeitbereich einem kleinen Fresh-up unterzogen. Ein Schwergewicht und sicherlich ernst zu nehmender Mitbewerber ist die Atlantic-Gruppe, die in Bremen mit insgesamt fünf Häusern vertreten ist. Auch wenn sich die Lage im Tagungs- und Veranstaltungssegment wieder leicht entspannt, konnte das Niveau von 2019 noch längst nicht wieder erreicht werden. Städtetouristen können mit dem Produkt dieses Maritim-Hotels wohl weniger angesprochen werden, obwohl der Hauptbahnhof in fünf Minuten fußläufig erreichbar ist. Die Nutzung des Freizeitbereiches mit Pool und Sauna bleibt hier, anders als in den meisten Häusern der Gruppe, immerhin kostenfrei. Normalerweise werden für den Besuch der Sauna 5 Euro extra berechnet. Vor ein paar Jahren hatte der damalige Geschäftsführer Gerd Prochaska, während er wieder einmal mit dem spitzen Bleistift ganz im Sinne seiner kostenbewussten Chefin gerechnet hatte, offenbar die glorreiche Idee, vielleicht über die zweite Miete – analog zur Wohnungsvermietung –, die „Nebenkosten" über eine Aufpreisliste auf die Zimmerrate umzulegen und diese über Umwege anzuheben. Prochaska war in dieser Hinsicht äußerst kreativ und so entstanden neben Nutzungsgebühren der Sauna jeweils zwei gebührenpflichtige Zeitfenster für einen Early Check-in und einen Late Check-out. Früher wurde dies bei Verfügbarkeit als nette Geste den Gästen gegenüber ermöglicht. Maritim war damit für viele andere Hotels zwischenzeitlich offenbar ein Vorbild. Deshalb verdient es natürlich an dieser Stelle einer besonderen Erwähnung, wenn einmal auf den Extra-Eintritt für den Wellnessbereich verzichtet wird. Die Gastronomie war in der Vergangenheit zuletzt immerhin auf einem sehr zufriedenstellenden Niveau. Dann aber war das Restaurant geschlossen und Gäste wurden für das Abendessen über die Bar versorgt. Ein Lunch wurde nicht mehr geboten. Die Auswahl war, obgleich etwas abgespeckter als zuvor im Hauptrestaurant, immerhin recht ordentlich und konnte angesichts der ursächlichen Pandemie sogar als Beweis für einen guten Service unter erschwerten Bedingungen durchgehen.

Bewertung: ●●◖

PARKHOTEL BREMEN
(OT Schwachhausen)
Im Bürgerpark 1
28209 Bremen
Telefon: 04 21-34 08-0
Internet: www.hommage-hotels.com
E-Mail: info.bremen@hommage-hotels.com
Direktor: Steffen Eisermann
DZ ab € 152,00

Das Parkhotel Bremen darf nach wie vor als erste Adresse der Stadt gelten. Eingebunden in den Bürgerpark, ist es nicht nur schön und ruhig gelegen, sondern zudem zentral verortet, und selbst der Hauptbahnhof lässt sich fußläufig erreichen. Zwischenzeitlich haben die Vorgänger von Direktor Stefan Eisermann unseres Erachtens wenig dabei erreicht, das Haus zukunftsfähig aufzustellen. Sein erklärtes Ziel ist es, das

Parkhotel nun wieder zum Wohnzimmer der Bremer Gesellschaft zu entwickeln. Schließlich ist diese auch ein Umsatzbringer, wenn wohlsituierte Bremer hier ihre beruflichen und privaten Veranstaltungen und Feste ausrichten lassen. Immerhin wurden die vom früheren CEO immer wieder angekündigten und dann verschobenen Renovierungsmaßnahmen endlich in die Tat umgesetzt. Unter anderem wurde ein Teil der Zimmer renoviert und durch ein neues Designkonzept aufgewertet. So mancher Stammgast würde es sich wünschen, wieder Ambitionen im Hinblick auf eine Spitzenküche erkennen zu können. Es gab schließlich Zeiten, in denen ein veritables, mit einem Michelin-Stern prämiertes Gourmetrestaurant ausgewiesen werden konnte. Zwischenzeitlich gibt es in der Hansestadt kein einziges Sternerestaurant mehr. Immerhin wird sich noch eine eigene Patisserie geleistet und wir hoffen, dass diese nicht irgendwann ebenfalls dem Kostenmanagement zum Opfer fallen wird. Nach wie vor ein beliebter Treffpunkt der Gäste ist die Kuppelhalle, denn in dieser lassen sich Kuchen und kleine Törtchen aus der hauseigenen Herstellung genießen. Der 1.200 Quadratmeter große Wellnessbereich verdient zweifelsohne diese Bezeichnung und ist für dieses Haus wahrlich ein Segen. Denn damit kann dieses Luxushotel, das bislang sehr stark das Businesssegment bespielte, auch an den eher belegungsschwachen Wochenenden Individualreisende ansprechen, die sich eine Wochenendauszeit gönnen wollen. Städtereisen erfreuen sich größter Beliebtheit und Bremen weist sehr attraktive touristische Ziele wie den mittelalterlichen Schnoor, das prächtige Rathaus mit der Rolandstatue davor und die berühmte Böttchergasse

auf. Der Spa, in dem nach der Sightseeingtour entspannt werden kann, umfasst unter anderem den ganzjährig beheizten Außenpool mit Liegewiese und selbstverständlich einen Saunabereich mit finnischer Sauna, Dampfbad, Schneegrotte sowie Ruheraum. Über zwei Ebenen erstreckt sich der Fitnessbereich, der mit modernen Cardio- und Krafttrainingsgeräten ausgestattet ist. Sehr schön gestaltet ist der Beautybereich, der ein großes Spektrum an Kosmetik- und Massageanwendungen – inklusive eines eigenen Friseurs – bietet. Von den Zimmern im Haupthaus aus, von denen einige über einen Balkon verfügen, hat man einen Blick auf den Bürgerpark, von einigen sogar auf den Hollersee. Wir können eine Empfehlung für die Juniorsuiten in der zweiten Etage des Haupthauses aussprechen, denn diese sind komplett renoviert, haben einen Balkon und eine stattliche Raumgröße. Grundsätzlich zählen Hilfe beim Gepäck, der Concierge-, Etagen- und Schuhputzservice zu den Servicestandards, die in einem Luxushotel wie diesem erwartet werden dürfen. Dass sie aber so verlässlich wie hier funktionieren, ist sicherlich der jahrzehntelangen Tradition dieses Hotels zu verdanken.

Bewertung: ●●●● ↗

> **HINWEIS:**
> *Die Recherche wurde nach bestem Wissen und Gewissen durchgeführt. Es besteht trotzdem die Möglichkeit, dass Daten falsch oder überholt sind. Eine Haftung kann auf keinen Fall übernommen werden. Wir weisen darauf hin, dass es sich bei den geschilderten Eindrücken oder Erlebnissen um Momentaufnahmen handelt, die nur eine subjektive Beurteilung darstellen können.*

STEIGENBERGER
(Überseestadt)
Am Weser-Terminal 6
28217 Bremen
Telefon: 04 21-4 78 37-0
Internet: www.steigenberger.com
E-Mail: bremen@steigenberger.com
Direktor: Alexander Skibbe
DZ ab € 89,00

Als das Steigenberger in der Überseestadt in einem neuen Entwicklungsgebiet an der Weser eröffnete, gelang es dem Haus, sich auf dem wachsenden lokalen Hotelmarkt von Anfang an unter den Top Five der Hansestadt zu positionieren. Vor allem die Zimmer, die durch ihre bodentiefen Fenster hell und lichtdurchflutet sind, können überzeugen. Besonders beliebt sind die Eckzimmer, die einen Panoramablick auf die Weser sowie die Bremer Innenstadt ermöglichen. Beide Zimmerkategorien, *Superior* und *Deluxe*, haben eine Größe von 27 Quadratmetern und unterscheiden sich in Bezug auf den Komfort nur unwesentlich voneinander. Letztere sind aber zur ruhigeren Weserseite, während die anderen Zimmer zur Stadt- und Bahnseite ausgerichtet sind. Grundsätzlich wurden alle mit einer Nespresso-Kaffeemaschine ausgestattet, sodass sich der Gast Kaffeespezialitäten selbst zubereiten kann. Die Nutzung des Spa, der mit seiner finnischen Sauna, dem Dampfbad und dem Trainingsraum zu gefallen weiß, ist ebenfalls in die Zimmerrate inkludiert. Die Lage dieses neuen Hotelgebäudes ist, obwohl es inmitten eines ehemaligen und nun zur modernen Dienstleistungszone entwickelten Hafengebietes liegt, relativ zentral, zwar nicht direkt in der Altstadt, aber immerhin nur gut 15 Minuten fußläufig von ihr entfernt. In unmittelbarer Nähe verläuft die Straßenbahnlinie 3, die das Gebiet mit dem Hauptbahnhof verbindet. Für Tagungen und Konferenzen, aber auch für Festbankette mit bis zu 160 Personen gibt es sechs Räumlichkeiten. Es besteht zudem nicht nur ein direkter Zugang vom Hotel zum benachbarten GOP Varieté-Theater, sondern auch eine gute Zusammenarbeit mit dieser Kultureinrichtung. So kann das Theater auch als Eventlocation genutzt werden. Für das Restaurant Blaufeuer können wir wegen der soliden Küchenleistung durchaus eine Empfehlung aussprechen. Wir wurden bei keinem unserer Besuche bislang enttäuscht. Und da die Steigenberger-Gruppe, wann immer es möglich ist, auf Regionalität setzt, kann man sich auf vereinzelte lokale Gerichte auf der Karte freuen. Was wir seit einiger Zeit beobachten: Direktor Alexander Skibbe scheint eher dem Typ Buchhalter zu entsprechen und ist somit der Gegenentwurf zu seinem Vorgänger Marc Wachal, der einen hervorragenden Gastgeber abgegeben hatte. Eine Tiefgarage ist nicht vorhanden, dafür aber ein öffentliches und direkt benachbartes Parkhaus, in dem pro Tag lediglich 9 Euro aufgerufen werden. Nicht gerade fortschrittlich aber, dass – anders als im erwähnten Parkhaus – vor dem Hotel keine Elektroladestation vorhanden ist.

Bewertung: ●●●

CHIEMING Bayern

GUT ISING
(OT Ising)
Kirchberg 3
83339 Chieming
Telefon: 0 86 67-79-0
Internet: www.gut-ising.de
E-Mail: info@gut-ising.de
Direktor: Christoph Leinberger
DZ ab € 166,00

Zweifelsohne zählt Gut Ising zu jenen Hotels, die relativ gut durch die bisherige Coronakrise gekommen sein dürften. Denn seit vielen Jahren zeichnet sich ein positiver Trend ab, den Urlaub im eigenen Land zu verbringen, der durch die Covid-19-bedingte Ausnahmesituation noch verstärkt wurde. Es gab Zeiten, in denen wurde ein wirklicher Urlaub nur mit einer Fernreise verbunden. Getreu dem Motto: je weiter weg, desto besser. Urlaub in Deutschland war irgendwie nicht en vogue. Gut Ising ist ein Leisurehotel am Chiemsee, das aufgrund seines wirklich breiten Spektrums an Möglichkeiten der aktiven und der geruhsamen, passiven Freizeitgestaltung zu jenen Häusern zählt, die mit ihrem Angebot schon seit Jahrzehnten genau diejenigen ansprechen, die entgegen dem Fernreisetrend in heimischen Regionen einen abwechslungsreichen Urlaub verleben möchten. Reiten, Golfen, Wandern, Wassersport auf dem Chiemsee, alles ist hier möglich. Ungeachtet dieser Vorzüge kann angesichts der insgesamt 13 multifunktionalen Veranstaltungsräume auch das Tagungssegment bespielt werden. Veranstaltungen, Tagungen, Festbankette und Events sind mit bis zu 250 Personen ohne Weiteres möglich. Eigentümer dieses 150 Hektar großen Resorts ist Konstantin Magalow, ein ehemaliger international erfolgreicher Springreiter. Somit stellt der Reitsport den Schwerpunkt von Gut Ising dar. Auf dem Gelände befinden sich unter anderem eine Reitschule sowie drei Reithallen, eine Galoppbahn und eine Poloanlage. Zahlreiche Gäste verbringen hier ihren Urlaub mit ihrem eigenen Pferd, das dann in einer der 50 Gastboxen untergebracht werden kann. Ferner lassen sich Wassersportarten wie Segeln, Surfen oder Kiten auf dem in unmittelbarer Nähe befindlichen Chiemsee betreiben. Sportarten wie Langlauf, Biathlon, Eislaufen und Rodeln sind im Winter möglich. Und selbstredend kann der Gast hier auch einfach nur eine Auszeit nehmen und ganz entspannt relaxen, beispielsweise im 2.500 Quadratmeter großen Spa. Dieser umfasst einen Innen- und Außenbereich und zwei Schwimmbäder, davon einen ganzjährig beheizten Außenpool. Da der Wellnessbereich natürlich personell besetzt ist, was selbst in Luxushotels längst keine Selbstverständlichkeit ist, wird der Gast somit exzellent betreut. Unter anderem mit Getränken und kleinen Snacks von der Poolbar, die auch direkt an die Sonnenliegen serviert werden. Die Saunazone umfasst eine finnische Sauna, eine Kräutersauna sowie ein Dampfbad. Tiefenentspannung verspricht der mit einem Kamin und Wasserbetten ausgestattete Ruheraum. Übrigens verfügt Gut Ising sogar über einen eigenen Badestrand am Chiemsee. Das gastronomische Angebot garantiert eine große Bandbreite vom Fine Dining im Restaurant USINGA bis hin zu einer regionalen, bodenständigen Küche im Goldenen Pflug. Bei sommerlichen Temperaturen sitzt es sich sehr schön im angrenzenden Biergarten. Die DERBY bar & grill hingegen bietet unter anderem zahlreiche Grillspezialitäten. In der Reitsportanlage befindet sich das italienische Restaurant Il Cavallo, in dem selbst gemachte Pasta, Steinofenpizza und natürlich Fisch- und Fleischgerichte im Reitdress-kompatiblen Ambiente serviert werden. In insgesamt acht Häusern wurden die 105 Zimmer und Suiten des Gut Ising untergebracht, die alle unterirdisch mit dem Hauptgebäude verbunden sind. Somit ist es allen Gästen möglich, den Wellnessbereich von ihren Zimmern aus im Bademantel aufzusuchen. Der Renovierungsstand ist unterschiedlich, da alle Zimmer sukzessive ein Fresh-up erhalten. Sie sind beispielsweise im feinen Landhaus-, im eleganten Biedermeier- oder eben im sachlich-modernen Stil eingerichtet. Besonders begeistern die beiden Spa-Lofts, für die wir daher eine besondere Empfehlung aussprechen möchten. Sie zeichnen sich durch zusätzliche Komfortmerkmale wie einen Whirlpool, eine Infrarotsauna, eine Doppeldampfdusche und einen Elektrokamin aus. Platz bieten sie jeweils für zwei Erwachsene und zwei Kinder, da sie über ein separates kleines Schlafzimmer verfügen und somit ideale Familiensuiten sind. Seit September 2012 steht Christoph Leinberger diesem Haus vor, ein Manager, der zuvor für renommierte Leisurehotels wie das ehemalige InterContinental Resort Berchtesgaden oder das Althoff Seehotel Überfahrt in Rottach-Egern tätig war. Er hatte Gut Ising bislang mit viel Leidenschaft geführt, zeigte Präsenz bei seinen Gästen und gab einen mehr als passablen Gastgeber ab. Vor allem aber war er offen für konstruktive Kritik. In den letzten drei Jahren allerdings haben wir den Eindruck, dass er ein wenig an Enthusiasmus verloren hat. Vielleicht ist er nun der Auffassung, Gut Ising sei ein Selbstläufer, weshalb ein Gastgeber par excellence verzichtbar wäre. Selbst eine telefonische Kontaktaufnahme mit ihm erweist sich als sehr schwierig, da er offenbar vielfach außerhäusig ist. Zu guter Letzt noch ein Hinweis: Parken auf ausgewiesenen Stellflächen rund um das Hotel bleibt ohne Berechnung. Zusätzlich stehen 15 Tiefgaragenstellplätze zur Verfügung, für die 13 Euro pro Tag berechnet werden. Die Anreise mit den öffentlichen Verkehrsmitteln gestaltet sich ein wenig umständlich, denn der nächstgelegene Bahnhof ist in Traunstein, was circa 14 Kilometer vom Hotel entfernt liegt. Ein Transfer wird vom Hotel leider nicht angeboten. Allerdings dürften die meisten Gäste mit dem Auto anreisen. Insgesamt vier Elektroladestationen wurden eingerichtet, drei davon für Tesla-Fahrzeuge. Unser Fazit: Gut Ising bietet nicht nur für einen Kurztrip am Wochenende, sondern auch für einen längeren Aufenthalt beste Voraussetzungen.

Bewertung: ●●●◐

CUXHAVEN   Niedersachsen

BADHOTEL STERNHAGEN
(OT Duhnen)
Cuxhavener Straße 86
27476 Cuxhaven
Telefon: 0 47 21-4 34-0
Internet: www.badhotel-sternhagen.de
E-Mail: sternhagen@badhotel-sternhagen.de
Direktorin: Susan Cantauw
DZ ab € 345,00

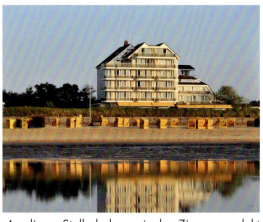

Das Badhotel Sternhagen im Nordseeheilbad Cuxhaven ist das erfolgreichste privat geführte Luxusferienhotel der Region, das mit seinem Angebot eine distinguierte Gästeklientel anspricht, die bei einem Aufenthalt vor allem im Hinblick auf den Service zu keinerlei Abstrichen bereit ist. Es ist die Melange aus Service, Kulinarik und Wellnessangebot, welche dieses Haus so besonders und es für einen Aufenthalt empfehlenswert macht. An dieser Stelle haben wir das Zimmerprodukt mehrfach als eher konservativ bezeichnet, weil es vor allem auf die eingangs beschriebene Gästeschaft abzielt. Seit einigen Jahren werden jedoch alle Anstrengungen unternommen, sich breiter aufzustellen, und Modernisierungsprozesse angestoßen, um so auch eine jüngere Gästeklientel zu begeistern. Das wird unter anderem mit zwei neu konzipierten Suiten wie der luxuriösen Panorama-Spa-Suite unterstrichen, die mit eigenem, lichtdurchflutetem Wellnessbad mit finnischer Sauna sowie einer großen Whirlwanne und einem uneingeschränkten Seeblick punkten kann. Sie ist so beliebt, dass eine weitere Spa-Suite bereits in Planung ist. Eine weitere Neuerung stellt die Familiensuite dar, die im gleichen Design ausgestattet ist und bei einem Aufenthalt ein hohes Maß an Luxus bietet. In naher Zukunft werden sicherlich weitere Zimmer und Suiten nach und nach diesem neuen Stil angepasst. Ferner sind in den öffentlichen Bereichen Erneuerungsmaßnahmen in Planung, so soll beispielsweise der Rezeptionsbereich vergrößert werden und das Restaurant bodentiefe Fenster erhalten, um noch mehr Aussicht auf die Nordsee zu ermöglichen. Ferner soll die Terrasse erweitert werden. Traditionell werden während der Schließzeit von Ende November bis kurz vor Weihnachten die Zimmer einer Revision unterzogen. Diese Maßnahmen umfassen unter anderem ein Softlifting ausgewählter Zimmer, bei denen dann beispielsweise der Teppichboden gegen Parkett ausgetauscht wird. Bei dieser Gelegenheit werden zusätzlich dringend notwendige technische Sanierungen und gelegentlich auch Erweiterungsmaßnahmen vorgenommen. In diesem Rahmen wurde im Panorama-Trakt die Fußbodenheizung erneuert, sodass die Gäste die Temperatur nun über ein Touchpad selbst regulieren können. Dank der hervorragenden Housekeeping-Abteilung ist der Pflegezustand auf bestem Niveau.  Der Kulinarik wird ebenfalls ein sehr hoher Stellenwert beigemessen. Insgesamt drei Restaurants stehen zur Auswahl. Etwa das Panorama-Restaurant Schaarhörn, in dem die kulinarische Linie als „moderne neue deutsche Küche" umschrieben wird. Verantwortlich ist Küchendirektor Thomas Hildebrandt, der sich in den vielen Jahren keine handwerklichen Fehler geleistet hat. Nach einem weitreichenden Umbau wurde aus dem Ekendöns das EIX – Bar, Lounge & Bistro, in dem eine kleine, aber feine Speiseauswahl geboten wird. Bereits das Frühstück kann mit seinem Angebot wirklich begeistern. Eine breite Auswahl an Aufschnitt- sowie Käsespezialitäten, Säften, Cerealien und eigens hergestellten Marmeladen wird angeboten. Eierspeisen in allen Variationen wie Rührei nach Gusto der Gäste oder sogar ein Ei Benedict können à la minute geordert werden. In einem Hotel dieser Klasse darf ein Gourmetrestaurant nicht fehlen: Das Sterneck ist in einer Region, die wir als kulinarisches Niemandsland bezeichnen würden, eine der besten Adressen. Marc Rennhacks modern interpretierte französische Küche mit regionalen Einflüssen und exotischen Aromen wird seit vielen Jahren vom Guide Michelin mit einem Stern ausgezeichnet und dem Gast somit in kulinarischer Hinsicht eine Menge geboten. Eine Besonderheit und sicher ein Alleinstellungsmerkmal in Cuxhaven ist die 1.000 Quadratmeter große Therme mit Meerwasserschwimmbad und Kinderbecken mit integriertem Meerwasserfall. Der Saunabereich umfasst drei unterschiedlich temperierte Saunen, Schneckendusche, Erlebnisduschen, Eisbrunnen und Ruheraum. Es gibt zahlreiche Attribute, die es für sich verbuchen kann. Zuallererst wäre die kultivierte Dienstleistungs- und Servicekultur zu benennen, die für den Großteil der Stammgäste ein wichtiges Kriterium für einen Aufenthalt sein dürfte. Hilfe beim Gepäck und Begleitung bis zum Zimmer sind ebenso eine Selbstverständlichkeit wie ein Etagenservice. Mit der Vorfahrt ist ein rückhaltlos perfekter Service während des gesamten Aufenthalts garantiert. Jedem Zimmer wird auf der hoteleigenen Parkfläche ein eigener Stellplatz zugeordnet. Zweifelsohne ist das Badhotel Sternhagen nicht nur in Cuxhaven, sondern auch in einem Radius von 50 Kilometern die absolute Nummer eins an der niedersächsischen Nordseeküste. Und daran hat die charmante Hoteldirektorin Susan Cantauw sicherlich einen großen Anteil. Unser Verlag hat sie im vergangenen Jahr für ihre herausragenden Leistungen für dieses Luxus-Leisurehotel als Hotelmanagerin des Jahres ausgezeichnet.

Bewertung: ● ● ● ● ◐

STRANDPERLE
(OT Duhnen)
Duhner Strandstraße 15
27476 Cuxhaven
Telefon: 0 47 21-40 06-0
Internet: www.strandperle-hotels.de
E-Mail: info@strandperle-hotels.de
Direktor: Bernhard Dohne
DZ ab € 173,00

Cuxhaven hat bekanntermaßen eine Vielzahl an Hotels zu bieten, ein großer Teil davon ist aber lediglich im Mittelklassesegment beheimatet. Die Strandperle bildet zusammen mit dem Badhotel Sternhagen daher sozusagen die regionale Speerspitze. Wie bei Immobilien ist auch bei Hotels die Lage ein entscheidendes Kriterium. Die Strandperle liegt sozusagen in Reihe eins, denn die Promenade verläuft direkt vor

dem Haus. Aber nicht nur der exponierte Standort spricht für dieses Leisurehotel, sondern es kann weitere positive Merkmale für sich reklamieren. Da ist zum einen die Kulinarik, die sich seit vielen Jahren konstant auf einem guten Niveau behauptet. Küchenchef Heiko Prinzhorn-Köster bietet eine internationale Küche, aber es finden sich – in einem Küstenort natürlich wünschenswert – auch regionale kulinarische Anklänge wie eine Vielzahl an Fischgerichten. Sehr viel Lob ist für das exzellente Frühstücksbuffet angebracht, ferner konnte die Service- und Dienstleistungsqualität bislang stets überzeugen. Über viele Jahre hatte der ehemalige Eigentümer Hans-Jürgen Heinrich alle Anstrengungen unternommen, einen Nachfolger zu finden und aufzubauen, um so sicherzustellen, dass sein Lebenswerk erfolgreich weitergeführt wird. Dies stellte sich zunächst als ein nicht einfaches Unterfangen heraus. Dann traf Heinrich die Entscheidung, seinen Küchenchef Prinzhorn-Köster mit in die Geschäftsführung zu nehmen. Im Jahr 2016 folgte Bernhard Dohne, den er bereits zuvor viele Jahre kannte und schätzte. Damit hatte er dann jemanden gefunden, der nach seiner Einschätzung alle Grundvoraussetzungen mitbrachte, die Strandperle in seinem

Sinne weiterzuführen und zukunftsfähig aufzustellen. Dohne übernahm folglich die Leitung des Hotels. Zuvor war er für den Maritim-Konzern tätig gewesen, zuletzt in der Funktion eines Regionaldirektors. Außerdem war er Mitglied des Maritim-Aufsichtsrates. Von seiner Expertise profitierte das Haus bislang deutlich und ihm ist es gelungen, die Strandperle mittlerweile sogar auf ein neues Niveau zu heben.

Mit einer sehr guten Öffentlichkeitsarbeit – vor allem in den sozialen Medien – konnte er dieses Leisurehotel deutlich besser am lokalen Hotelmarkt positionieren. Mit dem Umbau des Hotel Bellevue, einem Nachbargebäude, das ebenfalls zum Immobilien-Portfolio Heinrichs zählt, erfolgt die Erweiterung des Fünf-Sterne-Zimmerproduktes, denn es werden bis zum nächsten Jahr 17 Suiten und 2 Penthouses entstehen. Dieses Projekt war Hans-Jürgen Heinrich ein großes Anliegen, das jetzt von Bernhard Dohne realisiert wird. In all den Jahren zuvor war es der Strandperle trotz des eher konservativen Hotelproduktes erfreulicherweise gelungen, einen Drei-Generationen-Gästekreis anzusprechen. Bislang erhielten die Zimmer, die wir als gediegen und konservativ umschreiben würden, zwar keine weitreichenden, aber zumindest regelmäßige Softliftings. Lediglich die Suiten im sogenannten Admiralsflügel wurden vor einigen Jahren komplett renoviert, mit einhergehendem neuem Design, das trotz Erneuerung an den bestehenden Stil des Hauses angelehnt wurde. Von einigen Zimmern aus, die im Übrigen fast alle über einen Balkon verfügen, ist ein direkter Meerblick möglich. Für einen solcherart garantierten Panoramablick ist zumindest die Kategorie *Panorama Superior*, deren Zimmer 25 Quadratmeter groß sind, zu buchen. Der Spa bietet all das, was von einem hochklassigen Ferien- und Wellnesshotel wie der Strandperle zu erwarten ist, angefangen von einem Pool mit Gegenstromanlage über einen Saunabereich mit finnischer Sauna, Dampfbad und Caldarium bis hin zu einem separaten Ruhebereich. Eine Besonderheit ist die „Sonnenoase", unter deren Kuppel man sich aufgrund der speziellen Verglasung auf einem der Liegestühle nicht nur entspannen, sondern auch bräunen kann. Trainieren lässt sich im Fitnessraum mit Meerblick. Lediglich moderat ist das Angebot des Beauty-Spa, lobenswert ist hingegen die Ladestation für Elektrofahrzeuge, die hier bereits installiert wurde, als viele Mitbewerber noch überlegten, ob es sich bei der E-Mobilität vielleicht nicht nur um einen kurzlebigen Trend handeln würde. Es ist möglich, sich in der hoteleigenen Parkgarage einen Stellplatz fest reservieren zu lassen. Wir möchten generell eine Empfehlung für die Vor- und Nachsaison aussprechen, wenn bei rauer werdender See die Touristenströme abebben, mehr Ruhe einkehrt und der Erholungswert eines Urlaubs an der See umso größer ist. Im Übrigen besteht eine Direktverbindung von Cuxhaven nach Helgoland, Deutschlands einziger Hochseeinsel, die beispielsweise mit dem Katamaran von Ende März bis Ende Oktober in gut 75 Minuten zu erreichen ist. Es bietet sich nicht nur wegen der Möglichkeiten des zollfreien Einkaufs ein Tagesausflug an, sondern natürlich vor allem deshalb, weil sich ein Besuch der Insel mit ihrer einzigartigen Naturlandschaft wirklich lohnt. Es gibt somit gute Gründe, sich für eine Wochenendauszeit oder einen Kurzurlaub in Cuxhaven zu entscheiden und dabei in der Strandperle zu logieren.

Bewertung: ●●●

DARMSTADT Hessen

JAGDSCHLOSS KRANICHSTEIN
**Kranichsteiner Straße 261
64289 Darmstadt
Telefon: 0 61 51-13 067-0**
Internet: www.hotel-jagdschloss-kranichstein.de
E-Mail: info@hotel-jagdschloss-kranichstein.de
Direktor: Stefan Stahl
DZ ab € 94,00

Wie erfreulich, dass Hoteldirektor Stefan Stahl die Chance nutzte, das Jagdschloss Kranichstein zu übernehmen, nachdem sich die Apleona, ein Tochterunternehmen des Bilfinger-Konzerns, dazu entschieden hatte, dieses Hotel nicht mehr weiterzuführen und sich Ende 2020 kurzfristig zurückzog. Sicherlich war es ein wohlüberlegter Schritt, den Weg in die Selbstständigkeit zu beschreiten. Ein großer Teil der Mit-

arbeiter blieb und nur wenige hielten Stahl nicht die Treue. Stahl, der über reichlich Erfahrung in der Führung von sehr individuellen und teilweise sehr anspruchsvollen Häusern an nicht einfachen Standorten verfügt, besitzt zweifelsohne die Expertise, dieses First-Class-Hotel im Rhein-Main-Gebiet weiter erfolgreich auf Kurs zu halten. Da er das Haus ja bereits nach der Übernahme durch den Bilfinger-Konzern am hiesigen Hotelmarkt neu positionieren musste, konnte er das Risiko einer Übernahme gut einschätzen, was natürlich auch für das erhebliche Entwicklungspotenzial dieses Ausnahmehotels gilt. In vier Gebäuden, nämlich im Jagdschloss selbst, im Zeughaus, im Kavaliershaus und in einem angrenzenden stilvollen und modernen Neubau ist das Interieur von Jagdszenen geprägt, sodass dem modernen

Zimmerprodukt Charakter und Unverwechselbarkeit verliehen werden. Stahl, im Auftritt und Kontakt mit seinen Gästen ein Gentleman unter den Direktoren, hat in Bezug auf seine Personalpolitik stets ein glückliches Händchen bewiesen. Wir haben bereits mehrfach erwähnt, dass seine Mitarbeiter es verstehen, dem Gast das Gefühl zu geben, ein Freund des Hauses zu sein. Stahls ruhige und besonnene Persönlichkeit sowie seine Sozialkompetenz sorgen für ein angenehmes Betriebsklima, das wiederum maßgeblichen Einfluss auf die Servicequalität und Dienstleistungsbereitschaft der Mitarbeiter hat. Und es sind eben diese Faktoren, die insbesondere in einem Haus mit einem Profil wie dem des Jagdschloss Kranichstein einen maßgeblichen Einfluss auf den Erfolg des Hotels in dieser an Mitbewerbern nicht armen Region haben. Nachdem sich die Pandemielage entspannt hat, bekam man auch hier den nochmals verschärften Fachkräftemangel zu spüren. Das Jagdschloss Kranichstein spricht sowohl Geschäfts- als auch Individualreisende gleichermaßen an. Tagungen, Konferenzen und Meetings sowie private Veranstaltungen sind möglich, schließlich werden sechs Veranstaltungsräume vorgehalten, darunter der elegante Schlosssaal, der Platz für bis zu 150 Personen bietet. Das Jagdschloss Kranichstein ist inmitten der naturbelassenen Landschaft nicht nur als Tagungs- und Veranstaltungslocation, sondern auch für private Festveranstaltungen wie Hochzeiten äußerst beliebt. Im Schlosshof sind beispielsweise bei sommerlichen Temperaturen Empfänge, Festbankette und Veranstaltungen unter freiem Himmel möglich. Im Übrigen kann vor Ort standesamtlich geheiratet werden. So fanden hier im vergangenen Jahr zahlreiche Eheschließungen statt, was beachtlich ist, denn bis Ende Mai war das Haus komplett geschlossen. Zudem darf die Nähe zum Frankfurter Flughafen sowie zur Innenstadt von Frankfurt, die in weniger als einer halben Stunde erreicht werden können, hervorgehoben werden. Entscheidet sich der Gast für ein Hotel in der City von Frankfurt, ist nämlich zu bedenken, dass man sich unter Umständen zur Rushhour durch die Innenstadt bis zum Flughafen quälen muss. Die Autobahnauffahrt zur A5 kann vom Jagdschloss Kranichstein aus hingegen in wenigen Minuten erreicht werden. Gäste aus der Region, die Naherholung suchen, gehen nicht nur gern ins Restaurant Kavaliersbau, sondern kommen auch sonntags gern zum Brunch. Im Sommer sitzt es sich sehr schön auf der Restaurantterrasse, ab mittags auch zu Kaffee und Kuchen. Parken ist auf dem Gelände möglich und bleibt erfreulicherweise ohne Berechnung. Wir können auch in diesem Jahr für das Jagdschloss Kranichstein erneut eine uneingeschränkte Empfehlung aussprechen.

Bewertung:

DORTMUND Nordrhein-Westfalen

DORINT
AN DEN WESTFALENHALLEN
(OT Innenstadt-West)
Lindemannstraße 88
44137 Dortmund
Telefon: 02 31-91 13-0
Internet: www.dorint.com
E-Mail: info@dortmund.dorint.com
Inhaber: Benjamin Barth
DZ ab € 89,00

Es gibt Neues aus diesem Dorint zu vermelden. Im vergangenen Jahr gab es in der Direktion eine Veränderung, denn Michael Demmerle, der hier seit April 2018 verantwortlich zeichnete, hat sein Wirkungsfeld in das Dorint Bad Brückenau verlegt. War er damals noch für die HR-Hotelgruppe tätig, die bekanntermaßen die Betreibergesellschaft des Dortmunder Dorints ist, steht er nunmehr in Diensten des Dorint-Konzerns. In Bad Brückenau hat er ein Haus mit einem weitaus höheren Anforderungsprofil übernommen, nicht zuletzt deshalb, weil dieses als Leisure- und Wellnesshotel mit seinem Gesamtangebot aus Grandhotel-artiger Architektur und modernem Wellnessangebot mit umfangreichen Tagungsoptionen weitaus breiter aufgestellt ist als dieses Haus. In Dortmund hat Demmerle zwar nicht für Innovationen, aber immerhin für eine gewisse Stabilität gesorgt. Auf dem hiesigen Hotelmarkt gibt es starke Mitbewerber, denn große und renommierte Hotelgruppen wie Radisson, Accor oder Steigenberger sind vor Ort vertreten. Eine Stärke dieses First-Class-Superior-Hotels sind die freundlichen und in der Regel sehr serviceorientierten Mitarbeiter. Positiv ist uns diesmal eine Dame der Reservierungsabteilung aufgefallen. Insbesondere mit dieser Abteilung nimmt der Gast nicht selten den ersten Kontakt mit einem Hotel auf, deshalb ist sie als eine der Visitenkarten eines Hauses zu betrachten. Bei unseren Recherchen oft ein Ärgernis, wenn Mitarbeiter der Auffassung sind, der Gast habe sich zuvor auf der Internetseite des Hauses informiert, um dann nur noch für die Buchung mit der Reservierung Kontakt aufzunehmen. Nicht selten beschränken sich die Auskünfte auf das Aufzählen der einzelnen Kategorien mit den entsprechenden tagesaktuellen Raten. Wichtige Detailfragen können entweder gar nicht oder nur unzureichend beantwortet werden. Dabei gehen mehr und mehr Hotelketten dazu über, auf ihren Internetseiten eher ein „Feeling" vermitteln zu wollen, sodass detaillierte Fotos und Auskünfte zu einem einzelnen Haus nur sehr beschränkt vorhanden sind oder fast versteckt werden. Hier hingegen hat die Mitarbeiterin schon zu Beginn des Gesprächs sehr geschickt versucht, die höchste Kategorie anzubieten. Ihr Hinweis „Ich beginne einmal mit meinen Lieblingszimmern *Deluxe*" war ein sehr eloquenter und lehrbuchreifer Einstieg in das Beratungsgespräch. Die Zimmer dieser Kategorie bieten in der Tat nicht zu unterschätzende Mehrwerte. Sie wurden 2017 komplett renoviert und erhielten im Zuge dessen ein neues Design. Zudem sind alle mit einem Boxspringbett ausgestattet. Des Weiteren ist die Minibar, die im Übrigen in den anderen Zimmerkategorien nicht mehr befüllt wird, bereits in die Rate inkludiert. Dass diese zur Bundesstraße 1 ausgerichtet sind, sei kein Malus, sondern, da die Fenster dreifach verglast seien, würden diese Zimmer „lauter aussehen, als sie letztlich sind", so jedenfalls die scherzhafte Anmerkung unserer Gesprächspartnerin. Auch wenn noch nicht alle Zimmer der übrigen Kategorien *Standard*, *Superior*, *Deluxe* und *Suiten* komplett erneuert wurden, erhielten in den letzten Jahren alle zumindest ein Fresh-up. Wellness wird eher kleingeschrieben, denn der Freizeitbereich hat eine Größe von nur 170 Quadratmetern und beschränkt sich auf eine finnische Sauna, eine Infrarotkabine, einen Whirlpool sowie einen Ruheraum. Aufgrund der Pandemie blieb dieser Bereich in der jüngsten Vergangenheit allerdings komplett geschlossen. Der Veranstaltungsbereich umfasst 14 Räumlichkeiten, die sich im Erdgeschoss, aber auch in der fünften Etage befinden. Im größten und unterteilbaren Raum „Picasso" steht eine Fläche von 285 Quadratmetern zur Verfügung. Tagungen und Kongresse, aber auch Festveranstaltungen mit bis zu 300 Personen sind möglich. Das Restaurant Davidis erfreut sich bei den Gästen größter Beliebtheit, blieb aber coronabedingt zwischenzeitlich geschlossen. Außerdem wurde das Speisenangebot stark eingeschränkt. Neben den üblichen Dorint-Standards wie Steak, Burger und Salat werden zudem regionale Klassiker angeboten. Stets überzeugen konnte das Frühstücksbuffet – nicht zuletzt wegen seines reichhaltigen Angebotes. Ferner können an der Cooking-Station frische Eierspeisen geordert werden. Ein wenig umständlich ist die Anreise mit den öffentlichen Verkehrsmitteln. Nur nach einmaligem Umsteigen ist das Hotel vom Bahnhof aus mit der U-Bahn-ähnlichen Stadtbahn zu erreichen. Als Standortvorteil kann zwar keine innerstädtische Lage reklamiert werden, dafür aber die Nähe zur deutschlandweit berühmten Westfalenhalle. Das Parken in der öffentlichen Tiefgarage schlägt mit akzeptablen 16 Euro pro Tag zu Buche.

Bewertung:

L'ARRIVÉE
(OT Höchsten)
Wittbräucker Straße 565
44267 Dortmund
Telefon: 02 31-88 050-0
Internet: www.larrivee.de
E-Mail: mail@larrivee.de
Inhaber: Ernst Claußmeyer
DZ ab € 104,00

Das L'Arrivée ist ein Vier-Sterne-Superior-Hotel in einem ruhigen Wohngebiet mit viel Grün ringsherum. Es hebt sich in Dortmund mit seiner Lage, dem Wellnessangebot und seinem Zimmerprodukt deutlich von seinen Mitbewerbern ab. Dennoch liegt das Hotel alles andere als abseits, denn die Autobahnauffahrt zur A45 befindet sich nur wenige Minuten entfernt. Das L'Arrivée ist erfreulicherweise nicht im Korsett der zentralisierten Führungsstruktur eines Hotelkonzerns gefangen, dessen Standards und Abläufe allein durch die Leitung festgelegt werden, sondern ist ein Privathotel, welches auch eine Nischenstrategie verfolgen kann. Ungeachtet dieser Tatsache vermissen wir eine Direktorenpersönlichkeit, die das Haus wirksam nach außen wie nach innen vertritt. Keiner der bisherigen Direktoren blieb in Erinnerung. Eine Führungskultur, die den Mitarbeitern einen verlässlichen Rahmen bietet und klare Vorgaben garantiert, scheint es offensichtlich nicht zu geben. Es gab schon Zeiten, in denen der Küchenchef – sozusagen vom Pass aus – die operative Leitung des Hotels miterledigen musste. Dann probierte es Hoteleigentümer Ernst Claußmeyer einmal mit der Direktionsassistentin Kathrin Steinfort vom ehemaligen Pullman Hotel Dortmund. Wobei nie so ganz klar war, ob sie zu dieser Zeit Hoteldirektorin oder einfach nur die Assistentin der Geschäftsleitung war. Selbst kleinste Entscheidungen, die über ein Zimmerupgrade hinausgehen, trifft sowieso Claußmeyer höchstselbst. Erfreulicherweise kann mit dem Gesamtangebot einerseits der Geschäftsreisende, andererseits auch der Leisuregast angesprochen werden. Das L'Arrivée ist im Übrigen die offizielle Herberge des Bundesligisten BVB, dessen Mannschaft meist vor Heimspielen hier logiert. Die 70 Zimmer, darunter sehr schicke Suiten, wirken durch die Farbgebung in warmen Erdtönen modern und gleichzeitig sehr behaglich. Besonders komfortabel, nicht zuletzt durch ihre Größe von 45 Quadratmetern, sind die beiden Juniorsuiten, die sogar über eine eigene Terrasse mit Ausblick ins Grüne verfügen. Das Marmorbad mit Badewanne und separater Dusche ist zum angrenzenden Wohn- und Schlafbereich hin offen gestaltet. Alle Zimmer, von den Standardzimmern einmal abgesehen, wurden mit einer Tee- und Kaffeestation ausgestattet. Es gibt in diesem Haus sogar noch vier klassische Einzelzimmer und diese sind mit 20 bis 23 Quadratmetern gar nicht mal so klein. Das Segment *Superior* mit einer Größe zwischen 29 und 33 Quadratmetern garantiert dem Gast einen Balkon oder eine Terrasse. Zwei Restaurants stehen zur Auswahl. Zum einen das Rustika, bei dem der Name bereits erkennen lässt, dass eine gutbürgerliche, eher rustikale Küche geboten wird. Zum anderen das Restaurant Vivre, für das eine weltoffene Küche versprochen wird. Eine klare kulinarische Linie können wir allerdings nicht erkennen und ordnen diese Umschreibung des hier Gebotenen somit in die Rubrik des eher nichtssagenden Werbe-Blablas ein. Zumal die Karten der beiden Restaurants fast identisch sind, von zwei oder drei Gerichten einmal abgesehen. Im Tagungssegment ist man gut aufgestellt, denn zehn unterschiedlich große Veranstaltungsräume, die teilweise miteinander verbunden werden können, ermöglichen Tagungen, Konferenzen und Festbankette mit bis zu 250 teilnehmenden Personen. Der 1.000 Quadratmeter große Spa umfasst neben Schwimmbad und Whirlpool zudem einen Saunabereich mit einer Panorama- sowie Salzkristallsauna, Dampfbad und Ruhebereich. Der Fitnessraum wurde mit sechs Cardio-Trainingsgeräten ausgestattet. Ferner können Beauty- und Massagebehandlungen gebucht werden. Das Spektrum reicht von klassischen Massagen über Hot-Stone- oder Aromaölanwendungen bis hin zu Aromakerzenmassagen. Bislang wurde sich in diesem Haus gegenüber den Gästen großzügig gezeigt, die am Tag ihrer Abreise den Spa auch noch nach einem früh erledigten Check-out nutzen wollten, womit sich der Andrang auf die Rezeption rund um die Hauptzeiten für die Abreise abfedern ließ. Dies ist nun nicht mehr möglich. Ob dies mit der aktuellen Coronasituation zu tun hat, wollte die Mitarbeiterin nicht bestätigen. Fassen wir also zusammen: Das L'Arrivée bietet sich nicht nur für Businessgäste an, die in der Region rein beruflich zu tun haben, sondern verfügt durchaus über Qualitäten für eine Wochenendauszeit. Parken auf dem Gelände des Hotels bleibt lobenswerterweise übrigens nach wie vor kostenfrei.

Bewertung: ●●◖

RADISSON BLU
(Stadtmitte)
An der Buschmühle 1
44139 Dortmund
Telefon: 02 31-10 86-0
Internet: www.radissonblu.com
E-Mail: info.dortmund@radissonblu.com
Direktor: Frank Senger
DZ ab € 107,00

Das Radisson Blu am Westfalenpark ist ein lupenreines Businesshotel mit insgesamt 185 Zimmern und 5 Suiten, das – auch ohne offizielle DEHOGA-Klassifizierung – dem First-Class-Segment zuzuordnen ist. Während des Lockdowns, als nur Geschäftsreisende beherbergt werden durften, hatte das Hotel Flagge gezeigt und blieb geöffnet. Obgleich nun wieder Licht am Ende des Tunnels sichtbar ist und im März die Aufhebung weiterer Beschränkungen erfolgte, heißt das nicht zwangsläufig, dass das Veranstaltungssegment wieder volle Fahrt aufnehmen wird. Tagungen, Meetings sowie festliche Bankette sind grundsätzlich mit bis zu 400 Personen möglich. Präsenzveranstaltungen finden mittlerweile vereinzelt wieder statt, allerdings ist das Niveau von 2019 noch längst nicht wieder erreicht. Ferner wurden Dienstreisen während der Pandemie deutlich zurückgefahren, nun nehmen die mit diesen Business-Gästen verbundenen Buchungen aber langsam wieder zu, was auch diesem Haus zugutekommen wird. Vor mittlerweile fast acht Jahren wurden die Zimmer und Suiten zuletzt einer erweiterten Renovierung unterzogen, sind aktuell aber immer noch in einem zeitgemäßen Zustand. In die Renovierungsmaßnahmen wurden damals die öffentlichen Bereiche wie das Restaurant und die Bar einbezogen und erhielten ein neues Design. Somit sind diese nach wie vor noch einigermaßen auf der Höhe der Zeit. Durchaus beachtlich für ein lupenreines Businesshotel ist der 1.050 Quadratmeter große Wellnessbereich, der seinen Gästen nicht nur – wie sonst üblich – eine finnische Sauna, ein Dampfbad und einen kleinen Trainingsraum, sondern sogar einen 17 x 8 Meter großen Pool bieten kann. Dieser ist nach eigenem Bekunden der größte Hotelpool der Stadt. Der rund um die Uhr zugängliche Fitnessbereich hat eine Größe von 200 Quadratmetern und ist mit modernen Cardio- und Krafttrainingsgeräten ausgestattet. In Anbetracht der insgesamt 15 Veranstaltungsräume zählt das Radisson Blu zu einer der besten Tagungsadressen der Stadt. Kann hier doch mit bis zu 400 Personen konferiert werden. Die drei Zimmerkategorien *Standard*, *Superior* und *Premium* unterscheiden sich vor allem durch ihre Lage, weniger durch besondere Komfortmerkmale. Sie haben alle eine Größe von 24 Quadratmetern. Die *Premium*-Zimmer, für die wir eine Empfehlung aussprechen, befinden sich in den oberen Etagen und liegen somit nicht nur recht ruhig, sondern ermöglichen zudem einen Parkblick und wurden mit einer Nespresso-Kaffeemaschine ausgestattet. Die Juniorsuiten bieten mit 38 Quadratmetern deutlich mehr Platz und in die Zimmerrate ist bereits das Frühstück inkludiert. Das Restaurant Ginger, in dem im Übrigen auch das tägliche Frühstücksbuffet serviert wird, bietet eine internationale Küche auf durchschnittlichem Niveau, die dem Gast vermutlich nicht in nachhaltiger Erinnerung bleiben wird.

Bewertung:

DRESDEN   Sachsen

GEWANDHAUS
(Altstadt)
Ringstraße 1
01067 Dresden
Telefon: 03 51-49 49-0
Internet: www.gewandhaus-hotel.de
E-Mail: info@gewandhaus-hotel.de
Direktor: Florian Leisentritt
DZ ab € 112,00

Das Hotel Gewandhaus bildet neben dem Kempinski Taschenbergpalais die Speerspitze der Hotellerie in der sächsischen Landeshauptstadt. Vergleichbar sind beide Häuser aber weder in Bezug auf ihre Größe noch hinsichtlich des Gesamtangebotes der Konzepte, obwohl sie das gleiche Segment der Luxushotellerie bespielen. Das Kempinski ist eher ein klassisches Grandhotel, während das Gewandhaus als moderneres und progressives Luxushotel gelten darf. Die Verantwortung als Direktor trägt Florian Leisentritt, an dem wir vor allem sehr schätzen, mit welchem Enthusiasmus und wie leidenschaftlich er es repräsentiert und hierdurch über die Jahre für eine konstante Präsenz des Hauses in der Öffentlichkeit neben dem natürlich bekannteren Taschenbergpalais gesorgt hat. Er steht dieser Nobelherberge nicht erst vor, seitdem die Seaside-Gruppe die operative Verantwortung trägt und Mitglied in der sogenannten Autograph Collection wurde, sondern bereits zu Zeiten, als es noch zum Portfolio von Radisson gehörte. Seit 2013 ist er bereits in der Position des Direktors tätig und kennt somit die Stärken und Schwächen des Hauses nur zu genau. Nachdem die Masterrenovierung 2015 abgeschlossen wurde, konnte das Haus nochmals auf ein anderes Niveau gehoben werden. Es gibt zahlreiche Vorzüge, die man im Gewandhaus für sich verbuchen kann, etwa die weitgehend ruhige Lage am Rande der Altstadt, in direkter Nachbarschaft zum Rathaus und der nur wenige Schritte entfernten Kreuzkirche. Die bekanntesten Sehenswürdigkeiten der Stadt wie die Frauenkirche, der Zwinger oder die Semperoper können von hier aus ebenfalls bequem fußläufig erreicht werden. Ein Alleinstellungsmerkmal sind

die edlen Marmorbäder in den meisten Zimmern und Suiten, die größtenteils mit einer sogenannten Airpool-Badewanne ausgestattet sind. Gut zu wissen, dass bei den Zimmern, die zum historisch überdachten Innenhof ausgerichtet sind, die Frischluftzufuhr größtenteils über die Klimaanlage erfolgt. Mit einer Größe von 17 bis 21 Quadratmetern sind sie zudem relativ beengt. Mehr Platz bieten hingegen die *Superior*-Zimmer, die eine Größe von bis zu 34 Quadratmetern haben. Bei den sogenannten Eckzimmern ist ein Ausblick zum Rathaus oder zur Kreuzkirche möglich. Wesentlich größer sind die Juniorsuiten, für die wir an dieser Stelle ausdrücklich eine Empfehlung aussprechen möchten. Sie bieten mit einer Raumgröße von 41 bis 57 Quadratmetern reichlich Platz und verfügen über ein Luxusmarmorbad mit Whirlpool und teilweise sogar über Tageslicht. Der Wohn- und Schlafbereich ist offen gestaltet und zur Ausstattung zählen ein zusätzlicher Sitzbereich sowie ein Esstisch mit Bestuhlung. Grundsätzlich besteht auf allen Zimmern die Möglichkeit der Kaffee- und Teezubereitung mit einer Kapselmaschine. Mit deutlichem Stolz wird von den Mitarbeitern darauf hingewiesen, dass die Kapseln sogar biologisch abbaubar sind. Im Untergeschoss des Hauses ist der Spa untergebracht, der voll ausgestattet ist, also nicht nur über einen Saunabereich mit finnischer Sauna, Dampfbad und Ruhezone verfügt, sondern auch mit einem Pool aufwarten kann, der jedoch ohne Tageslicht auskommen muss. Zuletzt wurde der Zutritt aus Gründen der strengen Hygiene- und Abstandsregeln, die wir an dieser Stelle im Übrigen sehr begrüßen, auf zwölf Personen reglementiert. Erfreulicherweise hat sich Florian Leisentritt auch während des Lockdowns, als lediglich Geschäftsreisende beherbergt werden durften, bemüht, den Gästen zumindest im Ansatz den sonst bekannten Service zu bieten, um so dem eigenen Anspruch an den Luxusstatus des Hotels halbwegs gerecht zu werden. Und das immerhin unter den Bedingungen einer Auslastung, die weit unter dem Standard lag. Da das Restaurant geschlossen blieb, hat Leisentritt den Gästen lobenswerterweise ermöglicht, eine kleine Brotzeit über den Zimmerservice zu ordern. Andere Häuser verwiesen lediglich auf Lieferdienste. Im Regelbetrieb kann das Konzept des „(m)eatery restaurant + bar" überzeugen. Hier werden unter anderem Steaks in unterschiedlichen Reifegraden und Qualitäten angeboten sowie ein wunderbares Rindertatar, Burger und Salat. Daneben steht auch Fisch auf der Speisekarte. Das Frühstücksbuffet, das in Vielfalt und Qualität zu überzeugen vermag, ist mit einem Preis von derzeit 28 Euro wirklich angemessen kalkuliert. In einem Luxushotel wie diesem fast überflüssig zu erwähnen, dass Eierspeisen à la minute geordert werden können. Da der Zimmerservice zu den verbrieften Serviceleistungen zählt, besteht selbstverständlich die Möglichkeit, neben der Auswahl aus der Roomservice-Karte auch Gerichte aus der Hauptkarte des Restaurants auszuwählen. Das Kuchenatelier unter der Verantwortung von Patissier Dirk Günther bietet köstliche Tartes, Kuchen und Macarons, die im Übrigen alle in der bequemen Hotellobby geordert werden können. Auch bei den Dresdnern selbst ist das Kuchenatelier besonders beliebt, da alle Köstlichkeiten ferner zum Mitnehmen angeboten werden. Zu den kleinen Schwächen dieses Luxushotels zählt zweifelsohne die nicht vorhandene Tiefgarage. Gäste müssen auf einer gegenüberliegenden, noch nicht ausgebauten Parkfläche ihren Wagen parken. Es existiert aber sogar eine Elektroladestation, die, wie uns eine Mitarbeiterin versicherte, auf Wunsch speziell für den Gast freigehalten wird. Unser Fazit: Das Gewandhaus Dresden ist ein zeitgemäßes Fünf-Sterne-Hotel, das wie bereits erwähnt zweifelsohne zu den besten Adressen der Stadt gezählt werden darf.

Bewertung: ●●●◖◗

HILTON
(Altstadt)
An der Frauenkirche 5
01067 Dresden
Telefon: 03 51-86 42-0
Internet: www.hiltonhotels.de
E-Mail: info@hiltondresden.com
Direktor: Gunnar Wassong *(ab 12/21)*
DZ ab € 100,00

Städtebaulichen Entwicklungen und Trends in Westdeutschland setzte die DDR nach dem Ende des Zweiten Weltkrieges oft ganz eigene, mehr als sozialistisch betrachtete Wege entgegen. So wurde nach der Gründung der DDR in den 1950er-Jahren im Rahmen von großen Städtebauprojekten zunächst oft dem Trend gefolgt, die Sowjetunion und deren unter Stalin kultivierten sowjetischen Klassizismus zu kopieren. Beispiele hierfür sind in Berlin die damalige Stalinallee oder in Dresden der Wiederaufbau des Altmarktes. In den 1960er-Jahren folgte dann die Orientierung an einem aktuellen, an den Traditionen der klassischen architektonischen Moderne orientierten Stil. Verzicht auf architektonischen Zierrat und schlichte Eleganz waren ferner international die damals zeitgemäßen Leitbilder und auch im Westdeutschland der 1970er-Jahre wuchs als Reaktion auf den dadurch immer schlichteren und einheitlicheren Städtebau der Wiederaufbaujahre nach dem Zweiten Weltkrieg eine neue Wertschätzung für historische Stadtbilder, für die reich verzierte Architektur des Jugendstils oder Historismus und für die Altstadtkerne der Städte im Allgemeinen. Die DDR konnte sich diesem Trend ebenfalls nicht widersetzen und versuchte in zahlreichen Städten, Neubauten an die historische Umgebung anzupassen, indem wieder detailreichere Fassaden, den Altstadtgrundrissen angepasste Gebäude und angedeutete historische Giebel- und Dachformen eingeführt wurden. Auch in Dresden wurde sich in den 1980er-Jahren darangemacht, zwischen den Brühlschen Terrassen mit dem Akademiegebäude von 1894 und dem historischen Ständehaus am Schlossplatz einen ganzen Straßenblock neu zu bebauen, denn in unmittelbarer Nähe der Ruine der damals noch nicht wiederaufgebauten Frauenkirche hatte der Krieg keinen Stein auf dem anderen gelassen. Von 1987 bis 1989 wurde das Interhotel Dresdner Hof durch eine schwedische Baufirma errichtet und dabei im historisierenden Stil umgesetzt. Da der Begriff „Postmoderne" im Westen nicht für den damals aktuellen Architekturtrend weg von der klassischen Moderne verwendet wurde, sondern für eine spezifischere Architekturrichtung mit nahezu philosophischem Hintergrund, sollte die DDR-Entwicklung nicht als „postmodern" bezeichnet werden. Sie war eine eigenständige Entwicklung der DDR, die vielfach das serielle und damit wirtschaftliche Bauen einbezog. Die Eröffnung in Dresden war Anfang 1990 unmittelbar nach dem Fall der Mauer, aber statt wie geplant als Devisenbringer für die DDR zu dienen, nahm das Haus als eines der wenigen nach westlichem Standard ausgestatteten, verfügbaren Hotels bereits kurz danach eine zentrale Rolle für das wirtschaftliche und politische Geschehen der Nachwendezeit in Dresden ein. Hier trafen sich alte und neue politische Lenker und Wirtschaftsvertreter, um die Zukunft Dresdens und Sachsens im ab Ende 1990 wiedervereinigten Deutschland auszuhandeln. Mit der Abwicklung von Interhotel wurde das Hotel am 1. März 1992 an die Hotelkette Hilton verkauft und trägt seitdem den heutigen Namen. Das Haus verfügt über 333 Zimmer und Suiten sowie 12 Konferenzräume – inklusive eines großen Ballsaals für bis zu 560 Personen. Gastronomisch ist man breit aufgestellt, kann der Gast doch aus 8 Restaurants, Bars und Cafés wählen. Zudem wird ein Schwimmbad mit Saunen, Dampfbad und Außen-Whirlpool vorgehalten. Neben dem 1.100 Quadratmeter großen Fitnessbereich mit verschiedensten Trainingsgeräten gibt es den Pure Spa mit zahlreichen Wellnessprogrammen, aber auch medizinischen Anwendungsmöglichkeiten. Nachdem man in den unmittelbaren Nachwendejahren wie beschrieben fast allein am Markt der modernen Businesshotels war, hat sich diese Situation natürlich recht bald geändert. Aber bei aller seitdem erwachsenen Konkurrenz hat dieses Hilton nach wie vor seine zentrale Lage als überzeugendstes Feature in die Waagschale zu werfen. Schließlich befindet sich die Frauenkirche als unbestrittenes Zentrum und bekannteste Sehenswürdigkeit der Stadt direkt nebenan. Weniger überzeugend ist die teilweise in die Jahre gekommene Zimmerausstattung. Dem Hause täte ein grundlegendes Make-over mit Anpassung des Interieurs an einen zeitgemäßen Einrichtungsstil mehr als nur gut. Hier rächt sich für den Gast die zentrale Lage, denn offensichtlich sind viele Gäste angesichts dieses Bonus bereit, ein nicht mehr aktuelles Zimmerprodukt in Kauf zu nehmen. Angesichts der besser aufgestellten Konkurrenz im Segment der gehobenen Businesshotellerie in direkter Umgebung können wir daher nur eine eingeschränkte Empfehlung für das Dresdener Hilton aussprechen.

Bewertung: ●●●

INNSIDE
(Altstadt)
Salzgasse 4
01067 Dresden
Telefon: 03 51-79 51 5-0
Internet: www.innside.com
innside.dresden@melia.com
Direktor: Robert Bauer
DZ ab € 101,00

Das INNSiDE Dresden ist mit seiner designorientierten Ausstattung und dem Gesamtkonzept ein Haus, das vor allem den dynamischen und progressiven Hotelgast anspricht. Seit der Eröffnung im Jahr 2010 wurden erfreulicherweise Hoteldirektoren verpflichtet, denen allesamt bescheinigt werden kann, dass sie mit eigenen guten Konzepten dafür Sorge getragen haben, dass das INNSiDE heute zu den besten Hotels der Stadt zählt. Zuletzt war Florian Stühmer als Direktor verantwortlich, der unseres Erachtens diesem First-Class-Hotel zahlreiche Impulse geben, es repräsentieren sowie in den Fokus der öffentlichen Aufmerksamkeit rücken konnte. Dies ist wichtig, denn Dresden hat ein großes Spektrum an Hotels im Bereich des Mittelklasse- bis hin zum Luxussegment zu bieten. Zuletzt zeigte sich das Haus etwas führungslos, was der Servicequalität nicht gerade zuträglich war. Es ist noch nicht allzu lange her, dass in die Zimmerrate die Nutzung der Minibar inkludiert wurde. Die Coronapandemie, so scheint es, war offenbar ein willkommener Anlass, diesen Service still und leise einzustellen. Eine steile These einer Reservierungsmitarbeiterin, als sie bei einem Telefonat sagte, dass die freie Minibar von den Gästen nicht so angenommen worden sei wie erwartet. Nun, dann gäbe es doch umso weniger einen Grund, sie abzuschaffen. Jetzt ist es aber so, dass sich mittlerweile ein Trend in der Hotellerie abzeichnet, die Minibar überhaupt nicht mehr zu bestücken und Getränke und Snacks stattdessen über einen sogenannten Mini-Market an der Rezeption anzubieten. Selbstverständlich zu den bislang gewohnten Minibar-Preisen. Das spart Personal und Diskussionen beim Check-out mit Gästen über angeblich nicht konsumierte Getränke. Letztlich verständlich, denn der Ärger über hohe Preise der Minibarangebote überwog bei den Hotelgästen immer schon ganz klar die Zufriedenheit über einen solchen Service im eigenen Hotelzimmer. Fünf Kategorien stehen zur Auswahl, die sich vor allem hinsichtlich Größe und Lage mit dem entsprechenden Ausblick – beispielsweise zum Albertinum, zum Quartier Hoym oder zum Innenhof – unterscheiden. Bis auf die Zimmer der Standardkategorie verfügen alle Bäder über eine Badewanne sowie eine separate Dusche. Einen Kultstatus hat sich die Twist Bar in der sechsten Etage erarbeitet, sicherlich nicht nur wegen des hervorragenden Ausblicks, unter anderem auf die Kuppel der Frauenkirche, sondern auch wegen der Auswahl an klassischen und originellen Drinks sowie der besonderen Atmosphäre. Auch ein kleiner Wellnessbereich mit zwei unterschiedlich temperierten Saunen, einem Dampfbad sowie einem kleinen Fitnessraum mit einer Standardausstattung an Trainingsgeräten steht allen

Gästen offen. Möglich sind zudem Beauty- und Massageanwendungen – hier wird mit externen Anbietern kooperiert, sodass eine rechtzeitige Buchung angeraten ist. Die barocke Frauenkirche ist nach Verlassen des Hotels bereits in Sichtweite, überhaupt können die beliebtesten touristischen Hotspots Dresdens vom INNSiDE aus bequem und schnell erreicht werden. Die Stellplätze in der engen Tiefgarage sind begrenzt, insgesamt 46 stehen aber immerhin zur Verfügung. Mit seinem Tagungs- und Veranstaltungsbereich zählt das INNSiDE in diesem Segment nicht zu den Branchengrößen, aber 4 Räumlichkeiten bieten je nach Bestuhlung Platz für bis zu 230 Personen. Und kulinarisch haben wir bereits mehrfach an dieser Stelle für das Restaurant VEN, das eine Mischung aus regionaler und internationaler Küche bietet, eine Empfehlung ausgesprochen. Dabei wäre der Gast nicht darauf angewiesen, im Haus zu speisen, denn im unmittelbaren Umfeld findet er zahlreiche gastronomische Alternativen.

Bewertung:

KEMPINSKI TASCHENBERGPALAIS

(Innere Altstadt)
Taschenberg 3
01067 Dresden
Telefon: 03 51-49 12-0
Internet: www.kempinski-dresden.de
E-Mail: reservations.taschenbergpalais@kempinski.com

Direktor: Jens Marten Schwass
DZ ab € 148,00

Im bekanntesten und prominentesten Hotel der Landeshauptstadt Sachsens bleibt alles beim Alten, und zwar im wahrsten Sinne des Wortes. Nach wie vor ist nämlich eine umfassende Renovierung der Zimmer und Suiten nicht in Sicht. Obwohl diese zumindest in einem guten Pflegezustand sind, ist augenscheinlich lange nichts geschehen. Immerhin macht es sich bezahlt, dass einst unter anderem bei der Auswahl der Möbel und Stoffe größten Wert auf Qualität gelegt wurde. Und natürlich, auch das darf nicht unerwähnt bleiben, sind es letztlich die Mitarbeiter der Housekeeping-Abteilung, die angesichts des Pflegezustands offensichtlich einen hervorragenden Job machen. Immerhin wurde vor ein paar Jahren in den Wellnessbereich investiert, zu dessen Angebot neben einem Pool auch ein kleiner Saunabereich zählt und diesen deutlich aufwertet. Zuvor konnte er nicht mehr den hohen Erwartungen an ein Haus der Spitzenklasse genügen. Es ist natürlich der exponierten Lage geschuldet, dass die wohl beliebtesten Zimmer und Suiten jene mit Blickrichtung Semperoper, Zwinger oder Residenzschloss sind. Für diese Ausblicke ist die Kategorie *Kurfürsten Deluxe* zu buchen, deren Zimmer mit 40 bis 45 Quadratmetern reichlich Platz und durch die 4,80 Meter hohen Decken zudem ein besonderes Raumgefühl bieten. Ansonsten muss der Gast mit einem Ausblick auf die Seitenstraßen oder den Innenhof vorliebnehmen. Eigentlich würde zu einem Hotel mit diesem Selbstverständnis und Anspruch, das erste Haus am Platz zu sein, ein Gourmetrestaurant sehr gut passen. Das augenblickliche gastronomische Konzept lässt allerdings nicht erkennen, dass eine solche Qualität angestrebt wird. Auch wenn sich Hotelchef Jens Marten Schwass gern dafür feiern lässt, dass ihm vor ein paar Jahren in diesem Kontext ein strategisch guter Schachzug gelungen war, als er Gerd Kastenmeier dafür gewinnen konnte, sein Fischrestaurant ins Taschenbergpalais zu verlegen. Schließlich zählte er zu den gastronomischen Größen in Dresden, da er sich einen hervorragenden Ruf erarbeitet hatte. Mit dem Palais Bistro und seiner deutsch-französischen Küche kann dadurch nun immerhin ein Restaurant mit einem anerkannt hochklassigen Küchenchef geboten werden. Kastenmeiers Renommee rehabilitiert das Taschenbergpalais nun kulinarisch, auch wenn der Nachweis für eine konstant gute Küchenleistung unter Normalbedingungen erst wieder nach der Pandemie erbracht werden kann. Seinen Aperitif oder Digestif nimmt man am besten in der legendären Karl May Bar zu sich, die mehr als 200 Cocktails und 100 Whiskysorten im Angebot hat. Exzellent ist das Frühstücksbuffet, dessen Vielfalt und Präsentation überzeugt. Fast schon überflüssig zu erwähnen, dass Eierspeisen und Kaffeespezialitäten individuell und à la minute geordert werden können. Nicht mehr wegzudenken und ein Alleinstellungsmerkmal ist in den Wintermonaten die große Eislaufbahn im Innenhof des Hauses, die auch Gäste aus der Region anzieht. Zumindest in den vergangenen Jahren blieb der Besuch für Hotelgäste kostenfrei und Schlittschuhe konnten bisher gegen Gebühr ausgeliehen werden. Im letzten Jahr mussten die Gäste wegen der Pandemie auf diesen großen Spaß allerdings verzichten. Ganz ohne Kritik kommen wir leider nicht aus: Während des Lockdowns hat dieses Kempinski bedauerlicherweise kein allzu gutes Bild abgegeben. Allerdings war man dabei in bester Gesellschaft, denn auch andere Häuser vor Ort waren der Auffassung, dass unterschiedlichste Unzulänglichkeiten grundsätzlich durch die Situation entschuldigt werden können und strengten sich nicht an, gerade in einer Ausnahmesituation die Qualität ihres Serviceangebotes unter Beweis zu stellen. Im Taschenbergpalais war die Reservierungsabteilung teilweise nur an wenigen Tagen in der Woche und zudem nur stundenweise besetzt. Und es war erschreckend, wie unprofessionell mitunter Mitarbeiter des Empfangs agierten. Unwürdig für ein Hotel, das den Anspruch erhebt, die erste Adresse der Stadt zu sein. Geben wir nur ein Beispiel: Anrufern wörtlich mitzuteilen „Versuchen Sie es doch morgen wieder", wenn eine spezifische Information nicht mitgeteilt werden kann, ist das Gegenteil einer professionellen Gesprächsführung mit Gästen. Hier sollte es zum guten Ton gehören, zumindest einen Rückruf anzubieten. Schlimm auch, dass die Mitarbeiter sich nicht in der Lage sahen, Basisinformationen über das Haus mitzuteilen. Es war durchaus der Eindruck zu gewinnen, dass Aushilfen beschäftigt wurden, da das Stammpersonal in Kurzarbeit war. Aber wir können beruhigen, denn nach Aufhebung der Maßnahmen zur Bekämpfung der Pandemie ging das Hotel wieder in den Regelbetrieb – auch die Reservierungsabteilung ist zu den Kernzeiten wieder besetzt. Und so darf sich der Gast wieder auf Serviceleistungen wie Valet Parking, Hilfe beim Gepäck und einen 24-Stunden-Zimmerservice verlassen. Parken in der Hoteltiefgarage wird mit 25 Euro pro Tag berechnet. Vorbildlich ist, dass Gäste ihr Elektrofahrzeug kostenfrei an einer der Ladestationen laden können. Nach Redaktionsschluss erreichte uns noch folgende Nachricht: Ab Ende 2022 schließt das Taschenbergpalais für ein knappes Jahr, um eine Masterrenovierung durchzuführen.

Bewertung: ●●●● ◐

MARITIM
**Devrientstraße 10-12
01067 Dresden
Telefon: 0351-216-0**
Internet: www.maritim.de
E-Mail: info.dre@maritim.de
Direktor: Jörg Bacher
DZ ab € 91,00

Maritim darf sicherlich als eine der Hotelketten gelten, welche besonders unter der Coronapandemie zu leiden hatten und vielleicht noch haben. Schließlich hat sich der durch Inhaberin Monika Gommolla geführte Konzern mit seinen Häusern schon immer auf das Tagungs- und Kongressgeschäft konzentriert. Konkret bedeutet dies, dass Maritim durch das Ausbleiben von Tagungen, Kongressen und Messen stark getroffen wurde, wobei es zu allem Überfluss auch immer gleich um beachtliche Zimmerkapazitäten geht, die dem Charakter von Großveranstaltungen entsprechend vorgehalten werden. So ist auch der Standort Dresden ein typischer Maritim-Standort, denn das Hotel im historischen Erlweinspeicher am Ufer der Elbe entstand in dieser denkmalgeschützten Hülle erst im Zusammenhang mit dem in unmittelbarer Nachbarschaft geplanten und gebauten Internationalen Congress Center Dresden. Für die Stadt damals der Königsweg zur Erhaltung des mit einer wunderbar detailliert gestaffelten Fassade versehenen Baudenkmals, denn entsprechend der alten Nutzung als Speicher war ein ungeheures Bauvolumen vorhanden, das nur in den an Außenmauern gelegenen Räumen natürlich zu belichten war. Maritim brachte die Lösung für dieses bauliche Problem gewissermaßen gratis aus seinem persönlichen Erfahrungsschatz als Bauherr von großen Hotels mit, denn bei sehr vielen Hotels dieser Kette, die seit den 1980er-Jahren entstanden waren, wurden die Gebäude um ein Atrium herum geplant, das jeweils als zentrale Lobby und Erschließung für die Zimmer und Suiten in den Obergeschossen sowie die Restaurants, Tagungs- und Funktionsräume in den unteren Geschossen dient. Diese Vorgehensweise musste nur auf die vorhandene Hülle des Erlweinspeichers angewendet werden und schon war die Frage der Nutzung der zuvor unbelichteten und kleinteiligen innen liegenden Räume gelöst. Ein vom gläsernen Dach bis zum Erdgeschoss reichendes Atrium bringt seitdem Licht und Luft in das massive Gebäude, während die an den Außenmauern liegenden Zimmer und Suiten über umlaufende Gänge rundherum erschlossen werden. Allerdings ergab sich bei den gegebenen Proportionen nach diesem Umbau im Inneren ein vergleichsweise schmaler, hoher und riesiger Atriumsbereich, sodass der räumliche Eindruck für viele Gäste „schwindelerregend" ist. Das Hauptrestaurant wurde an der Elbseite um einen Wintergarten-ähnlichen, gläsernen Vorbau nebst vorgelagerter Terrasse erweitert, sodass zusätzlich Tageslicht eindringt und eine optische Verbindung zum Wasser geschaffen wurde. Das Ergebnis dieses Projektes ist sicherlich eines der beeindruckendsten Hotelkonzepte des Unternehmens. Die historische Hülle des Speichers ist eines der weithin sichtbaren Baudenkmäler der Stadt. Das Hotel gewinnt durch diesen Rahmen zusätzlich an Renommee. Der Standort entspricht natürlich zusätzlich dem, wo immer möglich, von Maritim beförderten Konzept, die Wochenenden, an denen weniger häufig Tagungen, Kongresse oder Messeveranstaltungen stattfinden, durch touristisch interessierte Gäste zu überbrücken, was an einem Standort wie Dresden natürlich fast schon zwangsläufig funktioniert. Schließlich steht das Elbflorenz auf der Liste internationaler Reiseveranstalter. Der Trend, den Urlaub vermehrt im eigenen Land zu verbringen, hat sich durch die Coronapandemie noch einmal verstärkt und ist auch in Dresden zu spüren, nicht zuletzt dadurch, dass Auslandsreisen oder Kreuzfahrten wegen drohender Quarantänegefahr unattraktiver wurden. Dies dürfte dem Standort Dresden einen weiteren Schub verleihen und weiterhin Städte- und Kulturreisende sichern, obwohl Maritim angesichts der Krise sogar schon Notverkäufe einzelner Hotels ankündigte. Bereits im Dezember 2020 wurde das Berliner Schwesterhotel an der Stauffenbergstraße an Marriott verkauft. Maritim, das 29 seiner insgesamt 40 Häuser in Deutschland betreibt, ist also durchaus angeschlagen und fürchtet laut Aussage Gommollas vor allem um seine langjährigen Mitarbeiter. Denn Maritim, das wurde auch in diesem Hotel Guide immer wieder anerkannt, konnte immer auf die herausragende Professionalität und Freundlichkeit seiner Angestellten zählen. Firmentreue und gute Serviceleistungen wurden von Maritim stets durch sichere Jobs und ein gutes Betriebsklima untermauert. Das galt bis auf die Führungsebene, sodass entgegen dem Usus in weiten Teilen der Businesshotellerie die Direktoren nicht in regelmäßigem Rhythmus rotieren, sondern möglichst lange an einem Standort und in der Firma gehalten werden. Da sich aber viele der 3.000 Beschäftigten in Deutschland in der Krise nach neuen Jobs umgesehen haben und die Branche verließen, auch weil etwa befristete Verträge nicht mehr verlängert wurden und Auszubildende nicht übernommen werden konnten, fürchtet die Firmenchefin nach eigenem Bekunden die Auswirkungen dieses „Aderlasses". Ob Maritim ohne weiteren Schaden das Ende der Pandemie erleben wird, lässt sich derzeit kaum abschätzen. So sehr auch viele wieder Tagungen, Fortbildungen oder Messen herbeisehnen, gibt es jedoch Unternehmen, die weitere Schritte zur Digitalisierung gegangen sind und viele der bisher üblichen Präsenzveranstaltungen durch Alternativen per Videokonferenz über das Internet ersetzt haben. Ein gewisser Rückgang wird zumindest vorübergehend für das klassische Veranstaltungssegment noch über einige Jahre zu verkraften sein. Häuser wie das Dresdener Maritim mit seinen 328 Zimmern und Suiten werden hiermit zu kämpfen haben. Die Zimmer sind ganz in der Tradition des Konzerns gediegen-konservativ und in warmen, beige-braunen Erdtönen gestaltet. Sie werden in die Kategorien *Classic* und *Superior* eingeteilt, Zimmer des letzteren Segments bieten einen Blick auf die historische Altstadt beziehungsweise Richtung Elbe. Alle Gäste haben kostenfreien Zugang zum Pool, während Sauna und Dampfbad sowie der Fitnessbereich nur gegen eine Gebühr von 5 Euro genutzt werden können. Punkten kann man hingegen mit der Anbindung zum Internationalen Congress Centrum Dresden. Das Haus ist auf jeden Fall eine Empfehlung für diejenigen, welche die sächsische Landeshauptstadt besuchen, denn mit seiner fußläufigen Entfernung zu den Hauptsehenswürdigkeiten im Stadtzentrum und der dennoch durchaus ruhigen Lage am Elbufer abseits der Besucherströme werden beachtliche Qualitäten geboten, welche Geschäftsreisenden sowie Touristen entgegenkommen. Und so konservativ die Kette auch sein mag, ist man doch so fortschrittlich, in der Tiefgarage über eine Ladestation für Elektrofahrzeuge zu verfügen.

Bewertung:

DÜSSELDORF Nordrhein-Westfalen

BREIDENBACHER HOF
(Altstadt)
Königsallee 11
40212 Düsseldorf
Telefon: 0211-16090-0
Internet: www.breidenbacherhof.com
E-Mail: info@breidenbacherhof.com
Direktor: Cyrus Heydarian
DZ ab € 401,00

Der Breidenbacher Hof an der berühmten Königsallee, der Luxus-Shoppingmeile Düsseldorfs, hat sich auf eine Gästeklientel spezialisiert, die den ostentativ zur Schau gestellten Luxus präferiert. Die aber vor allem auch bereit ist, für einen Aufenthalt in diesem Fünf-Sterne-Superior-Hotel tiefer in die Tasche zu greifen. Und genau auf diesen Gästekreis wurde das Gesamtkonzept abgestimmt, sei es beim Zimmerprodukt oder etwa beim Service-, Dienstleistungs- und Wellnessangebot. Eine Besonderheit ist sicherlich, dass der Gast seinen Aufenthalt mit einem medizinischen Check-up verbinden kann, denn im Gebäudekomplex befindet sich eine Privatklinik mit Experten unterschiedlicher Fachdisziplinen wie Kardiologie, Innere Medizin und Urologie. Somit wird von einer internistischen Vorsorgeuntersuchung bis hin zu einem sportmedizinischen Check-up ein breites Spektrum an Untersuchungen und medizinischen Leistungen abgedeckt. Der Gesundheitstourismus ist bekanntermaßen ein Wachstumsmarkt und Städte wie München, Berlin und Düsseldorf sind diesbezüglich die Hotspots in Deutschland. Normalerweise reisen Gäste, vor allem aus der Golfregion und Russland, in den Sommermonaten in diese Destinationen, um nicht nur zu shoppen, sondern um sich eben auch einer ambulanten oder stationären

Behandlung wie etwa in der Düsseldorfer Universitätsklinik zu unterziehen. Häufig wird mit großer Entourage gereist, die dann in den hiesigen Luxushotels oft für mehrere Wochen Quartier nimmt. Zumindest war dies bis zum Beginn der Coronapandemie so und es ist davon auszugehen, dass dies nach der Aufhebung der Maßnahmen zur Eindämmung des Infektionsgeschehens auch in naher Zukunft wieder so sein wird. Davon profitieren in Düsseldorf vor allem Luxushotels wie der Breidenbacher Hof oder das Steigenberger Parkhotel. Im vergangenen Jahr gab es hier eine wichtige Veränderung, denn aus dem Hoteldirektor Cyrus Heydarian wurde zwischenzeitlich der Chef dieser Nobelherberge, da er nunmehr Alleingesellschafter der Betriebsgesellschaft ist. Im letzten Jahr hat Heydarian uns wirklich positiv überrascht. Nicht etwa mit seiner üblicherweise fast schon exzessiven Außendarstellung der eigenen Person, welche ja wohl seiner Meinung nach vor allem dem Hotel zugutekommt, sondern mit seinem Anspruch, auch während des Lockdowns und seinen vielen Restriktionen das übliche Service- und Dienstleistungsangebot weiterhin aufrechtzuerhalten. Er konnte mit seinem Krisenmanagement absolut überzeugen. Einige seiner Kollegen, die sich nicht diese Mühe gemacht und während dieser Zeit ihre Service- und Dienstleistungsstandards kurzerhand nach unten gefahren oder sogar eingestellt haben, hätten sich da durchaus ein Beispiel nehmen können. Gäste des Hotels Breidenbacher Hof konnten Speisen und Getränke hingegen wie gewohnt über den Etagenservice ordern und verlässliche Dienstleistungen wie Valet Parking und Hilfe beim Gepäck wurden selbstverständlich weiterhin angeboten. Den Wellnessbereich komplett zu schließen, war zu dieser Zeit in der deutschen Hotellerie eher die Regel als die Ausnahme. Cyrius Heydarian ging diesbezüglich einen völlig anderen Weg. Für ihn hatte es höchste Priorität, auch weiterhin so viel Luxus wie möglich zu bieten, dabei aber selbstverständlich alle Hygiene- und Abstandsregeln einzuhalten. Vorbildlich und sehr besonders war zweifelsohne, dass den Gästen Zugang zum 360 Quadratmeter großen Wellnessbereich ermöglicht wurde, wenn auch nur nach entsprechender Voranmeldung und beschränkt auf ein 90-minütiges Zeitfenster. Nach jeder Nutzung wurde der komplette Bereich dann wieder gründlich gereinigt. Ein nicht unerheblicher Aufwand, der jedoch dazu beitrug, dem Anspruch an ein Hotel der Spitzenklasse gerecht zu werden. Grundsätzlich zählen zur Ausstattung des Spa neben einem Pool zwei finnische Saunen, ein Dampfbad sowie eine Ruhezone und ein Trainingsraum, der sogar rund um die Uhr zugänglich ist. Das derart überzeugende Hygienekonzept des Hauses war aber nicht alles, was sich pandemiebedingt änderte. Unter anderem hat sich der Hotelchef intensiv mit dem Thema Luftqualität auseinandergesetzt und infolgedessen im letzten Jahr in eine Ionisierungs-Filteranlage investiert, um so Viren, Keimen und Bakterien gleichermaßen den Kampf anzusagen. Natürlich vor allem unter anderem deshalb, weil das Coronavirus uns alle in unterschiedlichen Mutationen mit größter Wahrscheinlichkeit noch viele Jahre begleiten wird. Ganz ohne Superlative kommt Cyrus Heydarian auch in diesem Kontext natürlich nicht aus. Deshalb lässt er durch seine Marketingabteilung nun verkünden, die Luft sei im Hotel jetzt sauberer und gesünder als auf Sylt oder in der Eifel. Gleichwohl haben wir durchaus den Eindruck, dass er mittlerweile verstanden hat, dass seinen vollmundigen Erklärungen, es handele sich beim Breidenbacher Hof um eine Luxusherberge der Superlative, reale und überprüfbare Fakten folgen müssen. In der Vergangenheit enttäuschte vor diesem Hintergrund die Servicequalität nur allzu oft. An der Ausstattung der Zimmer gibt es hingegen wenig zu bemängeln und bereits in der untersten Kategorie *Superior* haben diese eine Größe von 41 Quadratmetern und sind zum ruhigen Innenhof ausgerichtet. Getränke aus der Minibar und die Nutzung des Spa sind bereits in die Zimmerrate inkludiert. Vom Bett aus können Licht, Klimaanlage und Vorhänge bequem über ein Touchpad gesteuert werden. Alle Zimmer sind mit einem Luxusbad mit Badewanne und separater Dusche ausgestattet. Die höchste Zimmerkategorie, von den Suiten einmal abgesehen, sind die *Grand-Deluxe*-Zimmer in der neunten Etage, die im Vergleich zu den übrigen Zimmern sehr modern gestaltet sind, mit 61 bis 68 Quadratmetern viel Platz bieten und sehr ruhig liegen. Gästen, die mit großer Gefolgschaft reisen und somit viel Platz benötigen, stehen große Luxussuiten zur Verfügung. Etwa die *Royal Suite*, die eine Größe von 400 Quadratmetern hat und mit allem erdenklichen Komfort wie einem riesigen Wohn- und Essbereich, einem Schlafzimmer mit Himmelbett, Sitzbereich und eigenem Karmin sowie außerdem einem luxuriösen Wellnessbad ausgestattet wurde. Die größte Besonderheit bleibt aber, dass diese Suite über einen separaten Zugang mit Aufzug von der Straßenseite aus erreicht werden kann. Den Hotelgästen dient die Lobby Lounge als eine Art Salon oder Wohnzimmer. Hier ist es möglich zu frühstücken, zu lunchen oder zu dinieren. Die Karte umfasst zu jeder Tageszeit ein breites Angebot. Sehr zu empfehlen ist der Afternoon Tea; ganz klassisch mit hausgemachten Scones, Clotted Cream und Marmelade. Auf Wunsch mit einem Glas Champagner. Mit dem Ziel, sich kulinarisch breiter aufstellen zu können, wurde das gastronomische Konzept des Restaurants The Duchy zuletzt weitreichend überarbeitet. Der Aufstieg in die kulinarische Bundesliga wurde demnach längst aufgegeben und von einem Michelin-Stern ist man sowieso Lichtjahre entfernt. In diesem Restaurant wird im Übrigen auch das tägliche Frühstücksbuffet offeriert, das dank der gebotenen Auswahl und Qualität bei den meisten Gästen in guter Erinnerung bleiben dürfte. Hierfür werden 48 Euro aufgerufen, zweifelsohne ein stolzer Preis, aber für das Gebotene durchaus gerechtfertigt, denn es können beispielsweise Spezialitäten wie Ei Benedict oder Pancakes geordert werden. Und selbst Champagner findet sich auf dem Buffet. Lob gibt es zu guter Letzt noch für das Concierge-Team, das dem Gast mit Rat und Tat zur Seite steht. Etwa dann, wenn ein Limousinentransfer zum Flughafen oder Bahnhof gewünscht wird. Parken in der hoteleigenen Tiefgarage wird dabei fast in Gold aufgewogen, denn zwei Stunden inklusive Valet-Parking-Service werden mit 19 Euro, jede weitere Stunde mit 10 Euro berechnet. Der Tagessatz beläuft sich auf daher vergleichsweise fast günstige 45 Euro.

Bewertung: ●●●◐

DERAG LIVING HOTEL DE MEDICI
(Innenstadt)
Mühlenstraße 31
40213 Düsseldorf
Telefon: 02 11-16 09 20
Internet: www.living-hotels.com
E-Mail: demedici@living-hotels.com
Direktor: Bertold Reul
DZ ab € 148,00

Erst 2015 eröffnete dieses Haus der Hotelgruppe Derag Livinghotels, die trotz 18 Häusern mit rund 3.000 Zimmern und Apartments an neun Standorten zu den weniger bekannteren Vertretern ihrer Branche zählt. Der Drang nach Originalität schien von Anfang an bei der Planung dieses Hauses das Leitmotiv gewesen zu sein, denn man ging als „Museums-Boutique-Hotel" in einem 400 Jahre alten Gebäude an der Mühlenstraße in der nordrhein-westfälischen Landeshauptstadt an den Start, nachdem das frühere Kloster mit großem Aufwand zum Hotel umgebaut worden war. Das Gebäude hatte allerdings in seiner Geschichte nicht nur religiöse Nutzung erfahren, sondern diente schon als königlicher und städtischer Regierungs- und Verwaltungssitz. Die Bauten des Komplexes, die sich um einen Innenhof gruppieren, waren also durchaus schon zuvor säkularen Zwecken zugeführt worden, auch wenn die frühbarocke Andreaskirche immer noch eine Seite dieses Innenhofes flankiert. Der historischen Hofsituation ist es geschuldet, dass der Hoteleingang von der Straße aus nur durch eine einzige Hofdurchfahrt erreichbar ist. Als Vier-Sterne-Hotel in der Düsseldorfer Altstadt wurde das historische Ambiente als Inspiration für die Gestaltung des Interieurs gesehen und so kam es zu dem ungewöhnlichen Konzept des „Museums-Boutique-Hotels". Verschiedenste historische Objekte, Kunstwerke und Antiquitäten wurden aufgeboten, um einem neuen und damit naturgemäß noch traditionslosen Luxushotel ein authentisches historisches Renommee zu verschaffen. Obwohl die Kombination von Antiquitäten mit sachlich-modernem und schlichtem Mobiliar und Interieur ein seit Jahrzehnten bewährtes Konzept der Innenarchitektur und der Ausstatterzunft darstellt, bei dem die zurückhaltende Moderne den respektvollen Rahmen für authentische historische Möbel und Kunst bietet, werden diese Preziosen in diesem Haus mit einer Mixtur aus klassischen, fast konservativen Ausstattungselementen auf der einen Seite und modernem Hoteldesign des 21. Jahrhunderts andererseits kombiniert. Das Ergebnis ist ein schwer verdaulicher Mix. Es ließe sich mutmaßen, dass der Eigentümer seine etwas wahllos zusammengekaufte private Kunstsammlung unterbringen wollte. Auch ägyptische Kunst wird in der Lobby präsentiert und gleich zum Anlass genommen, den gesamten Wellnessbereich im ägyptischen Stil zu dekorieren. Dass kein Dinosaurierskelett im Restaurant steht und keine Ritterrüstung neben dem Hoteleingang, ist vielleicht nur ein vorübergehender Zustand. Aber Moment, eine Hellebardensammlung ist immerhin ausgestellt, genauso wie eine Sammlung alter Gehstöcke und Pfeifen. Also logiert man inmitten der mehr oder weniger interessanten Sammlerobjekte des Hoteleigentümers, was viele eher als Kuriositätenkabinett empfinden dürften. Da auch eine Vase aus dem Besitz der florentinischen Familie de Medici, deren Dynastie zwischen dem 15. und 18. Jahrhundert Macht und Einfluss entfaltete, zu diesem Sammelsurium zählt, wurde angeblich der Namenszusatz „de Medici" für das neue Haus gewählt. Obwohl bei der Namenswahl in der Hotellerie unbegründete Großspurigkeit und schamloses Bedienen an gut klingenden Namen eher die Regel als die Ausnahme sind, tritt mit dem florentinischen Anklang im regnerischen Rheinland hiermit ein weiteres lachhaftes Beispiel für diese Unsitte zutage. Aber wer weiß, vielleicht haben wir das mit der Vase missverstanden und der Hoteleigner kann seine Familiengeschichte auf die Medici zurückverfolgen, ganz so wie der ehemalige Ministerpräsident Laschet sich ja im vergangenen Jahr als Nachfahre Karls des Großen outete. Aber kommen wir zum Zimmerprodukt: Die Einzelzimmer sind mit 16 Quadratmetern doch recht beengt, während die nächsthöhere Kategorie mit 23 Quadratmetern schon etwas mehr Platz bietet. Die Minibar ist in allen Kategorien inkludiert, wobei sich die Auswahl auf zwei Wasser und zwei Flaschen Bier beschränkt. Die beschriebene beengte Durchfahrt führt – verbunden mit einem nicht immer funktionierenden Valet Parking – zu schwierigen Situationen bei gleichzeitiger Anreise zahlreicher Gäste. Dennoch ist dieser Service unverzichtbar, da über keine eigene Tiefgarage verfügt wird. Für das Aufladen eines Elektrofahrzeuges werden neben den üblichen Parkgebühren in Höhe von 20 Euro zusätzlich 10 Euro aufgerufen. Das Restaurant Brasserie Stadthaus mit seiner vorwiegend französischen Küche wird unglücklicherweise extern betrieben, sodass die Hotelleitung grundsätzlich keinen direkten Einfluss auf Qualität und Ausrichtung hat, auch wenn es sich bislang eines guten Rufs erfreuen kann. Das Frühstück kann aber qualitativ überzeugen und sogar ein kleines japanisches Angebot für fernöstliche Gäste wird vorgehalten. Der ägyptisch dekorierte Wellnessbereich bietet eine finnische Sauna und ein Dampfbad und damit nur eine Grundausstattung, zu der immerhin einige Behandlungsräume für Anwendungen wie Massagen zählen. Allerdings ist er wegen eines Wasserschadens und Versicherungsfalls bereits seit 2019 auf unabsehbare Zeit geschlossen. Das Tagungsangebot mit seinen drei Räumen, die im Bedarfsfall auf eine Größe von bis zu 230 Quadratmetern zusammengelegt werden können, ist somit ebenfalls nur auf die Grundbedürfnisse eines solchen Hotelbetriebes ausgelegt. Das Hotel de Medici ist eine interessante, etwas kuriose Idee des Hoteleigners, einem Hotelneubau in historischer Umgebung mit einem Sammelsurium an Artefakten ein Renommee zu verschaffen. In der Hoffnung, dass damit eine ausreichende Zahl an Gästen überzeugt werden kann, sich in diesem selbst ernannten Luxushotel einzuquartieren. Im Zweifelsfall gelingt das immerhin bei japanischen Touristen. Denn von Tokio aus betrachtet sind Düsseldorf und Florenz ja in der Tat fast Nachbarstädte.

Bewertung: ●●●

HYATT REGENCY
**(OT Hafen)
Speditionstraße 19
40221 Düsseldorf
Telefon: 02 11-91 34 12 34**
Internet: www.hyatt.com
E-Mail: duesseldorf.regency@hyatt.com
**Direktor: Axel Ziegler
*DZ ab € 215,00***

Die Marke Hyatt Regency des amerikanischen Hyatt-Konzerns ist in Deutschland – obwohl auf eine DEHOGA-Klassifizierung verzichtet wurde – eher der First-Class-Superior-Kategorie zuzuordnen. Hier in Düsseldorf wurde mit dem Medienhafen genau der richtige Standort für ein solches Haus gewählt. Die Konversion ehemaliger Hafenanlagen an Düsseldorfs Rheinufer wurde von langer Hand geplant und ein solches Hotel, das sowohl für die seit den 1990er-Jahren angesiedelten – oft in der Medienbranche verorteten – Unternehmen zur Unterbringung von Geschäftskunden sowie für Meetings und Veranstaltungen dient, aber auch Touristen eine attraktive Unterkunft in Flusslage mit Innenstadtnähe bietet, passt genau in das Konzept für den sogenannten Medienhafen. Nicht nur in Düsseldorf, sondern weltweit wurde erkannt, dass sich mit dem Wachsen der Städte ehemalige Hafengebiete aus einer Randlage hin zu einem attraktiven Areal für die Dienstleistungsbranche und das Wohnen entwickelt hatten. Gleichzeitig waren die Altstandorte erheblich im Wert gestiegen – vor allem aufgrund der relativen Nähe zu den Innenstädten und des Wunsches wachsender Interessentengruppen, am Wasser und gleichzeitig in urbaner Umgebung zu leben und zu arbeiten. Die Landesregierung hatte bereits ab den 1970er-Jahren begonnen, das nahe dem heutigen Medienhafen gelegene Rheinufer mit dem neuen Landtag, dem WDR-Studio Düsseldorf und dem Rheinturm als neuem Fernsehturm zu bebauen. Anschließend entstand der Neue Zollhof, eine Gruppe architektonisch anspruchsvoller Bürogebäude des Stararchitekten Frank Ghery, während zeitgleich die Bebauung des flussaufwärts anschließenden Medienhafens an Fahrt aufnahm. Dessen zentraler Ort ist die östliche der halbinselartigen Hafen- und Kaianlagen, welche einst Handelshafen und Holzhafen voneinander trennte. Das Hyatt Regency umfasst 303 Zimmer und Suiten in immer noch zeitgemäßem Design. Im Hauptrestaurant DOX samt angrenzender Terrasse, die einen schönen Blick auf das neue Quartier eröffnet und auf der man gerade in den Sommermonaten wunderbar lunchen und dinieren kann, bietet man – hoteleigenen Angaben zufolge – eine klassische, europäische Küche. Zudem existieren zwei Salons, in denen in privater Atmosphäre gespeist werden kann. Für den kleinen Hunger steht das Selbstbedienungsrestaurant Café D zur Auswahl. In Richtung Ufer und Düsseldorfer Innenstadt spannt sich eine Fußgängerbrücke über den ehemaligen Handelshafen, sodass durchaus auch dortige Restaurants, Bars und Kneipen in die Planung des Abends einbezogen werden können, wenn man als Gast des Hyatt Regency in fußläufiger Umgebung des Hotels einkehren möchte. In der 17. und

18. Etage befinden sich die sogenannten Clubzimmer aus der *Premium-Business*-Kategorie im Hause. Im Regency Club wird ein separates Continental Breakfast angeboten, in der übrigen Zeit gibt es verschiedene Snacks und Getränke. Auf jeden Fall wird ein sehenswerter Ausblick auf Düsseldorf und den Rhein geboten. Trotz des erwähnten Verzichts auf eine DEHOGA-Klassifizierung möchte man sich berechtigterweise auf jeden Fall im Luxussegment eingeordnet sehen. Zum Zentrum rund um die Königsallee, zur Altstadt Düsseldorfs, zu Messe und Flughafen sind die Distanzen vom Hotel aus nicht unbedingt nah. Im Gegenteil – sollte auf die Nähe dieser Ziele Wert gelegt werden, ist das Hyatt Regency alles andere als die erste Wahl.

Bewertung: ●●●◖

KÖ59 DÜSSELDORF
(Innenstadt)
Königsallee 59
40215 Düsseldorf
Telefon: 02 11-82 85-0
Internet: www.hommage-hotels.com
E-Mail: info.koe59@hommage-hotels.com
Direktorin: Daniela Fette *(ab 05/22)*
DZ ab € 220,00

Es war für viele ein Paukenschlag, als Ende Dezember letzten Jahres bekannt wurde, dass dieses Haus an der Düsseldorfer Königsallee, das bislang unter dem Management von InterContinental stand, nunmehr unter Dorints Luxusmarke Hommage Luxury Hotels Collection geführt wird. Für Branchenkenner ein sich abzeichnender Prozess, der vielschichtige Gründe hatte. Unter anderem ist Dorint auf Wachstumskurs, um seine Marktmacht weiter auszubauen. Zuvor berichtete die Fachpresse, dass Hoteldirektorin Britta Kutz Ende Juli des letzten Jahres dieses Luxusbusinesshotel verlassen werde, um für InterContinental ein Haus in Warschau zu übernehmen. Verbunden mit dieser neuen Aufgabe sei die Betreuung vier weiterer Häuser in der Funktion einer Area Managerin. Eine für sie sicherlich interessante Herausforderung. Wir finden, dass sie in Düsseldorf in den letzten Jahren einen sehr guten Job gemacht und, was wirklich immer hervorzuheben ist, als eine vorbildliche Gastgeberin Eindruck hinterlassen hat. Mit ihrer freundlichen, empathischen und angenehmen Art war sie eine Sympathieträgerin des Hauses, die bei ihren Mitarbeitern analog zu ihrem unmittelbaren Vorgänger für ein sehr gutes Betriebsklima sorgte. Entsprechend hoch ist daher die Dienstleistungs- und Servicebereitschaft der Mitarbeiter. Bleibt zu hoffen, dass ihre Nachfolgerin zumindest den bislang erreichten Status quo halten kann. Seit einigen Jahren ist es bei Dorint gängige Praxis, Hoteldirektoren aus der eigenen  zweiten und dritten Reihe zu rekrutieren, was aus Unternehmenssicht durchaus Sinn macht. Erfreulicherweise wurde für das Prestigehotel KÖ59 Daniela Fette als General Managerin verpflichtet, die mit der Luxushotellerie vertraut ist. Wichtig nicht zuletzt deshalb, weil dieses Haus im besonderen Fokus von Dorint steht und weil Jörg T. Böckeler, zwischenzeitlich CEO der Hotelgruppe Dorint, zu diesem eine besondere Beziehung hat. Schließlich hatte er es doch vier Jahre lang sehr erfolgreich geleitet, Maßstäbe gesetzt und unverrückbar unter den Top Three der hiesigen Luxusbusinesshotels etablieren können. In den vergangenen Jahren wurden alle Zimmer komplett renoviert und sind seitdem weitaus farbenfroher und frischer als noch beim cool-eleganten Stil der vorangegangenen Ausstattung. Zwei Zimmerkategorien stehen neben Suiten zur Auswahl, nämlich *Standard* und *Superior*. Ein Highlight ist sicherlich die *Hommage Lifestyle Suite*, die neben einem Schlaf-, Ess- und Wohnbereich über ein eigenes Wellnessbad mit Whirlpool und Sauna verfügt. Auch eine 100 Quadratmeter große Terrasse, auf der in den Sommermonaten gefrühstückt werden kann und die sich zudem für Empfänge oder ein Barbecue eignet, ist vorhanden. Da viele vermögende arabische Gäste auch für medizinische Checks und Behandlungen anreisen, ist ein nicht unwichtiges Feature, dass für diese Klientel ausreichend Luxussuiten vorgehalten werden. Das hat natürlich seinen Preis und in der Regel werden für eine Nacht – außerhalb von Messen und Großveranstaltungen – mindestens 3.900 Euro aufgerufen. Vor Beginn der Pandemie war diese Suite praktisch nicht buchbar, da sie sich großer Beliebtheit erfreute. Zu Zeiten des InterContinental-Hotels erhielten Gäste, die sich auf der sogenannten Club-Etage eingebucht hatten, Zugang zu einer separat eingerichteten Lounge, die weitere Annehmlichkeiten bot, etwa morgens ein separates Frühstück sowie tagsüber verschiedene Getränke und Snacks. Mittlerweile wurde dieses Zusatzangebot komplett eingestellt. Das verwundert nicht, denn schon als Dorint im April 2011 in Köln das ehemalige InterContinental am Heumarkt übernahm, wurde diese Lounge relativ zeitnah geschlossen, ist sie doch nicht Teil des Gesamtkonzeptes von Dorint. Hier im Haus wurde die in der zweiten Etage befindliche Lounge zwar nicht geschlossen, aber nunmehr für alle Hotelgäste zugänglich gemacht und dient jetzt als eine Art Livingroom des Hotels. Ein ruhiger Rückzugsort und somit ein Gegenentwurf zur betriebsamen Lobby.

Deshalb kann der Gast hier neuerdings auch speisen, weshalb ein sogenanntes Bar-Menü angeboten wird. Nach dem Umbau des Restaurants wurde insgesamt ein neues gastronomisches Konzept etabliert. Allerdings vermag uns die mehr als nüchterne Gestaltung des Restaurants KÖ59 by björn freitag nicht so recht zu überzeugen. Seit einigen Jahren wird es in der Spitzenhotellerie immer beliebter, sich namhafte und medial präsente Küchenchefs als kulinarische Berater mit ins Boot zu holen, mit deren Prominenz dann geworben werden kann. Hier war es Björn Freitag, der vor allem durch das Fernsehformat „Küchenschlacht" bundesweite Bekanntheit erlangte. Er hat dabei nicht die Position des Chef de Cuisine übernommen, sondern ist nur so etwas wie der Spiritus Rector des Küchenkonzeptes, das dann der Küchenchef umzusetzen hat. Geboten wird eine jahreszeitgemäße, regionale, dabei kulinarisch neu interpretierte Küche. So finden sich in der Karte beispielsweise eine Rheinische Bouillabaisse oder die Königsberger Klopse mit Limettenreis. Wir wollen uns erinnern, das Hotel bespielt das Luxussegment der Businesshotellerie und es handelt sich immerhin um das Hauptrestaurant. Aber der Gast muss ja nicht zwingend im Hause speisen, schließlich bieten sich im unmittelbaren Umfeld zahlreiche Alternativen. Die offene Gestaltung baut zugegebenermaßen Hemmschwellen ab, aber vielleicht wird sich nach Ende der Pandemielage doch noch zu einer etwas weniger weitläufigen Verteilung der Tische und der Bestuhlung und etwas mehr Behaglichkeit entschlossen. Alle Gäste erhalten kostenfreien Zugang zum immerhin 4.000 Quadratmeter großen Spa, der von der noblen Fitnesskette Holmes Place betrieben wird. Das großzügig gestaltete Gym ist mit modernsten Cardio- und Krafttrainingsgeräten ausgestattet und umfasst einen Schwimmbad- und Saunabereich samt 21-Meter-Pool sowie Whirlpool. Selbstverständlich kann sich der Gast auch einen Personal Trainer buchen, der ein für ihn abgestimmtes Programm erarbeitet. Fassen wir zusammen: Die neue Hoteldirektorin Daniela Fette, die ab Mai dieses Jahres die Verantwortung tragen wird, steht hier vor großen Herausforderungen. Zum einen muss sie dieses ehemalige Flaggschiff von Intercontinental mit immerhin 287 Zimmern und Suiten und einem 1.225 Quadratmeter großen Veranstaltungsbereich mit 14 Tagungsräumen durch die Post-Coronazeit führen und zum anderen alle Anstrengungen unternehmen, wieder an die erfolgreichen Zeiten vor 2020 anzuknüpfen. In Anbetracht des bislang hohen Anteils internationaler Gäste stellt es eine besondere Herausforderung dar, dass dieses Haus nun nicht mehr unter dem Dach einer weltweit operierenden Hotelkette am Markt auftritt. Eine tragende Säule war bisher immer der internationale Medizin- und Gesundheitstourismus mit Gästen aus dem arabischen Raum, die in den Sommermonaten meist über mehrere Wochen Quartier nahmen und somit in ansonsten eher belegungsschwachen Zeiten für eine gute Auslastung sorgten. Aber wie erwähnt, Dorint setzt auf eine Hotelmanagerin, die in der Lage ist, das Luxussegment zu bespielen und daher alle Voraussetzungen mitbringen dürfte, auch einer solch anspruchsvollen Klientel gerecht zu werden.

Bewertung: ●●●● ○

NIKKO
(Stadtmitte)
Immermannstraße 41
40210 Düsseldorf
Telefon: 02 11-83 40
Internet: www.nikko-hotel.de
E-Mail: info@nikko-hotel.de
Direktor: Garret Marinnan
DZ ab € 119,00

Die letzten beiden Jahre waren sicherlich auch für das Nikko keine einfache Zeit. Denn als lupenreines Businesshotel mit insgesamt 358 Zimmern und 35 Suiten, die natürlich auch ausgelastet werden müssen, konnten die ausbleibenden Tagungen, Kongresse, Veranstaltungen und Messen nicht durch ein paar wenige Geschäftsreisende kompensiert werden. Während des Lockdowns durften Hotels bekannterweise nur von Privatreisenden mit wichtigem Grund gebucht werden. Nicht erst seit der Pandemie wird versucht, die Belegung in buchungsschwachen Zeiten über Sonderpreise anzuheben. Ein Konzept, das eigentlich keines ist, denn Rabatt ist bekanntermaßen lediglich ein anderes Wort für Verzweiflung. Nachdem die meisten Einschränkungen nicht nur für die Hotellerie wieder aufgehoben wurden, nimmt erwartungsgemäß das Tagungssegment wieder an Fahrt auf. Das Nikko litt bislang am grundlegenden Problem, dass es an einer starken Führung mangelte. Und dies nicht erst, seit Sandra Epper die Verantwortung als Direktorin getragen hatte. Auch ihr unmittelbarer Vorgänger Ken Dittrich war für uns ein Technokrat, der vom sprichwörtlichen Elfenbeinturm aus das Haus führte. Konstruktive Kritik nahm er persönlich. Daher rangierte das Service- und Dienstleistungsniveau in den letzten Jahren nach unserer Einschätzung allenfalls im akzeptablen Mittelfeld. Welcher Kurs nach dem nun stattgefundenen Eigentümerwechsel von einer japanischen hin zu einer irischen Betreibergesellschaft verfolgt wird, bleibt abzuwarten. Durchaus wünschenswert wäre, dass eine Hoteldirektorenpersönlichkeit verpflichtet würde, die über besondere Führungs- und ebensolche Gastgeberqualitäten verfügt. Nach nur einem Monat wurde Epper bereits abgelöst und durch Garrett Marrinan ersetzt. Allerdings ist davon auszugehen, dass er nur interimsweise das Haus führen wird. Laut unseren Informationen besteht sein Auftrag darin, die vorab festgelegten Standards der neuen Eigentümergesellschaft zu etablieren. Ungeachtet aller künftigen Entscheidungen wird es sicherlich noch seine Zeit dauern, bis wieder das Niveau von 2019 erreicht wird, sei es beim Tagungsaufkommen oder in Bezug auf die Auslastung der Zimmer. Mit einem Veranstaltungsbereich, der insgesamt 14 Tagungsräume umfasst, zählt das Nikko auf dem hiesigen Hotelmarkt nicht zu den Schwergewichten, aber in Anbetracht der beachtlichen Zimmerkapazitäten durchaus zu den größeren Tagungshotels in Düsseldorf. Es ist mittlerweile also festzustellen, dass zwischenzeitlich wieder vermehrt Veranstaltungen stattfinden, wenn auch meist im kleineren Rahmen. Dafür in größeren Räumlichkeiten, um so den empfohlenen Sicherheitsabstand einhalten zu können. Das Nikko hat wie viele Businesshotels in diesem Segment technisch aufgerüstet. Entstanden ist ein Streaming-Studio, um somit hybride Tagungen mit parallelem Onlineangebot durchführen zu können. Früher oder später wird die Nachfrage in diesem Segment wieder signifikant steigen, nicht zuletzt, weil durch die Pandemie die zwischenmenschlichen Kontakte so eingeschränkt waren, dass sich viele nach einem regen Austausch mit Kollegen, Geschäftspartnern und potenziellen Kunden sehnen. Während des Lockdowns blieben das Restaurant sowie die Bar geschlossen, Gäste mussten sich über Lieferdienste selbst versorgen. Damit wurde es sich sehr einfach gemacht. Wie gut, dass die Pandemie für alle Maßnahmen als Generalausrede herhalten kann. Wir kennen Mittelklassehotels, die es sich nicht nehmen ließen, ihren Gästen während der Lockdownphase trotzdem die gewohnten Standards zu bieten, indem entweder im Restaurant ein erstklassiges À-la-carte-Frühstück geboten oder zumindest ermöglicht wurde, dieses über den Zimmerservice zu ordern. Leider gab es dann auch Luxushotels, die ihren Service auf ein Mindestmaß herunterschraubten oder sogar komplett einstellten. Es ist allerdings so, dass im Nikko im Regelbetrieb das tägliche Frühstücksbuffet zumindest den Erwartungen der meisten Gäste genügen konnte, wobei es durchaus Punktabzüge für den Service geben muss, da dieser oft unkoordiniert wirkte und schon zu früher Morgenstunde die Geduld der Gäste forderte. Größter Beliebtheit erfreut sich das japanische Restaurant Benkay Teppanyaki nicht nur bei den Hotelgästen, sondern auch bei Düsseldorfern, insbesondere bei der japanischen Community selbst. Hier begeistern die unglaublich freundlichen, zuvorkommenden und vor allem aufmerksamen japanischen Mitarbeiter, die sprachliche Barrieren gekonnt weglächeln. Seit einigen Jahren lässt sich der Eindruck gewinnen, dass im Hotel Nikko ein strenges Kostenmanagement gefahren wird, was in allen Abteilungen des Hauses zu bemerken ist. Leider konnte uns das Krisenmanagement von Sandra Epper während der Hochzeit der Pandemie nicht so recht überzeugen. Unerfreulich, dass die Mitarbeiter die Hygiene- und Abstandsregeln in den öffentlichen Bereichen nicht stringent umsetzten. Diesbezüglich gab es wohl mehrfach Beschwerden seitens der Gäste. Positiv hervorzuheben ist, dass die Zimmer mittlerweile erfreulicherweise entweder einer umfangreichen Renovierung unterzogen wurden oder zumindest ein erweitertes Softlifting erhielten. Wir möchten eine Empfehlung für die Kategorie *Superior* aussprechen, nicht nur, weil diese Zimmer auf dem neuesten Renovierungsstand sind, sondern weil sie darüber hinaus mit 40 Quadratmetern reichlich Platz bieten. Zeitgemäß ist, dass auch die Teppichböden durch wohnlicheres und leichter zu pflegendes beziehungsweise hygienischeres Parkett ersetzt wurden. Es lohnt sich, bei einer telefonischen Reservierung den jeweiligen Renovierungsstand zu erfragen, da sich diese Maßnahmen über mehrere Jahre hingezogen haben. Der sich über zwei Ebenen erstreckende Spa bietet in der elften Etage einen sogenannten Penthouse-Pool, von dessen Beckenrand aus ein wunderbarer Ausblick über die Dächer der Stadt genossen werden kann. Zur Ausstattung des Saunabereiches zählen eine finnische Sauna, ein Sanarium, ein Dampfbad und eine Ruhezone. Ein wenig enttäuschend ist vor allem in Anbetracht der Größe des Hotels der Fitnessraum ausgefallen, der lediglich mit einem kleinen

Basisangebot an Trainingsgeräten aufwarten kann. War es bislang so, dass Gäste, die lediglich die unterste Zimmerkategorie gebucht hatten, Zutritt zum Spa nur gegen Gebühr erhielten, wurde dieses Zweiklassensystem nunmehr abgeschafft. Parken in der Tiefgarage wird mit stattlichen 25 Euro pro Tag berechnet.

Bewertung:

STEIGENBERGER PARKHOTEL
(Stadtmitte)
Königsallee 1a
40212 Düsseldorf
Telefon: 02 11-13 81-0
Internet: www.duesseldorf.steigenberger.de
E-Mail: duesseldorf@steigenberger.de
Direktor: Carsten Fritz
DZ ab € 284,00

Erfreulicherweise ist das Steigenberger Parkhotel an der Königsallee mittlerweile wieder in Bestform, und das nicht zuletzt deshalb, weil nunmehr auch die Renovierung der Zimmer und Suiten im März dieses Jahres abgeschlossen werden konnte. Anfang des letzten Jahrzehnts wurden nach einer zwischenzeitlichen Schwächephase alle Anstrengungen unternommen, dem Selbstanspruch eines klassischen Luxusgrandhotels Rechnung zu tragen. Mittlerweile zählt das Steigenberger Parkhotel wieder zu den drei besten Hotels der Landeshauptstadt Nordrhein-Westfalens. Das Portfolio reicht von Einzelzimmern mit Kingsize-Bett bis zu komfortablen Luxussuiten. Wir sprechen eine Empfehlung für die sogenannten Grande-Deluxe-Zimmer aus, die mit 30 bis 45 Quadratmetern recht großzügig sind. Besonders gefällt das neue Designkonzept: Echtholzparkett, stilvolle Lampen und Möbel sowie umkettelte Teppiche sorgen für ein warmes und behagliches Ambiente. Somit ist man in der Lage, Gästen mit unterschiedlichen Komfortansprüchen gerecht zu werden. Etwa jenen aus dem Nahen Osten, die mit ihrem Hofstaat vor allem in den Sommermonaten gern einmal mehrere Wochen absteigen, etwa weil sie sich medizinischen Eingriffen oder Vorsorgeuntersuchungen unterziehen oder einfach nur das mildere Klima schätzen und ganz nebenbei ausgiebig shoppen. Wir konnten einmal von der Terrasse des Restaurants Steigenberger Eck eine „große Abreise" eines Scheichs verfolgen. Ein Lkw blockierte über mehrere Stunden die Zufahrt des Hotels. Die Szenerie wirkte so, als zöge jemand mit seinem ganzen Inventar aus. Dies war natürlich mitnichten der Fall, es war einfach nur ein Scheich, der nebst seinen Söhnen und Begleitpersonal nach einem mehrwöchigen Aufenthalt abreiste und dessen sehr umfangreiches Gepäck nicht in einer Limousine verstaut werden konnte. Ein Adlatus kümmerte sich um die komplette Logistik und überwachte, dass alles ordnungsgemäß verladen wurde. Zahlreiche Mitarbeiter des Hotels waren bis in den späten Abend hinein involviert und schleppten Koffer, Taschen sowie Kartons in den Lkw. Wie uns der damalige

Direktor versicherte, sei das nicht außergewöhnlich, sondern bei diesen Gästen das Standardprozedere. Düsseldorfs Luxushotellerie profitierte bislang von dieser Gästeklientel und hat sich deshalb auf deren Eigenarten und Ansprüche eingestellt. Während viele City-Hotels in der Sommerzeit meist über eine schwache Belegung klagen, ist hier dann Hochsaison. Wir hatten es an dieser Stelle mehrfach angemerkt, dass Hoteldirektor Carsten Fritz für uns kein Bilderbuchgastgeber ist. Er weiß, wann seine Präsenz unverzichtbar ist – etwa wenn VIPs ihr Stelldichein geben –, und versucht sich dann in der Rolle des charmanten Gastgebers. Im Gespräch bleibt er stets an der Oberfläche und vor allem unverbindlich. Auf uns wirkt er wie ein nüchterner Technokrat, der gern im Hintergrund agiert und bei Problemen in der Regel lieber einen Mitarbeiter vorschickt. Bei unserem letzten Besuch konnten wir uns über aktuelle Renovierungsprozesse im Haus einen Eindruck verschaffen. Zu diesem Zeitpunkt gerade im Entstehungsprozess war das Fine-Dining-Restaurant Pink Pepper, das im Februar dieses Jahres eröffnete. Mit diesem werden offensichtlich äußerst ambitionierte Pläne verfolgt. Das lässt sich bereits daraus ableiten, dass als Küchenchef Benjamin Kriegel verpflichtet wurde, der zuletzt im Restaurant FRITZ's FRAU FRANZI einen Michelin-Stern erkochte. Seine Küchenlinie ist eine Mischung aus internationaler und französischer Cuisine. Seine Ehefrau Ramona trägt als Restaurantleiterin für den Service die Verantwortung. Geboten wird ein Sieben-Gänge-Menü, von dem dann mindestens fünf Gänge ausgewählt werden müssen. Ein beliebter Treffpunkt der Düsseldorfer Gesellschaft ist nach wie vor das Steigenberger Eck, hier trifft man sich zum Sehen und Gesehenwerden. Geboten wird eine internationale Küche, darunter beliebte Klassiker wie Clubsandwich, Caesar-Salat und selbstverständlich auch das Wiener Schnitzel. Im Angebot sind zudem Kuchen aus der eigenen Patisserie. Besonders beliebt bei sommerlichen Temperaturen ist die angrenzende Terrasse, auf der ein hervorragender Ausblick auf den Eingangsbereich ermöglicht wird und so das Kommen und Gehen der Gäste beobachtet werden kann. Vor einigen Jahren wurde ein schicker Spa implementiert. Aus Platzgründen muss er allerdings ohne Pool auskommen, umfasst aber eine finnische Sauna, Dampfbad, Regenwalddusche sowie einen Ruhebereich. Der Fitnessraum ist rund um die Uhr zugänglich. Steigenberger war eine der Hotelketten, die gleich zu Beginn der Coronapandemie ein sehr gutes Hygienekonzept etablierten. Auch wenn zwischenzeitlich alle Restriktionen wie die 3G- sowie die Hygiene- und Abstandsregeln aufgehoben wurden und die Politik nunmehr auf die Eigenverantwortung jedes Einzelnen setzt, wurde entschieden, dass das Personal bis auf Weiteres Masken trägt. Das ist im Übrigen Policy in der ganzen Hotelgruppe. Überhaupt können wir bestätigen, dass die Mitarbeiter wirklich äußerst aufmerksam, freundlich und zuvorkommend auftreten sowie bislang zudem das Hygienekonzept vorbildlich umsetzen. Gäste, die viel reisen, wissen, dass Mitarbeiter der Reservierungsabteilung nicht selten wenig hilfreich sind, vor allem dann, wenn über die Basisauskünfte hinaus zusätzliche Informationen benötigt und diese aus der Datenmaske abgelesen werden, die dann offenbar nicht auf dem aktuellen Stand ist. Hier wiederum hat uns begeistert, wie geschickt die Dame uns durch das Gespräch führte. Positiv ist in diesem Kontext ja immer, wenn keine Rückfragen notwendig sind, weil bereits alle wichtigen Details angesprochen wurden. Wichtig zu wissen: Das Hotel verfügt über keine eigene Tiefgarage, jedoch befinden sich vor dem Gebäude einige Stellplätze, die unter anderem auch für Kurzzeitparker wie Restaurantbesucher benötigt werden. Weitere Stellplätze befinden sich neben dem Haus in der Seitenstraße, die extra von der Stadt angemietet wurden. Ansonsten kann der Wagen im benachbarten öffentlichen Parkhaus abgestellt werden. Erfreulicherweise muss dies den Gast nicht interessieren, denn der Wagenmeister parkt für ihn den Wagen und kümmert sich selbstverständlich auch um sein Gepäck. Schließlich ist das Steigenberger Parkhotel ein klassisches Luxus-Grandhotel, in dem solche Serviceleistungen zu den verlässlichen Standards zählen.

Bewertung:

THE WELLEM
(Innenstadt)
Mühlenstraße 34
40213 Düsseldorf
Telefon: 02 11-547650-622
Internet: www.thewellem.com
E-Mail: contact@thewellem.com
Direktor: Till Westheuser
DZ ab € 300,00

Wie bei anderen Luxus-Boutique-Hotels, die in den vergangenen zwei Dekaden in deutschen Großstädten eröffneten, fand beim Düsseldorfer The Wellem die Hülle eines historischen, ursprünglich eher bürokratischen Zwecken zugedachten Gebäudes eine neue Nutzung. Hier ist es das ehemalige Land- und Amtsgericht Düsseldorf, das zwischen 1913 und 1923 als neobarocker Gebäudekomplex errichtet wurde, das nach Abriss weniger attraktiver Seiten- und Nebengebäude aus der Nachkriegszeit als Herzstück des sogenannten Andreasquartiers eine neue Nutzung erfuhr. Neben Hotel und Gastronomie wurden zahlreiche Wohnungen in den Komplex integriert, der nur wenige Schritte vom Rhein und Hofgarten entfernt liegt und von dem aus kaum 300 Meter Weg bis zum nördlichen Ende der Königsallee zurückgelegt werden müssen. So wie im Hotel de Rome am Berliner Bebelplatz, bei dem ein Bankgebäude im Stil der Neorenaissance umgenutzt wurde, oder beim Hotel Das Stue in den Räumen der ehemaligen dänischen Gesandtschaft am Berliner Tiergarten oder auch bei der Bayerpost neben dem Münchner Hauptbahnhof wird hierbei die Kulisse der repräsentativen Bauten genutzt, um ihren Glanz in den Dienst einer sehr viel profaneren Nutzung als Hotel zu stellen. Der Denkmalschutz ist froh, schließlich ist ein genutztes Gebäude problemloser zu erhalten als eines, für das trotz aller Schönheit der Architektur keine Verwendung mehr gefunden werden kann. Zudem oft der Problemfall eintrat, dass solche Repräsentativbauten zwischenzeitlich nicht mehr als architektonisch wertvoll angesehen und entsprechend rücksichtslos mit Um- und Anbauten verunstaltet wurden. Die Umnutzung durch private, zahlungskräftige Investoren macht es möglich, die so vernachlässigten Gebäude äußerlich wiederherzustellen, auch wenn der Denkmalschutz im Inneren oft aufgrund der neuen Nutzung Kompromisse machen muss. Mit dem „Andreasquartier", wie sich der ganze, nun mit neuen Appartementgebäuden bebaute Block hinter dem ehemaligen Gerichts- und heutigen Hotelgebäude nennt, konnte ein Stadtentwicklungsprojekt abgeschlossen werden, in dessen Rahmen ein neues Wohnquartier mit dem historischen Gerichtsgebäude in seinem Zentrum geschaffen wurde. Bei nur knapp über 100 Zimmern sind nunmehr großzügige und repräsentative öffentliche Bereiche wie die zentrale Kuppelhalle mit der ausladenden Treppenanlage vorzufinden, in denen der Charakter des ehemaligen Gerichtsgebäudes erhalten blieb. Bei den Zimmern und Suiten, obwohl sie in den bis zu vier Meter hohen historischen Räumen ihre ursprüngliche Nutzung nicht verhehlen können, fühlt man sich hingegen oft fast wie im eigenen Appartement, was daran liegen mag, dass eine solche Nutzung wohl durchaus eine Option für das Gebäude gewesen wäre beziehungsweise noch ist. Denn merkwürdigerweise verfügen viele Suiten und Zimmer über komplette Küchenzeilen oder sogar Waschmaschinen und Trockner. Waschmaschinen? Das deutet eindeutig darauf hin, dass hier immer an die Option eines Boardinghouses mit Wohnungen auf Zeit gedacht wurde und in der Tat lässt sich recherchieren, dass sich lange Zeit kein Betreiber für das geplante Hotel fand. Möglich auch, dass die Düsseldorfer Stadtplanung hier einen Anteil Gewerbe bei der Mischnutzung und damit ein gewerblich genutztes Hotel verlangte. Denn Boardinghouses gelten als Wohnnutzung und im Gegensatz zu Hotels nicht als Gewerbebetriebe. Soll also ein ursprünglich gemischt genutzter Straßenblock in einem Stadtquartier komplett in ein Wohnquartier umgewandelt werden, macht das eine Stadt oft nicht mit, da hierdurch ungewünschte Gentrifizierungseffekte eintreten, wenn in umgebenden Stadtquartieren dadurch Gewerbe, Gastronomie und Einzelhandel in der Erwartung gekündigt werden, diese ebenfalls durch lukrativere Wohnungen ersetzen zu können. Gut möglich also, dass die Stadtverwaltung sich durchgesetzt hat und deswegen ursprünglich geplante Boardinghouse-Wohnungen nun als Hotelzimmer genutzt werden, die deswegen mindestens 30 Quadratmeter groß sind. In der fünften Etage des Hotels befinden sich die sogenannten Kunst-Suiten, die eine Größe von ungefähr 89 Quadratmetern haben und mit moderner zeitgenössischer Kunst ausgestattet wurden, etwa von Leon Löwentraut oder Stephan Kaluza. Auch ein Dachterrassenzugang mit Ausrichtung zum sogenannten Andreasgarten, dem Blockinnenbereich des Quartiers, ist vorhanden. Ungeachtet der gebuchten Zimmerkategorie erhält jeder Gast Zutritt zur eigens eingerichteten privaten Gästelounge, die kostenfreie Softdrinks und Kaffee bereithält. Der Start des Hotels im November 2020 fiel dann leider mitten in die zweite Welle der Pandemie. Hervorzuheben ist, dass hier Mitarbeiter agieren, die trotz der Pandemie ihren Enthusiasmus für ihr Haus nicht verloren haben. Für das nach Corona wieder mögliche Tagungs- und Kongressgeschäft ist man vorbereitet, denn immerhin stehen über fünf Etagen verteilt mehrere entsprechende Räumlichkeiten zur Verfügung. Das gastronomische Angebot überzeugt mit einem recht breiten Spektrum. Neben dem italienischen Restaurant Pitti – Cucina Italiana stehen Frank's Restaurant & Bistro – nach eigener Aussage – auf Fine-Dining-Niveau, das Steakhouse MASH und das Mutter Ey Café, in dem hausgemachte Kuchen serviert werden, zur Auswahl. Insgesamt ist das The Wellem ein attraktives Boutique-Hotel, wie es in diesem Rahmen nur wenige konkurrierende Großstädte bieten können und eine wirkliche Alternative zur bisher etablierten örtlichen Spitzenhotellerie, sofern Gäste auf einen Spa verzichten wollen und sich nicht an Küchenzeile und Waschmaschine in der Suite oder dem Hotelzimmer stören.

Bewertung: ●●●◖

EISENACH Thüringen

HOTEL AUF DER WARTBURG
Auf der Wartburg 2
99817 Eisenach
Telefon: 0 36 91-7 97-0
Internet: www.wartburghotel.de
E-Mail: info@wartburghotel.de
Direktor: Hannes Horsch
DZ ab € 289,00

Dem im Laufe der Jahrhunderte wechselnden Begriff vom angemessenen Umgang mit Baudenkmälern haben wir es zu verdanken, dass mit dem Hotel auf der Wartburg unmittelbar an einem Gebäudekomplex mit dem Status eines UNESCO-Weltkulturerbes heute ein Luxushotel besteht, dessen Neuerrichtung heute nicht mehr realisierbar wäre. Denn ab dem frühen 19. Jahrhundert war man in Deutschland noch ganz und gar von der nationalen Bewegung erfüllt, die schließlich in die Gründung des Deutschen Reiches 1871 mündete. Und historische Zeugnisse wie die Wartburg, die bauliche Monumente aus der wechselvollen deutschen Geschichte darstellten, spielten eine große Rolle dabei, sich der gemeinsamen Geschichte zu erinnern und einen Nationalstolz für das neue Reich zu entwickeln. Waren diese baulichen Zeugnisse in schlechtem Zustand oder gar ganz zu Ruinen verfallen, wurden sie nicht selten wiederaufgebaut, ohne sich – wie heute üblich – um eine authentische Rekonstruktion zu bemühen. Oft entstanden ganz neue Bauten, bei deren Gestaltung sich die Architekten mehr oder weniger an alten Darstellungen der Gebäude orientierten oder lediglich einem stark romantisierten Bild des Mittelalters verpflichtet sahen. Die Reichsburg in Cochem oder die Burg Hohenzollern sind ebenso wie die Wartburg beispielhaft zu nennen. Heute würden bei einer Rekonstruktion kaum Chancen darauf bestehen, dann auch noch einen vorher nicht existenten und daher den ursprünglichen Zustand der Gesamtanlage störenden Gasthof in eine Rekonstruktion zu integrieren. Im Fall der Wartburg wurde aber noch 1914 bei der Errichtung des heutigen Hotelgebäudes so vorgegangen, sodass bis heute direkt neben dem Zugang zur rekonstruierten Wartburg die Zufahrt zum

Hotel liegt, die in den Innenhof des ehemaligen Gasthofgebäudes führt. Das Haus selbst fügt sich derart gut in die örtliche Situation ein, dass ahnungslose Besucher und Gäste bis heute meinen können, in einem Teil der ursprünglichen Wartburg zu logieren. Dies ist jedoch mitnichten der Fall, denn die Burg thront eindeutig oberhalb des Hotels, das sich an der nordwestlichen Flanke der Burganlage an deren Fundamente schmiegt. Das Hotel bleibt von den Besuchern der Wartburg unbehelligt, da deren Zugang vor der Hotelzufahrt abzweigt. Vollkommen ungestört ist man auf der südwestlich gelegenen Hotelterrasse mit einem atemberaubend schönen Panoramablick über den Thüringer Wald. Im Sommer kann die breite Fensterfront zwischen dem Restaurant Landgrafenstube und der Terrasse auf ihrer gesamten Breite geöffnet werden. Das Fine-Dining-Restaurant unter Küchenchefin Annett Reinhardt bietet den herrlichen Rahmen für deren zeitgenössische, gehobene Kulinarik. Im „Gasthof für fröhliche Leut" wird in Ergänzung zu diesem kulinarischen Premium-Angebot eine landestypische, herzhafte Küche für die etwas alltäglichen Genüsse offeriert. Das Zimmerprodukt leidet immer noch darunter, dass sich für einen Stil der Ausstattung entschlossen wurde, welcher dem renommierten Status des Gebäudes etwas abträglich ist. Eher rustikal als elegant, teilweise mit Standardmobiliar aus dem Hotelausstatterkatalog der frühen 2000er-Jahre, kann man nicht wirklich dem Anspruch an ein Fünf-Sterne-Hotel gerecht werden, obgleich die formellen Kriterien der DEHOGA sicher eingehalten wurden. Die exzellente Beratung am Telefon, bei der man immer wieder im Gespräch mit Namen angesprochen wird, hat allerdings echtes Fünf-Sterne-Niveau. Wer aber zum Beispiel schon einmal im Schlosshotel Münchhausen bei Hameln zu Gast war, wird mit Sicherheit bestätigen können, dass dort eine Symbiose aus historischem Gemäuer, behaglichem Landhausstil und Fünf-Sterne-würdiger Eleganz deutlich besser gelungen ist, die im Hotel auf der Wartburg zum Vorbild genommen werden könnte. Die Qualität des Zimmerdesigns bleibt auch in der weiteren Betrachtung der einzige Malus, der diesem ansonsten beeindruckenden Haus attestiert werden muss. Immerhin bietet der Internetauftritt des Hotels umfangreiche Einblicke in alle Zimmerkategorien über 360-Grad-Panoramaaufnahmen, sodass vorab genau betrachtet und entschieden werden kann, ob das allzu einfache Zimmerdesign für den jeweiligen Gast ein Grund ist, trotz der anderen Vorzüge des Hauses nicht zu buchen. Bei den Tagungsmöglichkeiten ist der freskenverzierte Wappensaal, der sich für alle Arten von Veranstaltungen mit bis zu 120 Personen eignet, im Angebot. Zusätzlich bieten das stimmungsvolle Jägerzimmer unter einem behaglich wirkenden Kreuzgewölbe und zwei moderne Salons jeweils Raum für bis zu 40 Personen. Mit der Vitaloase Jungbrunnen existiert sogar ein kleiner Spa mit Sauna, eigener Sonnenterrasse, Fitnessgeräten und Massageangeboten, der ab 21 Uhr für bis zu 8 Personen zur privaten Spa-Lounge werden kann, wenn dies vorab gebucht wird. Das gesamte Haus ist trotz des langweiligen Zimmerproduktes aufgrund seiner einmaligen Lage, des wunderbar verschachtelten historischen Gebäudes und des sehr guten kulinarischen Angebotes eine absolute Empfehlung nicht nur für Thüringen, sondern für jeden, der im Schatten einer der historisch bedeutendsten Burgen Deutschlands logieren möchte.

Bewertung: ●●●

VIENNA HOUSE THÜRINGER HOF

(Innenstadt)
Karlsplatz 11
99817 Eisenach
Telefon: 0 36 91-28-0
Internet: www.viennahouse.com
E-Mail: info.thueringerhof-eisenach@viennahouse.com
Direktorin: Annette Krumrey
DZ ab € 112,00

Wer an Eisenach denkt, dem kommt meist sofort die Wartburg in den Sinn, dort, wo Martin Luther Anfang des 16. Jahrhunderts die Bibel ins Deutsche übersetzte. Allerdings ist die Stadt auch ein Wirtschaftsstandort, denn hier sind viele Autozulieferer angesiedelt. Vor der Wende wurde hier der legendäre Wartburg hergestellt, seit der ersten Hälfte der 1990er-Jahre hat Adam Opel einen Produktionsstandort. Somit profitiert die hiesige Hotellerie nicht nur von Kulturreisenden, sondern auch von Businessgästen. Zwei Hotels führen die Spitze der Hotellandschaft an, zum einen das Hotel auf der Wartburg, das im Luxussegment beheimatet ist, sowie der Thüringer Hof als First-Class-Businesshotel im Zentrum der Stadt. Die Geschichte des einst als Gasthof eröffneten und seit 1847 als Hotel betriebenen Thüringer Hofs reicht bis ins 16. Jahrhundert zurück. Beim Betreten des Hauses ist man erst einmal beeindruckt von der imposanten Treppe und dem großen Kronleuchter. Es könnte fälschlicherweise durchaus der Eindruck entstehen, sich in einem Luxushotel zu befinden. Nachdem sich der langjährige Hoteldirektor in den Ruhestand verabschiedet hat, wurde Annette Krumrey, bis zu diesem Zeitpunkt für das Marketing verantwortlich, die Leitung des Hauses übertragen. Wobei wir eher den Eindruck gewonnen haben, dass sie vor allem verwaltet, anstatt eigene Akzente zu setzen. Auch ansonsten scheint sie offenbar eher unauffällig zu führen. Immerhin können wir an dieser Stelle die freundlichen Mitarbeiter loben, die sich mit viel Engagement um ihre Gäste kümmern, obgleich dem Gast die offensichtlich sehr dünne Personaldecke nicht verborgen bleibt. Der mittlerweile von Vienna House gemanagte Thüringer Hof ist im Tagungs- und Veranstaltungssegment mit acht Räumlichkeiten sehr gut aufgestellt, bietet der größte Raum doch je nach Bestuhlung Platz für bis zu 180 Personen. Pünktlich bis zum Beginn des Lutherjubiläumsjahrs 2017 wurden alle 126 Zimmer und Suiten nicht nur partiell renoviert, sondern erhielten ein neues, zeitgemäßes Design. Die Zimmer werden in die Kategorien *Standard*, *Komfort* und *Superior* eingeordnet und haben eine Größe zwischen 24 und 32 Quadratmetern. Einige ermöglichen einen Ausblick auf den historischen Karlsplatz, andere, wie die *Standard*-Zimmer, sind zum ruhigen Innenhof ausgerichtet. Höchste Kategorie ist die *Penthouse Suite*, sie hat eine Größe von 54 Quadratmetern und verfügt über einen separaten Wohn- und Schlafbereich sowie eine eigene Terrasse, kann aber ansonsten keine besonderen Alleinstellungsmerkmale für sich verbuchen. Der während der Coronapandemie geschlossene Freizeitbereich beschränkt sich auf eine finnische Sauna sowie einen

Ruhebereich. Bei Lichte betrachtet wirkt dieser ziemlich nüchtern. Sehr übersichtlich ist der Trainingsraum ausgestattet, offensichtlich dient er hauptsächlich der Komplettierung des Gesamtangebots. Die Gastronomie des Restaurants Leander gibt wenig Anlass zu klagen. Sie bietet eine Mischung aus regionaler und internationaler Küche, vermutlich wird sie den meisten Gästen aber nicht in nachhaltiger Erinnerung bleiben. In Anbetracht der innerstädtischen Lage direkt am Karlsplatz ist der Gast nicht zwangsläufig auf die Hotelgastronomie angewiesen, da sich ihm zahlreiche Alternativen eröffnen. Ein Pluspunkt ist die angrenzende Terrasse, auf der es sich gut speisen und bei sommerlichen Temperaturen auch frühstücken lässt. Der Bahnhof Eisenach, der ICE- und IC-Haltepunkt ist, kann in maximal zehn Minuten fußläufig erreicht werden. Die Anbindung an den Fernverkehr ist mehr als nur zufriedenstellend, kann Frankfurt doch ohne Umstieg in unter zwei Stunden, die Hauptstadt in weniger als zweieinhalb Stunden erreicht werden.

Bewertung:

ERFURT Thüringen

DORINT HOTEL AM DOM
**Theaterplatz 2
99084 Erfurt
Telefon: 03 61-64 45-0**
Internet: www.dorint.com
E-Mail: info.erfurt@dorint.com
**Direktorin: Anja Schulz
DZ ab € 124,00**

Das Dorint Hotel am Dom nimmt für sich in Anspruch, Erfurts erste Adresse zu sein. Bislang erfüllte es offenbar sogar die Kriterien des Hotel- und Gaststättenverbandes, um als Fünf-Sterne-Hotel klassifiziert zu werden. Die Zimmer, die eher wie ein Produkt von der Stange wirken, würden wir eher dem First-Class-Segment zuordnen. Wenig überzeugend ist leider zudem die Service- und Dienstleistungsqualität. Es ist ja kein streng gehütetes Geheimnis, dass wahrer Luxus der Service ist, den man in einem Spitzenhotel geboten bekommt. Das wiederum setzt eine entsprechende Personalstärke voraus. Dem steht hier am Erfurter Theaterplatz allerdings bisher entgegen, dass seit vielen Jahren ganz offensichtlich ein eher rigides Kostenmanagement gefahren wird, in dessen Rahmen die Personaldecke entsprechend ausgedünnt wurde. Da verwundert es nicht, dass die Aufgaben der Reservierungsabteilung zwischenzeitlich dem Rezeptionsteam mit übertragen wurden. Bislang erwartbar war in Anbetracht des selbst gewählten Anspruchs zudem Valet Parking, wobei dieser Service in der Vergangenheit immer stark von der aktuellen Personalsituation abhing. Mit Beginn des Lockdowns wurde er angeblich vorübergehend ganz eingestellt und bislang noch nicht wieder reaktiviert. Ein Mitarbeiter ließ uns hinter vorgehaltener Hand wissen, dass er davon ausgeht, dass dies erst einmal so bleiben wird. Zu allem Überfluss ist der Wellnessbereich, der sich auf ein erweitertes Basisangebot, nämlich eine finnische Sauna, ein Dampfbad sowie einen Whirlpool beschränkt, noch aus technischen Gründen – so zumindest die offizielle Verlautbarung – geschlossen. Lediglich der Fitnessraum ist nach wie vor zugänglich. Stattdessen, so scheint es zumindest, sind die Verantwortlichen wohl zwischenzeitlich zu der Erkenntnis gekommen, dass eine Klassifikation als First-Class-Hotel vielleicht doch weitaus glaubwürdiger und mit den Realitäten deutlich besser in Einklang zu bringen ist. Wohl unter anderem deshalb, weil sich die in Erfurt zu erzielenden Zimmerdurchschnittspreise im bundesweiten Vergleich allenfalls im Mittelfeld bewegen. Erschwerend kommt hinzu, dass der aktuelle Fachkräftemangel seinen Tribut fordert. Auch die Gastronomie vermochte bislang nicht zu überzeugen. Das Restaurant Gloriosa verspricht nach eigenen Angaben „kulinarische Hochgenüsse". Bei Lichte betrachtet bietet die Karte dann doch nur das Standardangebot mit den üblichen Klassikern. Was für ein gutes Businesshotel wie dieses ja durchaus ausreicht. Augenblicklich würden wir für die Gastronomie daher keine ausdrückliche Empfehlung aussprechen. Wir vermissen seit Jahren einen Gastgeber, dem es gelingt, das Haus öffentlichkeitswirksam zu vertreten und ihm sozusagen ein Gesicht zu verleihen. Aus dem bereits geschilderten Selbstverständnis heraus wurde in der Vergangenheit bei den Gästen eine Erwartungshaltung aufgebaut, die man weder erfüllen konnte noch wollte. Seit 2012 zeichnete Sascha Neumann für die Direktion verantwortlich. Besondere Gastgeberqualitäten konnten wir bislang bei ihm leider nicht bewundern. Daher kamen auch die wenigsten Gäste in den Genuss seiner Aufwartung. 2019 beendete er dann sein Gastspiel. Zwischenzeitlich übernahm Michael Demmerle in der Funktion des Regionaldirektors interimsweise die Führung, bevor ihm von Dorint die Verantwortung für ein Leisurehotel im Staatsbad Bad Brückenau übertragen wurde. Dies führte zu einer zwischenzeitlichen Vakanz, bis die HR-Hotelgroup als Eigentümergesellschaft entschied, Anja Schulz als neue Statthalterin einzusetzen. Für diese Position hatte sich Schulz offenbar qualifiziert, weil sie bereits mehr als zehn Jahre für das Unternehmen tätig war, davon mehrere Jahre als Assistentin eines Direktors und immerhin für sechs Monate interimsweise als General Managerin. Uns verwundert diese Personalie nicht, da sämtliche Häuser der HR-Hotelgruppe zentralisiert geführt werden und der Handlungs- und Entscheidungsspielraum für die jeweiligen Hotelmanager recht eng abgesteckt ist. Es gibt in diesem Haus bei aller Kritik aber auch Grund für Lob, etwa für den Convention-Bereich, denn die Tagungs- und Veranstaltungsmöglichkeiten sind mit insgesamt sieben multifunktionalen Räumlichkeiten recht gut. Im größten Raum sind Tagungen und Veranstaltungen mit bis zu 330 Personen möglich. Die Lobby mit ihrem großen, lichtdurchfluteten Atrium eignet sich ebenfalls für Events und Produktpräsentationen und ist dabei sogar befahrbar. Diesen Tagungskapazitäten stehen insgesamt 152 in 6 Kategorien eingeordnete Zimmer gegenüber, die sich aber letztlich nur durch die Lage unterscheiden. Während die *Superior*-Zimmer beispielsweise einen Blick zum Petersberg oder zum Theaterplatz ermöglichen, ist es wichtig zu wissen, dass die *Standard*-Zimmer zum Atrium ausgerichtet sind und daher die Frischluftzufuhr vorwiegend über die Klimaanlage erfolgt. Parken in der Tiefgarage wird im Übrigen mit 20 Euro berechnet, im öffentlichen Parkhaus am Theater, das nur wenige Gehminuten entfernt liegt, ist ein Tagesticket für nur 12 Euro zu erwerben. Bequemlichkeit und Sparsamkeit sind also abzuwägen.

Bewertung: ●●●

RADISSON BLU
(Altstadt)
Juri-Gagarin-Ring 127
99084 Erfurt
Telefon: 03 61-55 10-0
Internet: www.radisson-erfurt.de
E-Mail: info@radisson-erfurt.com
Direktor: Michael Rosin
DZ ab € 123,00

Verkehrte Welten: Während das Dorint Hotel am Dom über viele Jahre für sich beanspruchte, das erste Haus am Platz zu sein und sich bis vor Kurzem noch als Fünf-Sterne-Hotel klassifizieren ließ, obwohl es weder mit seinem Zimmerprodukt noch mit dem Service- und Dienstleistungsangebot die Erwartungen einer anspruchsvollen Gästeklientel vollumfänglich erfüllen konnte, kommt das Radisson zumindest mit seiner Suiten-Etage einer Luxusherberge ein Stück weit näher. Mit seinen insgesamt 253 Zimmern und 31 Suiten sowie den zahlreichen Kategorien genügt es unterschiedlichsten Komfortansprüchen. Mit der Einstiegskategorie *Standard* kann auch der Gast mit dem kleinen Budget angesprochen werden. Diese Zimmer wirken durch die Ausstattung mit USM-Haller-Möbeln zeitlos und modern, sind mit 18 Quadratmetern jedoch recht beengt. Sehr geschickt wurde die vorhandene Fläche genutzt, etwa im Nassbereich, wo eine Glastür wechselweise als Dusch- oder Toilettentür dient. Etwas mehr Platz bieten mit 28 Quadratmetern jene Zimmer der Kategorie *Premium*, in denen es teilweise eine halb freistehende Badewanne gibt, in der sich allerdings dann auch geduscht werden muss. Uneingeschränktes Lob gibt es hingegen für die Juniorsuiten, zwei von ihnen wurden sogar mit einem Wellnessbad mit eigener finnischer Sauna ausgestattet. Auf allen Zimmern besteht die Möglichkeit der Kaffee- und Teezubereitung, bei den Juniorsuiten und Suiten wird sogar eine Nespresso-Kapselmaschine bereitgestellt. Zum Portfolio zählt zudem eine sehr gut ausgestattete Präsidentensuite in einer der oberen Etagen samt Wohn-, Schlaf- und Essbereich mit Kamin sowie einem Wellnessbad mit Whirlpool und finnischer Sauna, von deren Bank aus sich ein spektakulärer Ausblick auf die Stadt eröffnet. Hinzu kommen bei dieser Suite die sehr hohen Sicherheitsstandards, etwa die beschusshemmende und videoüberwachte Eingangstür und Fenster aus Panzerglas, die es ermöglichen, Gäste mit einem hohen Sicherheitsbedürfnis unterzubringen. Sie hat eine Größe von 110 Quadratmetern und ist durch eine angrenzende Juniorsuite sogar noch erweiterbar. Kritik gibt es für die Service- und Dienstleistungsqualität in diesem Haus, die wir eher als durchschnittlich bezeichnen würden, ebenso die Gastronomie. Das Restaurant Classico, das unter „normalen Umständen" neben dem täglichen, sehr reichhaltigen Frühstücksbuffet auch mittags und abends geöffnet hat, dürfte eine Option sein, wenn der Gast das Hotel nicht verlassen möchte; andernfalls befinden sich im direkten Umfeld zahlreiche Restaurants unterschiedlichster Ausrichtungen – von regionaler Küche bis hin zu Fine Dining. Während der Pandemie wurde es sich sehr einfach gemacht, das Restaurant geschlossen und auf einschlägige Lieferdienste verwiesen. Da waren zahlreiche Mitbewerber während des Lockdowns weitaus kreativer und haben eine Auswahl an Speisen und Getränken über den Zimmerservice und in der Regel dann ohne einen gesonderten Etagenaufschlag angeboten. Die Parkmöglichkeiten sind begrenzt, eine eigene Tiefgarage ist nicht vorhanden, lediglich insgesamt 60 Stellplätze, die bei guter Auslastung natürlich nicht ausreichen. Daher wird bisweilen auf das benachbarte öffentliche Parkhaus eines Einkaufscenters verwiesen wird. Das Hotel kann vom Hauptbahnhof aus in gut zehn Minuten fußläufig erreicht werden und die Innenstadt befindet sich sozusagen direkt vor der Tür. Ein kleiner Freizeitbereich mit finnischer Sauna und Trainingsraum wurde in der 17. Etage untergebracht und steht allen Gästen während des Aufenthalts kostenfrei zur Verfügung. Unser Fazit: Dieses Radisson Blu verfügt über erhebliches ungenutztes Potenzial. Was man dem Haus zuallererst wünscht, ist ein Direktor, der anders als der augenblicklich im Stil eines Behördenleiters amtierende Michael Rosin ein wenig extrovertierter ist. Kreativität, Empathie und Eloquenz sind eben nicht die Attribute, die er für sich reklamieren kann. Er führt dieses Radisson unseres Erachtens sehr unauffällig, dies vielleicht aber auch ganz bewusst, um unter dem Radar der Verantwortlichen in der Unternehmenszentrale zu bleiben.

Bewertung: ●●●

ESSEN Nordrhein-Westfalen

SCHLOSSHOTEL HUGENPOET
(OT Kettwig)
August-Thyssen-Straße 51
45219 Essen
Telefon: 0 20 54-12 04-0
Internet: www.hugenpoet.de
E-Mail: info@hugenpoet.de
Direktorin: Vivian-Jessica Schiller
DZ ab € 193,00

Wer in Essen für einen dienstlichen oder privaten Aufenthalt eher ein etwas ruhiges, persönlicher geführtes Spitzenhotel präferiert, dem sei das Schlosshotel Hugenpoet empfohlen. Das Wasserschloss im Ortsteil Kettwig brachten wir bislang vor allem mit einer exzellenten Gastronomie in Verbindung. Für das hohe kulinarische Niveau zeichnete Erika Bergheim verantwortlich. Zwischen 2010 und 2013 wurde das Gourmetrestaurant Nero sogar mit einem Michelin-Stern ausgezeichnet, dann aber nach eigenen Angaben aufgrund des Kostendrucks geschlossen. Seit 2018 war Bergheim mit dem Restaurant Larushaus wieder auf Erfolgskurs und konnte erneut einen Stern einfahren, dann kam die Coronakrise. Durch die staatlich verordnete Zwangspause hatte Bergheim offenbar viel Zeit, über ihre berufliche Zukunft nachzudenken, und hat sich letztendlich dazu entschieden, den Weg der Selbstständigkeit zu gehen. Mit der Neubesetzung agierte der Eigentümer offenbar ganz pragmatisch, wie er es nach dem Abgang des langjährigen Hotelchefs Michael Lübbert bereits getan hatte, und schaute sich erst einmal in den eigenen Reihen um. Dominik Schab, einst Souschef, dann Küchenchef im Hugenpoetchen, beabsichtigt nun als Küchenchef, eine „gehobene Landhausküche" anzubieten. Es liegt nunmehr an ihm, in kulinarischer Hinsicht zumindest den bislang erreichten Status quo zu halten. Er nutzte dabei die Gelegenheit, das gastronomische Konzept neu auszurichten. Fine Dining wird jetzt im Schlossrestaurant 1831 im linken Wintergarten geboten. Die Hauptkarte des Gourmetrestaurants wurde noch um ein Fünf-Gänge-Menü ergänzt, das der Gast auch mit korrespondierenden Weinen bestellen kann. Die im Schloss befindlichen Zimmer sind klassisch-elegant, teilweise mit Antiquitäten eingerichtet. Bei jenen in der Remise oder im Torhaus ist das Design hingegen zeitlos-elegant gehalten. Acht Räumlichkeiten, darunter zwei noble Salons, stehen zum Tagen, Konferieren und für sonstige Zusammenkünfte wie Taufen, Geburtstage und Hochzeiten zur Verfügung. Der Festsaal bietet sogar bis zu 120 Personen Platz. Das Wasserschloss mit seinem schönen Park ist geradezu prädestiniert für Hochzeitsgesellschaften, insbesondere für Trauungen unter freiem Himmel. Ein veritabler Wellnessbereich kann den Gästen hingegen nicht geboten werden. In der Vergangenheit gab es diesbezüglich immer wieder verschiedene Gedankenspiele, ob und vor allem wo ein solcher implementiert werden könnte. Derartige Pläne wurden letztlich aber immer wieder verworfen. Seit Jahren besteht stattdessen eine Kooperation mit einem renommierten Fitnessclub, dessen Gebühren freundlicherweise das Hotel für den Gast übernimmt. Sportlich betätigen könnte sich dieser immerhin auf dem eigenen Tennisplatz und entsprechende Zeitfenster sind buchbar. Äußerst beliebt ist der klassische Afternoon Tea, der immer sonntags in den Herbst- und Wintermonaten zelebriert wird. Aufgrund der guten Nachfrage ist eine Reservierung jedoch unverzichtbar. Frühstück gibt es im Übrigen ganz klassisch à la carte. Wurst, Käse, Lachs werden auf einer Etagere serviert und Eierspeisen selbstverständlich nach den Wünschen der Gäste frisch zubereitet. Dazu können Bio-Smoothies bestellt werden, aber auch Waffeln oder Pancakes. Sicherlich eine weitaus entspanntere Art, um in den Tag zu starten, ohne immer wieder aufstehen zu müssen, um zum Buffet zu gehen. Ein weiterer Vorteil dabei ist, dass alles just in time zubereitet wird und nicht vielleicht schon über einen längeren Zeitraum auf dem Buffet liegt. Eilige Gäste können im Übrigen ein sogenanntes Take-away-Frühstück bekommen. Gut zu wissen, dass der Düsseldorfer Flughafen und der Essener Hauptbahnhof in weniger als einer halben Stunde erreicht werden können. Trotz der zahlreichen positiven Attribute in Bezug auf das Schlosshotel Hugenpoet ist leider auch Kritik anzubringen, denn dieses Jahr waren wir sehr erschrocken, wie unprofessionell eine Mitarbeiterin der Rezeption am Telefon agierte. Aufgrund der geringen Größe des Hauses wird seit jeher die Zimmerreservierung vom Frontoffice übernommen. Genau genommen wusste diese Mitarbeiterin aber wenig bis gar nichts von diesem Hotel. Detailfragen lachte sie immer wieder weg, hängte an die Sätze das Wort „genau" an. Offenbar, um das Gesagte zu unterstreichen. Peinlich wurde es dann, als wir sie fragten, welche Küchenlinie denn das neue Restaurant 1831 verfolge. Ihre Antwort: „Klassisch, modern interpretiert". Diese Aussage erforderte eine Rückfrage und sie wurde gebeten, dies zu konkretisieren. Denn es stellt sich die Frage, ob es sich denn um eine klassische französische Küche oder klassische deutsche Küche in einer neuen Interpretation handelte. Letzteres wäre nicht abwegig gewesen, denn in der Karte gesellte sich beispielsweise zu dem Steinbuttfilet oder dem Salzwiesenlamm auch eine Rinderroulade. Ihre Antwort: Die Küche werde halt allgemein modern interpretiert. Wer soll ihr eine solche Antwort verübeln, wenn selbst auf der eigenen Internetpräsenz Plattitüden wie „Fine Dining neu gedacht, ungezwungen und ungewöhnlich" zu finden sind. Wir entließen sie letztlich dann aus unserer Befragung, nachdem sie uns dann im Gespräch zum dritten Mal – sozusagen mit Nachdruck – die Empfehlung ausgesprochen hatte, weitere Informationen und Impressionen auf der Homepage abzurufen. Zu freundlich der Hinweis, dass wir doch gern wieder anrufen dürften, nachdem wir uns auf der Homepage ausgiebig umgeschaut hätten. Nicht sehr schmeichelhaft, aber vielleicht einfach nur ehrlich war im Übrigen ihre Umschreibung der Zimmer und Suiten, die sich im Schloss befinden, denn die seien nun mal „älter", während jene im Torhaus doch „schon moderner" seien. Zumindest blieb die Mitarbeiterin während des Gesprächs freundlich. Unverzichtbar erscheint uns allerdings eine Nachschulung, in der eine geschickte und professionelle Gesprächsführung trainiert wird. Denn eines steht fest, für den ersten Eindruck gibt es in der Regel keine zweite Chance. Abschließend ist als weiterer positiver Fakt anzumerken, dass das Parken auf dem Gelände nach wie vor ohne Berechnung bleibt.

Bewertung: ●●●◐

> **HINWEIS:**
> *Die Recherche wurde nach bestem Wissen und Gewissen durchgeführt. Es besteht trotzdem die Möglichkeit, dass Daten falsch oder überholt sind. Eine Haftung kann auf keinen Fall übernommen werden. Wir weisen darauf hin, dass es sich bei den geschilderten Eindrücken oder Erlebnissen um Momentaufnahmen handelt, die nur eine subjektive Beurteilung darstellen können.*

FRANKFURT   Hessen

CROWNE PLAZA CONGRESS HOTEL
Lyoner Straße 44–48
60528 Frankfurt
Telefon: 069-66 33 0-0
Internet: www.cp-frankfurt.com
E-Mail: reservation@cp-frankfurt.com
Direktor: Thomas Wiedemann
DZ ab € 55,00

Gerade in Krisenzeiten sind erfahrene Hotelmanager, die souverän und mit ruhiger Hand ein Haus führen können, gefragter denn je. Eduard M. Singer, der zur Überraschung vieler Branchenkenner im Herbst 2019 dieses Businesshotel in der Bürostadt Niederrad übernommen hatte, stand wenige Monate später vor einer der größten Herausforderungen überhaupt, nämlich einer Pandemie mit weitreichenden Auswirkungen auf die Hotellerie. Während sich die Lage weiter verschärfte, entschied sich Singer verständlicherweise, der Branche doch lieber den Rücken zu kehren und nutzte die sich ihm bietende Chance, sich in den etwas sichereren Schoß des öffentlichen Dienstes zu begeben. Nicht unklug, denn die Hospitality-Branche befindet sich schließlich vor einem großen Wandel mit ungewissem Ausgang, denn auch in den kommenden Jahren werden die Folgen der Pandemie noch zu spüren sein. Darüber hinaus werden Digitalisierung, Nachhaltigkeit und Fachkräftemangel die bestimmenden Themen sein. Entsprechend müssen tragfähige Konzepte erarbeitet und richtungsweisende Entscheidungen getroffen werden. Singer, der über viele Jahre einem der renommiertesten Luxushotels der Stadt vorstand und zudem Vorsitzender des DEHOGA Frankfurt war, verfügt natürlich über hervorragende Kontakte zu Kommunalpolitikern. Als er das Angebot erhielt, für die Stadt Frankfurt tätig zu werden, hat er nicht lange überlegen müssen. Nicht zuletzt deshalb, da dieses Haus zu einem Karriereknick hätte führen können. Sein Nachfolger wurde Thomas Wiedemann, ein langjähriger Mitarbeiter Singers, mit dem er bereits im Grandhotel Hessischer Hof zusammengearbeitet hatte. Bislang bespielte das Crowne Plaza vor allem das Tagungs- und Veranstaltungssegment, schließlich verfügt man über insgesamt 14 funktionale Veranstaltungsräume, denen 395 Zimmer und Suiten gegenüberstehen. Bereits nach dem ersten Lockdown im letzten Jahr wurde entschieden, bis Ende August geschlossen zu bleiben. Zumal sich der Betrieb im Slow-Modus schlichtweg nicht lohnte. Die Nachfrage nach großen Tagungen, Kongressen und Events, die mit bis zu 280 Personen unter normalen Umständen möglich wären, ist bekanntermaßen seit Beginn der Pandemie eingebrochen. Dienstreisen wurden zudem zwischenzeitlich von den meisten Firmen auf das Notwendigste reduziert. Präsenztagungen wie etwa Meetings und Konferenzen finden zwar seit dem zweiten Quartal dieses Jahres wieder vermehrt statt, aber noch nicht im ausreichenden Maße.

Aber genau diese großen Tagungen und Veranstaltungen werden jetzt so dringend gebraucht. Wie gut, dass bereits vor Beginn der Pandemie eine Komplettrenovierung abgeschlossen wurde. Die Zimmer sind nunmehr in einem zeitgemäßen Zustand, 21 Quadratmeter groß und werden – von den Suiten einmal abgesehen – in die Kategorien *Standard* und *Premium* unterteilt. Sie unterscheiden sich hauptsächlich durch ihre Lage und den Ausblick. Die *Premium*-Zimmer befinden sich zwischen der achten und dreizehnten Etage, sind somit ruhiger und verfügen über einen Balkon und teilweise sogar über einen Blick auf die Frankfurter Skyline. Obwohl sich seit einigen Jahren zunehmend feststellen lässt, dass mehr und mehr Deutsche ihren Urlaub im eigenen Land verbringen, glauben wir nicht, dass dieses Hotel für Städtetouristen besonders attraktiv ist und diese somit in belegungsschwachen Zeiten etwa an Wochenenden oder in den Ferienzeiten für eine halbwegs zufriedenstellende Belegung sorgen würden, um Defizite aufgrund schwacher Tagungen und Veranstaltungen kompensieren zu können. Schließlich ist in der Bankenmetropole das Angebot an Hotels in allen Komfortklassen hervorragend und für diesen Anlass bieten andere Häuser bessere Rahmenbedingungen. Und das, obwohl zum Gesamtangebot des Crowne Plaza sogar ein respektabler Freizeitbereich mit Schwimmbad und Saunabereich zählt. Die Frankfurter Innenstadt mit der Einkaufsmeile Zeil, der Alten Oper und der Börse kann mit den öffentlichen Verkehrsmitteln in circa einer halben Stunde erreicht werden. Die S-Bahn-Station ist circa 10 Gehminuten entfernt.

Bewertung:

JW Marriott Hotel Frankfurt
(Innenstadt)
Thurn-und-Taxis-Platz 2
60313 Frankfurt
Telefon: 0 69-29 72 37-0
Internet: www.marriott.com
E-Mail: info@jwfrankfurt.com
Direktor: David Salomon
DZ ab € 291,00

Frankfurt am Main hat in den vergangenen Jahrzehnten hauptsächlich städtebaulich einen beeindrucken Aufstieg genommen. Von „Krankfurt" oder „Bankfurt" ist heute nicht mehr die Rede. Erst recht nicht, seitdem Bausünden der Vergangenheit wie das Technische Rathaus am Römer verschwunden sind und dort eine am alten Stadtgrundriss orientierte Rekonstruktion des Viertels um den sogenannten Hühnermarkt entstanden ist. Ein einmaliges Experiment, bei als falsch eingestandenen städtebaulichen Entwicklungen einen Schritt zurückzugehen. Verunglimpfende Spitznamen gehören nunmehr der Vergangenheit an und sind – angesichts der sich kontinuierlich positiv entwickelnden Stadt – Anerkennung bei Einheimischen wie Besuchern gleichermaßen gewichen. Eher gesichtslose Bauten, die nichts mit dem im Krieg verloren gegangenen historischen Stadtbild zu tun haben, lassen sich jedoch immer noch finden. Schließlich musste in der Nachkriegszeit Wohnraumknappheit und Bedarf nach Büroflächen schnellstmöglich begegnet werden. Für Rekonstruktionen und elegante Hochhäuser fehlten zunächst Geld und Motivation, denn das alte Frankfurt hatte nicht nur Bilderbuchcharakter. Es war zudem eine übervölkerte und hygienisch nicht mehr zeitgemäße Altstadt, die zuvor auch mit Elend und Armut verbunden wurde. Einige Architekten begriffen die Zerstörungen des Weltkrieges daher als Chance, die Stadt effektiver, sauberer und heller neu aufzubauen. Ein wesentliches Problem lag darin, den Anforderungen des motorisierten Individualverkehrs Rechnung zu tragen. Die klotzige Kaufhausarchitektur der 1970er-Jahre, die an der Haupteinkaufsmeile Zeil bis in jüngster Vergangenheit dominierte, tat ihr Übriges. Besserung trat ein, als Frankfurt aufhörte, sich für seine modernen Hochhausgebäude zu schämen, und Anfang der 1980er-Jahre damit begann, diese als Zeichen der Einzigartigkeit und als zentrales Element der eigenen Identität zu kultivieren. Mit dem Messeturm und der Commerzbank entstanden ikonische Hochhäuser und auch die Hotellerie ist in einigen Fällen darum bemüht, ein eigenes Zeichen zu setzen und charakteristische Gebäude zu errichten, die die Skyline bereichern. Nach dem Radisson Blue mit seiner runden Hochhausscheibe ist es seit 2011 das Jumeirah, das mit markant gefaltetem Hochhausturm ein architektonisches Ausrufezeichen direkt neben der Zeil setzt. Die Fußgängern vorbehaltene Einkaufsmagistrale hat fast zeitgleich nicht nur ein exklusives neues Pflaster und große Pavillons erhalten, die dem reinen Kommerz in den hier ansässigen Kaufhäusern urbane Aufenthaltsqualität und Boulevardcharakter verleihen. Auch das beeindruckende Einkaufsareal „My Zeil" mit der viel bestaunten organisch gebogenen Glasarchitektur und das historische Palais Thurn & Taxis sind Beispiele für den seit geraumer Zeit anhaltenden Frankfurter Aufwärtstrend. Genau zwischen den letztgenannten beiden Gebäuden befindet sich das erste Haus der Luxusmarke JW Marriott in Deutschland, das bis April 2022 noch als Jumeirah firmierte. Obwohl das Jumeirah im Besitz der gleichen Hotelgruppe wie das berühmte Burj el Arab war, sucht man die oft etwas übertriebene orientalische Opulenz dieser Hotelikone im Frankfurter Haus vergeblich. Modernes Understatement mit schlichten Formen und Farben, hochwertigen Materialien und eher zurückhaltenden Akzenten waren die Leitlinien und werden dies absehbar auch unter Marriott bleiben, obwohl 2022 im laufenden Betrieb renoviert und erneuert werden soll. Der Stil dürfte sich nicht von vielen europäischen Luxushotels der neuesten Generation unterscheiden, zu denen unter anderem das Jumeirah zählte. Es war gelungen, dem Ambiente einen individuellen Appeal zu geben und sich damit als erstes deutsches Haus der arabischen Kette als Marke am Frankfurter Luxushotel-Markt zu etablieren. Unter den Amerikanern von Marriott dürfte es von dieser Positionierung profitieren, zumal das Luxussegment der Frankfurter Hotellerie nach Schließung des Hessischen Hofes und der Villa Kennedy nun weniger Konkurrenz bereithält. Das JW Marriott ist mit seiner Lage unter den Frankfurter Luxushotels nach wie vor einmalig, denn schließlich können von dort aus die Zeil, die „Fressgass", die Oper und die Nobelboutiquen der großen Marken rund um die Goethestraße erreicht werden, ohne den ausschließlich Fußgängern vorbehaltenen Bereich der Frankfurter City zu verlassen. Zum neuen Zimmerprodukt konnten bei Redaktionsschluss noch keine Details eruiert werden, außer dass nach den bereits veröffentlichten Zimmerkategorien neben der Ausstattung sicherlich wieder der Ausblick die Kategorie mitbestimmt. Am Zimmerzuschnitt, der mit mindestens 35 Quadratmetern recht großzügig ist, wird sich natürlich nichts ändern. Am gastronomischen Konzept mit dem Max On One wurden bislang keine Änderungen vorgenommen. Mit David Salomon wurde ein erfahrener Direktor berufen, der zuletzt als General Manager im Hotel Almanac Barcelona und davor als Director of Operations im Ritz-Carlton Berlin tätig war. Und mit Marriott ist fortan ein Betreiber am Ruder, der die internationale Vermarktung des Hauses sicherlich noch um einiges effektiver vorantreiben kann als Jumeirah. Schließlich ist Frankfurt für viele US-Amerikaner ein Brückenkopf von Europa in die USA, sodass die Marriott-Gruppe sicherlich dazu in der Lage ist, das ehemalige Jumeirah noch erfolgreicher zu vermarkten.

Bewertung:

MARITIM
(OT Bockenheim)
Theodor-Heuss-Allee 3
60486 Frankfurt
Telefon: 0 69-75 78-0
Internet: www.maritim.de
E-Mail: info.fra@maritim.de
Direktorin: Constanze Neuhörl
DZ ab € 82,00

Die DNA von Maritim liegt bekanntermaßen im Tagungs- und Convention-Segment, folglich verfügen die meisten Häuser dieser Gruppe über herausragende Veranstaltungskapazitäten. Somit waren die beiden letzten Jahre der Coronakrise auch eine große Herausforderung für die Verantwortlichen in der Konzernzentrale. Es mussten Entscheidungen von großer Tragweite getroffen werden, etwa die Trennung von Hotels der Gruppe wie dem Berliner Flaggschiff an der Stauffenbergstraße. Und es braucht Antworten auf Herausforderungen der Zeit wie den aktuellen Fachkräftemangel. Und da meinen wir nicht wie in der Branche üblich, einen weiteren Gesprächskreis zu gründen, um mit den Kollegen dann gemeinsam ein Klagelied auf die aktuelle Situation anzustimmen, sondern es muss jedwede Anstrengung unternommen werden, tragfähige, zukunftsweisende und vor allem maßgeschneiderte Konzepte zu entwickeln. Vor diesem Hintergrund gibt es renommierte Hoteliers wie unseren Hotelmanager des Jahres Axel Matzkus, der für sich oder besser gesagt für seine beiden Häuser längst eine Lösung gefunden hat, indem er beispielsweise seit einigen Jahren junge Indonesier für eine Ausbildung nach Deutschland holt. Bereits in diesem Jahr werden die ersten ihre Lehre beenden. Einige werden übernommen, andere möchten sich neuen Herausforderungen stellen. Matzkus steht diesen ausländischen Mitarbeitern vorbildlich mit Rat und Tat zur Seite. Das im Vier-Sterne-Segment angesiedelte Maritim an der Frankfurter Messe und dem Congress Center ist zweifelsohne ein Premiumstandort. In der Vergangenheit fanden hier große internationale Messen und Kongresse statt, darunter beispielsweise Konzerte mit bis zu 13.500 Personen in der benachbarten Festhalle. Auch wenn augenblicklich viele Unternehmen im Hinblick auf Präsenzveranstaltungen teilweise noch etwas zögerlich sind, wird sich dies in absehbarer Zeit wieder zum Besseren wenden und im Vorfeld von Veranstaltungen wird wieder mehr Vorlaufzeit vorhanden sein, sodass die Hotels ein höheres Maß an Planungssicherheit haben werden. Große internationale Messen finden in diesem Jahr noch nicht statt, denn Veranstalter fürchten, dass eine neue Coronavirusvariante alle Planungen über den Haufen werfen könnte. Weitaus optimistischer ist hingegen der Ausblick auf das nächste Jahr. Schließlich sehnen wir uns alle wieder nach einem Stück Normalität mit persönlichen Begegnungen und unmittelbarem Austausch mit Freunden und Kollegen. Homeoffice und Zoom-Meetings sind nützliche Instrumente, die bei sinnvollem Einsatz zweifelsohne eine positive Auswirkung auf die viel zitierte Work-Life-Balance haben. Wir haben mehrfach an dieser Stelle darauf hingewiesen, dass Maritim die Renovierungsintervalle nicht in Jahren, sondern in Dekaden plant. Offenbar wird erst dann Handlungsbedarf konstatiert, wenn die Beschwerdequote exorbitant hoch ist. Erstaunlich, keiner Hotelgruppe gelingt es, so zu renovieren, dass es von den meisten Gästen überhaupt nicht bemerkt wird. Das liegt zudem daran, dass die Innenarchitekten, falls sie überhaupt in die entsprechenden Maßnahmen involviert werden, ganz offensichtlich den Auftrag erhalten, den gediegen-konservativen Stil, der ja so etwas wie das Markenzeichen von Maritim ist, beizubehalten. Ein weiterer Grund dürfte sein, dass Renovierungen häufig nur ein erweitertes Softlifting sind und sich vor allem auf die Erneuerung von Teppichböden oder Matratzen beschränken und der Schreiner die Möbel im wahrsten Sinne des Wortes nur ein wenig aufpoliert. Dass sich in den letzten zehn Jahren im Hinblick auf die Hardware wenig verändert hat, dürfte unter anderem daran liegen, dass offenbar geglaubt wird, sich auf dem Standortvorteil ausruhen zu können. Die drei Segmente *Classic*, *Comfort* und *Superior*, die zugegebenermaßen mit 30 Quadratmetern recht viel Platz bieten, unterscheiden sich nicht etwa durch besondere Komfortmerkmale, sondern es gilt: je höher die Kategorie, desto höher die Lage und besser der Ausblick. Es besteht sogar ein direkter Zugang beziehungsweise Übergang zum Haupteingang der Messe. Diese kurzen Wege schätzen Gäste ebenso wie Aussteller. Frankfurt mag nach wie vor als ein wichtiger Messestandort gelten, aber ein Jahr hat nun einmal 365 Tage. Außerhalb der Messezeiten werden bei schwacher Auslastung Preise aufgerufen, die eher im Mittelklassesegment vorzufinden sind, denn immerhin müssen 519 Zimmer und 23 Suiten belegt werden. Viele Annehmlichkeiten wurden im Laufe der Jahre gestrichen, etwa die Club-Lounge, in der es während der Öffnungszeiten Getränke und kleine Snacks gab und zu der jene Gäste Zutritt erhielten, die ein sogenanntes Club-Zimmer gebucht hatten. Ein sich abzeichnender Trend ist, dass die Minibar nicht mehr mit Getränken aufgefüllt wird. Diese können selbstverständlich zu den üblichen Minibar-Preisen aus einem Kühlschrank an der Rezeption käuflich erworben werden. Dies begründete die Mitarbeiterin der Reservierungsabteilung mit der „aktuellen Situation". Dass nach Beendigung der Coronapandemie die Minibar wieder reaktiviert wird, wagen wir allerdings zu bezweifeln. Mit dem Verzicht auf diese werden personelle Ressourcen eingespart. Ein weiterer Nebeneffekt ist, dass Mitarbeiter beim Check-out keine leidigen Diskussionen mehr führen müssen, ob ein Getränk konsumiert wurde oder nicht. Allerdings bedeutet das auch, dass die Servicestandards immer weiter nach unten gefahren werden. Weiterhin erhalten alle Gäste Zutritt zum Wellnessbereich; übrigens ist ein solcher Standard in allen Maritim-Häusern. Für die Nutzung des Saunabereiches sowie für den Trainingsraum wird eine gesonderte Gebühr berechnet. Der Besuch des Pools bleibt aber erfreulicherweise kostenfrei, jedoch muss im Vorfeld ein Zeitfenster gebucht werden. Bislang standen den Gästen zwei Restaurants zur Verfügung, zum einen das Hauptrestaurant mit einer internationalen Ausrichtung. Zum anderen der Star des Hauses, das SushiSho, welches über viele Jahre einen hervorragenden Ruf genoss, allerdings kam es zuletzt zu Qualitätsschwankungen. Mittlerweile ist es gar geschlossen. Parken an der Messe ist mit 39 Euro pro Tag nicht nur zu Messezeiten ein kostspieliges Vergnügen. In jedem Telefonat mit der Reservierungsabteilung wird nochmals deutlich gemacht, dass es sich um ein öffentliches Parkhaus handelt und auf die Preisgestaltung daher kein Einfluss genommen werden kann. Wegen der hervorragenden Anbindung an den Nahverkehr und in Anbetracht dessen, dass vom Hauptbahnhof aus das Hotel zu Fuß erreicht werden kann, könnte die Anreise auch mit der Deutschen Bahn erfolgen.

Bewertung: ●●◖

MELIÃ FRANKFURT CITY
(OT Westend)
Senckenberganlage 13
60325 Frankfurt
Telefon: 069-66 81 98-0
Internet: www.melia.com
E-Mail: melia.frankfurt@melia.com
Direktor: Bastian Becker
DZ ab € 136,00

Im vergangenen Jahr, inmitten der Coronapandemie, ging in Frankfurt dieses Premiumprodukt der Meliã-Hotelgruppe an den Start. Von außen ist der 145 Meter hohe Turm „One Forty West" mit seinen insgesamt 40 Stockwerken architektonisch ein beeindruckendes Gebäude. Ungefähr in der unteren Hälfte ist das Hotel hinter einer geschlossenen Glasfassade untergebracht, darüber erkennt man an Balkonen und Terrassen, welche die Fassade in diesem Abschnitt strukturieren, dass sich dort Wohnungen befinden. Die insgesamt 431 Zimmer des Vier-Sterne-Hotels sind bis zur 23. Etage in den Komplex integriert, erst darüber wurden luxuriöse Eigentumswohnungen angeordnet. Die Lage im Stadtteil Westend – unweit der Frankfurter Messe – mag zu Messezeiten ein Standortvorteil sein, außerhalb dieser Zeiten sind die Hotelgäste am Campus Bockenheim der Goethe-Universität aber eher etwas abseits der übrigen Hochhäuser der Frankfurter City untergebracht. Bis zu seinem Abbruch 2014 stand hier der berühmt-berüchtigte AfE-Turm, ein dem Stil des Brutalismus zuzuordnendes Universitätsgebäude, das bei seiner Eröffnung 1972 das höchste der Stadt war. Die drei Zimmerkategorien *Meliã*, *Meliã Premium* sowie *The Level* haben alle eine Größe von 25 Quadratmetern. Für das letztgenannte Segment lässt sich eine Empfehlung aussprechen, denn nicht nur der Panoramablick auf die Skyline der Stadt spricht für diese Kategorie, sondern auch die zusätzlich inkludierten Annehmlichkeiten, etwa der Zugang zur eigens eingerichteten Lounge für diesen Bereich während der Öffnungszeiten von 07.00 und 22.00 Uhr. In dieser werden neben einem separaten Frühstücksbuffet zudem Getränke und kleine Snacks angeboten. Der gleiche Zugang gilt im Übrigen für die Juniorsuiten sowie die Grandsuite. Eine Besonderheit ist, dass Letztere mit Balkon ausgestattet sind. Allen Gästen steht in der zweiten Etage ein kleiner Freizeitbereich zur Verfügung. Der muss zwar ohne Pool auskommen, verfügt aber über eine große finnische Sauna, Erlebnisduschen, Ruhezone sowie eine Frischluftterrasse. Der Fitnessraum ist mit modernen Cardio- und Krafttrainingsgeräten ausgestattet. Sehr gut aufgestellt ist der Veranstaltungsbereich, der sich über zwei Etagen erstreckt und eine Gesamtfläche von 1.400 Quadratmetern und 13 einzelne Räumlichkeiten umfasst. Darunter befindet sich ein 650 Quadratmeter großer Festsaal, der fünffach unterteilbar ist und große Veranstaltungen, Kongresse, aber auch Festbankette mit bis zu 360 Personen ermöglicht. Nach wie vor gibt es wohl noch in allen Abteilungen Probleme im Serviceablauf und die Meliã-Standards wurden offenbar noch nicht vollständig umgesetzt. Mag sein, dass der Gast in der augenblicklichen Situation eher darüber hinwegsieht als zu regulären Zeiten, aber auch dieses Verständnis ist nicht grenzenlos. Wir konstatieren zusätzlich ein anderes Problem, das offenbar immer mehr in der Konzernhotellerie um sich greift, nämlich die Unsitte, dass Reservierungsanfragen nicht mehr vor Ort bearbeitet werden, sondern eine internationale Reservierungsabteilung alle Anfragen und Buchungen übernimmt. Leider haben wir die Erfahrung gemacht, dass die Mitarbeiter, wo immer sie ihren Dienstsitz haben, ein Haus vermarkten sollen, das sie natürlich in der Regel nicht kennen. Ortskenntnis und entsprechendes Detailwissen sind in dieser Situation aber gefragt, denn sonst würde der Gast nicht den telefonischen Kontakt suchen, sondern gleich online buchen. Sehr oft werden staccatoartig die einzelnen Zimmerkategorien leidenschaftslos aufgesagt wie ein auswendig gelerntes Gedicht, das ein gelangweilter Schüler seinem Lehrer vortragen muss. Wenn die Datenmasken nicht gewissenhaft aktualisiert werden, dann kann es passieren, dass plötzlich Aussagen über Details getroffen werden, die mit der aktuellen Realität nichts zu tun haben. Somit hilft nur eins, sich freundlich verabschieden, unverzüglich auflegen, um direkt nochmals anzurufen und klipp und klar zum Ausdruck zu bringen, dass eine Beratung durch einen Mitarbeiter vor Ort gewünscht wird. Aussagen der internationalen Reservierungsabteilungen sind immer zu misstrauen und grundsätzlich zu überprüfen, denn sehr oft stellen sich diese als schlichtweg falsch heraus. Das Oben Restaurant & Skybar in der 15. Etage des Meliã hat das Potenzial zur kulinarischen Kultadresse, wird doch eine gehobene Küche mit sowohl regionalen als auch spanischen Spezialitäten geboten. Für den anschließenden Aperitif oder aber für das Ausklingen des Abends bietet sich die Bar an. Im Hauptrestaurant Neu-Frankfurt wird mit den üblichen, erwartbaren Klassikern in einem internationalen Vier-Sterne-Hotel eine wenig überraschende Küche offeriert. Eine besondere Erwähnung wert sind die horrenden Parkgebühren, denn es scheint unter den Frankfurter Luxushotels Konsens darüber zu herrschen, dass 40 Euro für 24 Stunden durchaus angemessen sind. Eine Mitarbeiterin der Rezeption wies konkret darauf hin, es würde sich lediglich an die zurzeit üblichen Preise angepasst und deshalb 43 Euro berechnet.

Bewertung: ● ● ●

SOFITEL FRANKFURT OPERA
(Innenstadt)
Opernplatz 16
60313 Frankfurt
Telefon: 0 69-25 66 95-0
Internet: www.sofitel.com
E-Mail: H8159@sofitel.com
Direktor: Steffen Opitz
DZ ab € 276,00

Frankfurt als Standort der Europäischen Zentralbank schickte sich an, besonders vom Brexit zu profitieren, denn London als der traditionelle Finanzmittelpunkt Europas liegt nun außerhalb der europäischen Union. Aber dann kam die Pandemie und gerade derjenige Bereich der Hotellerie, der von Tagungen, Meetings und Kongressen profitiert, erlebte einen beispiellosen Einbruch. Aus Gründen der Pandemiebekämpfung kam dieser Teil des geschäftlichen Lebens vollkommen zum Erliegen. Zudem wurden, aus der Notwendigkeit heraus, sich trotzdem zu treffen, auszutauschen und abzustimmen, elektronisch gestützte Formen des Konferierens, Tagens und Besprechens über das Internet praktisch überall eingeführt. Der Boom der Videokonferenzen und Onlinetagungen mag zwar vorübergehend sein und die Mehrheit der hiervon Betroffenen mag sich wieder Treffen und persönliche Kontakte herbeisehnen, aber mit der Pandemie wurde die Infrastruktur für den digitalen Informationsaustausch per Videokonferenz in jedem Büro und darüber hinaus in fast jedem Haushalt fest etabliert. Die Frankfurter Business- und Luxus-Businesshotels wie das Sofitel Frankfurt Opera werden das zu spüren bekommen. Das erst Ende 2016 eröffnete Sofitel Frankfurt Opera wurde als eines der aktuellen Häuser in bester City-Lage geplant und errichtet. Die Bauarbeiten neben der Alten Oper zogen sich lange hin, denn die unterirdische Infrastruktur vor Ort stellte die Planer vor besondere Herausforderungen. Noch vor dem Baubeginn wurde dann bekannt, dass es vom Accor-Konzern unter seiner Premium-Marke Sofitel betrieben werde, wodurch sich herauskristallisierte, dass man in direkte Konkurrenz zum benachbarten mittlerweile als JW Marriott firmierenden Jumeirah treten würde. Denn beide wenden sich an eine anspruchsvolle Businessklientel und an Individualreisende mit hohen Erwartungen an das von ihnen gewählte Produkt, bieten ein ebenso modernes wie exklusives Ambiente sowie Interieur und sind im Bereich anspruchsvoller Dienstleistungen für qualitätsbewusste Gäste bestens aufgestellt. Doch während das Jumeirah zumindest bis vor Kurzem eine gewisse gastronomische Auswahl bot, verfügt das Sofitel über kein eigenes Fine-Dining-Restaurant, sondern verlässt sich auf ein gastronomisches Konzept, das als „Bistronomique" vermarktet und bei dem eine leichte Bistroküche mit französischer Ausrichtung ohne große Karte geboten wird. Damit wird dem Trend gefolgt, luxuriöse Businesshotels nicht mehr mit einem entsprechenden kulinarischen Angebot auf hohem Niveau auszustatten, sondern etwas tiefer zu stapeln. In einem bedeutenden Haus in dieser zentralen Lage direkt neben der Alten Oper in Frankfurts Innenstadt ist diese Entwicklung schmerzlich, auch wenn hier einfach zu viele kulinarische Alternativen bestehen, aus denen gewählt werden kann, sofern ein besonderer Restaurantbesuch geplant ist. Dem Anspruch an ein Luxushotel modernen Zuschnitts entspricht dafür das exklusive und individuelle Designkonzept abseits des üblichen Ausstattungseinerleis vieler Häuser dieser Klasse. Nicht nur schlichte Formen und Behaglichkeit verbreitende dunkle Farbtöne sowie hochwertige Materialien und edle Stoffe bestimmen das Design, sondern zusätzlich leuchtende Farben, dekorative Muster und eine Dynamik bei Formen und Design der Ausstattung, die in Luxus-Businesshotels noch eine Besonderheit darstellt. Der französische Innenarchitekt Nicolas Adnet hat die öffentlichen Bereiche und die 119 Zimmer sowie 31 Suiten nach diesem Konzept gestaltet. Der Spa mit Sauna, Dampfbad und Massage- sowie Beautybehandlungsmöglichkeiten entspricht dem erwartbaren Mindestangebot in dieser Kategorie, mehr aber leider nicht. Eine Kooperation mit dem benachbarten Fitnessclub First Black Label verschafft den Gästen Zugang zu einem 25 Meter langen Pool, der aber eben nicht zum Hotel gehört. Angesichts der Pandemie und der damit verbundenen großen Einschnitte für die Finanzmetropole Frankfurt hatten Direktoren in den vergangenen zwei Jahren wenig Gestaltungsmöglichkeiten. Umso interessanter wird zu beobachten sein, wie und mit welchen Konzepten sich dieses Haus nach der Pandemie neu erfinden wird, um am sicherlich nicht umgehend zu alten Strukturen zurückkehrenden Hotelmarkt in Frankfurt am Main zu reüssieren.

Bewertung: ●●●●

STEIGENBERGER FRANKFURTER HOF
(Innenstadt)
Am Kaiserplatz
60311 Frankfurt
Telefon: 0 69-2 15-02
Internet: www.steigenberger.com
E-Mail: frankfurter-hof@steigenberger.de
Direktor: Spiridon Sarantopoulos (bis 05/22)
DZ ab € 276,00

Das Steigenberger Frankfurter Hof ist das erste Haus am Platz und aufgrund seiner bald 150-jährigen Geschichte sicherlich das herausragende Traditionshotel der Stadt. Die Lage am Kaiserplatz in der Nähe der zentralen Einkaufsmeile Zeil sowie der Goethestraße mit ihren Nobelboutiquen könnte kaum besser sein. Alte Oper, Börse und Römer können ebenfalls ganz bequem fußläufig erreicht werden. Sicherlich hat der Gast in der Mainmetropole die Wahl zwischen einigen Fünf-Sterne-Hotels, auch wenn nach dem Schließen des Hotels Hessischer Hof nun die Nachricht kam, dass die Villa Kennedy ihre Pforten schließen wird. Zwei weitere dieser Spitzenhäuser, nämlich das ehemalige Jumeirah und heutige JW Marriott sowie das Sofitel an der Oper befinden sich in unmittelbarer Umgebung. Allerdings gingen beide erst in der gerade vergangenen Dekade an den Start und sind somit keine etablierten Häuser im Range eines Grandhotels wie der Frankfurter Hof, der über viele Jahrzehnte zu der heutigen Institution herangewachsen ist. Gäste dieses Steigenbergers schätzen vor allem die freundlichen und aufmerksamen Mitarbeiter, die ein Garant für eine verlässlich hohe Service- und Dienstleistungsqualität sind. Nicht wenige sind dem Haus über viele Jahre verbunden und identifizieren sich mit ihm. Wir erinnern uns zum Beispiel daran, wie eine Mitarbeiterin des Empfangs bei einer Reservierungsanfrage die unterschiedlichen Kategorien nebst ihren Komfortmerkmalen erläuterte und diesen Exkurs mit einer Empfehlung einleitete: „Ich stelle Ihnen zunächst einmal die *Grand-Deluxe*-Zimmer vor, da diese Kategorie von unserem gesamten Team präferiert wird." Die Mitarbeiterin begeisterte den Anrufer mit ihrer professionellen, stringenten Gesprächsführung, ihrem Detailwissen und ihrer Empathie für den Gast. In allen Abteilungen ist es möglich, auf gleichermaßen hoch motivierte Mitarbeiter zu treffen. Überhaupt können wir bestätigen, dass der Frankfurter Hof nach einer längeren Schwächephase ab Beginn der 2000er-Jahre seit einiger

Zeit nun wieder in Bestform ist. Maßgeblich dazu beigetragen haben zum einen die zahlreichen Investitionen in die Hardware, vor allem in jene der Zimmer und Suiten. Aber auch, wie zuletzt, in den Tagungsbereich. Zum anderen ist der erneute Aufstieg sicherlich unter anderem der starken Führung durch Direktor Spiridon Sarantopoulos zu verdanken, der dieses Luxushotel hervorragend vertritt und sehr geschickt  die Fäden im Interesse des Hauses zieht. Er verfügt über exzellente Kontakte zu wichtigen Vertretern aus Politik, Wirtschaft sowie der Kunst- und Kulturszene. Bleibt zu hoffen, dass der charismatische Manager weiterhin die Verantwortung tragen und nicht etwa für den Konzern übergeordnete Aufgaben übernehmen wird, sodass er aus zeitlichen Gründen die Gesamtverantwortung für das Haus abgeben muss. Seine direkte Präsenz im Hause unterstützt den Grandhotelcharakter dieses Steigenbergers, den lebendigen Mythos eines Luxushotels mit einem immer anwesenden Generaldirektor, der alle Bereiche des Hotels persönlich im Griff hat. Mittlerweile ist dieses Steigenberger so etwas wie eine Kaderschmiede für ambitionierte Führungskräfte. Beispielgebend ist die Karriere von Holger Flory oder diejenige von Raoul Hoelzle, die beide zuvor zum Direktionsteam zählten und nun jeweils eines der großen Flaggschiffe des Konzerns führen. Wir sind somit gespannt, wann sich Friedrich von Schönfeldt, der Sarantopoulos derzeit in der operativen Führung unterstützt, ebenfalls für eine Direktorenposition empfiehlt. Insgesamt 303 Zimmer, darunter auch luxuriöse Suiten, zählen zum Gesamtangebot, das in die Kategorien *Superior*, *Deluxe* und *Grand Deluxe* gegliedert wird. Wir schließen uns der Einschätzung der erwähnten Mitarbeiterin an und sprechen eine Empfehlung für das Segment *Grand Deluxe* aus, da Zimmer dieser Kategorie augenblicklich auf dem neuesten Renovierungsstand sind und mit 36 bis 45 Quadratmetern reichlich Platz bieten. In naher Zukunft werden noch jene Zimmer einer Komplettrenovierung unterzogen, die bislang nur ein erweitertes Softlifting erhielten. Im Hinblick auf die Gastronomie ist man ebenfalls ein Schwergewicht. Das Gourmetrestaurant Français zählt zu den besten Adressen der Stadt. Küchenchef Patrick Bittner hat mit seiner feinen französischen Haute Cuisine seit 2000 für ein konstant hohes kulinarisches Niveau gesorgt. Der Guide Michelin erkennt seine Leistung seit 2009 durchgängig mit einem Stern an. Das Restaurant Oscars verspricht hingegen eine modern interpretierte internationale Küche mit regionalen Akzenten auf gutem Niveau. Beide Restaurants haben Zugang zur Terrasse, die in dem von beiden Seitenflügeln des Gebäudes eingerahmten Innenhof liegt und wie dieser in Richtung Kaiserplatz ausgerichtet ist. Wirklich sehr schön gestaltet ist der 1.000 Quadratmeter große Wellnessbereich The Spa in der ersten Etage. Er umfasst einen Saunabereich mit finnischer Sauna,

Dampfbad und Hamam sowie eine Ruhezone. Auch externe Gäste sind herzlich willkommen, sofern sie eine Tageskarte für 49 Euro erwerben möchten. Aufgrund einer fehlenden Tiefgarage muss auf das benachbarte Parkhaus verwiesen werden. Valet Parking, Hilfe beim Gepäck, ein klassischer Concierge- sowie ein 24-Stunden-Etagenservice sind verbriefte Standardleistungen. Augenblicklich können wir für das Steigenberger Hotel Frankfurter Hof als einzig verbliebenes klassisches Luxushotel in Frankfurt eine uneingeschränkte Empfehlung aussprechen.

Bewertung:

FREIBURG Baden-Württemberg

COLOMBI
(Innenstadt)
Rotteckring 16
79098 Freiburg
Telefon: 07 61-21 06-0
Internet: www.colombi.de
E-Mail: info@colombi.de
Direktor: Michael-Stephan Sänger
DZ ab € 303,00

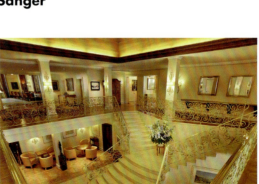

Das Freiburger Colombi ist als Mitglied der noblen Vereinigung „The Leading Hotels of the World" ein privat geführtes, klassisches Luxushotel und in Deutschlands sonnigster Universitätsstadt unbestritten das erste Haus am Platz. Das wertvollste Kapital dieses Hotels sind eindeutig seine Mitarbeiter, von denen nicht wenige diesem seit vielen Jahren verbunden sind. Dadurch ist es möglich, ein konstant hohes Service- und Dienstleistungsniveau zu garantieren, das sich auch in ungewöhnlichen Situationen wie der derzeitigen Pandemie als resilient erweist. Um einen rückhaltlos gästeorientierten Service gewährleisten zu können, bedarf es nicht zuletzt der entsprechenden Personalstärke. Im Colombi wird sich sogar noch der Luxus einer eigenen technischen Abteilung mit drei Elektrikern, zwei Polsterern sowie vier Malern geleistet. Hinzu kommen noch sogenannte Allrounder mit handwerklichen Begabungen, deren Erfahrung sich gerade in den jetzigen Zeiten des Fachkräftemangels als unverzichtbar erweist. Diese kleine Brigade ist ganzjährig damit beschäftigt, im Gebäude Instandhaltungs- und Revisionsarbeiten durchzuführen. Entsprechend hervorragend ist der Pflegezustand der Zimmer sowie der öffentlichen Bereiche wie der Restaurants oder der Außenanlagen. Dennoch hatte die anhaltende Coronapandemie auch eine Auswirkung auf den Personalschlüssel dieses Hauses. Geschäftsführerin Dr. Kirsten Moser berichtete uns, dass es während des Lockdowns zu keiner Fluktuation kam, wie es die meisten ihrer Kollegen berichteten, sondern erst danach, als es unklar war,  wann die Hotellerie wieder zur Normalität zurückkehren könnte. Trotz der zahlreichen Unwägbarkeiten wurden alle Anstrengungen unternommen, dem hohen Anspruch an das Colombi gerecht zu werden und den Gästen den erwarteten Service weiterhin zu bieten. Direktor Michael-Stephan Sänger und Dr. Kirsten Moser sehen es in einer solchen Situation als eine Selbstverständlichkeit an, ihre Mitarbeiter in allen Abteilungen persönlich mit der eigenen „Manpower" zu unterstützen, um so personelle Engpässe kompensieren zu können. Gelegentlich übernahmen beide – etwa bei krankheitsbedingten Ausfällen – sogar ganze Schichten. Gäste, die sich für dieses Haus entscheiden, tun dies wie angedeutet vor allem wegen der hohen Servicequalität und würden daher – bei allem Verständnis für die augenblickliche Situation – Abstriche beim Service- und Dienstleistungsangebot nur ungern hinnehmen. Dieses Umstandes ist man sich durchaus bewusst. Das Colombi ist dabei im Hinblick auf seine Klientel recht breit aufgestellt und kann sowohl Individualreisende als auch den Business- oder Tagungsgast gleichermaßen ansprechen. Der Veranstaltungsbereich umfasst insgesamt fünf Salons. Veranstaltungen, Tagungen und Festbankette sind mit bis zu 120 Personen möglich, etwa im größten Salon „Besançon". Wie es für ein klassisches Luxushotel selbstverständlich sein sollte, zählt zum Portfolio ein gut ausgestatteter Spa. Besonders gefällt der lichtdurchflutete Schwimmbadbereich, in dem der Gast unter einer großen Glaskuppel schwimmen kann. Nicht wenige Häuser, auch solche im Luxussegment, haben während der Coronapandemie diese Bereiche kurzerhand komplett geschlossen. Im Colombi blieb der Spa geöffnet, ein Zugang war nach Anmeldung möglich, um so sicherzustellen, dass alle Abstandsregeln eingehalten werden konnten. Dieses Prozedere galt auch für die finnische Sauna sowie das Dampfbad und den Trainingsraum. Im Hotel befindet sich zudem ein Friseur, der sieben Tage die Woche geöffnet hat. Für Perfektionisten wie Dr. Kirsten Moser und ihren Vater ist es nicht hinnehmbar, dass augenblicklich das Gourmetrestaurant Zirbelstube mit keinem Michelin-Stern ausgezeichnet ist. Bevor sich der langjährige Chef de Cuisine Alfred Klink, der hier seit 1982 durchgängig einen Stern erkochte, 2014 offiziell in den Ruhestand verabschiedete, hatte er mit Christoph Fischer einen Nachfolger aufgebaut. Diesem war es gelungen, das hohe Niveau zu halten und selbstverständlich dann auch wieder den Michelin-Stern zu sichern. Diese Kontinuität konnte dessen unmittelbarer Nachfolger Renee Rischmeyer gewährleisten.

Seit August 2019 ist hier nun Harald Derfuß verantwortlich, der offenbar mit seiner Performance die Tester vom Guide Michelin nicht vollumfänglich zu überzeugen vermochte. Und das, obwohl Derfuß' berufliche Vita bereits dafür spricht, dass er in jedem Fall den vorigen Status quo wieder erreichen wird. Die vielen treuen Stammgäste des Restaurants können zumindest bislang keine Qualitätsabsenkung feststellen. Das dürfte Derfuß natürlich freuen, obgleich für den ambitionierten Spitzenkoch ein Ritterschlag durch den Guide Michelin das Ziel bleibt. Zur Wahrheit gehört aber auch, dass es in der Luxushotellerie keine Selbstverständlichkeit mehr ist, ein kostenintensives Gourmetrestaurant zu unterhalten. In diesem Haus hingegen besteht die Bereitschaft hierfür weiterhin, da es für die Familie Burtsche selbstverständlich ist, dass ein Haus dieser Klasse seinen Gästen ein Gourmetrestaurant bieten sollte. Alle 112 Zimmer des Colombi, die entweder einen Blick auf das Freiburger Münster, die Altstadt oder den Colombipark ermöglichen, sind in einem klassisch-eleganten Stil eingerichtet. Es gibt sogar noch klassische Einzelzimmer, welche mit 20 bis 25 Quadratmetern alles andere als klein sind. Die *Doppelzimmer Classic* haben mit 30 Quadratmetern hingegen eine angemessene Raumgröße für diese Standardkategorie. Ein großer Teil der Zimmer wurde zwischenzeitlich komplett renoviert, dabei unter anderem Teppiche gegen Parkett getauscht. Dem Thema Schlafkultur wurde sich ebenfalls intensiv gewidmet und fortan wird auf das Trecca-Bettensystem gesetzt. Mit 150 Quadratmetern ist die *Colombi Suite*, in der bis zu vier Personen logieren können, die größte und luxuriöseste, und verfügt über jeweils zwei Wohn-, Ess- und Schlafzimmer sowie einen Ankleideraum. Ein Traditionshaus wie das Colombi ist auf jeden Fall eine absolute Empfehlung, sowohl für touristische Besucher als auch für Geschäftsreisende. Es gibt in Deutschland nur noch wenige privat geführte Luxushotels wie dieses, das der klassischen Grandhotellerie zugeordnet werden kann und dabei ohne Zweifel den modernen Anforderungen an ein Spitzenhaus gerecht wird.

Bewertung:

DORINT THERMENHOTEL
(OT Sankt Georgen)
An den Heilquellen 8
79111 Freiburg
Telefon: 07 61-49 08-0
Internet: www.dorint.com
E-Mail: info.freiburg@dorint.com
Direktor: Pierino Di Sanzo *(bis 12/21)*
DZ ab € 152,00

Freiburg hat eine recht breite Auswahl an First-Class-Hotels, von denen die meisten jedoch herkömmliche Businesshotels mit dem üblichen Angebot sind. Das Dorint Thermenhotel hebt sich vom Gros dieser Häuser hingegen deutlich ab, ist es doch Teil des Gesundheitsresorts Freiburg, zu dem auch die Mooswaldklinik, eine orthopädische Fachklinik für Prävention und Rehabilitation zählt. Beide Bereiche gehen fließend ineinander über. Gäste, die vor Ort ihre Anschlussheilbehandlung nach einem operativen Eingriff durchführen, werden gelegentlich vom Ehepartner oder Freunden begleitet, die dann im Dorint logieren können. Eine Besonderheit ist, dass der Hotelgast seinen Aufenthalt beispielsweise mit einem medizinischen Präventionscheck

verbinden kann. Auf dem großen Areal, das in das Landschaftsschutzgebiet Mooswald eingebunden ist, befindet sich auch das Keidel-Mineralthermalbad, das der Gast aufgrund der baulichen Gegebenheiten bequem im Bademantel von seinem Zimmer aus aufsuchen kann. Die Thermen- und Saunalandschaft mit Innen- und Außenbereich erstreckt sich über 6.000 Quadratmeter. Allerdings ist der Besuch nicht bereits in die Zimmerrate inkludiert, sondern muss separat bezahlt werden, da die Therme extern betrieben wird. Es sei denn, dieser Besuch ist Teil eines zuvor gebuchten Paketes. Anderenfalls muss der Gast dann sein Ticket im Übergangsbereich am Kassenautomaten – in bar oder mit Kreditkarte – lösen. Dieses etwas umständliche Prozedere sollte von der Betreibergesellschaft unbedingt noch einmal überdacht werden, wobei diese Regelung außerhalb des Einflussbereiches des Dorint liegt. Für den Besuch der Therme sind 14,50 Euro zu entrichten, bei zusätzlicher Nutzung der Saunalandschaft insgesamt 24,50 Euro. Mit dem Gesamtkonzept dieses Resorts können Geschäfts- und Individualreisende, die ein paar Tage ausspannen möchten, ebenso angesprochen werden wie Städtetouristen, die nicht inmitten der Innenstadt, sondern doch lieber etwas ruhiger in diesem herrlichen Waldgebiet am Rande der Stadt logieren möchten. Eine weitere tragende Säule des Dorint ist das Tagungssegment, denn der Veranstaltungsbereich umfasst immerhin zwölf unterschiedlich große Räumlichkeiten, die Tagungen, Konferenzen und Meetings mit bis zu 200 Personen ermöglichen. Im letzten Jahr wurde technisch nochmals aufgerüstet, um sogenannte Hybridtagungen durchführen zu können. Seit Oktober 2016 war Pierino Di Sanzo für die operative Führung verantwortlich, zuletzt sogar als Mitglied der Geschäftsleitung. Seine bisherige Gesamtbilanz ist durchweg positiv zu bewerten, konnte er doch dem Haus zweifelsohne zahlreiche Impulse geben und die Servicequalität nochmals deutlich anheben. Bedauerlicherweise hat Di Sanzo Ende letzten Jahres dieses Dorint verlassen, um eine neue Aufgabe für die HR-Hotelgruppe zu übernehmen. Für uns war dieser eine Idealbesetzung, denn er war für den kreativen und progressiven Chef des Gesundheitsresorts Rüdiger Wörnle der ideale Konterpart, insbesondere wenn es um die Entwicklung und Ausgestaltung neuer Konzepte ging. Wörnle, der kreative Kopf und Lenker, hatte in der Vergangenheit vor Di Sanzos Besetzung als Direktor nicht selten ganz pragmatische Entscheidungen getroffen und

hat sich wohl bei der jetzigen Neubesetzung erst einmal in den eigenen Reihen umgesehen. Wir sind auf die Nachfolge gespannt und werden berichten. Das Zimmerprodukt ist erfreulicherweise auf der Höhe der Zeit, da dieses erst vor wenigen Jahren komplett renoviert wurde. Sehr komfortabel sind die Juniorsuiten sowie die 68 Quadratmeter große Wellnesssuite, die mit einem Wohlfühlbad mit Erlebnisdusche und einer Wanne mit Klangwellenmassage und Unterwasserbeleuchtung ausgestattet ist. Im Sommer sitzt es sich sehr schön auf der großen Terrasse vor dem Hotel mit dem angrenzenden Mooswald, sei es zum Lunch, zum Dinner oder einfach nur auf einen Eiscafé oder ein frisch gezapftes Bier in der Zeit dazwischen. Über das Frühstück sind die allermeisten Gäste voll des Lobes, denn es kann sowohl durch seine Angebotsvielfalt als auch durch die Qualität des Gebotenen überzeugen. Während und nach den jeweiligen Lockdowns wurde das Angebot auf dem Frühstücksbuffet jedoch ein wenig eingeschränkt. Diese Zeiten sind nun erst einmal vorbei und es gibt wieder kaum etwas Schöneres, als auf der Terrasse den Tag mit einem umfangreichen Frühstück inmitten des Mooswaldes, der genauso herrlich duftet, wie es der Name vermuten lässt, den Tag zu beginnen. Unser Fazit: Dieses Dorint bleibt nach wie vor eine der Topadressen auf dem Freiburger Hotelmarkt.

Bewertung:

HOTEL STADT FREIBURG
(Innenstadt)
Breisacher Straße 84b
79110 Freiburg
Telefon: 07 61-8 96 80
Internet: www.hotel-stadt-freiburg.de
E-Mail: info@hotel-stadt-freiburg.de
Direktorin: Dr. Kirsten Moser
DZ ab € 179,00

Dieses First-Class-Superior-Hotel wird seit Jahren äußerst erfolgreich von Dr. Kirsten Moser, Tochter der Freiburger Hoteliersegende Roland Burtsche, geführt. Im Hinblick auf die Service- und Dienstleistungsqualität hat sie die Messlatte recht hoch gelegt. Zu den Vorzügen zählt unter anderem die gute Anbindung an das Gelände der Universitätsklinik Freiburg und sicherlich ist es ein Pluspunkt, dass im Hause beste Kontakte zu den Privatambulanzen unterschiedlichster Fachdisziplinen bestehen. Somit konnte es bis zum Beginn der Coronapandemie auch von internationalen Gästen, die sich vor Ort behandeln ließen oder sich zumindest einem medizinischen Check-up unterzogen, profitieren. Nicht selten werden diese Gäste von Angehörigen begleitet, die es sehr zu schätzen wissen, zum einen auf einem recht hohen Niveau zu  logieren und andererseits die Einrichtungen auf dem Gelände der Universitätsklinik ganz bequem fußläufig erreichen zu können. Im Gebäudekomplex selbst befinden sich ebenfalls medizinische Praxen, etwa solche für ästhetische Zahnmedizin und Orthopädie sowie Physiotherapie. Es besteht ein direkter Übergang vom Hotel zur Erich-Lexer-Klinik, einer Fachklinik für ästhetisch-plastische Chirurgie. Nach wie vor ist der Fachkräftemangel in der Hotellerie ein großes Thema und hat auch für dieses Haus unmittelbare Auswirkungen. Als nach dem zweiten Lockdown wieder Privatreisende beherbergt werden durften, fehlten Mitarbeiter, die für einen schnellen Neustart benötigt wurden, vor allem solche in der Housekeeping-Abteilung. Daher war es in dieser Zeit nicht möglich, das gesamte Zimmerkontingent zu vermarkten. Ein Problem, über das leider immer noch der größte Teil der Hotellerie klagt. Die mit Stilmöbeln ausgestatteten 170 Zimmer und 8 Suiten des Hotels Stadt Freiburg befinden sich in einem hervorragenden Pflegezustand. Die große technische Abteilung, zu deren Team eigene Maler, Elektriker und Polsterer zählen, ist ganzjährig mit Erhaltungs- und Erneuerungsmaßnahmen beschäftigt. Zuletzt wurde die sechste Etage einer kompletten Revision unterzogen. Besonders gefallen die drei 70 Quadratmeter großen Panoramasuiten, die mit einem getrennten Wohn- und Schlafbereich sowie einem eigenen Ankleideraum ausgestattet sind, da sie nicht nur viel Platz, sondern, wie es der Name verspricht, einen wunderbaren Ausblick bieten. Auch die normalen Doppelzimmer haben mit 30 Quadratmetern eine angenehme Raumgröße. Das Restaurant offeriert eine Mischung aus regionaler und internationaler Küche. Täglich wird ein dreigängiges Lunch-Menü geboten, bei dem als Hauptgang Fisch oder Fleisch gewählt werden kann und das mit 28 Euro durchaus fair kalkuliert wurde. Obwohl Präsenztagungen mittlerweile wieder zunehmen, wird es im Hinblick auf die Auslastung der Tagungsbereiche noch einige Zeit dauern, das Vor-Coronaniveau zu erreichen. Dabei ist man im Convention-Segment nicht zuletzt mit dem neu eröffneten Tagungszentrum „Berliner Tor" hervorragend aufgestellt. Nunmehr zählen zum Portfolio insgesamt elf Tagungsräume, in denen Veranstaltungen und Tagungen mit bis zu 220 Personen möglich sind. In dieses Gebäude wurden 33 Boutique-Appartements integriert, die alle mit einer Kitchenette ausgestattet wurden, je nach Größe zwischen 30 und 95 Quadratmetern sogar Platz für bis zu 5 Personen bieten und sich somit besonders für Langzeitgäste eigenen. Das Auto in der Tiefgarage stehen zu lassen, um den öffentlichen Nahverkehr zu nutzen, drängt sich geradezu auf, denn die Haltestelle „Berliner Allee" der Straßenbahnlinie 4 liegt in Sichtweite des Hotels. Mit dieser fährt man in zehn Minuten zum Hauptbahnhof sowie in die Innenstadt. Die Nähe zu Basel mit seinem Flughafen Basel-Mulhouse, der von hier aus in gut 40 Minuten erreicht werden kann, ist in jedem Fall erwähnenswert, denn von diesem Airport aus werden 90 Destinationen angeflogen, sodass Freiburg auch im Hinblick auf die internationale Anbindung sehr gut aufgestellt ist.

Bewertung: ● ● ●

FREISING   Bayern

**MÜNCHEN AIRPORT
MARRIOTT HOTEL**
**(Innenstadt)
Alois-Steinecker-Straße 20
85354 Freising
Telefon: 08 161-966-0**
Internet: www.marriott.com
E-Mail: info@munich-airport.marriott.de
Direktor: Marc Wachal
DZ ab € 101,00

In diesem Hotel Guide legen wir den Schwerpunkt auf das Service- und Dienstleistungsniveau, aber auch auf die konzeptionelle Gesamtausrichtung der Häuser und die Gastgeberqualitäten der jeweiligen Direktoren. Eine dieser Laufbahnen, die wir seit Jahren mit Begeisterung begleiten, ist die von Marc Wachal. Während seiner gesamten Karriere hat dieser stets Hotels geführt, die einen hohen Schwierigkeitsgrad aufwiesen, zuletzt im Falle eines Businesshotels in Bremen für den Steigenberger-Konzern. Er hat dafür gesorgt, das Haus strategisch besser am lokalen Hotelmarkt zu positionieren und dabei Managementfehler seiner unmittelbaren Vorgänger ausgebügelt. Das Angebot, dieses Marriott in Freising zu übernehmen, war für ihn nach dieser Aufgabe im Norden eine interessante Herausforderung. In Anbetracht der Tatsache, dass der Münchner Flughafen bei entspannter Verkehrslage in ungefähr zwanzig Autominuten von Freising aus zu erreichen ist oder mit der Bahn nur in etwas mehr als einer halben Stunde, verstehen sich hiesige Häuser im weitesten Sinne als Airport-Hotels. Aufgrund der räumlichen Nähe zum Flughafen sowie der guten Anbindung an den öffentlichen Nahverkehr ist dieses Marriott natürlich ein attraktiver Standort für Tagungen, Kongresse und Meetings. Wegen des 1.200 Quadratmeter großen Veranstaltungsbereiches mit seinen insgesamt 18 Räumlichkeiten zählt man auf dem Markt durchaus zu den Schwergewichten. Der größte Raum fasst knapp 400 Personen. Erfreulicherweise wurde vor ein paar Jahren das komplette Hotel einer weitreichenden Erneuerung unterzogen, einschließlich eines neuen Designkonzeptes für die Zimmer und Suiten. Diese Maßnahmen umfassten auch die Bäder, die komplett entkernt wurden. Mit *Deluxe*, *Executive* und *Superior* stehen nun drei Zimmerkategorien zur Auswahl, die sich vor allem hinsichtlich der Größe unterscheiden und alle mit einer Tee- und Kaffeestation ausgestattet wurden. Durchaus nicht selbstverständlich für ein lupenreines Businesshotel ist der Umstand, dass den Gästen ein veritabler Spa mit Pool, Saunabereich samt finnischer Sauna, Dampfbad, Infrarotkabine und Ruheraum angeboten wird. Buchbar sind zudem Massagebehandlungen. Zusätzlich ist ein Fitnessraum vorhanden, der mit modernen Cardio- und Krafttrainingsgeräten ausgestattet ist. Bevor Direktor Marc Wachal seine Ideen und Konzepte umsetzen konnte, war er im Rahmen der Coronapandemie zunächst als Krisenmanager gefragt. Auch eine sicherlich sehr ungewöhnliche und herausfordernde Zeit, die Flexibilität und Improvisationstalent erforderte, fanden doch so gut wie keine Präsenzveranstaltungen mehr statt. Nach dem letzten Lockdown nahm das Tagungs- und Veranstaltungsgeschäft erst langsam wieder Fahrt auf. Eine wirkliche Katastrophe für Häuser, die auf eine internationale Gästeklientel ausgerichtet sind, war dann die Unterbrechung der meisten Flugverbindungen. Erst nachdem sich die Situation zwischenzeitlich weitestgehend entspannt hat und alle Länderverordnungen zur Bekämpfung der Pandemie aufgehoben wurden, konnte sich Hoteldirektor Marc Wachal fortan mit den Vor-Coronaproblemen beschäftigen. Das umfasst unter anderem die schwankende Service- und Dienstleistungsqualität im Haus. Luft nach oben gibt es vor allem im Restaurant, sowohl beim Service als auch beim Angebot sowie im Hinblick auf die kulinarische Qualität des Gebotenen. Wir monieren vor allem die fehlende Flexibilität der Küche, was wir bereits in der vergangenen Ausgabe thematisiert hatten. Es gibt somit für Wachal noch eine Menge zu tun.

Bewertung:

FULDA Hessen

ESPERANTO
Esperantoplatz
36037 Fulda
Telefon: 06 61-24 291-0
Internet: www.hotel-esperanto.de
E-Mail: info@hotel-esperanto.de
Direktor: Dieter W. Hörtdörfer
DZ ab € 143,00

Das Esperanto, eines der erfolgreichsten Tagungs- und Veranstaltungshotels in Hessen, konnte nach dem vorübergehenden Krisenmodus relativ schnell wieder in den Regelbetrieb übergehen. Das verwundert nicht, schließlich wird es seit seiner Eröffnung im August 2005 von Dieter Hörtdörfer, einem erfahrenen Manager geführt, der bislang für eine konstant gute Leistung seines Teams gesorgt hat und dabei seine Mitarbeiter, von denen viele dem Haus seit Jahren treu verbunden sind, durch verbindliche Leitlinien Orientierung gibt. Dabei gibt der Direktor für seine Mitarbeiter stets ein gutes Vorbild ab, denn er ist an Wochenenden oder Feiertagen und selbst zu vorgerückter Stunde häufig im Hotel anzutreffen. Aufgrund der eigenen Infrastruk-

tur ist man in der Lage, sich mit diesem großen Business- und Veranstaltungshotel relativ breit aufzustellen. Dass sich über die vielen Jahre immer wieder Investoren und Entwickler vor Ort ein Bild machten, zeigt die Vorbildfunktion eines Hauses wie des Esperanto, dessen Erfolg vor allem auf einem durchdachten und tragfähigen Konzept gründet. Denn es ist so, dass es keine generelle Erfolgsformel für Häuser einer bestimmten Größe gibt, sondern nur, wie auch hier, eine Konzeption sinnvoll ist, die unterschiedliche Faktoren und Komponenten am Standort zu nutzen weiß. Hierzu gehören die Lage, die verkehrliche Infrastruktur oder die Synergien durch die Ressourcen des Eigentümers, wenn er – wie in diesem Fall – bereits Eigentümer und Betreiber einer überaus erfolgreichen Thermen- und Sauna-Landschaft ist. Ein fein abgestimmtes Service- und Dienstleistungskonzept ist am Ende dann aber das A und O, um bei Vorliegen aller Rahmenbedingungen dann eine Erfolgsgeschichte schreiben zu können, wie es dem Esperanto gelungen ist. Zuallererst ist dieses First-Class-Hotel wie erwähnt eines der größten Tagungs- und Kongresshotels in Hessen. Die Esperantohalle ermöglicht mit einer Fläche von 2.500 Quadratmetern große Konferenzen, Messen und Tagungen, je nach Bestuhlungsanordnung mit bis zu 3.300 Personen. Sie ist selbstverständlich mit modernster Licht-, Ton- und Tagungstechnik ausgestattet und multifunktional nutzbar. Insgesamt zehn Mitarbeiter zählen zum Team der Convention-Abteilung und sind kompetente Ansprechpartner für alle organisatorischen Fragen. Ein weiteres Alleinstellungsmerkmal ist der herausragende, 4.000 Quadratmeter große Spa, mit dem es gelingt, das Haus auch an den eher belegungsschwachen Wochenenden und Feiertagen auszulasten. Ein nicht unerheblicher Teil der Gäste kommt hierbei aus der Region und gönnt sich im Esperanto eine kleine Wochenendauszeit. Der Wellnessbereich umfasst eine großzügig gestaltete Saunalandschaft mit Innen- und Außenbereich samt vier finnischen Saunen, zwei Dampfbädern, einem Dunstbad, einem Hamam, Eisbrunnen und Abkühlbecken. Es gibt einen direkten Zugang zum öffentlichen Stadtbad, das vom gleichen Team überwacht wird wie das Solebad. Die Auslastung des Beauty-Spa, der ein sehr vielfältiges Angebot an Kosmetik- und Massagetreatments offeriert, ist vor allem an den Wochenenden nicht zu unterschätzen und eine rechtzeitige Buchung von Anwendungen – möglichst schon bei der Reservierung – unbedingt angeraten. Einige wenige Zimmer erhielten vor einigen Jahren ein neues Designkonzept, teilweise mit unterschiedlichen Farbkonzepten. Diese werden sozusagen als Musterzimmer genutzt, um so aus den Rückmeldungen der Gäste schließen zu können, was in eine zukünftige einheitliche Designlinie für alle Zimmer übernommen werden sollte. Aufgrund des hohen Gästeaufkommens an Wochenenden wird abends ein großes und reichhaltiges Buffet geboten. Darüber hinaus gibt es natürlich ein gutes À-la-carte-Angebot. Zwei Restaurants

stehen zusätzlich zum großen Haupt- und Frühstücksrestaurant zur Auswahl, etwa im Lobbybereich die Bierstube Rustico, die eine eher gutbürgerliche Küche mit regionalen Klassikern im Angebot hat. Äußerst beliebt ist die zweite Alternative, das Toro Negro in der sechsten Etage, in dem verschiedene Fleischspezialitäten vom Spieß direkt am Tisch heruntergeschnitten werden. Beilagen wie eine gute Auswahl an Salaten kann sich der Gast am Buffet selbst zusammenstellen. Spontan einen Platz zu bekommen, gestaltet sich vor allem an den Wochenenden mitunter nicht ganz einfach, daher ist eine rechtzeitige Reservierung angeraten. Die Anbindung an den öffentlichen Nah- und Fernverkehr ist hervorragend, zumal der Fuldaer Bahnhof ein ICE-Haltepunkt ist. Wer hingegen mit dem Pkw anreist, den dürfte es freuen, dass das Parken in den Parkhäusern am Hotel mit 10 Euro ein relativ preiswertes Vergnügen ist.

Bewertung:

HALLE Sachsen-Anhalt

DORINT
(Innenstadt)
Dorotheenstraße 12
06108 Halle
Telefon: 03 45-29 23-0
Internet: www.dorint.de
E-Mail: info.halle-charlottenhof@dorint.com
Direktorin: Christine Gering
DZ ab € 100,00

Erfreulicherweise ist aus dem Dorint Halle zu vernehmen, dass die Pandemie relativ gut überstanden wurde. Während des Lockdowns wurde lobenswerterweise Präsenz gezeigt, das Haus blieb also für Geschäftsreisende geöffnet. Durch die schwierige Situation war die durchschnittliche Belegung zwar alles andere als zufriedenstellend, aber in Anbetracht der Tatsache, dass die meisten Unternehmen zu dieser Zeit sehr strenge Reiserichtlinien ausgegeben hatten und Tagungen oder Konferenzen sowieso nicht mehr stattfanden, konnte im Dorint mit dem Weiterbetrieb immerhin ein kleiner Achtungserfolg erzielt werden. Dass das Dorint in Halle als erstes Haus am Platze gelten darf, daran haben der ehemalige Hoteldirektor Dr. Bertram Thieme

und seine damalige Stellvertreterin und heutige Direktorin Christine Gering in den letzten 25 Jahren mit Fleiß und Akribie gearbeitet. Für diese Leistung erhielt es viele renommierte Auszeichnungen. Hier stehen der Gast und dessen Zufriedenheit im Mittelpunkt. Das mag jetzt ein wenig pathetisch klingen, ist aber das erklärte Ziel und Teil des Erfolgskonzeptes, mit dem sich von den Mitbewerbern am Markt deutlich abgehoben wird. Jedem Erstbesucher wird auffallen, dass im Süden Sachsen-Anhalts eine ähnlich gute Dienstleistungsmentalität vorherrscht wie in der benachbarten Messestadt Leipzig. Und davon ist auch in Halle einiges zu spüren, denn der Umgang mit Gästen ist merklich professioneller und freundlicher als in anderen Regionen des Bundeslandes. Die 166 Zimmer und Suiten sind nach wie vor in einem hervorragenden Pflegezustand, den aufmerksamen und umsichtigen Mitarbeiterinnen der Housekeeping-Abteilung sei Dank. Allerdings fanden bislang noch keine weitreichenden Renovierungen statt, sondern fast ausschließlich erweiterte Softliftings. Sehr viel positive Resonanz gab es immer für das Restaurant unter der Leitung von Küchenchef Frank Lößer. Der hat sich nun allerdings während des Lockdowns in den Ruhestand verabschiedet. Auch wenn er sich vermutlich in diesem (Un-)Ruhestand nicht langweilen wird. Vielleicht schreibt er ja seine Erinnerungen auf, schließlich ist seine Karriere vom Oberst der Kriminalpolizei in der ehemaligen DDR bis hin zum Küchenchef das Gegenteil eines klassischen Berufsweges in dieser Branche. Lößer setzte auf eine jahreszeitengemäße Küche und hat, wenn möglich, mit Erzeugern aus der Region zusammengearbeitet. In jedem Fall sorgte er für eine beachtliche und konstante kulinarische Qualität. Zum Nachfolger wurde sein langjähriger Souschef Christian Lifka ernannt, der sicherlich den Status quo halten wird. Es spricht daher nichts dagegen, im Restaurant Charlott zu speisen, obwohl sich in Anbetracht der zentralen Lage zahlreiche Alternativen eröffnen würden. Obgleich die Händel-Stadt Halle weit davon entfernt ist, zu einem Hotspot für Gourmets zu avancieren, gibt es seit diesem Jahr mit dem Restaurant Speiseberg sogar ein Michelin-Stern-prämiertes Spitzenrestaurant. Übrigens, eines von insgesamt nur dreien in ganz Sachsen-Anhalt. Im Dorint sind mit insgesamt elf Veranstaltungsräumen, die sich zum einen im Erdgeschoss und zum anderen im Dachgeschoss befinden, Tagungen und Veranstaltungen mit bis zu 140 Personen möglich. Im Dachgeschoss ist im Übrigen ein kleiner Freizeitbereich mit finnischer Sauna, Dampfbad und, als kleine Besonderheit, einem Open-Air-Whirlpool untergebracht. Da er während der Hochphase der Pandemie sowieso geschlossen bleiben musste, wurde die Gelegenheit genutzt, diesen Bereich komplett zu renovieren. Nach wie vor ist dieses Dorint in der Universitätsstadt Halle bei einem geplanten beruflichen oder privaten Aufenthalt die erste Wahl, nicht zuletzt wegen der herausragenden Service- und Dienstleistungsbereitschaft der Mitarbeiter. Dafür sorgt auch Direktorin Gehring schon seit Jahren verlässlich, der es überhaupt zu verdanken ist, dass nach der Pensionierung von Hotel-Urgestein Dr. Bertram Thieme weiterhin das beste Angebot in Halle aufrechterhalten werden konnte. Nicht umsonst hatte es der ehemalige Vizekanzler und Außenminister Hans-Dietrich Genscher zu seinem Lieblingshotel erklärt.

Bewertung:

DORMERO
(Innenstadt)
Leipziger Straße 76
06108 Halle
Telefon: 03 45-2 33 43-0
Internet: www.dormero.de
E-Mail: halle@dormero.de
Direktorin: Tanja Blankenburg
DZ ab € 81,00

Dieses Haus besprechen wir seit jener Zeit, als Kempinski noch die operative Führung innehatte. Daher können wir die Entwicklung dieses Traditionshotels auch sehr gut einschätzen und bewerten. Mit Übernahme durch Dormero 2009 hat sich vieles verändert, leider, so unser Eindruck, eher zum Schlechteren. Etwa im Hinblick auf die Servicekultur, der offenbar keine allzu hohe Bedeutung beigemessen wird. Um einen hervorragenden Service nämlich konstant bieten zu können, würde dies eine entsprechende Personalstärke voraussetzen. Diese Anstrengungen werden gar nicht erst unternommen. Noch schlimmer ist, dass wir sogar den Eindruck haben, dass ein rigides Kostenmanagement gefahren wird. Die Zielgruppenanalyse hatte vor Übernahme offenbar ergeben, wohl besser eher eine jüngere und unkritische Gästeklientel anzusprechen, da diese über so manchen Servicepatzer einfach hinwegsehen und die Zufriedenheit während des Aufenthaltes eher an den im Hotel gebotenen Gimmicks festmachen dürfte. Sei es die kostenfreie Erfrischung aus der Minibar und die Möglichkeit, Speisen und Getränke über den Etagenservice ohne Aufschlag zu ordern oder Haustiere mitnehmen zu dürfen, ohne dafür extra zahlen zu müssen. Mitarbeiter, die nicht selten recht unkonventionell und nach unserem Geschmack etwas lax auftreten, mögen da eher bei dieser Altersklasse den richtigen Ton treffen, weniger bei dem anspruchsvollen Businessgast. Hier fehlt es offenbar an verbindlichen Leitlinien und Strukturen, vor allem aber an einer dem Haus vorstehenden Führungspersönlichkeit. Die Halbwertszeit der Hotelleiter, die ganz offensichtlich aus der Nachwuchsriege rekrutiert werden, liegt deutlich unter dem üblichen Branchendurchschnitt. Auch das ist aus Sicht der Konzernverantwortlichen nur folgerichtig, schließlich ist deren Handlungs- und Entscheidungsspielraum recht eng abgesteckt, da die Häuser zentralisiert geführt werden. Auffällig ist seit Jahren die Niedrigpreispolitik, denn es werden teilweise Preise aus dem Low-Budget-Segment aufgerufen. Da verwundert es nicht, dass keine weitreichenden Renovierungen stattgefunden haben, von kleineren Softliftings einmal abgesehen. Bei den Zimmern und Suiten, die mit Stilmöbeln eingerichtet wurden und alle über ein Marmorbad verfügen, zeigt sich, dass eine größere Revision unumgänglich ist. Die Investitionsbereitschaft in die Hardware dürfte sich deshalb schon in Grenzen halten, da die zu erzielende Durchschnittszimmerrate in Halle nicht zufriedenstellend sein dürfte. Deshalb wird seit Jahren ganz offensichtlich auf Verschleiß gefahren. Die zentrale Lage in der Leipziger Straße, einer Fußgängerzone am Rande der Altstadt in der Nähe des Hauptbahnhofs, der fußläufig in fünf Minuten erreicht werden kann, ist noch positiv hervorzuheben. Allerdings kann eine solche auch der unmittelbare Mitbewerber Dorint für sich als Pluspunkt in Anspruch nehmen.

Bewertung:

HAMBURG

ATLANTIC HAMBURG
(OT St. Georg)
An der Alster 72–79
20099 Hamburg
Telefon: 0 40-28 88-0
Internet: www.brhhh.com
E-Mail: atlantic-hamburg@brhhh.com
Direktor: Franco Esposito *(bis 08/22)*
DZ ab € 224,00

Seit nunmehr fast sieben Jahren wird das Atlantic, eines der traditionsreichsten Häuser in der Hansestadt, von Franco Esposito geführt, einem in der Luxushotellerie beheimateten Manager. Aufgrund seines Erfahrungsschatzes waren wir von Anfang an überzeugt, dass er mit seiner Expertise das Haus souverän durch die Coronapandemie führen würde. Und zwar so gut, dass der Gast trotz der Verordnungen des Senats zur Bekämpfung der Coronapandemie während eines Aufenthaltes fast keinerlei Abstriche hinnehmen muss. Ein gewisses Verständnis wäre durchaus aufzubringen, wenn Direktor Franco Esposito sich dazu entschlossen hätte, das Haus komplett zu schließen, wie beispielsweise das Brenners Park-Hotel in Baden-Baden vorgegangen ist. Der dortige Manager begründete seine Entscheidung damit, dass er niemandem zumuten möchte, seinen serviceverwöhnten Gästen sagen zu müssen, dass der Service nur eingeschränkt möglich ist und sämtliche gastronomischen Einrichtungen nicht zur Verfügung stehen. Beide Traditionshäuser haben sich schließlich auf die Fahnen geschrieben, dass bedingungslos guter Service den eigentlichen Luxus ausmacht. Deshalb verwundert es schon sehr, dass Esposito das Haus zwar für Geschäftsreisende geöffnet hielt, aber alle Serviceleistungen komplett herunterfuhr. Das wiederum wäre vielleicht in einem Businesshotel hinzunehmen, aber nicht in einem luxuriösen Grandhotel wie diesem. Die Gastronomie inklusive Zimmerservice wurde während des zweiten Lockdowns komplett eingestellt. Auf Nachfrage, wie eine Verpflegung sichergestellt würde, wurde mitgeteilt, „es würden Speisekarten benachbarter Restaurants bereitgehalten". Als eine besondere Großzügigkeit musste es der Gast empfunden haben, dass zumindest hauseigenes Besteck und Geschirr genutzt werden durften. Fast schon peinlich waren die Frühstücksboxen, in denen sich belegte Brötchen, Croissants, Müsliriegel und ein Obstsalat befanden und welche im Rezeptionsbereich abgeholt werden mussten. Offensichtlich wurde die Meinung vertreten, die Coronapandemie als Generalausrede genüge, um diesen Serviceabbau begründen zu können. Dabei waren Mitbewerber wie beispielsweise das Hyatt weitaus kreativer gewesen und zeigten, dass es anders gehen konnte. Wir wollen uns erinnern, das Hyatt ist zwar mit fünf DEHOGA-Sternen klassifiziert, aber natürlich ein lupenreines Businesshotel, wenn auch eines der Luxusklasse. Im Atlantic immerhin sorgte, wie schon so oft, zumindest Dauermieter Udo Lindenberg im Dezember wieder einmal für positive mediale Aufmerksamkeit für dieses Haus, denn in einer Folge des Tatorts war er mit der Filmkommissarin Maria Furtwängler Teil des Handlungsstrangs. Das wiederum kennen wir noch aus Zeiten, als das Hotel im Hinblick auf die Service- und Dienstleistungsqualität und zudem mit dem damals angejahrten Zimmerprodukt Kurs in Richtung Mittelmaß genommen hatte und Udo dafür herhalten musste, das Atlantic als Hamburger Spitzendestination im öffentlichen Bewusstsein zu halten. Lassen wir aber die Vergangenheit ruhen, zumal das Atlantic ja seit vielen Jahren zum erfolgreich das Luxussegment bespielende Unternehmen Broermann Health & Heritage Hotels gehört. Bestehende Konzepte werden dort regelmäßig auf ihre Tragfähigkeit hin überprüft. Im Rahmen dieser Evaluierungen wurde mit größter Wahrscheinlichkeit eine Zielgruppenanalyse durchgeführt, um herauszufinden, mit welchem Namen beziehungsweise Branding es gelingen könnte, das Atlantic noch breiter und vor allem international erfolgreicher aufzustellen. Infolgedessen kam man zu dem Ergebnis, dass drei deutsche Luxushotels, die über viele Jahre unter dem Namen Kempinski flaggten, mit ihrem Gesamtprodukt und ihrer Ausrichtung doch besser bei Marriott aufgehoben wären. Zwischenzeitlich sind nun alle Mitglieder der Autograph Collection, einer Gruppe unabhängiger und teilweise sehr individueller Hotels, die sich nur schwer in das starre Konzept einer Marke einfügen lassen. Direktor Franco Esposito wird das Haus Ende August dieses Jahres verlassen. Über die Gründe wird in der Branche heftig spekuliert, woran wir uns allerdings nicht beteiligen möchten. Nachfolger André Vedovelli, ein international erfahrener Manager, der zuletzt das Hamburger Grand Elysée führte und somit den hiesigen Markt bestens kennt, wird dann die Verantwortung für das Atlantic übernehmen. Der überwiegende Teil der Gäste, die bei einem Aufenthalt in der Regel nicht in den Genuss einer Aufwartung durch Esposito kamen, werden diesen Wechsel vermutlich gar nicht bemerken. Nachdem spätestens seit April so gut wie alle Coronaregeln aufgehoben wurden, ist das Atlantic endlich in den Normalbetrieb übergegangen. Somit gibt es wieder den gewohnten, exzellenten Atlantic-Service und der Ärger über Frühstücksboxen gehört nun der Vergangenheit an. Beginnend mit der Vorfahrt erhält der Gast die ungeteilte Aufmerksamkeit der bestens geschulten Mitarbeiter. Der Wagenmeister kümmert sich um Fahrzeug sowie Gepäck und der Gast wird selbstverständlich zu seinem Zimmer begleitet. Ein 24-Stunden-Etagen-, Schuhputz- und Concierge-Service zählen zu den Standardleistungen in diesem Traditionshaus. Zwischenzeitlich wurden alle Zimmer entweder komplett renoviert oder erhielten ein erweitertes Softlifting. Unter diesen befinden sich etliche mit einem sehr schönen Blick auf die Außenalster. Auch die öffentlichen Bereiche waren Teil der Erneuerungs- beziehungsweise Renovierungsmaßnahmen. Und das Ergebnis kann durchaus begeistern. Mit dem Restaurant Health & Grill wurde ein neues Küchenkonzept etabliert, in dessen Rahmen nach eigenen Angaben eine „regionale, gesunde Küche" geboten wird. Das kulinarisch weniger „woke" Atlantic-Restaurant hat seinen Kultstatus nicht verloren, insbesondere bei den vielen Stammgästen. Zumal es nach der Renovierung sein Neunzigerjahreflair mit Deckenfluter-Halbschalen hinter sich gelassen hat und mit neuem Interieur und hellen Sesseln sogar noch weitaus gemütlicher, stimmungsvoller und zudem eleganter wirkt als zuvor. Zuletzt wurde ferner die Lobby, die in diesem Haus so etwas wie eine Livingroom-Funktion für alle Gäste übernimmt, dank des neuen Designkonzeptes mit einer ähnlichen Wohlfühlatmosphäre erfüllt. Im Erdgeschoss sowie in der ersten Etage befinden sich die Salons und Festsäle. Noch vor Ausbruch der Coronapandemie wurde der große und imposante Festsaal, der Platz für bis zu 420 Personen bietet, einer Revision unterzogen. Hier finden unterschiedlichste Events, Festbankette und Empfänge statt. Jetzt bleibt abzuwarten, ob den Ankündigungen Taten folgen und der sehr nüchtern wirkende Spa in der dritten Etage zeitnah ebenfalls auf ein neues Niveau gehoben wird. Das Atlantic ist wieder eine echte Empfehlung und wir hoffen, dass dies unter André Vedovelli auch zukünftig so bleiben wird.

Bewertung: ● ● ● ● ◐

> **HINWEIS:**
> *Die Recherche wurde nach bestem Wissen und Gewissen durchgeführt. Es besteht trotzdem die Möglichkeit, dass Daten falsch oder überholt sind. Eine Haftung kann auf keinen Fall übernommen werden. Wir weisen darauf hin, dass es sich bei den geschilderten Eindrücken oder Erlebnissen um Momentaufnahmen handelt, die nur eine subjektive Beurteilung darstellen können.*

FAIRMONT HOTEL VIER JAHRESZEITEN

(Innenstadt)
Neuer Jungfernstieg 9–14
20354 Hamburg
Telefon: 0 40-34 94-0
Internet: www.fairmont.de
E-Mail: hamburg@fairmont.com
Direktor: Ingo C. Peters
DZ ab € 310,00

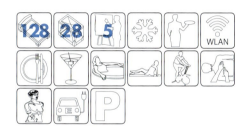

Das renommierte Vier Jahreszeiten an der Hamburger Binnenalster ist eines der großen, traditionellen Grandhotels in der Hansestadt. Der strahlend weiße klassizistische Bau mit dem charakteristischen hellgrünen Kupferdach teilt sich diese Kategorie mit dem Atlantic an der gegenüberliegenden Ecke des Gewässers und dem Hotel Louis C. Jacob in Blankenese, welches in den vergangenen Jahren allerdings etwas den Anschluss verloren zu haben scheint. Die drei sind wohlgemerkt nicht die einzigen Luxushotels im Fünf-Sterne-Segment in der Stadt, aber durchaus diejenigen mit einem vergleichbaren, traditionellen Nimbus und elegant-hanseatischem Auftritt. Bereits 1897 erwarb Friedrich Haerlin das Stammhaus mit nur elf Zimmern und benannte es in das seitdem bekannte Vier Jahreszeiten um. Der Kauf ging mit einem baldigen Ausbau einher, sodass schon wenige Jahre später den Gästen über 140 Zimmer geboten werden konnten. Bis der heutige Umfang erreicht war, dauerte es jedoch bis Mitte der 1950er-Jahre. Das jüngst mit einem noch höheren Luxusanspruch angetretene The Fontenay mag zwar ebenfalls das Ziel verfolgen, die Speerspitze der Hamburger Hotelszene zu bilden, hat aber als Neubau und Neugründung keinesfalls das gleiche Renommee wie der Reigen dieser drei historischen Adressen. Zudem muss sich das The Fontenay das Gebäude mit zahlreichen Luxuswohnungen teilen, die vermutlich der eigentliche Geldbringer dieses Neubauprojektes waren. Dennoch war das Vier Jahreszeiten unter anderem durch die neue Konkurrenz genötigt, Investitionen im zweistelligen Millionenbereich tätigen, um das zwischenzeitlich in die Jahre gekommene Haus wieder auf einen modernen Standard zu bringen. Bei der Neugestaltung der Zimmer – vier Zimmerkategorien sowie Juniorsuiten und Suiten stehen zur Auswahl – wurden insgesamt fünf Farbkonzepte umgesetzt, denen sich das Design jeweils anpasst. Das Vier Jahreszeiten hat durchaus Nachholbedarf bezüglich seiner Öffentlichkeitsarbeit. Denn während das Atlantic allein schon mit seinem Auftritt in einem James-Bond-Streifen und durch seinen Dauergast Udo Lindenberg immer im öffentlichen Bewusstsein blieb, ist das Bemerkenswerteste, was sich über das Vier Jahreszeiten sagen ließe, seine bemerkenswerte Unauffälligkeit. Das liegt vor allem am hanseatischen Habitus und dem fast zum Kult erhobenen Understatement des Hauses. Ganz im Gegensatz zu Direktor Peters, der immer wieder durch seinen Hang zur Selbstdarstellung medial in Erscheinung tritt. Hamburgs Selbstbewusstsein hat durch die deutsche Wiedervereinigung seit 1990 schwere Rückschläge einstecken müssen, stand doch auf einmal das mehr als doppelt so große Berlin im Fokus der Weltöffentlichkeit. Dieser Bedeutungsverlust konnte bisher nicht ausreichend kompensiert werden. Häuser wie das Vier Jahreszeiten mit ihrer überkommenen Kultur der blasierten Zurückhaltung gegenüber allem Neuen und dem Festklammern am eigenen Selbstverständnis als unverrückbare Institution der lokalen Hotelwelt reagieren auf diesen Verlust durch betonten Konservativismus. Noch bedeutet das ein Alleinstellungsmerkmal gegenüber beliebigeren Konkurrenzprodukten und scheint als Konzept auszureichen. Da das Zimmerprodukt durch die genannten Investitionen an vielen Stellen aktualisiert wurde, stellt man sich selbst nun noch weniger infrage. Um für eine breitere Klientel hinsichtlich der Dienstleistungsqualität attraktiv zu sein, bedürfte es eines gewissen Maßes an Reflexionsvermögen. Zurückhaltung und Understatement sind nämlich nur selten mit rückhaltloser Servicebereitschaft und Gastfreundschaft vereinbar, denn beides erfordert Offenheit, freundliche Zugewandtheit gegenüber dem Gast und ein bereitwilliges Zugehen auf diesen. Wir müssen aber zugeben, dass im Kontakt mit der Reservierungsabteilung dieses Problem erfreulicherweise fast nicht zu bemerken ist, hat man es doch mit kompetenten, freundlichen und serviceorientierten Mitarbeitern zu tun. Zu den Highlights des Hauses gehört hingegen die herausragende Haute Cuisine im mit zwei Michelin-Sternen prämierten Restaurant Haerlin mit seinem aus der ZDF-„Küchenschlacht" einem breiten Publikum bekannten Maître de Cuisine Christoph Rüffer. In dem Format begeistert Rüffer mit seiner Expertise und der Abwesenheit jeglicher Arroganz. Neben dem Gourmetrestaurant Haerlin bietet das Vier Jahreszeiten zudem in den anderen Restaurants und gastronomischen Einrichtungen ebenfalls eine beachtenswerte kulinarische Qualität und Vielfalt, besonders im Restaurant Nikkei Nine mit seiner peruanisch-japanischen Fusionsküche. Neben den kulinarischen Genüssen steht auch das Thema Wellness hoch im Kurs, ermöglicht der 1.000 Quadratmeter große Spa doch eine große Zahl an Entspannungsoptionen, obgleich ein Pool fehlt. Es existieren also durchaus gute Gründe, dieses Haus zu mögen und es neben dem Atlantic als zweites großes, klassisches Grandhotel der Hansestadt wertzuschätzen. Es ist eine Institution, die es immerhin schrittweise schafft, ein neues Selbstbewusstsein zu kultivieren, indem sich vermehrt darum bemüht wird, den Service und die Kundenorientierung über die reine Pflege des Renommees zu stellen.

Bewertung: 🔵🔵🔵🔵

MÖVENPICK
(OT Schanzenviertel)
Sternschanze 6
20357 Hamburg
Telefon: 0 40-33 44 11-0
Internet: www.movenpick.com
E-Mail: hotel.hamburg@movenpick.com
Direktorin: Annette Bätjer
DZ ab € 101,00

Wie gut, dass vor einigen Jahren entschieden wurde, diesen ehemaligen und unter Denkmalschutz stehenden Wasserturm nach einer Kernsanierung einer neuen Nutzung zuzuführen und ihm somit neues Leben einzuhauchen. Anders als ein großer Teil der Businesshotels der Stadt ist dieses Mövenpick somit kein Haus von der Stange, das von vorneherein unter der Maßgabe einer nüchternen Funktionalität geplant wurde. Die Herausforderung bestand darin, den Turm unter Berücksichtigung aller denkmalschutzrechtlichen Auflagen als Hotel so nutzbar zu machen, dass dieses auch wirtschaftlich erfolgreich betrieben werden kann. All das wurde wunderbar gelöst und das Baudenkmal inmitten des Sternschanzenparks konnte durch die Umnutzung erhalten werden. Insgesamt 17 Etagen mit 226 Zimmern und Suiten sind entstanden. Die Innenarchitekten haben ganze Arbeit geleistet und mit dem Design des Interieurs herausragende Kreativität bewiesen. Über eine lange Rolltreppe gelangt der Gast, von Klanginstallationen und Illuminationen umgeben, direkt zur Rezeptionsebene. Beim Zimmerprodukt stehen die Kategorien *Classic*, *Superior* und *Premium* zur Auswahl, die eine Größe zwischen 24 und 26 Quadratmetern haben und bei denen die Faustformel gilt: je höher das Segment, desto besser der Ausblick. Bis auf die Turmsuiten bieten diese Zimmer jedoch keine besonderen Komfortmerkmale, von den Kapsel-Kaffeemaschinen einmal abgesehen. Deutlich mehr Platz hat man mit 38 Quadratmetern in den in der 15. Etage integrierten Juniorsuiten. Auch das Bad ist etwas geräumiger und verfügt über eine Badewanne mit separater Dusche. Sehr schick ist der Spa, der sich über zwei Ebenen erstreckt und zu dem alle Gäste kostenfreien Zutritt erhalten. Während sich in der oberen Etage die gut ausgestattete Trainingszone mit modernen Cardio- und Krafttrainingsgeräten befindet, kann im unteren Bereich relaxt werden. Dafür stehen eine finnische Sauna, ein Dampfbad sowie eine Ruhezone zur Verfügung. Eine tragende Säule dieses Mövenpicks ist der Tagungs- und Veranstaltungsbereich. Insgesamt

13 funktionale Räumlichkeiten erlauben Events, Tagungen und Festbankette mit bis zu 160 Personen. Zwei dieser Räume sind trotz der Beschränkungen durch die Architektur sogar lichtdurchflutet. Private Feierlichkeiten wie Hochzeiten, die unter anderem aufgrund der besonderen Location in der Vergangenheit zahlreich stattfanden, nehmen nach dem Abebben der Omikron-Welle zwar wieder zu, die Buchungslage ist aber immer noch sehr überschaubar und zeigt vor allem kurzfristig geplante und gebuchte Events. In absehbarer Zeit werden sicherlich wieder große Messen stattfinden und dieses Mövenpick kann hierfür eine günstige Lage vorweisen wie nur wenige andere Hotels, da sich das Messegelände nur zehn Gehminuten entfernt befindet. Hinzu kommt die hervorragende Anbindung an den öffentlichen Nahverkehr, denn die S-Bahn-Station Sternschanze ist sozusagen direkt vor der Haustür. In wenigen Minuten kann so der Hauptbahnhof erreicht werden. In diesen nicht ganz einfachen Zeiten zeigen sich die Führungsqualitäten einer Direktorin beziehungsweise eines Direktors besonders deutlich. Zwischenzeitlich hatten wir den Eindruck, dass Annette Bätjer, die seit dem Tag der Eröffnung im Jahr 2007 diesem Ausnahmehotel vorsteht, sich aufgrund der guten Entwicklung des Hauses ein wenig auf dem Erfolg ausruhte. Aktuell beweist sie aber, dass sie mit ihrer gewohnten Power und Expertise alles daransetzt, dieses Mövenpick hindurch- und wieder auf Erfolgskurs zu bringen. Ihre Sozialkompetenz sowie ihre Führungsqualitäten hatten wir an dieser Stelle bereits mehrfach gelobt, vor allem aber ihre Beharrlichkeit und Willensstärke, von denen dieses Haus in all den Jahren merklich profitieren konnte. Die Auswirkungen der Pandemie waren und sind äußerst herausfordernd, gerade für Hotels im Tagungs- und Messesegment. So mancher Ministerpräsident machte sich mehr Sorgen um das Überleben von Baumärkten und Gartencentern als um die Hospitality-Branche. Hamburgs Regierender Bürgermeister hatte zumindest ein stringentes Konzept und nahm die Krise nie auf die leichte Schulter. Im letzten Jahr wurde das Hotel dann von Anfang März bis Ende November komplett geschlossen. Die Fassade musste saniert werden, da sich Verfugungen und ganze Steine durch Regen und Feuchtigkeit gelöst hatten und vom Turm herunterfielen. Zuvor wurde aus Sicherheitsgründen bereits die Außenterrasse gesperrt. Aktuell steht Direktorin Bätjer wie die meisten ihrer Kollegen und Kolleginnen vor der Herausforderung, Lösungsansätze zu finden, wie dem durch die Pandemie verstärkten Fachkräftemangel begegnet werden kann. Denn zuletzt befanden sich alle Mitarbeiter in Kurzarbeit und einige von ihnen haben die Zeit genutzt, sich hinsichtlich ihrer beruflichen Laufbahn Gedanken zu machen und sich in der Folge neu orientiert. Annette Bätjer nimmt auch diese Herausforderung an und wird dank ihrer Erfahrung und Energie sicherlich auch weiterhin zu jenen Hotelmanagerinnen und -managern zählen, welche diese Krise am besten meistern werden.

Bewertung: ● ● ●

RADISSON BLU HOTEL HAMBURG

(OT Neustadt)
Marseiller Straße 2
20355 Hamburg
Telefon: 0 40-35 02-0
Internet: www.radissonblu.de
E-Mail: info.hamburg@radissonblu.com
Direktor: Guido Bayley
DZ ab € 126,00

Hamburgs bekanntestes Hotelhochhaus markiert seit seiner Eröffnung im Jahre 1972 nicht nur den Standort des CCH Kongresszentrums, sondern auch die Position zweier weiterer Hamburger Besonderheiten. Zum einen befindet sich „Planten un Blomen", eine der traditionsreichsten Parkanlagen Hamburgs, in unmittelbarer Umgebung. Diese beheimatete im Laufe der Stadtgeschichte sowohl einen Zoo als auch einen botanischen Garten und war darüber hinaus Gastgeber mehrerer Gartenschauen. Denn wie in vielen anderen deutschen Städten wurden im 19. Jahrhundert die jeweiligen Wallanlagen, die ursprünglich der Verteidigung dienten, aufgrund der Expansion der Städte und der zunehmenden militärischen Bedeutungslosigkeit dieser Einrichtungen in Grünzonen und Parks umgestaltet. Seit 1986 wird das gesamte Konglomerat aus „Planten un Blomen"-Ausstellungsgelände, Altem Botanischem Garten, Kleinen Wallanlagen und Großen Wallanlagen insgesamt als „Planten un Blomen" bezeichnet, an dessen Rand sich das CCH Kongresszentrum und das Hotel befinden. Zweite Besonderheit ist der historische und wunderschöne Dammtorbahnhof, der als Haltepunkt im ICE-Netz der Deutschen Bahn direkt vor dem Eingang des Hotel- und Kongress-Komplexes einen direkten Anschluss bietet. Im Rahmen des bevorstehenden Ausbaus des Bahnhofs Hamburg-Altona als Endpunkt vieler ICE-Verbindungen in die Hansestadt wird jedoch mehr Platz für weitere Gleise geschaffen und zahlreiche Züge sollen dann dort statt im Dammtorbahnhof halten. Dennoch ist davon auszugehen, dass bei Kongressen im CCH und großen Messen auf dem angrenzenden Messegelände dieser Bahnhof immer noch als bequemste Verbindung in die Hansestadt dienen wird und dass entsprechend zahlreiche Züge dort halten werden. Das seit elf Jahren – seit seiner letzten grundlegenden Renovierung – als Radisson Blu firmierende höchste Hotel der Spitzen-Businesshotellerie in Hamburg ist aber nicht nur aufgrund seiner Lage eines der bekanntesten Häuser der Stadt. Der an das CCH angrenzende Sockel des Hotels beherbergt auf vier Geschossen Restaurants und Tagungsbereiche sowie die sonstige Infrastruktur des Hotels, während in den 27 Etagen darüber 537 Hotelzimmer und 19 Suiten untergebracht sind. Ganz in der Tradition der Radisson-Hotelkette wurde bei der Neugestaltung großer Wert auf Modernität und elegante Gestaltung gelegt, denn Designer und Architekt Arne Jacobsen hatte im Auftrag der skandinavischen Fluggesellschaft Scandinavian Airlines System (SAS) von 1956 bis 1960 das weltweit erste Designhotel geplant und bauen lassen, wobei er erstmalig von der Architektur bis zu den Möbeln und der Ausstattung alles in Beziehung zueinander entwarf. Dieses erste Radisson-Haus ging damit in die Hotelgeschichte ein und begründete den Ruf des skandinavischen Designs als vielfach besonders schlichten und dennoch wohnlichen Gestaltungskanon aus Möbeln, Architektur und Ausstattungen mit. Die Kategorien *Standard*, *Superior* und *Premium*, wobei die zwei Letzteren nochmals in die Unterkategorien *Alsterblick* und *Panoramablick* unterschieden werden, sind natürlich nicht so radikal an modernen und luxuriösen Designkonzepten orientiert wie damals bei Arne Jacobsen. Sie weisen jedoch trotzdem einen einheitlich gestalteten Look auf, der nicht unbedingt in gängigen Hotelausstatter-Katalogen verzeichnet ist. Die höheren Kategorien sind dabei in den oberen Etagen zu finden. Das Design der *Standard*-Kategorie ist durch Holzfußböden und große Glasflächen gekennzeichnet, die ein besonderes Raumgefühl bieten, wobei der – bei einer solchen Gestaltung oft vermisste – Sichtschutz dennoch gewährleistet ist. Die *Superior*-Zimmer unterscheiden sich vor allem durch kleine und größere Extras von der *Standard*-Kategorie. Eine Nespresso-Kaffeemaschine, ein Bademantel und Hausschuhe gehören zum Angebot und durch die Lage oberhalb der 15. Etage ist eine bessere Aussicht garantiert. Zudem wird das Frühstück auf dem Zimmer serviert. Die *Premium*-Kategorie bietet demgegenüber nochmals zusätzlichen Platz und befindet sich noch weiter oben. Die *Planten-und-Blomen*-Suiten als weitere Kategorie sind doppelt so groß wie die *Premium*-Zimmer und auf die Parkanlage zu Füßen des Gebäudes ausgerichtet. Abends lassen sich mit Glück von hier aus die illuminierten Wasserspiele im Park beobachten, die als „Wasserorgel" vermutlich auf eine der vergangenen Gartenschauen zurückgehen. Die Suiten der höchsten Kategorie schließlich sind mit 90 Quadratmetern nochmals um ein Drittel größer und liegen in den obersten Etagen des Hochhauses, wo in der 26. Etage auch die Weinbar 26 mit sensationellem Ausblick zu finden ist. Der Convention-Bereich mit 15 eigenen Tagungsräumen und -sälen inklusive dreier Boardingrooms erstreckt sich auf über 2.400 Quadratmeter. Das Filini Bar & Restaurant überzeugt mit seiner italienischen Ausrichtung. Hier wird im Übrigen auch das Frühstücksbuffet angeboten. Der Spa mit drei unterschiedlichen Saunen und einem Fitnessbereich mit modernsten Trainingsgeräten ist zwar kein Argument für einen Wellnessurlaub im Radisson Blu, aber ein sehr guter Service. Für Individualreisende mit touristischem Fokus ist er neben der Lage unweit der Binnenalster als Hamburgs Herz und Zentrum aber unter Umständen ein weiterer Grund, im Radisson Blu zu logieren.

Bewertung: ●●●

REICHSHOF HAMBURG
(OT Neustadt)
Kirchenallee 34–36
20099 Hamburg
Telefon: 0 40-3 70 25 9-0
Internet: www.hamburg-reichshof.com
E-Mail: info@hamburg-reichshof.com
Direktorin: Kathrin Wirth-Ueberschär
DZ ab € 122,00

Es gibt Neues zu berichten aus dem Reichshof in Hamburg, einem Hotel mit einer über 110-jährigen Geschichte, welches seit einer Masterrenovierung im Sommer 2015 unter der Marke Curio by Hilton firmierte. Nunmehr wird es mit Beginn des zweiten Quartals 2022 in Eigenregie vermarktet. Beim Anblick des Gebäudes könnte der Eindruck entstehen, der Reichshof sei ein klassisches Grandhotel. Diese Wahrnehmung setzt sich im Übrigen im Inneren fort. Die große Halle mit den sechs Meter hohen Decken hat eine beeindruckende Größe. Die Zimmer, die in die Kategorien *Medium*, *Large* und *Extra Large* eingeordnet werden, folgen alle dem gleichen Einrichtungsstil und haben eine Größe von 18, 24 oder 30 Quadratmetern. Ein kleiner Freizeitbereich mit finnischer Sauna sowie einem gut ausgestatteten Trainingsraum steht den Gästen während des Aufenthalts ebenfalls zur Verfügung. Wirklich empfehlenswert ist das „Stadt Restaurant". Chef de Cuisine Marco Regensburg, übrigens einst Schüler von Starkoch Karlheinz Hauser, setzt auf nachhaltig produzierte Lebensmittel und arbeitet, wenn möglich, gern mit regionalen Anbietern zusammen. Er bietet seinen Gästen eine Mischung aus regionaler und internationaler Küche, nicht selten in Bio-Qualität. Bewährtes und Bekanntes wird von ihm dabei neu interpretiert. Beeindruckend ist die besondere Atmosphäre des Restaurants mit seiner Empore, den Marmorsäulen und den dunklen Vertäfelungen, welche an den Speisesaal eines luxurösen Kreuzfahrtschiffes erinnert. In Hotels wie diesem lohnt es sich meist, in der Lobby Platz zu nehmen, sei es auf einen Kaffee oder ein Glas Champagner, und dazu vielleicht einen kleinen Snack wie ein Clubsandwich oder einen Burger zu bestellen, um in Ruhe die Geschäftigkeit zu beobachten. Da der Reichshof sich gegenüber dem Hauptbahnhof befindet, übernimmt er dadurch oft die Funktion einer exklusiven Lounge, in der die Wartezeit bis zur Anschlussverbindung ganz entspannt verbracht werden kann. Wir hatten gut 90 Minuten Aufenthalt und taten genau dieses. Das Emil's Café, Bistro & Bar, das mit seinen ausladenden, gemütlichen Sitzgruppen, die in den Lobbybereich integriert wurden, die Gäste mit Getränken und Snacks versorgt, ist dabei der richtige Ort für einen solchen Aufenthalt. Wir erinnern uns an eine Szene in der Halle, bei der eine ältere Dame sich über die Zubereitung des Fisches beschwerte, worauf der wirklich sehr umsichtige Mitarbeiter gleich den Küchenchef rief, damit er die Beschwerde ungefiltert entgegennehmen konnte. Küchenchef Mario Regensburger, der mit seinem gepflegten Vollbart und seinen Tätowierungen ganz den Typ Kochhipster verkörpert, trat ihr gegenüber mit einer unglaublichen Arroganz auf. Die Dame, die offenbar erheblichen Gesprächsbedarf hatte, erklärte ihm, wie nach ihrer Ansicht das Fischgericht, das sie bestellt hatte, zubereitet sein müsse, nämlich ganz klassisch. Regensburger, der nunmehr in die Rolle des begnadeten, aber unverstandenen Kochkünstlers verfiel, blieb zunächst noch freundlich und wies darauf hin, dass er viele Klassiker neu interpretiere und bei diesem Gericht bewusst mit Säure und Süße spiele. Als die Dame das aber nicht gelten ließ, schaltete er in den Modus des beleidigten Kochgenies und erklärte ihr von oben herab, dass sie offenbar seinen kulinarischen Stil missverstehe und somit nicht wertschätzen könne. Daher müsse er das Gespräch beenden, da es wenig Sinn mache, mit ihr weiterzudiskutieren. Grundsätzlich hatte er natürlich recht. Er vertritt seinen persönlichen Stil und den kann der Gast mögen oder eben nicht. Aber die Dame so abzukanzeln, war doch sehr unprofessionell. Bei Lichte besehen war es offensichtlich, dass der Kochhipster wenig Geduld mit einer älteren, etwas schwierigen Frau hatte. Sein Kollege von der Bar agierte da weitaus professioneller und gab den zuvorkommenden und umsichtigen Gastgeber. Immer wieder fragte er nach, ob er ihr irgendwie etwas Gutes tun und sie damit wieder zufriedenstellen könne. Aber auch das offerierte Dessert vermochte die Dame nicht zu besänftigen. Nun gut, wir beispielsweise hatten ein Clubsandwich bestellt. Der Bitte, dieses ohne Tomaten zu servieren, wurde nicht entsprochen, sicherlich nur ein kleines Ärgernis. Der Mitarbeiter bot aber an, es neu zubereiten zu lassen. Nach zehn Minuten wurde offenbar das gleiche Sandwich erneut serviert, diesmal ohne Tomaten, denn die wurden einfach heruntergenommen. Dies ist nicht akzeptabel, es mag eben Gäste geben, die vielleicht allergisch reagieren. Das fand im Übrigen auch der Mitarbeiter, der sich mehrfach dafür entschuldigte. Schließlich im dritten Anlauf wurde dann ein geschmacklich wirklich gutes Clubsandwich serviert. Unser Fazit: ein Lob für den professionellen, freundlichen und sehr aufmerksamen Mitarbeiter der Bar. Für den Küchenchef gibt es Abzüge in der B-Note mit dem Hinweis, ein Gespräch mit einer etwas sturen Dame als kommunikative Herausforderung zu betrachten und es als lohnenswertes Ziel zu begreifen, auch schwierige Gäste zufriedenzustellen. In der Regel sind die Mitarbeiter äußerst bemüht und sehr zuvorkommend, auch wenn es wegen merklicher Unterbesetzung während der Pandemie, etwa im Restaurant oder beim Check-in, immer wieder zu erheblichen Wartezeiten kommen konnte. Selbst eine telefonische Kontaktaufnahme mit dem Hotel gestaltet sich seit einiger Zeit mitunter schwierig. Sehr leicht kann es dabei passieren, in eine Warteschleife zu geraten. Immerhin wird der Gast währenddessen beschäftigt und alle sechzig Sekunden gebeten, die entsprechende Ziffer auf seinem Telefon zu drücken, um „mit der richtigen Abteilung" verbunden zu werden. Abschließend wollen wir Direktorin Kathrin Wirth-Ueberschär gern bestätigen, dass im Haus obgleich der oben beschriebenen Mängel kein strukturelles Problem vorliegt. Der Reichshof zählt auf jeden Fall zu den interessanteren Hamburger Häusern im First-Class-Segment, nicht zuletzt wegen seiner langen Historie.

Bewertung: ●●●

THE FONTENAY HAMBURG
(OT Rotherbaum)
Fontenay 10
20354 Hamburg
Telefon: 0 40-6 05 66 05-0
Internet: www.thefontenay.com
E-Mail: info@thefontenay.com
Direktor: Thies Sponholz
DZ ab € 330,00

Im September vergangenen Jahres konnte der Hamburger Unternehmer Klaus-Michael Kühne, Eigentümer dieser Luxusherberge, mit seinen Logistikunternehmen nach offiziellen Verlautbarungen besonders hohe Gewinne einfahren. Angesichts der in Rede gestellten Milliardenbeträge relativieren sich seine Investitionen in ein Hotel an der Hamburger Außenalster sicherlich – auch wenn es sich bei diesem Haus sichtbar um ein Renommierprojekt handelt, sodass Kühne einst nichts dem Zufall oder dem alleinigen Willen des Stararchitekten Jan Störmer überlassen hat. Fließende, geschwungene Wände und Grundrisse bedeuten in der Realität Spezial- und Einzelanfertigungen in allen Teilen des Gebäudes und seiner Ausstattung sowie Räume, die sich bezogen auf ihre Flächengröße nicht immer wirtschaftlich optimal nutzen lassen. Aber wie eingangs angedeutet, das Projekt ist offensichtlich eine Herzensangelegenheit Kühnes, bei der Geld keine Rolle gespielt zu haben scheint. Oder etwa doch? Erstaunlicherweise besteht ein erheblicher Teil des Gebäudes gar nicht aus Hotelzimmern, sondern aus Luxuswohnungen. Wer dann noch weiß, dass am Standort des heutigen Fontenay zuvor das Hotel InterContinental, ausschließlich mit Zimmern und ohne Wohnungen stand, der erkennt leicht, dass die Möglichkeit da war, dass ein Hotel vielleicht nur die Voraussetzung und nicht der Anlass war, das neue Gebäude zu errichten. Denn der Umwandlung dieser Premiumlage mit einer zuvor öffentlichen Nutzung in ein rein privates Wohnprojekt hätte die Hansestadt Hamburg sicherlich nicht ohne Weiteres zugestimmt. Schließlich haben in Deutschland die Gemeinden und damit die gewählten politischen Vertreter in den Stadt- und Gemeindeparlamenten die Planungshoheit über ihre Flächen, nicht die Grundeigentümer. Also errichtete Kühne vermutlich auch deswegen einen kombinierten Komplex aus Wohnungen und Hotel, um Erstere überhaupt genehmigt zu bekommen. Die derzeit höhere Wirtschaftlichkeit von Wohnimmobilien gegenüber gewerblich genutzten Immobilien wie einem Hotel hat den Unternehmer sicherlich zu dem Konzept bewogen, durch eine möglichst hohe Klassifizierung dessen Immobilienwert ebenso hochzutreiben wie der Wohnungen im gleichen Komplex. Deshalb wurde er nicht müde, sein Haus als „Hamburgs einziges Fünf-Sterne-Superior-Hotel" zu vermarkten und wählte daher eine Architektur, die diese Position unterstrich. Dass ihm das dafür investierte Geld natürlich keineswegs egal war und dass er unternehmerisch und nicht ausschließlich leidenschaftlich als Hotelliebhaber plante, zeigte sich in seiner öffentlich geäußerten Kritik an den Architekten, als diese den Kostenrahmen aufgrund der außergewöhnlichen Bauform ständig erweitern mussten. Für die Innenausstattung griff er schließlich auf die Kenntnisse der eigenen Ehefrau zurück. Vielleicht nicht nur, um – unter hämischen Kommentaren von Fachplanern wie Architekten und Innenarchitekten – vermutlich den gemeinsamen Geschmack durchzusetzen, sondern auch um das Honorar für erwähnten Innenarchitekten einzusparen. Im Ergebnis ist auf jeden Fall ein weiteres Flaggschiff der Hamburger Luxushotellerie entstanden, das nicht nur 131 Zimmer und Suiten mit einer Mindestgröße von 43 Quadratmetern rund um ein 27 Meter hohes Atrium enthält, sondern zudem 17 (!) Luxuswohnungen mit separatem Zugang. Die Zukunft wird zeigen, ob sich das The Fontenay Hamburg unter diesen Voraussetzungen dauerhaft erfolgreich als Konkurrenz für die großen Namen der Hamburger Luxushotellerie etablieren kann. Anders als bei Eugen Block, der mit seinem Elysée und Elysée Grand wirklich eigene Träume umsetzte, mag man noch nicht so recht glauben, dass Kühne wirklich dauerhaft als Liebhaber bereit ist, sein Hotel zu alimentieren, sollte es nach der Coronakrise nicht den erwünschten Erfolg zeigen. Neben dem Foyer im bereits genannten Atrium befinden sich im Erdgeschoss das Restaurant Parkview sowie der Tagungsbereich, während die Zimmer und Suiten in die Geschosse darüber integriert wurden. Das Dach ist eine weitere öffentliche Zone mit dem Spa-Bereich nebst Infinity-Pool, der Fontenay Bar und dem Restaurant Lakeside, das im März 2021 unter Küchenchef Julian Stowasser vom renommierten Guide Michelin mit einem Stern ausgezeichnet wurde. Die Ausstattung der Zimmer und Suiten wirkt durch warme, helle Farben und hochwertiges Holz wie beim sehr schönen Eichenparkett modern und behaglich, fällt jedoch in puncto Modernität und Design hinter die Architektur des Gebäudes zurück. Der elegant klingende Name der Adresse geht übrigens auf den ursprünglichen Eigentümer dieser Liegenschaft an der Außenalster zurück. John Fontenay war als gebürtiger US-Amerikaner Anfang des 19. Jahrhunderts als Schiffsmakler in Hamburg tätig und leiht seinen kosmopolitisch klingenden Namen so bis heute dem Ort – und nun auch dem dortigen Hotel. Ob man hier wegen der Novität dieser Adresse oder gar der Architektur logieren möchte, ist eine individuelle und von subjektiven Präferenzen abhängige Entscheidung. Aufgrund der Coronapandemie hatte das Haus bisher auf jeden Fall kaum Gelegenheit, sich einen Namen zu machen, sodass wir noch nicht beurteilen können, ob die Servicequalität insgesamt dem deklarierten Fünf-Sterne-Superior-Standard gerecht wird. Deswegen verbleibt es zunächst lediglich bei einer Empfehlung wegen der herausragend schönen Lage und der interessanten Architektur.

Bewertung: ● ● ● ●

THE WESTIN HAMBURG
**Platz der Deutschen Einheit 2
20457 Hamburg
Telefon: 0 40-80 00 10-0**
Internet: www.westinhamburg.com
E-Mail: info.thewestinhamburg@westin.com
**Direktorin: Madleine Marx
DZ ab € 234,00**

Dass die Elbphilharmonie der gelungene Versuch ist, in Ermangelung historischer Wahrzeichen von überregionaler Bedeutung ein großes, identitätsstiftendes Symbol für das moderne Hamburg zu etablieren, gilt mittlerweile als gesichert. Das Selbstbild der Hamburger und die Beliebtheit der Metropole bei deutschen Besuchern stand bisher immer der Tatsache entgegen, dass Hamburg wenig Herausragendes und typisch Deutsches zu bieten hatte, was die Stadt bei internationalen Touristen über allgemeine Neugier hinaus interessant machen würde. Sicherlich, das Rathaus ist eine prächtige Konstruktion der Gründerzeit. Aber anders als sein Münchner Pendant aus der gleichen Ära mit seinem Glockenspiel ist es nicht unbedingt ein Bauwerk, das Touristen begeistert. Und sicherlich ist der Hamburger Michel für die Einheimischen eine Kirche, die sie als Identifikationspunkt schätzen. Ein Touristenmagnet wie die Münchner Frauenkirche oder der Kölner Dom ist er aber nicht. Kurzum, Hamburg hatte ein Defizit an herausragenden öffentlichen Bauwerken zu beklagen, denn zu sehr war es im Zweiten Weltkrieg zerstört worden und zu stark bestimmten die Notwendigkeiten von Handel und Geschäften den Wiederaufbau nach dem Krieg. Auch die erhaltene Speicherstadt ist zwar ein großflächiges bauliches Zeugnis der hamburgischen Handelstraditionen, war aber allein keine Sehenswürdigkeit, die Touristen für die Hansestadt begeistern konnte. Mit der Idee, in der entstehenden HafenCity eine spektakuläre Philharmonie zu errichten, wurde sich darangemacht, den offensichtlichen Mangel an einem großen, charakteristischen Bauwerk, das auch internationale Besucher begeistert, zu beseitigen. Der Berliner Fernsehturm oder die Frankfurter Skyline sind Wahrzeichen mit einer Silhouette, die man sofort mit der Stadt verbindet. Die Hamburger haben mit der Elbphilharmonie nun ein solches Alleinstellungsmerkmal. Die Elbphilharmonie hat es in die Reihe von Wahrzeichen geschafft, die international betrachtet für eine ganze Stadt stehen. Das an aufgeblähte Segel erinnernde Dach und die umlaufende Aussichtsterrasse zwischen dem historischen Sockel, der einstmals ein riesiger Speicher war, und dem gläsernen Aufbau machen das Gebäude zur Touristendestination. Dass es nur der Musik dient, wie es der Name nahelegt, ist indes nicht richtig, denn neben dem Parkhaus und den Technik- und Proberäumen im Sockel befindet sich im Aufbau neben der Philharmonie mit zwei Konzertsälen ein Kontingent von 45 Wohnungen und mit diesem Marriott zudem ein Hotel. Es verfügt über 244 Zimmer und einen Konferenz- sowie Wellnessbereich und erstreckt sich über insgesamt 14 Etagen. Ein großer Teil der Zimmer ist nach außen orientiert und bietet einen freien Blick über die Stadt oder den Hafen. Solche hochintegrierten Bauwerke verfügen in der Regel über ein geschlossenes Lüftungssystem. Nicht wenige Menschen beklagen bekannterweise, in klimatisierten Räumen nur schlecht schlafen zu können und fürchten Krankheiten aufgrund einer durch Klimaanlagen ausgelöste Zugluft. Im The Westin lässt sich hingegen der Luxus genießen, trotz des geschlossenen Klimatisierungssystems Fenster öffnen zu können, denn über kleine, ovale Ausschnitte in der Fensterfront lässt sich die Frischluftzufuhr ebenfalls regulieren. Das markante Muster auf den Scheiben des gläsernen Aufbaus, das von außen den Eindruck vereister Scheiben vermittelt, die von der Mitte her langsam auftauen, besteht aus kleinen Metallpunkten, die das Sonnenlicht reflektieren und so zu einem gewissen Verschattungseffekt führen. Die Wölbung der Fenster nach innen verleiht der Glasfassade Struktur und Lebendigkeit und ermöglicht an den Rändern die Unterbringung der beschriebenen ovalen und zu öffnenden Elemente. Die Zimmer in strahlenden Weiß- und hellen Cremetönen mit den edlen Chromelementen haben mindestens 31 Quadratmeter Grundfläche und bieten ein Ambiente, das der Modernität und dem avantgardistischen Habitus der Architektur entspricht. Der Lobby-Bereich befindet sich auf Höhe der umlaufenden Besucherplattform, der sogenannten Plaza, und bietet den Gästen direkten Zugang zu der Aussichtsebene. So bekommen sie nicht nur den exklusiven Zutritt zu der Touristenattraktion, sondern zudem die Gelegenheit für einen Austritt ins Freie. Für die Anreise kann der Komplex entweder durch das Parkhaus oder einen separaten Zugang am Sockel des Gebäudes betreten werden, etwas abgesetzt vom in der Regel belagerten Zugang zur Plaza für Touristen. Diese werden dorthin über eine spektakuläre, gewölbte Rolltreppe quer durch das Gebäude transportiert. Das Restaurant The Saffron und die Bar The Bridge bilden das gastronomische Angebot des The Westin. Ein Gourmetrestaurant wäre für ein solches Hotel in einem derart überragenden Gebäude eigentlich zu erwarten, aber diesbezüglich wird offensichtlich eine andere Meinung vertreten. Der über 1.300 Quadratmeter große Spa mit einem 20-Meter-Pool gilt als größter Hotel-Spa der Stadt. Geschlechtertrennung in finnischer Sauna und Dampfbad ist mit Rücksicht auf internationale Gäste Pflicht. Das The Westin ist ein Ausnahmehotel, das nicht nur spektakuläre Anblicke durch seine Architektur, sondern ebensolche Ausblicke auf die Hansestadt Hamburg und ihren Hafen bietet. In Anbetracht der Tatsache, dass in einigen Abteilungen Serviceschwankungen zu beklagen sind, fragen wir uns, was Direktorin Madeleine Marx eigentlich so macht. Sie ist für uns auf jeden Fall das Gegenteil einer präsenten Gastgeberin des Vorzeigehotels einer international aufgestellten Millionenstadt wie Hamburg.

Bewertung: ●●●◖

HANNOVER Niedersachsen

KASTENS HOTEL LUISENHOF
(Innenstadt)
Luisenstraße 1–3
30159 Hannover
Telefon: 05 11-30 44-0
Internet: www.kastens-luisenhof.de
E-Mail: info@kastens-luisenhof.de
Direktor: Michael Rupp
DZ ab € 149,00

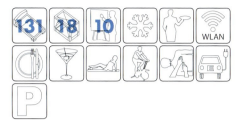

Als sich dieses Traditionshaus im Mai 2008 von der DEHOGA mit fünf Sternen klassifizieren ließ und dies im Sommer 2011 mit der Zusatzbezeichnung „Superior" wiederholte, stand die Frage im Raum, ob nicht nach den Sternen gegriffen wurde, was ja nach diesem geflügelten Wort beinhaltet, dass sich hierbei vielleicht ein zu hohes Ziel gesetzt wurde. Seitdem muss sich das Kastens Hotel Luisenhof nämlich mit den besten Häusern der Republik messen lassen. Michael Rupp, den unser Verlag 2009 zum Hotelmanager des Jahres ausgezeichnet hatte, schätzten wir bisher vor allem für seine ruhige und besonnene Art und die Fähigkeit, Dinge erst nach gründlicher Abwägung zu entscheiden. Unter anderem, weil damals ein großer Druck von einigen Vertretern der Landespolitik ausgeübt wurde, die sich immer wieder öffentlich äußerten, Hannover brauche unbedingt eine Luxusherberge, ließ sich Rupp dazu hinreißen, diese Lücke um jeden Preis zu schließen. Wir fragen uns seitdem, ob das wirklich eine so gute Idee war. Einerseits ist es kein streng gehütetes Geheimnis, dass wahrer Luxus Service ist und der nur mit der entsprechenden Personalstärke zu gewährleisten ist. Andererseits haben viele Unternehmen strenge Reiserichtlinien ausgegeben, die es Mitarbeitern nicht selten untersagen, Fünf-Sterne-Hotels zu buchen. Erschwerend kommt hinzu, dass 2008 nur ein kleiner Teil der Zimmer und Suiten eine weitreichende Renovierung erhalten hatte und somit ein sichtbarer Renovierungsstau zu beklagen war. Und bis zum heutigen Tag gibt es Zimmer, die, um es freundlich auszudrücken, etwas „old fashioned" sind. Seit Jahren ist zudem zu beobachten, dass Rupp ein rigides Kostenmanagement fährt, was natürlich auch zulasten der Servicequalität geht. Getränke aus der Minibar, die über viele Jahre bereits in die Rate inkludiert waren, werden inzwischen gesondert berechnet. Valet Parking und umgehende Hilfe beim Gepäck sind eher Glückssache als verlässliche Dienstleistungen. Die Qualität und das Angebot des Frühstücksbuffets sind regelmäßig Gegenstand von Kritik. Das wiederum wird jedoch geflissentlich ignoriert. Und als ob das nicht schon genug wäre, stellt der Fachkräftemangel nun die ganze Branche vor enorme Herausforderungen. Eine kritische Reflexion des Gesamtkonzeptes wäre angebracht und vielleicht sollte zudem der Anspruch an das eigene Haus stärker in Einklang mit der Wirklichkeit gebracht werden. Dann würde ferner nicht allzu stark ins Gewicht fallen, dass die Zimmer und Suiten nicht durchgängig den hohen Erwartungen an ein Luxushotel der Spitzenklasse genügen. Dies betrifft insbesondere die sogenannten klassischen Einzelzimmer, die mit 17 Quadratmetern doch recht beengt sind. Aber auch das Segment *Superior* bietet nicht wesentlich mehr Platz, dafür weisen diese Räume allerdings ein frischeres Interieur auf. Eine Empfehlung würden wir für die Kategorie *Executive* aussprechen, da diese Zimmer eine Größe von circa 35 Quadratmetern haben, sich in den beiden oberen Etagen befinden und somit ruhiger sind. Klasse haben in jedem Fall die Luxussuiten. Die Leibniz-Suite ist mit 100 Quadratmetern die größte. Der Freizeitbereich erstreckt sich über 220 Quadratmeter und umfasst neben einer finnischen Sauna, einem Dampfbad und einer Ruhezone einen mit modernen Trainingsgeräten ausgestatteten Gym mit Blick über die Dächer der Stadt. Während die Gäste kostenfreien Zutritt zum Fitnessraum erhalten, werden für den Besuch des Saunabereiches 6 Euro berechnet. Zuvor muss dann noch eine Zugangskarte an der Rezeption abgeholt werden. Das könnte durchaus ein wenig kleinlich wirken. Übrigens, Gästen, die ihren Unmut über den Aufenthalt über Bewertungsportale zum Ausdruck gebracht haben, antwortet zwar Direktor Michael Rupp in der Regel persönlich, dafür aber meist mit Textbausteinen. Es lässt sich der Eindruck gewinnen, dass er diese einem mittelmäßigen Leitfaden für Beschwerdemanagement entnommen hat. Offenbar mag Rupp nicht glauben, dass Gäste, die sich beschweren, eigentlich wiederkommen möchten, da sie sich sonst nicht die Mühe machen würden, ausführlich ihre Eindrücke zu schildern. Floskeln wie „Ihre konstruktive Kritik ist uns sehr wichtig, damit wir die Möglichkeit haben, uns und unsere Serviceleistungen zu verbessern" oder „Wir würden uns freuen, Sie wieder begrüßen zu dürfen" sind Plattitüden, die beim verärgerten Gast den Eindruck erwecken, mit seiner Kritik wurde sich nicht ernsthaft auseinandergesetzt. Was in jedem Fall für das Kastens Hotel Luisenhof spricht, ist seine zentrale Lage. Der Hauptbahnhof kann in weniger als fünf Minuten erreicht werden, die Einkaufszone in der Innenstadt in der gleichen Zeit. Die Parkgebühren im eigenen Parkhaus sind mit 15 Euro pro Tag moderat. Lob hätten wir dann auch noch anzubringen; für das Restaurant MARY's, das für eine konstant gute, internationale Küche mit regionalen Akzenten auf einem überdurchschnittlichen Niveau steht, kann nämlich eine Empfehlung ausgesprochen werden. Es stehen zwei Menüs zur Auswahl. Täglich wird zudem ein Drei-Gänge-Lunch-Menü für 38 Euro angeboten. Dabei ist der Gast im Grunde nicht darauf angewiesen, im Haus zu speisen, denn die Landeshauptstadt Hannover hat kulinarisch einiges zu bieten, darunter Restaurants, die vom Guide Michelin mit einem und seit Neuestem sogar zwei Sternen ausgezeichnet wurden.

Bewertung: 🔵🔵🔵

RADISSON BLU
(OT Laatzen)
Expo Plaza 5
30539 Hannover
Telefon: 05 11-3 83 83-0
Internet: www.radissonhotels.com
E-Mail: info.hannover@radissonblu.com
Direktor: Frank Raspe
DZ ab € 97,00

Die momentanen Zeiten sind keine allzu guten für lupenreine Tagungs- und Veranstaltungshotels wie das Radisson Blu. Mit Beginn des ersten Lockdowns wurden bundesweit die meisten Messen erst einmal abgesagt. Und jetzt, wo sich die Lage deutlich entspannt hat und hier und da vereinzelt Veranstaltungen stattfinden, ist die Auslastung nachvollziehbarerweise noch alles andere als zufriedenstellend. Erst ab 2023 darf vor diesem Hintergrund optimistisch in die Zukunft geblickt werden. Dann kann der Standortvorteil dieses Hauses erneut zum Tragen kommen, das sich direkt an der Expo Plaza des Messegeländes befindet. Um die Innenstadt zu erreichen, ist der Gast auf ein Auto oder Taxi angewiesen, denn die Anbindung an den öffentlichen Nahverkehr ist außerhalb von Messezeiten eher unattraktiv. Kerngeschäft ist bei einer solchen Lage unverrückbar das Tagungs- und Veranstaltungssegment. Der hauseigene, 1.100 Quadratmeter große Convention-Bereich umfasst 15 Räumlichkeiten, für den die Nachfrage erfreulicherweise jetzt langsam wieder an Fahrt aufnimmt. Die vollständige Renovierung der Zimmer und Suiten liegt nunmehr schon rund acht Jahre zurück, gleichwohl sind sie aber nach wie vor in einem zeitgemäßen Zustand. Zwei Kategorien, *Standard* und *Superior*, deren Zimmer jeweils eine Größe von 22 Quadratmetern haben, unterscheiden sich im Design nicht wesentlich voneinander. Die *Superior*-Zimmer wurden immerhin zusätzlich mit einer Nespresso-Kaffeemaschine ausgestattet. Mit Zimmern, die ruhiger gelegen sind, kann direkt neben dem Messeschnellweg nicht geworben werden, aber alle Räume sind mit schallhemmenden Fenstern versehen. Mehr Platz als die genannten Kategorien bieten die Familienzimmer sowie die Juniorsuiten. Das Restaurant ARTs verspricht eine internationale Küche mit regionalen und saisonalen Akzenten. Dabei ist es unbestritten so, dass die Gäste, sofern sie nicht in die Innenstadt Hannovers fahren möchten, auf dieses hoteleigene Restaurant angewiesen sind. Dass sich das Niveau des Gebotenen seit vielen Jahren im guten Mittelfeld eingependelt hat, ist schon einmal eine erfreuliche Nachricht. Nur bedingt zufriedenstellend ist das Frühstücksbuffet, denn neben dem erwartbaren Angebot an warmen und kalten Speisen gibt es keine Überraschungen. In den verschiedenen Phasen der Pandemie wurde den Gästen das Frühstück auf dem Zimmer angeboten, selbstverständlich ohne den sonst üblichen Etagenaufschlag. Dafür möchten wir ein Lob aussprechen, denn es gab zu dieser Zeit sogar Luxushotels, die ihre Gäste lediglich mit sogenannten Frühstücksboxen versorgten. Der Freizeitbereich, der auf uns eher kühl und nüchtern wirkt, beschränkt sich auf eine finnische Sauna, ein Dampfbad und eine Ruhezone und lässt keine rechte Wohlfühlstimmung aufkommen. Direktor Frank Raspe wurde von den Verantwortlichen in der Konzernzentrale bei den üblicherweise regelmäßigen Direktoren-Rochaden scheinbar vergessen. Denn während seine Kollegen bei Radisson regelmäßig in andere Häuser versetzt werden, um einem Verfallen in eine bequeme Routine zuvorzukommen, die sich in Businesshotels nur allzu leicht einstellen kann, ist er seit Jahren in Hannover im Einsatz. Das mag vielleicht damit zu tun haben, dass der auf das Messegeschehen konzentrierte Standort in Hannover, weitab von der Innenstadt, kein einfacher ist, und dass deshalb auf ein fest im lokalen Netzwerk verankertes Führungspersonal gesetzt wird, das in der Lage ist, außerhalb der extrem begehrten Messezeiten für eine kontinuierliche Grundauslastung zu sorgen. Nicht zuletzt deshalb, weil Hannover als Messestandort seit Jahren an Attraktivität und riesige Messen wie die ehemalige Cebit verloren hat und daneben sicherlich kein Hotspot für den Städtetourismus ist. Das lässt sich im Übrigen unter anderem an den hier aufgerufenen Preisen ablesen. Wenn auch nicht mit Gastgeberqualitäten gesegnet, ist Raspe als eher nüchterner Technokrat, der mit sehr spitzem Bleistift rechnet, vermutlich die richtige Besetzung für dieses nahezu ausschließlich als Messehotel konzipierte Haus.

Bewertung:

HOHWACHT Schleswig-Holstein

HOHE WACHT
Ostseering 5
24321 Hohwacht
Telefon: 0 43 81-90 08-0
Internet: www.hohe-wacht.de
E-Mail: info@hohe-wacht.de
Direktor: Marco Gruber
DZ ab € 140,00

Stagnation bedeutet langfristig Stillstand. Das dürfte keiner besser wissen als der erfolgreiche Bauunternehmer Richard Anders, zu dessen Portfolio dieses Vier-Sterne-Superior-Hotel und das Hotel am Meer in Hohwacht zählen. Über viele Jahre und Jahrzehnte hatte er ein gutes Gespür für die Besonderheiten des lokalen Hotelmarktes bewiesen, auch bei der Auswahl seiner Direktoren. Seit August 2015 setzt er auf Marco Gruber, der dieses Haus aber so unauffällig führt, dass wir uns regelmäßig rückversichern müssen, ob er überhaupt noch die Gunst von Anders genießt oder das Haus bereits verlassen hat. Anfänglich hatten wir den Eindruck, als würde er alle Anstrengungen unternehmen, zumindest Digitalisierungsprozesse zu forcieren und die sozialen Medien stärker einzubinden. Ferner gab es Anzeichen, dass er sich verstärkt um neue Vertriebskanäle kümmern würde. Nicht überzeugen konnte bislang allerdings sein Beschwerdemanagement. Vor allem dann, wenn Gäste sich die Mühe machen, ihre Eindrücke auf Bewertungsportalen zu schildern, hält er es offenbar nicht für geboten, diese zu kommentieren. Überhaupt ist das Pflegen von Gästekontakten scheinbar nicht so die Sache von Gruber. Während der Coronapandemie hätte er sicherlich alles daransetzen müssen, seine Mitarbeiter auf die Zeit nach dem Lockdown einzustimmen. Nachdem dann im letzten Jahr wieder geöffnet werden durfte, konnte aber leicht der Eindruck entstehen, dass er es nicht geschafft hatte, sein Team für die wirksame Umsetzung des eigenen Hygienekonzeptes zu sensibilisieren. Denn dass sich Gäste vermehrt über diesbezügliche Mängel beschweren, hätte Gruber aufhorchen lassen müssen. Schimmel an den Kacheln im Wellnessbereich ist ebenso ein nicht tolerierbares Zeichen mangelnder Pflege und Hygiene. Seit Jahren weisen wir darauf hin, dass bei den Zimmern umfassende Modernisierungsmaßnahmen unumgänglich sind. Die Pandemie und die zwischenzeitliche Schließzeit wurden erstaunlicherweise offenbar genutzt, um einen Teil davon, nämlich jene der Kategorien *Deluxe* und *Superior* inklusive der Bäder komplett zu renovieren. Tradition hat unser Lob für die Zimmergröße, sind diese mit 40 Quadratmetern sehr großzügig dimensioniert. Zudem verfügen alle über einen Balkon und häufig über eine klassische Doppeltür am Eingang, wie sie in früheren Zeiten aus Schallschutzgründen in Hotels sehr oft üblich waren. Wer einen Meerblick präferiert, dem sei das Hotel am Meer empfohlen, da dieses sich direkt an der Strandpromenade befindet, während dieses Haus einige Schritte abseits von Strand und Promenade liegt. Kein Zimmer ermöglicht einen Meerblick, denn Bäume zwischen Gebäude und Strand verdecken die Sicht. Ein Schwimmbad- und Saunabereich ist immerhin vorhanden, wirkt allerdings ein wenig zu kühl und nüchtern. Die Nutzung ist für Gäste in die Zimmerrate inkludiert. Die Gastronomie schwächelt seit einigen Jahren, demnach sollte der Gast seine kulinarischen Ansprüche nicht allzu hoch ansetzen. Das Frühstücksbuffet ist hingegen mehr als zufriedenstellend, hat aber durchaus noch Luft nach oben. Selbstverständlich werden Eierspeisen à la minute zubereitet. Parken direkt vor dem Hotel ist kostenfrei. Obgleich mit der Hardware insgesamt immer noch nicht gerade mit der Zeit gegangen wird, so zeigt sich immerhin beim Thema Elektromobilität eine gewisse Zukunftsgewandtheit, denn es gibt mittlerweile entsprechende Ladestationen.

Bewertung:

> ### *HINWEIS:*
> *Die Recherche wurde nach bestem Wissen und Gewissen durchgeführt. Es besteht trotzdem die Möglichkeit, dass Daten falsch oder überholt sind. Eine Haftung kann auf keinen Fall übernommen werden. Wir weisen darauf hin, dass es sich bei den geschilderten Eindrücken oder Erlebnissen um Momentaufnahmen handelt, die nur eine subjektive Beurteilung darstellen können.*

KARLSRUHE Baden-Württemberg

**NOVOTEL
KARLSRUHE CITY**
(Südweststadt)
Festplatz 2
76137 Karlsruhe
Telefon: 07 21-35 26-0
Internet: www.novotel.com
E-Mail: h5400@accor.com
Direktor: Axel Hoffmann
DZ ab € 86,00

Die 1715 gegründete Fächerstadt Karlsruhe ist das größte Beispiel einer absolutistisch geprägten Planstadt in Deutschland. Mit seinen fächerförmig auf das zentrale Schloss des damaligen Landesherrn ausgerichteten Straßen ist der Stadtgrundriss bis heute beeindruckend und im Zentrum kaum überformt worden. Im 20. Jahrhundert gerieten die ursprünglichen Zielsetzungen – Repräsentation oder Machtdemonstration des Fürsten – in der ehemaligen Haupt- und Residenzstadt des Landes Baden mehr und mehr in den Hintergrund. Ab 1970 etwa waren es vor allem Kongresszentren und Messegelände, die von vielen Stadtvätern dringend herbeigesehnt wurden. So herrschte in Karlsruhe seit Mitte der 1990er-Jahre eine rege Diskussion in Bezug auf die Planung eines Kongresshotels neben der damals gerade neu errichteten Stadthalle. Anfang des neuen Jahrtausends wurde dann endlich das damals 35 Millionen Euro teure Vier-Sterne-Superior-Hotel mit 246 Betten, Schwimmbad, Sauna, Fitness- und eigenen Konferenz- und Tagungsräumen sowie Anbindung an die Stadthalle eröffnet. Der damals in ganz Deutschland rührige Entwickler und Investor Herbert Ebertz trieb zahlreiche Hotelprojekte voran und eröffnete das Haus 2002. Dorint, das im Rahmen der eigenen Expansion immer mehr neue Standorte wie diesen in Karlsruhe übernommen hatte, wurde infolge der dann eintretenden wirtschaftlichen Schwierigkeiten vom französischen Multi Accor übernommen. Dieser vermarktete fortan die Häuser unter dem Doppelbranding Dorint Novotel. Seitdem ist das Karlsruher Haus Teil der Accor-Marke Novotel und dennoch immer noch Beweis für die vorbildliche bauliche Qualität und den Architektur- und Einrichtungsstil, durch die sich Dorint seit den 1990er-Jahren in der gehobenen Business-Hotellerie einen Namen gemacht hat. Moderne Sachlichkeit, hochwertige Materialien, schlichte Eleganz und der durchgehende Eindruck von Behaglichkeit und Solidität waren bei aller Individualität, die Dorint bei architektonischen Lösungen für die individuellen Standorte an den Tag legte, durchgehend ein Markenzeichen der Kette. Ihr Image passte damit bestens zur Premium-Businesshotellerie, die Accor unter der Marke Novotel vertreibt. Auch bei dieser sind die Abwesenheit von Pomp und Dekoration und die schlichte, modernistische und qualitätvolle Ausstattung und Ausrichtung der Häuser Programm. Somit blieb das Novotel – begleitet von regelmäßigen Renovierungen, Überarbeitungen und Erneuerungen – in puncto Architektur und Ausstattung stets auf der Höhe der Zeit. Der schlichte, sechsgeschossige rechteckige Baukörper mit seinen zwei Innenhöfen passt sich mit dem regelmäßigen Fensterraster und der Natursteinfassade an das benachbarte Kongresshaus an. Schwarzwaldhalle, Konzerthaus und Kongresshaus Karlsruhe sind ebenso wie Gartenhalle und Nancyhalle weitere große Veranstaltungsorte im Stadtzentrum. Kein Wunder, dass ein Kongresshotel wie das Novotel lange herbeigesehnt wurde. Das Zimmerprodukt gliedert sich in die Kategorien *Standard* und *Executive* auf. Das Restaurant Majolika bietet mittags und am Abend bis 22 Uhr außerhalb der Pandemiezeiten eine Karte, auf der unter anderem regionale Gerichte stehen. Noch im Juni 2022 war es allerdings geschlossen, sodass Gäste mit einer kleinen Karte über die Bar versorgt wurden. Der Name verweist auf die 1901 gegründete Staatliche Majolika Manufaktur Karlsruhe. Im Hotel sind zahlreiche Produkte und Ausstattungen zu finden, die vom noch heute existierenden Traditionsunternehmen produziert wurden. Ohne Dorint und seine Qualitäts- und Designoffensive der 1990er- und frühen 2000er-Jahre wären solch teure Extras sicher kaum denkbar gewesen. Das Novotel ist deswegen heute nicht nur ein Business- und Kongresshotel, sondern zudem eine für Individualreisende und Touristen infrage kommende Logisadresse, denn dank der vielen Veranstaltungsorte im Umfeld, guter und mit 18 Euro recht günstiger Parkmöglichkeiten sowie sehr guter Erreichbarkeit mit dem Pkw bei gleichzeitig zentraler Innenstadtlage spricht in jedem Fall vieles für dieses Novotel. Der leider noch geschlossene Spa zählt derzeit leider nicht dazu, sodass sich bei Interesse hierfür vor einer Buchung erkundigt werden sollte, ob dieser wieder zur Verfügung steht, denn dem Vernehmen nach könnte dies erst im nächsten Jahr der Fall sein.

Bewertung:

SCHLOSSHOTEL
(OT Südweststadt)
Bahnhofplatz 2
76137 Karlsruhe
Telefon: 07 21-38 32-0
Internet: www.schlosshotelkarlsruhe.de
E-Mail: info@schlosshotelkarlsruhe.de
Direktor: Patric Barth
DZ ab € 137,00

Auf den Umstand, dass dieses Haus über erhebliches ungenutztes Potenzial verfügt, weisen wir bereits viele Jahre hin. Seitdem dieses Traditionshotel zur französischen Investitionsgesellschaft La Financière Patrimoniale d'Investissement – kurz: LFPI – gehört, wird ein stringentes Kostenmanagement gefahren. Die Service- und Dienstleistungsqualität ist mindestens als instabil zu bezeichnen. Dass die Hoteldirektoren bei dieser Gruppe nur über einen eingeschränkten Handlungs- und Entscheidungsspielraum verfügen und ihnen eher die Rolle des Statthalters zukommt, dürfte zumindest Brancheninsidern hinlänglich bekannt sein. Die LFPI ist bei Lichte besehen ein Eigentümer, bei dem Wirtschaftlichkeit oberste Priorität hat und Leidenschaft und Risikobereitschaft für die Hotellerie tendenziell nicht zu erwarten sind. Immerhin gibt es im Schlosshotel aber eine Konstante, denn Patric Barth, zunächst seit 2004 als Stellvertreter tätig, steht seit Januar 2013 dem Haus vor. Die prominente Lage gegenüber dem Hauptbahnhof in unmittelbarer Nachbarschaft zum Zoologischen Garten darf durchaus als Standortvorteil verbucht werden, zumal die Innenstadt nach nur wenigen Schritten erreicht werden kann. Eine Anreise mit den öffentlichen Verkehrsmitteln bietet sich daher geradezu an. Die Renovierung der insgesamt 96 Zimmer und Suiten liegt noch nicht allzu lange zurück, somit sind sie noch zeitgemäß, wobei der Pflegezustand durchaus besser sein könnte. Lobenswert und sicherlich eine gesonderte Erwähnung wert ist, dass einige Zimmer sogar über ein Tageslichtbad verfügen. Heutzutage würde jeder kostenbewusste Architekt nur innen liegende Bäder planen, um Geschossflächen optimal auszunutzen. Wer hier ein Einzelzimmer bucht, bekommt auch ein solches, das dann jedoch wirklich recht beengt ist. In der Kategorie *Classic* sind die Zimmer in Richtung Bahnhof, im Segment *Elegance* zum Zoo beziehungsweise Stadtgarten ausgerichtet. Wir würden wegen der ruhigeren Lage eher Letztere empfehlen. Dass wie erwähnt der Service nicht immer begeistert, lässt auf Schulungsbedarf bei den Mitarbeitern schließen, und der aktuelle Fachkräftemangel verschärft diese Situation noch einmal. Ein kleiner Freizeitbereich mit einer finnischen Sauna, Sanarium und einem Dampfbad steht den Gästen zur Verfügung, für den aber pro Aufenthalt eine Nutzungspauschale in Rechnung gestellt wird, während der Besuch des doch recht überschaubaren Fitnessraums kostenfrei bleibt. Grundsätzlich ist in die Rate immer noch das Frühstück inkludiert. Zuletzt blieb das Restaurant Schwarzwaldstube, das seinen Schwerpunkt auf eine regionale Küche setzte, lange geschlossen. Gäste konnten an der Bar immerhin aus einer kleinen Snackkarte wählen. Aufgrund von anstehenden Renovierungsarbeiten ist die Wiedereröffnung für den Herbst dieses Jahres geplant. Ansonsten wurde es sich in der Pandemie ganz einfach gemacht und auf lokale Lieferdienste verwiesen. Offenbar ist man davon ausgegangen, dass die Gäste über diese Serviceeinschränkung großzügig hinwegsehen. Überhaupt hat die Coronapandemie wirklich gezeigt, wer in einer solchen Krise echte Servicebereitschaft und Leidenschaft für die Hotellerie bewiesen und alle Anstrengungen unternommen hat, dass Gäste möglichst wenig Einschränkungen hinnehmen mussten. Dies war keine Frage der Klassifizierung, gab es doch Luxushotels, die sich innerhalb einer Stadt als das erste Haus am Platz verstehen, die statt eines Frühstücks lediglich eine Box überreichten, während im Mittelklassesegment beheimatete Häuser es ihren Gästen ermöglichten, das Frühstück über den Etagenservice und meist ohne Aufpreis zu ordern. Hier wurde nach dem Lockdown beziehungsweise, um genauer zu sein, nachdem wieder Privatreisende beherbergt werden durften, offensichtlich aber einfach weiter im Krisenmodus verharrt. Dies ist kein Einzelfall, wir beobachten, dass zahlreiche Häuser, vermutlich unter anderem aus Gründen fehlender Mitarbeiter, ihre Gastronomie entweder deutlich einschränken oder ganz geschlossen halten und auf Alternativen im nahen Umfeld verweisen. Das bisherige

Hygienekonzept war im Schlosshotel zwar gut durchdacht, allerdings fragen wir uns schon, wie bei der ausgedünnten Personaldecke überprüft werden soll, ob es auch wie gewünscht funktioniert. Die Tagungs- und Veranstaltungsmöglichkeiten sind mit dem Spiegelsaal, der Bibliothek und dem Konferenzraum eher eingeschränkt. Der größte Saal bietet je nach Bestuhlungsanordnung Platz für bis zu 130 Personen. Vor dem Hotel befinden sich circa 35 Parkplätze, für deren Nutzung 12 Euro pro Tag berechnet werden. Eine Ladestation für elektrisch betriebene Fahrzeuge wurde bislang noch nicht eingerichtet, stattdessen wird auf eine solche hinter dem Bahnhof verwiesen. Für ein nach eigenen Angaben „exklusives Vier-Sterne-Hotel" insgesamt ein eher schwacher Auftritt.

Bewertung:

KASSEL   Hessen

LA STRADA
(OT Niederzwehren)
Raiffeisenstraße 10
34121 Kassel
Telefon: 05 61-20 90-0
Internet: www.lastrada.de
E-Mail: info@lastrada.de
Inhaber: Herbert Aukam
DZ ab € 108,00

Die nordhessische Großstadt Kassel verfügt über zahlreiche Hotels im Mittelklasse- und First-Class-Segment. Branchenprimus ist zweifelsohne das La Strada, was ausschließlich auf die herausragenden Tagungs- und Veranstaltungskapazitäten und nicht etwa auf die Service- und Dienstleistungsqualität zurückzuführen ist. Mit dem 3.000 Quadratmeter großen Kongresszentrum und seinen insgesamt 31 Tagungs- und Veranstaltungsräumen inklusive des Festsaals Palazzo, der Platz für bis zu 1.300 Personen bietet, ist das La Strada in der Region im Tagungs- und Kongressbereich ein wirkliches Schwergewicht. Der Tagungs-Hardware zur Seite stehen 400 Zimmer und Suiten und entsprechend hervorragend sind die Unterbringungsmöglichkeiten bei Großveranstaltungen und Kongressen. Was wir bei Eigentümer Herbert Aukam seit Jahren sehr amüsiert zur Kenntnis nehmen, ist seine Selbstwahrnehmung, vor allem die von ihm verwendeten Superlative bei der Beschreibung seines Produktes. In einem einzigen Satz den Stil der Zimmer und Suiten zusammenzufassen, ist schlichtweg nicht möglich, vor allem deshalb, weil eine klare Linie oder ein durchgängiges Designkonzept nicht erkennbar sind. Die Bandbreite reicht von altbackenen Ausstattungen über einen Landhausstil bis hin zu vermeintlich luxuriösen Interieurs, gerade etwa bei den Suiten. Letztere sind für uns allerdings sowieso geschmackliche Verfehlungen, insbesondere die sogenannte Blaue Suite, die im „Versace-Look" daherkommt, zumindest die Stoffe betreffend. Aukam sollte in Bezug auf das La Strada weder die Worte „Luxus" noch „guter Service" verwenden, da diese nichts als falsche Erwartung beim Gast auslösen könnten, wenn er sich über dieses Hotel informiert. Das Zimmerprodukt würden wir von den stilistisch zweifelhaften Suiten einmal abgesehen eher in die Rubrik gepflegte Mittelklasse einordnen. Besonders die *Business Einzelzimmer* wirken altbacken und langweilig, wobei sie mit 28 Quadratmetern recht groß ausfallen. Die *Business Doppelzimmer* bieten mit 36 Quadratmetern noch mehr Platz. Wie man die weiß gekachelten Bäder, die heute selbst in Sozialbauwohnungen Standard sind, als luxuriös einordnen kann, ist nicht nachvollziehbar und realitätsfremd. Nicht schön sind grundsätzlich Duschvorhänge, die leider nie so gut gepflegt werden können, dass sie nicht anfangen zu muffeln, zumal sie beim Duschen dann noch an der Haut kleben bleiben. Bedauerlicherweise verfügen die Zimmer über keine Klimaanlage, ganz pragmatisch wurden dafür an den Decken Lüfter mit großen Rotorblättern angebracht, die aber bei wirklich hohen Temperaturen nichts als ein nervendes Geräusch produzieren und eher Staubaufwirbler sind. In Anbetracht der Größe des Hauses ist der Wellnessbereich mit 600 Quadratmetern nicht übermäßig groß, dennoch ermöglicht dieser es uns, zumindest ein kleines Lob anzubringen, da er immerhin sehr schön gestaltet ist. Zur Ausstattung zählt neben einem Pool ein Saunabereich mit finnischer Sauna und Ruhebänken. Der Fitnessraum wurde mit ein paar Cardio-Trainingsgeräten von Technogym ausgestattet und dient ganz offensichtlich nur der Komplettierung des Gesamtangebots. Die Gastronomie konnte uns zumindest bislang wenig überzeugen, zudem können wir kein Konzept erkennen. Offenbar sind alle Outlets auf das Gruppengeschäft ausgerichtet, denn es werden in den Restaurants meist Buffets geboten. Nicht selten ist das À-la-carte-Restaurant Castella geschlossen. Nach wie vor vermissen wir in allen Abteilungen kompetente Ansprechpartner. Es lässt sich nämlich der Eindruck gewinnen, dass sich die meisten Mitarbeiter nicht mit dem Haus, das sie vertreten, identifizieren und in Bezug auf viele Details ahnungslos sind. Überwiegend verfügen sie offensichtlich nur über Basiswissen: sei es zu den Veranstaltungsräumen, den Zimmern oder der Gastronomie. In diesem Jahr gerieten wir an eine Dame, die, das möchten wir unbedingt zuvor erwähnen, äußerst freundlich war, denn wir hatten bisweilen schon Kontakt zu wahren Furien gehabt. Auf die Frage, welche Zimmer auf dem neuesten Renovierungsstand seien, antwortete sie allerdings nur nichtssagend: „Alle sind wunderwunderschön." Wir hakten nach und wollten wissen, welches Segment denn gebucht werden müsse, um in den Genuss eines einigermaßen frisch renovierten Zimmers zu kommen. „Buchen Sie doch einfach ein Zimmer, kommen vorbei und wenn es nicht gefällt, dann suchen wir ein anderes heraus, es könnte dann halt etwas teurer werden, je nachdem." Da drängt sich der Eindruck auf, dass es lediglich einige wenige neue Zimmer gibt, sodass man vermutlich vorgeben will, diese seien der Standard. Wichtig zu wissen, dass die Anlage aus drei Gebäudeteilen besteht, die unterschiedlichen Segmenten zugeordnet werden. Letztlich konnte die Dame keine adäquate Auskunft geben und flüchtete sich in folgenden Hinweis: „Jeder Mensch sieht das anders und muss das selbst einschätzen, da können wir leider nicht helfen." Besonders amüsiert hat im weiteren Gespräch ihre Restaurantempfehlung. Das

Castella wäre „echt gut", da gebe es nämlich alles, von „italienisch bis Kartoffelsalat". Eigentümer Herbert Aukam wäre gut beraten, wenn er endlich eine Direktorenpersönlichkeit verpflichten würde, die über die entsprechende Expertise verfügt, ein solch komplexes Haus zu führen, und sowohl Gastgeberqualitäten als auch über Sozialkompetenz aufweist. Vorrangig sollten dann erst einmal die Mitarbeiter intensiv geschult werden. Am Ende des Gesprächs wollte sich die Mitarbeiterin dann noch ein Lob abholen, in dem sie sich erkundigte, ob sie denn weiterhelfen konnte. Hierauf lautete unsere Antwort schlicht und einfach: „Leider nein."

Bewertung:

KIEL Schleswig-Holstein

ATLANTIC
(Stadtmitte)
Raiffeisenstraße 2
24103 Kiel
Telefon: 04 31-3 74 99-0
Internet: www.atlantic-hotels.de
E-Mail: kiel@atlantic-hotels.de
Direktor: Frank Blasberg
DZ ab € 159,00

Dieses im Zentrum gelegene First-Class-Hotel der Bremer Atlantic-Gruppe hat sich im Segment der Businesshotels einen Platz an der Spitze des hiesigen Hotelmarktes gesichert. Das Gesamtangebot ist mehr als überzeugend: Insgesamt 187 Zimmer und Suiten, deren Gestaltung einem zeitgemäßen Design folgen, bieten in den Kategorien *Comfort*, *Superior* und *Deluxe* mit 30 Quadratmetern recht viel Platz. *Comfort*-Zimmer sind in Richtung Stadt ausgerichtet, in *Superior*-Zimmern hat man immerhin einen seitlichen Fördeblick und nur die *Deluxe*-Zimmer bieten eine direkte Aussicht auf die Kieler Förde. Weitere Alleinstellungsmerkmale, durch die sich die Kategorien voneinander unterscheiden, lassen sich darüber hinaus mit Ausnahme der unterschiedlichen Ausstattungen der Bäder mit Dusche oder Badewanne nicht festmachen. Im Gegensatz zu anderen Häusern spielt bei der Kategorisierung die Lage in einer bestimmten Etage und damit die entsprechende Weite des Ausblicks keine Rolle. Zu den Basisleistungen zählen High-Speed-Internet, die Möglichkeit der Tee- und Kaffeezubereitung sowie die Flasche Wasser zur Begrüßung. Der Zutritt zum Spa in der siebten Etage ist bereits in die Rate inkludiert. Dieser beschränkt sich allerdings auf eine finnische Sauna, ein Dampfbad, einen Ruheraum sowie eine Frischluftterrasse. Selbstverständlich zählt auch ein Fitnessraum zum Angebot. Im Restaurant Pier 16, in dem im Übrigen morgens das Frühstücksbuffet angeboten wird, kann abends ab 17 Uhr gespeist werden. Zurzeit ist die Karte noch recht übersichtlich gestaltet. Geboten werden die üblichen Klassiker wie Caesar-Salat, Wiener

Schnitzel, zudem Maritimes wie Kartoffelkuchen mit Lachs oder Kabeljaufilet. Einen gewissen Kultstatus genießt die Bar Deck 8 im Dachgeschoss, in welcher der Charakter eines Privat-Clubs gepflegt werden soll. Um diesen zu unterstreichen, wurde offenbar ein „Mini-Dresscode" ausgegeben. Es wird explizit darauf hingewiesen, man sei kein Beach Club, weshalb darum gebeten werde, beim Besuch keine Jogginghosen, Shorts oder Badelatschen zu tragen. Vermutlich soll so verhindert werden, dass vor allem externe Gäste im Strandoutfit in der „Open Air Lounge" auf der Terrasse chillen. Das Deck 8 ist nämlich zwischenzeitlich ein beliebter Treffpunkt der Kieler Gesellschaft geworden. Seit April dieses Jahres befindet sich direkt neben diesem Haus das unique BY ATLANTIC, mit dem zudem das Low-Budget-Segment bespielt werden soll. Es verzichtet auf ein gastronomisches Konzept, garantiert dafür aber eine feste Ratenstruktur, zumindest außerhalb der Zeiten großer Veranstaltungen wie der Kieler Woche. Vielleicht ist dieses für den einen oder anderen Gast, der auf eine umfangreiche Infrastruktur verzichten kann, eine echte Alternative. Übrigens, die Parkgebühren, die in einigen Destinationen mittlerweile sogar täglich die 40-Euro-Marke überschritten haben, fallen mit 15 Euro recht moderat aus. Dennoch bietet sich die Anreise mit den öffentlichen Verkehrsmitteln geradezu an, da sich das Atlantic schräg gegenüber dem Kieler Hauptbahnhof befindet. Abschließend noch ein Hinweis: Zum Schutz sowohl der Mitarbeiter als auch der Gäste wurde im Atlantic nach Aufhebung der allgemeinen Schutzmaßnahmen zur Bekämpfung der Coronapandemie zunächst einmal daran festgehalten, in den öffentlichen Bereichen einen Mund-Nasen-Schutz zu tragen. Dies ist unter Berufung auf das Hausrecht selbstverständlich möglich und auf jeden Fall mutig, weil es Gäste gibt, die den Sinn solcher in der aktuellen Pandemie ja nun wirklich bewährten Maßnahmen partout nicht einsehen wollen und sich beschweren. Fakt ist, dass die Infektionszahlen im Mai 2022 noch sehr hoch waren und zu Beginn des Sommers in Südeuropa neue Omikron-Varianten auftauchten. In Anbetracht der Tatsache, dass der durch Corona bedingte Fachkräftemangel augenblicklich für erhebliche Engpässe sorgt und einige Hotels nicht nur ihre Serviceleistungen herunterfahren, sondern teilweise sogar die Gastronomie komplett schließen mussten, ist das Festhalten an Schutzmaßnahmen für ein Hotel daher gewissermaßen ein Selbstschutz. Schließlich können sich die wenigsten Häuser zusätzliche krankheitsbedingte Ausfälle von Mitarbeitern leisten und ein erneuter Lockdown könnte für viele das endgültige Aus bedeuten. Somit kann die Entscheidung der Verantwortlichen als wohlüberlegt bewertet werden. Abschließend lässt sich festhalten, dass das Atlantic unter den klassischen Businesshotels aufgrund seiner hervorragenden Infrastruktur sowie der zentralen Lage zu den besten Häusern Kiels in diesem Segment gezählt werden kann.

Bewertung: ●●◖

MARITIM HOTEL BELLEVUE
(OT Düsternbrook)
Bismarckallee 2
24105 Kiel
Telefon: 04 31-38 94-0
Internet: www.maritim.de
E-Mail: info.bki@maritim.de
Direktor: Joachim Ostertag
DZ ab € 75,00

Wir waren ja bisher immer felsenfest davon überzeugt, dass die Maritim-Hotelgruppe wirtschaftlich sehr solide aufgestellt ist. Nicht zuletzt, weil Konzernchefin Dr. Monika Gommolla bekanntermaßen bei Investitionen mit genau rechnet. Bei der Auswahl von Möbeln, Stoffen und Ausstattungen stehen bei ihr Solidität und Langlebigkeit eindeutig im Vordergrund, während Fragen des Designs für sie eher nachrangig sind. Daher löste die Nachricht im ersten Jahr der Coronapandemie, sich von einigen Häusern, unter anderem vom Berliner Flaggschiff in der Stauffenbergstraße gegenüber dem Verteidigungsministerium trennen zu wollen, nicht nur bei den Mitarbeitern regelrechtes Entsetzen aus. Es scheint durchaus berechtigt zu sein, sich Sorgen um die Gruppe zu machen. Grundsätzlich verfügen nämlich fast alle Häuser nicht nur über gute, sondern über herausragende Tagungsmöglichkeiten und teilweise beachtliche Kapazitäten für Veranstaltungen wie Kongresse, Inhouse-Messen und Festbankette. Der Veranstaltungsbereich dieses Maritim umfasst immerhin sieben solcher Räumlichkeiten, unter denen der größte Saal „Maritim" je nach Bestuhlung Platz für bis zu 450 Personen bietet. Einen nicht unerheblichen Anteil der Gäste dürften in diesem Maritim ungewöhnlicherweise Individualreisende ausmachen, was der exponierten Lage direkt an der Kieler Förde geschuldet ist. Daher ist die durchschnittliche Aufenthaltsdauer hier höher als in den meisten Häusern der Gruppe. In erster Linie wird mit dem Zimmerprodukt eine eher konservative Gästeklientel angesprochen, die den gediegenen Charme nicht als altbacken, sondern vielmehr als gemütlich empfinden dürfte. Renovierungsintervalle werden bei Maritim in der Regel in Dekaden bemessen und bei den Investitionsplanungen der Kette stand das Maritim Kiel offensichtlich bislang ganz weit unten auf der Liste. Wobei positiv anzumerken ist, dass zwischenzeitlich immerhin alle Bäder komplett saniert wurden. Bislang mussten sich die Gäste in der Badewanne duschen. Das Abenteuer des Einstiegs in eine Wanne beim Duschen bleibt den Gästen auch nach der Renovierung erhalten, aber immerhin wurden die Wannen nun mit einem gläsernen Aufsatz ausgestattet. Dabei soll es auch jüngere Gäste geben, die unter Knieproblemen leiden und solche Klettertouren eigentlich gern vermeiden würden. Wir weisen in diesem Kontext immer darauf hin, dass der Eindruck gewonnen werden kann, dass gerade bei Maritim Renovierungsmaßnahmen immer erst dann eingeleitet werden, wenn sich die Beschwerdequote über das Zimmerprodukt deutlich erhöht. Es lässt sich der Eindruck gewinnen, dass man sich bislang ausschließlich auf die exponierte Lage verlassen und Renovierungen immer wieder verschoben hat. Die treue Stammgästeschaft hat diesen Umstand bislang scheinbar als gegeben hingenommen. Seit vielen Jahren steht diesem Maritim Joachim Ostertag vor, der sich mit dem Haus und den Besonderheiten des Konzerns offenbar arrangiert hat. Vor allem damit, dass sein Handlungs- und Entscheidungsspielraum doch sehr eng abgesteckt ist und ihm lediglich die Funktion eines Statthalters zukommt. Den vorhandenen Renovierungsstau redet er sich – so zumindest unser Eindruck – schön. Dabei flüchtet er sich nur allzu gern in Floskeln wie „Wir renovieren hier ständig!". Bei Lichte besehen beschränken sich solche Renovierungen dann lediglich auf notwendigste Erhaltungsmaßnahmen. Die Zimmer, die alle über einen Balkon verfügen, haben eine Größe zwischen 32 und 55 Quadratmetern. In die Rate ist nach wie vor die Nutzung des Schwimmbades inkludiert, das Entspannen in der Sauna sowie der Besuch des Fitnessbereiches hingegen sind gebührenpflichtig. Erwähnenswert wäre noch, dass sich im Haus der Friseursalon von Coiffeur Björn Donner befindet. Obgleich die meisten Gäste mit dem eigenen Fahrzeug vorfahren, möchten wir darauf hinweisen, dass eine Anreise mit den öffentlichen Verkehrsmitteln ebenfalls möglich ist. Vom Hauptbahnhof Kiel kann das Hotel mit den Stadtbussen der Linien 41 und 42 in gut 15 Minuten erreicht werden. Parken auf dem Gelände bleibt ohne Berechnung, für einen Stellplatz in der Tiefgarage werden günstige 10 Euro pro Tag aufgerufen. Wenig beeindruckt zumindest augenblicklich das Angebot des Restaurants Bellevue. Zu Salat, Burgern, Nudeln und Steak gesellen sich auf der Karte dann wegen Kiels maritimer Lage immerhin noch die Scholle sowie der Kabeljau. Wie praktisch, dass noch immer die Coronapandemie nicht nur für den deutlich zurückgefahren Service, sondern letztlich auch für die recht einfallslose Karte im Restaurant als Generalausrede herhalten kann.

Bewertung:

ROMANTIK HOTEL KIELER KAUFMANN
(OT Düsternbrook)
Niemannsweg 102
24105 Kiel
Telefon: 04 31-88 11-0
Internet: www.kieler-kaufmann.de
E-Mail: info@kieler-kaufmann.de
Direktor: Carl-Heinz Lessau
DZ ab € 145,00

Das Romantik Hotel Kieler Kaufmann, ein First-Class-Superior-Hotel direkt an der Kieler Förde, würden wir auf die Frage nach einer Empfehlung für ein kleines, feines und sehr individuell geführtes Haus in Schleswig-Holsteins Landeshauptstadt als Allererstes nennen. Diese Empfehlung erfolgt nicht zuletzt deshalb, weil sich dieses Hotel unter anderem durch eine hochklassige Gastronomie auszeichnet.

Anspruchsvolles Fine Dining erwartet den Gast im Restaurant Ahlmanns, das sich in der ehemaligen Bankiersvilla befindet und von Mittwoch bis Samstag geöffnet hat. Küchenchef Arne Linke, der 2020 die Nachfolge von Matthias Appelt antrat, ist es mit seiner kreativen Spitzenküche gelungen, die Erfolgsgeschichte des Ahlmanns fortzuschreiben und für das Restaurant erneut einen Michelin-Stern zu erringen. In einem privat geführten Haus wie dem Kieler Kaufmann hat eine solche Auszeichnung natürlich noch einmal einen ganz besonderen Stellenwert. Das zweite Restaurant Kaufmannsladen bietet mit Steaks und Fisch vom Grill eher eine bodenständige Küche. Die Bar Soll & Haben bietet sich für einen Digestif und ein entspanntes Ausklingen des Abends an. Insgesamt 57 Zimmer und Suiten, die über drei Gebäudeteile, nämlich den Park- und Marienflügel sowie die Villa verteilt sind, wurden zwischenzeitlich alle komplett renoviert oder erhielten eine erweitertes Fresh-up. In diesem Rahmen wurden beispielsweise Teppiche gegen Parkett getauscht. Von einigen Zimmern in der Villa – alle aus der Kategorie *Deluxe-Doppelzimmer* – eröffnet sich sogar ein direkter Blick auf die Kieler Förde. Grundsätzlich sind die Zimmer in der Villa eher im feinen Landhausstil, im Parkflügel klassisch mit modernen Akzenten und im Marienflügel eher elegant und modern ausgestattet. Sehr schön gestaltet ist der Spa Sanctum, der neben einem Schwimmbad einen Saunabereich mit finnischer Sauna, Biosauna und Ruhezone umfasst. Übrigens, zu den Vorzügen eines Zimmers im Parkflügel zählt die Nähe zum Wellnessbereich. Dass der Kieler Kaufmann eine der beliebtesten Adressen für Hochzeitsgesellschaften ist, liegt in Anbetracht der prominenten Lage an der Kieler Förde auf der Hand. In den Sommermonaten sind Open-Air-Trauungen im hauseigenen Park möglich. Zwei Mitarbeiter stehen als sogenannte „Wedding Planner" den Brautpaaren mit Rat und Tat zur Seite und organisieren mit ihnen gemeinsam den hoffentlich schönsten Tag im Leben. Ansonsten bieten sich die Räumlichkeiten des Hotels für weitere geschäftliche und private Veranstaltungen an. Im Fördesaal haben bei entsprechender Bestuhlung bis zu 200 Personen Platz, Festbankette wären hingegen mit bis zu 170 Personen möglich. Somit ist das Haus breit aufgestellt und kann das Tagungs- und Veranstaltungssegment ebenso wie das Leisuresegment bespielen. Anders als lupenreine Businesshotels ist in der Regel an Wochenenden die Buchungslage sehr gut, weil dann vor allem Individualreisende im Haus logieren, die hier eine Auszeit nehmen.

Bewertung:

KÖLN   Nordrhein-Westfalen

DORINT AM HEUMARKT
(Altstadt-Süd)
Pipinstraße 1
50667 Köln
Telefon: 02 21-28 06-0
Internet: www.dorint.com
E-Mail: info.koeln-heumarkt@dorint.com
Direktor: Marko Markovic
DZ ab € 127,00

Die rund 2.000-jährige Geschichte Kölns ist nicht die einzige Eigenheit, welche die Stadt zu etwas Besonderem in Deutschland macht. Auch das UNESCO-Welterbe Kölner Dom allein ist nicht das, was die einstige römische Kolonie am Rhein im Vergleich zu anderen deutschen Metropolen auszeichnet, obwohl die mächtige Kathedrale eine der meistbesuchten deutschen Sehenswürdigkeiten ist. Köln zeichnet sich durch einen bürgerlichen Gemeinsinn und einen unverwechselbaren Lokalcharakter aus, der natürlich im Karneval seinen Höhepunkt findet, der aber ganzjährig für Besucher deutlich zu spüren ist und die Stadt zu einer der beliebtesten Metropolen macht. Kein Wunder also, dass Touristen und Messen gleichermaßen dafür sorgen, dass eine relativ hohe Nachfrage nach Hotelkapazitäten vorherrscht und ein entsprechend großer Markt existiert. Köln ist daher Standort von sogar vier Häusern der Dorint-Gruppe, wobei zwei davon zu deren Low-Budget-Zweig Essentials by Dorint zählen. Die beiden anderen Häuser, das Dorint an der Messe Köln und das Dorint am Heumarkt, genügen hingegen höheren Ansprüchen. Das Dorint am Heumarkt ist dabei mit seinen 262 Zimmern trotz des noch auf das Frühstücksrestaurant und die Harry's New York Bar beschränkten gastronomischen Angebotes sicherlich als ein Luxus-Businesshotel einzuordnen. Bereits für 2020 war die Eröffnung einer LeBistrot99-Dependance, bekannt schon aus dem Neusser Dorint-Hotel, als neues Restaurant angekündigt, welche vermutlich aufgrund der Pandemie verschoben wurde. Zudem steht die Erneuerung des Zimmerproduktes des vor fast 20 Jahren eröffneten Hotels auf dem Programm. Die zentrale Lage ist auf jeden Fall ebenfalls der eines Spitzenhauses würdig, obwohl der namensgebende Heumarkt zwei Straßenblocks entfernt liegt. Angesichts der Bedeutung und intensiven Frequentierung des Heumarktes für publikumsintensive Events wie Fanmeilen,

Karnevalsveranstaltungen, Konzerte, Feste und einen Weihnachtsmarkt sowie als Heimat zahlreicher traditioneller Brauhäuser und Kneipen ist eine gewisse Distanz zu diesem oft von Trubel geprägten Platz aber sicherlich nicht zu bedauern und der Nachtruhe der Gäste dienlich. Der Weg über den Rhein via Deutzer Brücke und zum dort hinter dem Deutzer Bahnhof gelegenen Messegelände ist ebenfalls nur knapp 2.000 Meter kurz und notfalls zu Fuß zu bewältigen, was Messegästen sehr entgegenkommt. Wer die Kölner Altstadt entdecken und den Dom besuchen möchte, kann diese Ziele ebenfalls innerhalb weniger Gehminuten erreichen. Für das großzügige Fitnessangebot sorgt der Fitness & Health Club Holmes Place, der als externer Spa und Fitnessclub geführt wird, sich aber im gleichen Gebäudekomplex wie das Dorint befindet und über einen separaten Aufzug von der fünften und sechsten Etage aus direkt erreicht werden kann. Dank der Kooperation kann den Gästen sogar ein großer, allerdings wie alle Fitness- und Wellnessangebote kostenpflichtiger Indoor-Pool angeboten werden. Das Haus verfügt zudem über zehn Tagungsräume sowie einen 359 Quadratmeter großen Ballsaal für bis zu 380 Gäste. Neben den Suiten werden die Zimmer in die drei Kategorien *Standard*, *Comfort* und *Superior* unterteilt. Dass seit dem Wechsel an der Dorint-Spitze im Jahr 2018 Karl-Heinz Pawlizki als CEO und Jörg T. Böckeler als COO nach kurzer Aufbruchsstimmung durch die Pandemie ausgebremst wurden, ist bedauerlich, aber das angekündigte Ende der Coronamaßnahmen im Jahr 2022 lässt Licht am Horizont erkennen. Nunmehr CEO, wird Böckler die Aufgaben zur Neustrukturierung und -ausrichtung von Dorint dann ungestört vorantreiben können. Der Premium-Marke Hommage mit Häusern in Bremen, Baden-Baden, Sylt, Wiesbaden und jetzt Düsseldorf wird das Dorint am Heumarkt zwar nicht zugeordnet, aber weit entfernt bleibt man von diesem Premium-Status sicher nicht. Bei der Errichtung und Ausstattung des Hauses wurde nicht mit hochwertigen Materialien gegeizt, was den derzeit laufenden und bereits abgeschlossenen Renovierungen zugutekommt. Steigenberger, einst etwas in die Jahre gekommen und in einer ähnlichen Situation, hat in den vergangenen Jahren durch Investitionen in zahlreiche Standorte und die richtigen strategischen Entscheidungen einen Wiederaufstieg bewerkstelligt, sodass Dorint dieser Prozess ebenfalls gelingen sollte. Natürlich erschwerte die Pandemie bislang die Umsetzung der Pläne. Aber Jörg T. Böckeler, unser Hotelmanager des Jahres 2009, ist für diese Herkules-Aufgabe gewiss der richtige Mann. Unter anderem deshalb, weil er die Gruppe bislang souverän durch die Pandemie geführt hat. Das Dorint am Heumarkt ist sicherlich ein Referenzprojekt für den eingeleiteten Neuanfang, denn die Voraussetzungen für einen Wiederaufstieg des bald dann nicht mehr restaurantlosen Spitzenhauses mit einem nun wieder frischen und aktuellen Zimmerprodukt sind außerordentlich gut. Schon die Standardkategorie bietet 29 Quadratmeter Platz, die *Komfort*-Zimmer verfügen über 33 Quadratmeter und *Superior*-Zimmer sogar über 40 Quadratmeter. Die täglichen Parkgebühren in der öffentlichen Parkgarage sind mit 28 Euro für diese Lage noch akzeptabel. Und so bleibt nun, wie fast überall, das Abflachen der Pandemie abzuwarten, nach der sich, aufgrund der während dieser Zeit auch in anderen Hotelgruppen und -konzernen oft in Angriff genommenen Renovierungen und Erneuerungen, sowieso ein wesentlich veränderter und vielfach in der Hardware verbesserter Markt zeigen wird. Aus den genannten Gründen ist dieses zentral gelegene Dorint sicherlich ein Haus, das dann umgehend wieder an Vor-Coronazeiten anschließen kann.

Bewertung: ● ● ●

EXCELSIOR HOTEL ERNST
(Innenstadt)
Trankgasse 1–5
50667 Köln
Telefon: 02 21-270-1
Internet: www.excelsiorhotelernst.com
E-Mail: info@excelsior-hotel-ernst.de
Direktor: Georg Plesser
DZ ab € 255,00

Das Excelsior Ernst, Mitglied der feinen Luxusselektion Leading Hotels of The World und in Sichtweite des Kölner Doms gelegen, ist ein klassisches Luxus-Grandhotel, das im nächsten Jahr auf eine 160-jährige Geschichte zurückblicken kann. Seine exponierte Lage in Sichtweite des bekanntesten Wahrzeichens der Stadt ist nicht das einzige Alleinstellungsmerkmal des Hauses. Das Grandhotel ist so etwas wie die gute Stube der Kölner Gesellschaft. Einen wirklichen Mitbewerber hat dieses Traditionshaus nicht. Es sei denn, es würde lediglich die offizielle Klassifizierung als Parameter herangezogen werden, welche vor allem die grundsätzlich vorhandene Hardware bewertet. Im Hinblick auf die außergewöhnliche Service- und Dienstleistungskultur ist das Excelsior Ernst in Köln aber auf jeden Fall einzigartig. „Wahrer Luxus ist Service", das wurde sich als Leitmotiv auf die Fahnen geschrieben und dieses Credo wird von den Mitarbeitern ganz offenbar verinnerlicht und gelebt. Um einen hochklassigen Service rund um die Uhr gewährleisten zu können, bedarf es einer entsprechenden Personalstärke. Ein Hotel kann noch so luxuriös eingerichtet sein und sich exklusiver Architektur rühmen, es wirkt sich negativ auf das Renommee aus, wenn die Mitarbeiter unmotiviert und unaufmerksam agieren. Einen entscheidenden Einfluss auf die Dienstleistungsbereitschaft hat dabei stets die Unternehmenskultur mit ihren verlässlich umgesetzten Werten und Vorgaben. Valet Parking, Hilfe beim Gepäck, Schuhputzservice und 24-Stunden-Etagenservice sind im

Excelsior Ernst verlässliche Serviceleistungen. Grundsätzlich ist die Minibar in den Zimmerpreis inkludiert, ebenso die Nutzung des kleinen, aber feinen Spa, der neben einer finnischen Sauna ein Dampfbad, Ruhezone und Trainingsraum umfasst. Über eine eigene Tiefgarage verfügt man nicht, im gegenüberliegenden Parkhaus am Dom wurden deshalb Stellplätze angemietet. Vor dem Hintergrund, dass sich das  Excelsior Ernst fast direkt gegenüber dem Hauptbahnhof befindet, bietet sich die Anreise mit den öffentlichen Verkehrsmitteln geradezu an. In diesem Fall würde man den Gast, wenn er es wünscht, selbstverständlich am Bahnsteig abholen, um ihm sein Gepäck abzunehmen. In der Regel erfolgt die Anreise aber mit dem eigenen Fahrzeug. Ab dem Zeitpunkt der Vorfahrt erhält der Gast sozusagen eine Rundumbetreuung: vom Valet Parking über die Hilfe beim Gepäck bis hin zur Begleitung zum Zimmer. Den Concierge-Service haben wir an dieser Stelle bereits mehrfach gelobt und von eigenen positiven Erfahrungen mit dem Team berichtet, da auch wir von den hervorragenden Netzwerken dieser hilfreichen Zunft profitieren konnten. Deren Mitglieder sind teilweise in einer internationalen Verbindung, den berühmten Clefs d'Or, organisiert, um die lokalen Netzwerke international zu verknüpfen. Sie sind die Ansprechpartner für kleine und große Anliegen, sei es eine Tischreservierung, die Buchung einer Theaterkarte oder die Organisation eines Babysitters für den mitreisenden Nachwuchs. In den letzten Jahren fanden erhebliche Investitionen in die Hardware des Excelsior Ernst statt und erst 2018 wurde die letzte große Renovierung abgeschlossen. Dabei wurden die Zimmer und Suiten größtenteils komplett renoviert oder erhielten zumindest ein erweitertes Softlifting. In diesem Jahr werden vier weitere Suiten einem vollständigen Make-over unterzogen. Regelmäßige Investitionen in die Hardware sind ein verlässliches Zeichen für ein Spitzenhaus der privaten Luxushotellerie, in dem nicht gewartet werden muss, bis die Konzernleitung einer Hotelgruppe Budgets für Erhaltungsmaßnahmen freigibt, die eigentlich schon lange überfällig sind. Und selbstverständlich wurde in Köln die belegungsschwache Zeit der letzten beiden Pandemiejahre genutzt, um auch im technischen Bereich notwendige Revisionen durchzuführen. Mit dem recht breiten Spektrum, darunter Luxussuiten, ist es möglich, unterschiedlichsten Erwartungen der Gäste zu genügen. Um einen direkten Domblick genießen zu können, ist natürlich eine der entsprechend gelegenen Luxussuiten zu buchen. So sehr auch die Coronapandemie für einen Rückgang bei der Zimmerbelegung gesorgt hatte, so gegenteilig war die Entwicklung der Gastronomie im Haus. Während der ganzen, nunmehr seit Anfang 2020 anhaltenden Krise blieb das Hotel nur insgesamt neun Wochen geschlossen, ansonsten wollte man – soweit es zu verantworten war – unbedingt Präsenz zeigen. Es gab daher Take-away-Angebote der Restaurants, mit denen die treuen, regionalen Stammgäste weiter beliefert und an sich gebunden werden sollten. Als die Gastronomie auch für Privatreisende wieder öffnen durfte, war die Auslastung der Restaurants umgehend hervorragend. Ein wirkliches Grandhotel dieser Klasse kommt natürlich nicht ohne Gourmetrestaurant aus. Im Excelsior Ernst kann der Gast sogar aus zwei Spitzenrestaurants wählen. Eine Institution ist zweifelsohne die Hanse Stube, in der eine klassische französische Küche auf hohem Niveau geboten wird. Mittlerweile eine vergleichbare Erfolgsgeschichte hat das Restaurant taku vorzuweisen, das nunmehr zum elften Mal vom Guide Michelin mit einem Stern geadelt wird. Chef de Cuisine Mirko Gaul begeistert im taku mit seiner asiatischen Küche mit westlichen Einflüssen. Der Wintergarten ist ebenfalls Teil des Gastronomiekonzeptes. Hier wird Feines aus der Patisserie von Sebastian Scheithe kredenzt – wunderbare Petit Fours, Petits Gâteaux, Tartes, Macarons sowie Pralinen aus eigener Herstellung. Zudem wird ein klassischer britischer Afternoon Tea zelebriert. Scheithe, der diesen schon einmal für König Elisabeth II. zubereiten durfte, ist eine echte Bereicherung für dieses Haus. Zum Tagen und Konferieren, aber auch für Festbankette stehen nicht etwa nüchterne, funktionelle Tagungsräume, sondern sieben edle Salons zur Verfügung. Seit Anfang 2020 trägt nunmehr Georg Plesser hier die Verantwortung. Er ist in der Luxushotellerie beheimatet, führte er doch für die Rocco-Forte-Gruppe in Frankfurt über viele Jahre das Luxushotel Villa Kennedy. Plesser hat sich erfreulicherweise als ein ebenbürtiger Nachfolger von Henning Matthiesen erwiesen, der einen Bilderbuchgastgeber abgegeben hatte und diese Qualitäten mittlerweile im Brenners Park-Hotel in Baden-Baden unter Beweis stellt. Auch bei Georg Plesser sind wir überzeugt, dass er alles daransetzen wird, die Erfolgsgeschichte des Excelsior Ernst fortzuschreiben.

Bewertung:

STEIGENBERGER
(OT Neustadt-Süd)
Habsburgerring 9–13
50674 Köln
Telefon: 02 21-228-0
Internet: www.steigenberger.com
E-Mail: cologne@steigenberger.com
Direktor: Richard Engelmayer
DZ ab € 115,00

Unweit des Rudolfplatzes mit dem mittelalterlichen Hahnentor in seiner Mitte befindet sich das erste Steigenberger der Domstadt. Zuletzt war das Haus als Barceló-Hotel geführt worden, davor als Crowne Plaza. Der Eigentümer, die spanische Azora-Gruppe, hat sich dann 2015 entschlossen, Steigenberger ins Boot zu holen, um ein Luxus-Businesshotel zu etablieren und dabei 23 Millionen Euro in den Bau investiert.

Das Gebäude wurde 1961 bis 1962 als Hochhaus der Provinzial-Versicherung errichtet und ist ein typisches Beispiel der Nachkriegsmoderne in Köln. Mit der vorgelagerten Grünanlage und dem flacheren, pavillonartigen Gebäudeflügel entlang der Aachener Straße ist das Gebäude ein Solitär inmitten der Blockrandbebauung der Umgebung und steht aufgrund all dieser Eigenschaften bereits seit 1992 unter Denkmalschutz. Sicherlich ist es immer noch teilweise umstritten, dass Gebäude aus dieser Zeit heute unter Denkmalschutz gestellt werden, aber angesichts der besonderen Lage dieses Bauwerks am Kölner Ring und der damals als repräsentative Architektur einer großen Versicherung geplanten Anlage ist der Komplex sicherlich typisch für seine Epoche und daher erhaltenswert. Vermutlich waren die damit verbundenen Auflagen für die Komplettsanierung – später dann unter der Ägide von Steigenberger – vielleicht nicht gern gesehen und mit der 1960er-Jahre-Fassade ist man eventuell doch nicht allzu glücklich. Dazu besteht jedoch kein Anlass, denn das Ergebnis des Umbaus und der kompletten Neugestaltung der Zimmer, Suiten und öffentlichen Bereiche kann sich wirklich sehen lassen. Zudem wurde das Service- und Dienstleistungskonzept mit dem Umbau an die Steigenberger-Standards angepasst. Die Zimmer entsprechen nun wieder dem aktuellen Standard der modernen Businesshotellerie und wirken mit ihren dunklen Holzböden und den auch sonst vorwiegend dunklen Hölzern und Farben der Ausstattung warm und behaglich. In der Einstiegskategorie *Business* bieten die Zimmer 23 Quadratmeter Platz. Die *Superior*-Zimmer als nächsthöhere Kategorie sind nur unwesentlich größer. Da das Scheibenhochhaus parallel zum Kölner Ring errichtet wurde, erlauben die ostwärts ausgerichteten und somit ungefähr die Hälfte aller Räume theoretisch einen Blick in Richtung Kölner Dom, der allerdings erst ab der Kategorie *Superior Plus* und damit von der 6. bis 10. Etage aus tatsächlich und unverstellt möglich ist. Alle Zimmer bieten seit der Umgestaltung mit einer Nespresso-Maschine die Möglichkeit der Tee- und Kaffeezubereitung. Die WLAN-Nutzung, eine Flasche Wasser bei der Anreise sowie Telefonate im Ortsbereich bleiben ohne Berechnung. Erst ab der *Deluxe*-Kategorie, die mit 35 Quadratmetern pro Zimmer mehr Platz bietet, ist die Minibar in die Rate inkludiert. Die Bäder sind zwar eher beengt und daher in den unteren Kategorien – bis zu den *Superior*-Zimmern sogar mit getrennten Betten – nur mit einer Dusche ausgestattet, aber dank der Renovierung ansprechend gestaltet und bieten sehr guten Komfort. Wird sich beim Check-in für das Frühstück entschieden, werden nur 21 Euro berechnet, während für die spontane Entscheidung am Morgen 26 Euro fällig werden. Auf einen Wellnessbereich wurde gänzlich verzichtet, was sicherlich unter anderem den baulichen Gegebenheiten und den denkmalschutzrechtlichen Auflagen geschuldet ist. Eine Kooperation mit einem exklusiven und voll ausgestatteten Fitnessclub, wie beispielsweise im Kölner Dorint am Heumarkt, das über keinen Spa verfügt, ist nicht vorhanden. Immerhin existiert mittlerweile ein modern ausgestatteter Fitnessraum samt Crosstrainer, Ergometer und Krafttrainer. Im Vergleich zum Fitness- und Wellnessangebot ist man im Veranstaltungsbereich sehr viel besser aufgestellt, denn dieser umfasst insgesamt sieben Räume, in denen Veranstaltungen mit bis zu 350 Personen problemlos möglich sind. Das gebotene Frühstück ist als überdurchschnittlich gut einzustufen, denn am Buffet sind neben einer Auswahl an Aufschnitt, Käse, Marmeladen, Brot, Brötchen, Cerealien und Obst zudem kleine warme Speisen wie Würstchen, Speck, Rösti und Fleischbällchen zu haben. Eierspeisen können ebenso frisch zubereitet geordert werden wie Pancakes oder Waffeln. Mit dem Überqueren des Habsburgerrings kann fußläufig die Innenstadt und so der Dom in etwa 20 Minuten erreicht werden. Gut, dass die nächste U-Bahnstation nur zwei Minuten entfernt liegt. Da die Anbindung an den Bahnverkehr zwar vorhanden, aber nicht direkt ohne Umstieg auf öffentliche Verkehrsmittel möglich ist, stellt das eigene Fahrzeug für viele Gäste sicherlich dennoch die bevorzugte Art der Anreise dar. Positiv hervorzuheben ist, dass das Auto in der öffentlichen Parkgarage für noch moderate 22 Euro pro Tag abgestellt werden kann. Schade nur, dass das Restaurant trotz Auslaufen der Coronamaßnahmen noch im Juni 2022 bis auf Weiteres geschlossen war. Wie überall seit Pandemiebeginn wird offensichtlich mit dem Personalmangel in der Gastronomie gekämpft.

Bewertung:

KÖNIGSTEIN   Hessen

FALKENSTEIN GRAND
(OT Falkenstein)
Debusweg 6–8
61462 Königstein
Telefon: 0 61 74-90-0
Internet: www.brhhh.com
E-Mail: falkenstein-grand@brhhh.com
Direktor: Dirk Schäfer
DZ ab € 190,00

Wenn der schönste Ausblick vom Taunus aus auf Frankfurt am Main genossen werden soll, lässt es sich kaum besser buchen als hier, denn einen derart unverstellten Ausblick wie im Fünf-Sterne-Superior-Hotel Falkenstein Grand findet man bei keinem anderen Haus in der Region. Der Komplex aus Haupthaus und sechs Nebenhäusern wurde 1909 als Erholungsheim für Offiziere eröffnet; Ersteres besitzt immer noch die Erscheinung eines luxuriösen, großzügigen Grandhotels oder Sanatoriums der vorvergangenen Jahrhundertwende. Vormals von einem Lungensanatorium genutzt, wurde der Park schon vor der Neuerrichtung des Erholungsheims von Franz Heinrich Siesmayer gestaltet, einem der bekanntesten deutschen Gartenarchitekten überhaupt, sodass der Park älter ist als das Offizierserholungsheim, welches heute als Hotelgebäude genutzt wird. Nach der Schließung des letzten Klinikbetriebes wurde der Komplex 1999 als Grandhotel mit Fünf-Sterne-Superior-Klassifizierung eröffnet und unter der Marke Kempinski geführt, der renommiertesten europäischen Luxushotellerie-Gruppe. Seit 2020 sind das Falkenstein Grand sowie das Schwesterhaus Villa Rothschild nunmehr Mitglied der Autograph Collection von Marriott. Das legendäre Atlantic in Hamburg ist im Besitz desselben Eigentümers, des Gründers der Asklepios-Kliniken Bernard große Broermann, und wurde ebenso Teil der Autograph Collection. Im Falkenstein Grand änderte sich zunächst wenig am Auftritt und Erscheinungsbild und die herrschaftliche Architektur mit ihren Besonderheiten blieb natürlich erhalten. Dazu zählt ein insgesamt 1,5 Kilometer langes Tunnelsystem, durch welches Haupthaus und Nebenhäuser miteinander verbunden sind, wodurch die über sämtliche Gebäude verteilten 112 Zimmer und Suiten dennoch wie ein einziges Gebäude funktionieren. Der Namensbestandteil „Grand" verweist nach wie vor auf den Anspruch dieses Luxushotels, den klassischen Service-Kanon eines Grandhotels zu bieten, etwa die obligatorische Hilfe beim Gepäck, einen 24-Stunden-Etagen-, einen Concierge- und einen Schuhputzservice. Die Deluxe-Zimmer garantieren einen Ausblick auf die Skyline Frankfurts, denn diese besitzen eigene Balkone und damit im Sommer sogar die Möglichkeit, dieses Panorama beim Entspannen aus dem eigenen Liegestuhl heraus zu genießen. Ein Bademantelgang, bei Resorts mit verteilt stehenden Gebäuden oft sehr kostenaufwendig hergestellt, war durch das Tunnelsystem bereits vorhanden, sodass die zentral gelegenen Einrichtungen wie der Spa oder der Frühstücksbereich auch bei schlechtem Wetter trockenen Fußes zu erreichen sind. Zum Spa gehören ein Saunabereich und ein beheizter und ganzjährig offener Außenpool. WLAN und Parken auf dem Gelände sind hier kostenfrei. Im Sommer bietet es sich an, das Frühstück auf der Terrasse mit spektakulärem Blick auf die Frankfurter Skyline zu genießen. Glücklicherweise wurde sich kulinarisch dem klassischen Verständnis eines Grandhotels entsprechend positioniert und es stehen sogar zwei Optionen zur Auswahl. Denn im Falkenstein Grand kann ebenso gespeist werden wie im Gourmetrestaurant des Schwesterhotels Villa Rothschild, das vor seiner unlängst begonnenen Neuausrichtung und Renovierung sogar noch zwei Michelin-Sterne verzeichnen konnte. Das neue Restaurant in dem Fünf-Sterne-Boutique-Hotel mit nur 22 Zimmern setzt seit Kurzem als Villa Rothschild Grill & Health auf „Casual Fine Dining", somit auf hochwertige Küche in ungezwungener Umgebung. Die Michelin-Sterne fehlen zwar noch, aber das kulinarische Niveau ist nach wie vor oberhalb des Restaurants im Falkenstein Grand einzuordnen, weswegen ein kulinarischer Ausflug in die Villa Rothschild für ein besonderes Abendessen vom Falkenstein Grand aus erwogen werden kann. Direktor Dirk Schäfer glänzt im Falkenstein mit klassischen Gastgeberqualitäten, auch wenn wegen der Pandemie nur bedingt beurteilt werden kann, wie erfolgreich der Betreiberwechsel absolviert wurde, gibt es eigentlich keine Zweifel daran, dass dieses exklusive Luxushotel für Frankfurt und sein Umland auf jeden Fall eine der ersten Adressen bleiben wird.

Bewertung: ●●●

KÖNIGSWINTER   Nordrhein-Westfalen

STEIGENBERGER GRANDHOTEL & SPA PETERSBERG

**Petersberg
53639 Königswinter
Telefon: 0 22 23-74-0**
Internet: www.steigenberger.com
E-Mail: info@petersberg.steigenberger.de
Direktor: Raoul Hoelzle
DZ ab € 195,00

Das Steigenberger Grandhotel & Spa liegt auf 336 Metern über Normalnull hoch oben über dem Rhein bei Bad Godesberg im Siebengebirge und ist eingebettet in eine herrliche Naturlandschaft. Bis 1990 war es Gästehaus der Bundesregierung, in dem Staatsoberhäupter und Spitzenpolitiker aus aller Welt logierten, um sich zu vertraulichen Gesprächen mit Vertretern der deutschen Politik zu treffen. Das Hotel ist eines von neun Häusern der Steigenberger-Gruppe, die seit 2021 der neuen Luxusmarke Icons zugeordnet werden. Nach Abschluss der millionenschweren Masterrenovierung im September 2019, die nicht nur die Zimmer und Suiten, sondern darüber hinaus die öffentlichen Bereiche umfasste, bestehen nunmehr beste Voraussetzungen, um dieses Spitzenhaus weiterhin als eines der besten Luxushotels Deutschlands zu positionieren. Es ist die Melange aus der herrlichen Lage, dem exklusiven Zimmerprodukt, dem hervorragenden Gastronomieangebot und den Wellnessmöglichkeiten, mit der es nunmehr verstärkt gelingt, Gäste anzusprechen, die vor allem Ruhe und Erholung suchen. Gerade während der Coronakrise hat sich für das Grandhotel Petersberg aber nun der Vorteil seiner breiteren Ausrichtung gezeigt. War es in der Vergangenheit so, dass unter der Woche vermehrt Geschäftsreisende und Tagungsgäste und am Wochenende eher Individualreisende hier logierten, hat sich dies mittlerweile völlig gewandelt. Immer mehr dieser entscheiden sich für ein verlängertes Wochenende oder teilweise sogar einen kompletten Urlaub auf dem Petersberg. Für Wandertouren sind das Siebengebirge und die Eifel dabei ebenso mögliche Ziele wie Trips nach Bonn, Köln oder in andere nahe gelegene Städte. Mit mehreren Restaurants und einem Bistro ist dieses Steigenberger gastronomisch bestens aufgestellt. Aufgrund der Lage und repräsentativen Architektur zählt es zu einer der beliebtesten Locations für Hochzeitsgesellschaften. Als Außenstelle des Standesamtes Königswinter kann die Eheschließung im festlichen Rahmen direkt hier oben erfolgen. Auf dem weitläufigen

Gelände befindet sich zudem eine sehr schöne barocke Kapelle, in der eine kirchliche Trauung beider Konfessionen möglich ist. Im Rahmen der jüngsten Renovierungsmaßnahmen erhielt der Spa ein neues Designkonzept. Zum Gesamtangebot zählen ein Pool mit Gegenstromanlage sowie ein Saunabereich mit finnischer Sauna, Dampfbad, Biosauna, türkischem Hamam und einem Ruheraum, in dem es sich  vor dem Kamin wunderbar entspannen lässt. Hoteldirektor Raoul Hoelzle möchte künftig das Thema Gesundheitsvorsorge stärker gewichten, denn die Rahmenbedingungen hierfür sind hervorragend, da die Firma Skolamed, deren Kernkompetenz die präventive Gesundheitsfürsorge für Führungskräfte ist, im Haus eine Dependance unterhält. Somit kann der Gast seinen Aufenthalt auf dem Petersberg jederzeit mit einem medizinischen Rundum-Check verbinden. Unterschiedliche Angebote für Firmen und Einzelpersonen sind dabei wählbar, angefangen von einem Fitness-Check bis hin zu ganzheitlichen, internistischen Gesundheits-Check-ups mit moderner Ultraschalltechnik, Labordiagnostik und speziellen Funktionstests. Ebenfalls exzellent sind die Veranstaltungsmöglichkeiten in diesem Steigenberger, zählen zum Convention-Bereich doch insgesamt 10 Räumlichkeiten. Darüber hinaus bieten sich zahlreiche Außenflächen für verschiedenste Events an. Somit sind Tagungen, Meetings sowie Festbankette und Kongresse mit bis zu 880 Personen möglich. Beeindruckend ist die knapp 500 Quadratmeter große Rotunde im Gebäude, die jeder Veranstaltung einen exklusiven Rahmen gibt. Durch deren große Fensterfronten kann ein wunderbarer Ausblick auf das Rheintal unterhalb des Petersberges genossen werden. Seit der Masterrenovierung ist diese Rotunde klimatisierbar. Je nach Bestuhlung bietet sie allein schon Platz für bis zu 500 Personen. Im Mai 2022 kamen hier drei Tage lang die Finanz- und Notenbankchefs der G-7-Staaten zusammen. Zu dieser Zeit war das Hotel eine Hochsicherheitszone und Festung, alle Zufahrtswege waren gesperrt und es galt die höchste Sicherheitsstufe. Zutritt hatten nur akkreditierte Journalisten und geladene Gäste von Finanzminister Christian Lindner. Genau solche Veranstaltungen sind eine logistische wie organisatorische Herausforderung und diese sind nur mit einem erfahrenen und eingespielten Team möglich. Mit dem Zimmerprodukt können auch Gäste mit hohen Komfortansprüchen zufriedengestellt werden. Während es in früheren Zeiten noch durchaus Zimmer gab, die offenbar nur dafür genügen mussten, das Begleitpersonal wichtiger Gäste ordnungsgemäß unterzubringen, entsprechen mittlerweile alle den Erwartungen an ein luxuriöses Grandhotel. Ein Teil der Zimmer, welche in die Kategorien *Superior*, *Deluxe* sowie *Grand Deluxe* eingeteilt werden, ermöglicht einen direkten Rheinblick, der andere Teil ist hingegen zum Park hin ausgerichtet. Eine Besonderheit ist sicherlich, dass einige Zimmer über Tageslichtbäder verfügen. Manche Juniorsuiten und Suiten bieten sogar eine eigene Sonnenterrasse.

Wenn der Aufenthalt besonders luxuriös sein darf, seien die exklusiven Suiten dieses Steigenbergers empfohlen. Mit 220 Quadratmetern bietet die Präsidentensuite, die mit zwei Schlafzimmern, getrenntem Wohn- und Essbereich sowie einer großen Terrasse ausgestattet wurde, reichlich Platz. Ungeachtet der wirklich herausragenden Infrastruktur, der Lage, des luxuriösen Zimmerproduktes und des Wellnessangebots steht und fällt natürlich ein solches Haus mit der Service- und Dienstleistungsbereitschaft der Mitarbeiter. Das weiß auch Direktor Raoul Hoelzle, der Erfahrungen in der Spitzenhotellerie mitbringt, war er doch zuletzt für das Steigenberger Frankfurter Hof in Frankfurt und damit für eines der traditionsreichsten Luxushotels in Deutschland tätig. Wir sind davon überzeugt, dass der dynamische und progressive Manager diesem Steigenberger auf dem Petersberg über dem Rhein weitere neue Impulse geben wird, nachdem er hier im Jahr 2020 von Michael Kain ein Haus übernommen hat, das dieser hervorragend am regionalen Markt positioniert hatte. Er wird sicherlich weiter die unterschiedlichen Stellschrauben justieren, um den Petersberg zukünftig fest unter den Top Ten der besten Luxushotels der Republik zu positionieren. Hoelzle bringt in jedem Fall die notwendige Agilität mit, ein solch komplexes Hotel auch bei sich ständig ändernden Rahmenbedingungen sicher zu führen. Ferner verfügt er über ein hohes Maß an Kommunikationsbegabung und Eloquenz, die in einem klassischen Grandhotel wie diesem mit einer anspruchsvollen Gästeklientel samt unterschiedlichen Erwartungen an ihren Aufenthalt unverzichtbar sind.

Bewertung: ○○○○ ○

BILL'S RESTAURANT UND GRILL
Petersberg
53639 Königswinter
Telefon: 0 22 23-74-0
Internet: www.steigenberger.com
E-Mail: info@petersberg.steigenberger.de
Küchenchef: Marwan Al-Hadithy *(bis 05/22)*
Hauptgerichte ab € 24,00

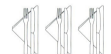

Das BILL'S Restaurant & Grill verdankt seinen Namen dem amerikanischen Präsidenten Bill Clinton, der sich 1994 mit dem damaligen Bundeskanzler Helmut Kohl auf dem Petersberg zu Gesprächen traf. Neben dem Ferdinand Wine & Dine, der Vinothek sowie dem Charles Bistro & Café ist das BILL'S mit seiner deutsch-französischen Küche das Hauptrestaurant in diesem Steigenberger. Anfänglich wurden ganz andere Ziele verfolgt, sollte das Ferdinand doch als Gourmetrestaurant etabliert werden. Dem ehemaligen Hoteldirektor Michael Kain war es gelungen, Sternekoch Anthony Sarpong aus Meerbusch als eine Art Culinaric Director zu gewinnen – mit der Maßgabe, ein Wine-&-Dine-Konzept in ungezwungener Atmosphäre zu etablieren. Sicherlich war dies unter anderem von der Idee getragen, dass es zumindest mittelfristig gelingen könnte, einen Michelin-Stern zu erkochen. Sarpong bezeichnete sein gastronomisches Konzept als „New Kitchen", obwohl mit der Bezeichnung „Fusionsküche" vermutlich eine passendere Umschreibung gewählt werden könnte. Klassiker aus unterschiedlichen Ländern werden dabei mit ungewöhnlichen Zutaten zusammengeführt. Es entstehen teilweise sehr interessante Kompositionen, die im Zusammenspiel mit exotischen Gewürzen besondere Geschmackserlebnisse bieten, zudem wird mit der Kombination von Säure und Süße unterschied-

licher Komponenten raffiniert experimentiert. Kollaborationen mit renommierten Köchen wie Sarpong tragen oftmals nicht nur kulinarisch Früchte, sondern bescheren zusätzliche mediale Aufmerksamkeit und erhöhen das Renommee eines Restaurants. Die weitreichenden Pläne dieses Joint Venture auf dem Petersberg wurden durch die Coronapandemie allerdings konterkariert. Sarpong hatte für die Umsetzung des Konzeptes einst Marwan Al-Hadithy empfohlen, der zuvor für Sarpong als Souschef tätig war. Al-Hadithy hat das neue kulinarische Kreativkonzept als Chef de Cuisine im Ferdinand Wine & Dine umgesetzt und nach der gastronomischen Modifizierung zusätzlich dann für das BILL'S Restaurant & Grill die Verantwortung übernommen. Und auch in diesem begeistert seine kreative, oft mit intensiven Aromen spielende Cuisine, obgleich in etwas abgeänderter Form. Bei sommerlichen Temperaturen ist es etwas Besonderes, auf der Restaurantterrasse mit dem sensationellen Ausblick auf das Rheintal bei Königswinter zu speisen. In der Karte wird ganz bewusst auf wortreiche Umschreibungen der einzelnen Gerichte verzichtet, denn sie beschränkt sich auf die Angabe des Hauptproduktes sowie der wichtigsten Komponenten. In der aktuellen Karte finden sich beispielsweise zwei besonders empfehlenswerte Klassiker: als Entree das geflämmte Lachsfilet mit Buttermilch, Quinoa, Avocado und Koriander. Als Hauptgang das Lammkarree an Aubergine, Hirsesalat, Staudensellerie, Joghurt und Minze. Bei den Weinempfehlungen darf auf die Expertise des Sommeliers vertraut werden, der diese verlässlich an die gewählten Speisen anpasst. Früher wurde in diesem Restaurant zudem das Frühstück serviert, das nach dem Umbau nunmehr in der sogenannten Galerie stattfindet. Sarpong musste mit Beginn der Coronapandemie sein Engagement zurückfahren, denn zu sehr forderten ihn die eigenen Projekte. Und nach Redaktionsschluss erhielten wir die Nachricht, dass Al-Hadithy im Mai dieses Jahres den Petersberg verlassen hat, um sich einer neuen Herausforderung zu stellen. Wir sind uns sicher, dass von ihm noch eine Menge zu hören sein wird. Gleichwohl können wir in diesem Jahr für das BILL'S Restaurant & Grill erneut eine uneingeschränkte Empfehlung aussprechen, denn das Team wird bis zur Etablierung eines neuen Küchenchefs die bisherige Linie weiterverfolgen.

Bewertung: ●●●

KRONBERG Hessen

SCHLOSSHOTEL KRONBERG
Hainstraße 25
61476 Kronberg
Telefon: 0 61 73-7 01-01
Internet: www.schlosshotel-kronberg.de
E-Mail: info@schlosshotel-kronberg.de
Direktor: Dominik Ritz
DZ ab € 200,00

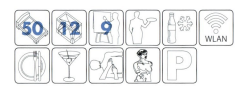

Das Schlosshotel Kronberg, Mitglied der noblen Vereinigung Small Luxury Hotels of the World, hat keine einfachen Zeiten hinter sich. Bis zur Aufhebung des Lockdowns im letzten Jahr durften nur Geschäftsreisende beherbergt werden. Nachdem vor einigen Jahren Sandro Bohrmann mit in die Geschäftsführung der Unternehmensgruppe Prinz von Hessen genommen wurde, zu der das Schlosshotel zählt, und zwischenzeitlich sogar CEO der Hessischen Hausstiftung wurde, gab es nachhaltige strukturelle Veränderungen. Das erklärte Ziel, sich breiter und vor allem internationaler aufzustellen, wird seitdem stringent verfolgt. Obwohl es eigentlich nur eine Randnotiz sein mag, lässt sich dies bereits an der Bezeichnung der einzelnen Zimmerkategorien ableiten, die mittlerweile *Heritage Room* oder *Castle Park View Room* heißen. Letztere würden wir besonders wegen des Ausblicks auf den Golfparcours vor dem Schloss empfehlen. In die Rate sind der Begrüßungsdrink, die tägliche Zeitung sowie die Nutzung der Minibar bereits inkludiert. Die *Heritage Rooms*, sozusagen die unterste Kategorie, befinden sich in der ersten Etage im denkmalgeschützten Bereich des Schlosses. Sie haben eine Größe von circa 20 Quadratmetern, sind mit Antiquitäten ausgestattet und bieten einen Ausblick auf die Parkanlage. Ab dem Segment *Castle Rooms* verfügen die Zimmer über eine Klimaanlage. Zwischenzeitlich bleibt das offenbar verordnete neue Kostenmanagement nicht unbemerkt, was leider unter anderem Auswirkungen auf die Service- und Dienstleistungsqualität hat. Neuerdings werden keine gestandenen Direktorenpersönlichkeiten mehr verpflichtet, sondern Führungspersonal aus der Nachwuchsriege rekrutiert, da dieses ganz offensichtlich günstiger unter Vertrag genommen werden kann. Dominik Ritz, bis zur Schließung im Schwesterhotel Hessischer Hof in Frankfurt in der Direktion tätig, führt seit dem Weggang von Andreas Wieckenberg nunmehr in alleiniger Verantwortung dieses traditionsreiche Luxushotel. Expertise bringt er vor allem aus der Businesshotellerie mit. Gäste, die sich für ein Haus dieser Klasse entscheiden, schätzen vor allem eine persönliche und sehr individuelle Ansprache und Betreuung durch das Personal und einen präsenten Direktor gleichermaßen. Dessen Aufgabe ist es, die zuvor festgelegten Servicestandards zu überprüfen und die Mitarbeiter für eine darüber hinausgehende Dienstleistungsbereitschaft zu sensibilisieren. In diesem geschichtsträchtigen Schlosshotel bleibt uns der Kontakt mit der Dame von der Reservierungsabteilung in bester Erinnerung. Denn sie konnte nicht nur umfassend Auskunft über die Zimmer, den Renovierungsstand und die Infrastruktur, etwa den Golfparcours geben, sondern glänzte zudem mit Wissen über die Geschichte des Hauses. Mittlerweile, so unser Eindruck, ist ein umfassendes Wissen über das eigene Hotel nicht nur in Business-, sondern auch in Luxushotels eher die Ausnahme denn die Regel. Auch in privat geführten Häusern dieser Kategorie empfehlen die Mitarbeiter bisweilen einfach, weitergehende Informationen doch bitte der Homepage zu entnehmen. Trotz dieses positiven Erlebnisses in Kronberg hat das restriktive Kostenmanagement bereits erste Folgen, denn bei der Vorfahrt passiert es schon einmal, dass man sein Gepäck selbst aus dem Fahrzeug ausladen und zur Rezeption tragen muss, wenn der einzige diensthabende Doorman gerade unterwegs ist. In den letzten Jahren vor der Krise wurde erfreulicherweise fleißig investiert, vor allem in die Zimmer und Suiten. Gemeinsam mit der englischen Innenarchitektin Nina Campbell hat Landgräfin Flora von Hessen die Designlinie für das Interieur entwickelt. Für Festbankette stehen acht Salons zur Verfügung, sodass beispielsweise ein Bankett mit fast 100 Personen möglich ist. Ein stilvoller Ort für private Feierlichkeiten wie Taufen, Hochzeiten und Geburtstage ist zum Beispiel der Grüne Salon. In der Bibliothek finden dann die standesamtlichen Trauungen statt. Seit jeher ist das Schlosshotel Kronberg ein Ort, an dem sich Topmanager aus dem Rhein-Main-Gebiet gern ungestört treffen. Der noble Golf- und Land-Club Kronberg befindet sich auf dem Areal der Schlossanlage. Vor der Tür, sozusagen zu Füßen des Schlosshotels, liegt direkt die 18-Loch-Golfanlage. Um auf dieser spielen zu dürfen, ist ein Handicap von 36 Voraussetzung, zumindest an den Wochenenden. Im Schlossrestaurant Victoria wird eine anspruchsvolle, klassisch-französische Küche geboten. Einem Haus mit diesem Anspruch fehlt eigentlich nur der Ritterschlag durch den Guide Michelin. Alle Anstrengungen, einen Stern einzufahren, blieben aber bislang ohne Erfolg, obgleich diese Ambitionen seitens des Schlosshotels stets negiert wurden. Seit einigen Jahren wird mit dem Restaurant Enrico D'Assia, das im Roten Salon und dem kleinen Speisesaal untergebracht wurde, eine Alternative zum Fine Dining geboten. Es werden nach eigenem Bekunden Klassiker der deutschen und italienischen Küche geboten – hier trifft Saltimbocca auf Dorade und Kalbsschnitzel oder Hähnchen. Selbstverständlich sind diverse Antipasti und Pasta im Angebot. Sehr beliebt zwischen September und März ist der English Afternoon Tea, der ganz traditionell mit Scones, Clotted Cream und Sandwiches zelebriert wird. Was wirklich im Schlosshotel Kronberg fehlt, ist ein exklusiver Spa-Bereich, obwohl es bereits erste konkrete Planungen gab, die dann allerdings nicht weiterverfolgt wurden. Vor dem Hintergrund, dass der Hessische Hof und die Villa Kennedy ihre Pforten schließen mussten und sich der Markt an der Spitze der hiesigen Hotellerie deutlich ausgedünnt hat, ist zu hoffen, dass dieses wirkliche Juwel die deutsche Luxushotellerie weiter bereichern wird.

Bewertung: ●●●●

KÜHLUNGSBORN   Mecklenburg-Vorpommern

EUROPA HOTEL
**Ostseeallee 8
18225 Kühlungsborn
Telefon: 03 82 93-88-0**
Internet: www.europa-hotel.de
E-Mail: info@europa-hotel.de
Inhaber: Axel Matzkus
DZ ab € 121,00

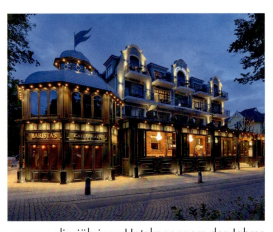

Seit fast zwei Jahrzehnten verfolgen wir bereits die Entwicklung des Europa Hotel in Kühlungsborn und sind beeindruckt, wie Eigentümer Axel Matzkus dieses Haus im Laufe der Zeit von einem durchschnittlichen Ferien- zu einem First-Class-Superior-Hotel entwickelte, welches mittlerweile zu den besten Adressen der Region zählt. Es vergeht kaum ein Jahr, in dem Matzkus nicht über neue Konzepte zu berichten weiß. Zu den großen Projekten unseres diesjährigen Hotelmanagers des Jahres zählte beispielsweise die sukzessive Renovierung aller 63 Zimmer und Suiten, die an den Art-déco-Stil angelehnt gestaltet sind und in die Kategorien *Doppelzimmer*, *Deluxe Doppelzimmer* sowie *Deluxe Doppelzimmer Seeseite* eingeordnet werden. Letztere, für die wir eine Empfehlung aussprechen, sind mit einem Balkon ausgestattet und verfügen über eine Größe zwischen 26 und 28 Quadratmetern. Einen uneingeschränkten Seeblick ermöglichen sie nicht, da an der gesamten Ostseeallee der Ausblick auf das Meer durch einen Baumhain verhindert wird. Die Zimmer zur Parkseite liegen etwas ruhiger. Zusätzlich zu den genannten Kategorien sind Juniorsuiten sowie eine Suite buchbar. Alle Zimmer wurden mit einem hochwertigen Bettensystem ausgestattet, Slipper und Bademantel liegen für den Spa-Besuch bereit, zudem steht zur Kaffee- und Teezubereitung eine Kapselmaschine zur Verfügung. Im Sommer 2020, als die Branche nach dem ersten Lockdown wieder ein wenig Hoffnung schöpfte, dass es wieder aufwärtsginge, war Matzkus längst wieder im Planungsmodus. Für ihn ist es sozusagen ein natürlicher Reflex, kontinuierlich alle Abläufe und operativen Bereiche kritisch zu überprüfen, um so etwaigen Optimierungsbedarf rechtzeitig zu eruieren. Ihm war klar, dass die Coronapandemie unsere Gesellschaft vermutlich noch viele Jahre begleiten wird und er daher entsprechend vorausschauend agieren muss. Nach dem ersten Lockdown hatte Matzkus festgestellt, dass die Abstandsregeln, die – wie sich mittlerweile herausgestellt hat – neben dem Tragen einer Maske am meisten Sinn machen, in Anbetracht seiner Kapazitäten im Restaurant nur schwer einzuhalten sind. Dass Zeitfenster für einen Restaurantbesuch nur eine Zwischenlösung sein können, war ihm ebenfalls klar. Kurzerhand öffnete er daher einen Tagungsraum und stellte Tische und Stühle in der Halle auf. Als wir ihm dann im Sommer 2020 turnusmäßig einen Besuch abstatteten, hatte  er bereits konkrete Pläne in der Schublade. Matzkus nutzte bereits in den Wintermonaten die Zeit des Lockdowns, um in aller Ruhe die Neugestaltung der Flächen in den öffentlichen Bereichen, etwa an der Rezeption und in den Restaurants, optimal an die geänderten Rahmenbedingungen anzupassen. Durch einen geschickten Umbau, beispielsweise durch das Verlegen der Rezeption und der Büros sowie die Nutzung und Einbeziehung der Freiflächen konnte der Restaurantbereich erweitert werden, sodass mehr Plätze entstanden. In Anbetracht des Umstandes, dass keine Gäste im Haus waren und somit keine Rücksicht genommen werden musste, konnten alle Arbeiten zügig durchgeführt werden. Das Ergebnis begeistert, denn durch die Umbauten ist zudem eine schicke Lounge im Lobbybereich entstanden. Vorher war die Rezeption recht beengt und wirkte etwas dunkel, jetzt ist alles offen und einladend. Axel Matzkus ist einer der wenigen Manager der Branche, die eindrucksvoll unter Beweis gestellt haben, dass eine Krise wie diese zwar eine Herausforderung, aber auch eine Chance sein kann, um ein Haus zukunftsfähig auszurichten und dabei gleichzeitig für ähnliche unvorhergesehene Situationen wie eine Pandemie vorzubereiten. Bei der Gelegenheit wurde dann im Europa Hotel – fast en passant – noch der Spa neu gestaltet und dabei deutlich aufgewertet. Zu diesem gehören zwei unterschiedlich temperierte Saunen, ein Ruheraum sowie eine Chill-out-Lounge. Nicht nur das Frühstücksbuffet, das zuvor schon erstklassig war, wurde noch einmal optimiert und das Angebot deutlich erweitert, sondern das Restaurantkonzept für das À-la-carte-Restaurant erfuhr gleichsam eine Neuausrichtung. Mit der Brasserie Belon's, in der im Übrigen morgens gefrühstückt wird, stellt man sich komplett neu auf. Den Gast erwarten kurz umrissen Sushi, Austern und weiteres Sea Food in großer Auswahl. Selbstverständlich gibt es aber auch Fleischgerichte, wobei sich alternativ das Ribs & Bones Steakhouse mit seinen fantastischen Steaks in unterschiedlichen Qualitäten, Burgern und hausgemachten Soßen anbietet. Mit all diesen Neuerungen ist der Transformationsprozess hin zu einem attraktiven Boutique-Hotel nunmehr vollständig abgeschlossen und gelungen. Wirklich beeindruckend, dass Axel Matzkus seine Konzepte immer wieder kritisch überprüft und zudem bereit ist, diese zu modifizieren oder sogar zu verwerfen, wenn ihn Ergebnisse nicht überzeugen oder mit negativen Begleiterscheinungen verbunden sind. Bestes Beispiel ist das ehemalige Gastronomiekonzept der Shark's Bar & Lounge, die so erfolgreich war, dass sie regelrecht überrannt wurde. Als Matzkus verstärkt Beschwerden über die sich – vor allem an Wochenenden – zur vorgerückten Stunde entwickelnde Geräuschkulisse erhielt, zog er die Reißleine und trennte sich wieder von der so erfolgreichen Bar. Schließlich sollten sich die Gäste, die im Hotel ihren Urlaub verbringen, erholen können, sodass Matzkus die richtigen Prioritäten setzte. Ebenfalls hat er in Zeiten, in denen die Branche den allgemeinen Fachkräftemangel beklagt, der sich im Übrigen durch die Coronapandemie noch einmal verschärft hat, verstärkt nach Lösungsansätzen gesucht und war bereit, dabei ganz neue Wege zu beschreiten. So hat er sich bereits vor einigen Jahren entschieden, junge Menschen aus Indonesien in seinen Hotels eine Ausbildung zu ermöglichen. Dies setzte allerdings voraus, zuvor die entsprechenden Rahmenbedingungen zu schaffen, denn die Vorgaben für eine Arbeitsgenehmigung sind streng. Unter anderem erwarb er Wohnraum vor Ort und baute diesen für seine Auszubildenden um. Entstanden sind Zimmer sowie Gemeinschaftsflächen wie Küche, Aufenthaltsbereich und Hauswirtschaftsraum, die es den jungen Menschen aus Übersee ermöglichen sollen, ein Zuhause auf Zeit zu finden. Ferner war Matzkus' Sozialkompetenz gefragt, denn schließlich müssen diese neuen Mitarbeiter kontinuierlich in das bestehende Mitarbeiterteam integriert werden. Es ist ein nicht ganz einfacher Weg, von den bürokratischen Hürden einmal abgesehen, dass dieser Integrationsprozess letztlich gelingt. Diese Mühe trägt bereits Früchte, denn in diesem Jahr beenden die ersten Indonesier ihre Ausbildung und die meisten werden von Matzkus übernommen. Diese Mitarbeiter, die immer dem Gast gegenüber strahlend und freundlich auftreten, sind ein wirklicher Gewinn für diese Hotels und haben in jedem Fall eine positive Auswirkung auf die allgemeine Service- und Dienstleistungsqualität. Matzkus hat während der Ausbildung immer wieder Anreize gesetzt, um diesen Mitarbeitern, die ja nun so weit weg von ihren Familien sind, welche in diesen Kulturkreisen noch einmal einen ganz anderen Stellenwert haben, ein wenig das Heimweh zu nehmen. In jedem Ausbildungsjahr erhielten die besten Auszubildenden ein Flugticket, um während des Urlaubs nach Hause fliegen zu können. Das motivierte und weckte natürlich nochmals deren Ehrgeiz. Axel Matzkus, den wir mit dieser Ausgabe für seine Innovationsfreude und -bereitschaft, seine Kreativität, seinen unternehmerischen Mut und seine hervorragende Personalpolitik zum Hotelmanager des Jahres 2022 auszeichnen, hat nach unserer Überzeugung in der Branche eine Vorbild- und Vorreiterfunktion, die wir hiermit ebenfalls anerkennen möchten.

Bewertung: ●●● ● ↗

MAX AM MEER
Dünenstraße 13
18225 Kühlungsborn
Telefon: 03 82 93-82-0
Internet: www.hotel-max.de
E-Mail: info@hotel-max.de
Direktorin: Sarah Zalaba
DZ ab € 139,00

Das Hotel Max am Meer, bei dem vom Namen nicht abgeleitet werden sollte, es liege direkt am Strand, ist im Ostseebad Kühlungsborn längst eines der fünf besten Häuser. Dabei ist es in Kühlungsborn ja sowieso so, dass nahezu alle Hotels durch den schmalen Baumhain entlang der Ostseeallee, der parallel zum Strand verlaufenden Hauptstraße des Seebades, eher auf dieses Grün als direkt auf das Meer blicken. Und die Strandpromenade, die Seebrücke und die Wilhelmstraße als touristische Flaniermeile können vom Max am Meer aus in gut fünf Minuten erreicht werden. Viele Gäste entscheiden sich dabei unter anderem deshalb für dieses First-Class-Hotel, weil nicht inmitten des touristischen Zentrums und des damit verbundenen Trubels logiert wird. Eigentümer Axel Matzkus hat dieses Haus recht schnell nach der Übernahme im Jahr 2015 auf Erfolgskurs gebracht und zu einer kleinen Dependance seines Europa Hotels an der Ostseeallee entwickelt. Er konnte das Haus nach seinen Vorstellungen umbauen sowie gestalten und dabei ein neues Konzept für das gesamte Interieur erarbeiten. Durch die sehr geschickte Nutzung vorhandener Flächen fand er sogar Platz für eine große finnische Sauna mit angeschlossener Ruhezone. Einen nicht unwesentlichen Anteil am Erfolg hat zweifelsohne seine charmante Direktorin Sarah Zalaba, die im Max am Meer mit ihrer angenehmen Persönlichkeit für ein hervorragendes Betriebsklima sorgt. In Zeiten des Fachkräftemangels in der Branche ist eine solche Sozialkompetenz sicherlich nicht nur eine Randnotiz wert, denn alle Gäste profitieren von der dadurch hervorragenden Dienstleistungsbereitschaft und Freude am Service bei den Mitarbeitern. Vor allem verfügt sie in einem Haus, das mit insgesamt 31 Zimmern doch einen sehr privaten Charakter hat, zudem über die in einer solchen Umgebung notwendigen Gastgeberqualitäten, mit denen sie das Haus nach innen wie außen repräsentiert. Es gibt zwar klassische Einzelzimmer, die mit 12 Quadratmetern recht klein sind, aber ungeachtet der gebuchten Kategorie sind alle mit einer Nespresso-Kaffeemaschine ausgestattet, ferner liegen Bademantel und Slipper bereit. Im Segment der Doppelzimmer gibt es die Kategorie *Park View Balkon*, deren Zimmer eine Größe von 21 Quadratmetern haben und gen Lindenpark auf der Südseite ausgerichtet sind. Analog zum Europa Hotel, sozusagen der großen Schwester, wird auch hier dem Thema Schlafkultur ein hoher Stellenwert beigemessen, weshalb sich für hochwertige Boxspringbettensysteme entschieden wurde. Zudem steht den Gästen wie erwähnt ein kleiner,

sehr schön gestalteter Saunabereich zur Verfügung. Äußerst beliebt ist das Restaurant Rotisserie Wings & Drums, das im Übrigen eine interessante Ergänzung zum gastronomischen Angebot im Europa Hotel ist und in dem Geflügelspezialitäten, aber auch Steaks auf der Karte stehen, die auf dem Lavasteingrill zubereitet werden. An das Restaurant grenzt eine schöne Außenterrasse, die in den Sommermonaten als eine außen liegende Lobby fungiert, auf der gechillt, ein Cocktail, ein Glas Champagner oder ein frisch gezapftes Bier genossen und natürlich etwas gegessen werden kann. Um die Region per Fahrrad erkunden zu können, besteht eine Kooperation mit einem Verleihservice, der lediglich 12 Euro pro Tag für ein entsprechendes Fahrrad berechnet. Für dieses sehr individuell und persönlich geführte Hotel können wir auch in diesem Jahr eine uneingeschränkte Empfehlung aussprechen.

Bewertung:

TRAVEL CHARME
OSTSEEHOTEL
**Zur Seebrücke 1
18225 Kühlungsborn
Telefon: 03 82 93-4 15-0**
Internet: www.travelcharme.com
E-Mail: ostseehotel@travelcharme.com
Direktor: Joost Smeulders
DZ ab € 158,00

Dieses Travel-Charme-Hotel nimmt wie selbstverständlich für sich in Anspruch, das erste Haus am Platz zu sein, was nicht zuletzt wegen seiner Premiumlage direkt an der Promenade und gleich neben der Seebrücke, die sonst kein Hotel in Kühlungsborn so bieten kann, von vielen Besuchern so angenommen wird. Häuser dieser Gruppe zeichnen sich oft durch ein hervorragendes Wellnessangebot und ein attraktives, zeitgemäßes Zimmerprodukt aus. Erfreulicherweise ist der Einrichtungsstil nicht mehr grell und bunt wie zur Eröffnung der Häuser in den 1990er- und 2000er-Jahren, sondern mittlerweile weitaus dezenter und geschmackvoller. Dem Credo, dass knallbunte Farben Urlaubsstimmung hervorrufen, wurde zum Glück abgeschworen. Im Oktober 2020, also inmitten der Coronapandemie, fand ein Direktorenwechsel statt, seit dem dieses Leisurehotel von Joost Smeulders geführt wird. Wir haben uns schon gefragt, ob es von ihm eine gute Idee war, sich als neue Herausforderung ein lupenreines Ferienhotel auszusuchen. Ihm, dem eher nüchternen, distanzierten und stellenweise introvertiert wirkenden Direktor können sicherlich zahlreiche Qualitäten bescheinigt werden, die des geborenen Gastgebers mit Kommunikationsfreude aber eher nicht. Zuvor war Smeulders in Braunschweig tätig und führte dort viele Jahre ein Haus für Mövenpick, später dann ein neu entstandenes Steigenberger. Keine Frage, er wird in Kühlungsborn ausloten, mit welchen starken Partnern er am Markt zusammenarbeiten oder sich austauschen kann. Jetzt ist es nur so, dass Gäste in der Regel mehrere Tage im Haus verbringen, sei es für ein Wochenende oder einen Kurzurlaub. Andere bleiben mehrere Wochen und erwarten daher genau wie auf einem Kreuzfahrtschiff, dass der Herr Direktor ihnen regelmäßig seine Aufwartung macht. Das ist ein ungeschriebenes Gesetz in Häusern in diesem Segment, insbesondere innerhalb der Spitzenhotellerie. Und da muss Smeulders ganz neue Qualitäten beweisen. Das Gesamtprodukt der Zimmer im Travel Charme ist stimmig, die insgesamt 110 Zimmer verfügen entweder über einen Balkon oder eine Terrasse und sind nach wie vor in einem zeitgemäßen Zustand. Erfrischungen aus der Minibar, die mit Softdrinks ausgestattet ist, bleiben ohne Berechnung. Das Frühstück ist ebenfalls grundsätzlich in den Zimmerpreis inkludiert. Zudem zählen sieben Luxussuiten zählen zum Portfolio des Hauses, teilweise mit uneingeschränktem, teilweise zumindest mit seitlichem Meerblick. Sehr schön ist die Turmsuite mit einer Größe von 75 Quadratmetern. Sie verfügt über einen getrennten Wohn- und Schlafbereich und ein eigenes Wellnessbad mit Whirlwanne, dazu über eine Dachterrasse. Entspannen können die Gäste im 1.000 Quadratmeter großen Spa mit seinem Innenpool und dem ganzjährig beheizten Außenpool, der schön gestalteten Saunalandschaft mit finnischer Sauna, Biosauna, Dampfbad und Erlebnisduschen sowie drei Ruhe- und Entspannungsräumen. Relativ breit aufgestellt ist der Beauty-Spa, der neben dem Angebot an klassischen Rücken- oder Ganzkörpermassagen zudem Anwendungen wie Hot-Stone- oder Fußreflexzonenmassagen im Portfolio hat. Ferner sind verschiedene Kosmetikanwendungen im Angebot. Als Hauptrestaurant steht das „Kiek in" zur Verfügung, in dem sowohl gefrühstückt, zu Mittag als auch zu Abend gegessen wird. Geboten wird eine Mischung aus einer regionalen und internationalen Küche. Bei sommerlichen Temperaturen bietet sich die Ostseeterrasse zur Tee- oder Kaffeestunde an, ansonsten im gemütlichen Wintergarten. Positiv hervorzuheben ist die faire Buchungspolitik des Unternehmens. Die ist gerade in den augenblicklichen Zeiten von großer Relevanz, denn Gäste können bis drei Tage vor Anreise kostenfrei stornieren. Am Tag der Anreise wäre es dann sogar noch möglich, eine Umbuchung vorzunehmen. Wer nicht außerhalb der offiziellen Ferienzeiten verreisen kann, dem sei eine rechtzeitige Reservierung empfohlen, vor allem dann, wenn er oder sie ein bestimmtes Zimmer oder eine bestimmte Kategorie präferiert. In den Sommermonaten gestaltet es sich mitunter schwierig, spontan eine oder sogar zwei Wochen hintereinander buchen zu können. Daher erleichtert es die erwähnte Stornierungsoption, einen Aufenthalt weit im Voraus zu buchen. Die Mitarbeiterin der Reservierungsabteilung, mit der wir Kontakt hatten, dürfen wir ohne Einschränkungen loben, denn sie konnte erschöpfend Auskunft über die komplette Infrastruktur des Hauses geben. In Anbetracht des Umstandes, dass der überwiegende Anteil der Gäste Privatreisende sind, die meist einen kompletten, nicht selten mehrwöchigen Urlaub verbringen, ist der Beratungsbedarf entsprechend hoch. Gut, dass man sich in diesem Travel-Charme-Hotel somit auf eine kompetente Reservierungsabteilung verlassen kann, was angesichts der zunehmenden Zentralisierung des Vorgangs in vielen anderen Häusern dieser Klasse als sehr positiv anzumerken ist. Nach wie vor ist dieses Haus damit in Kühlungsborn eindeutig Teil der Spitze der hiesigen Hotellerie.

Bewertung:

UPSTALSBOOM
Ostseeallee 21
18225 Kühlungsborn
Telefon: 03 82 93-42 99-0
Internet: www.upstalsboom.de
E-Mail: hotelresidenz@upstalsboom.de
Direktorin: Maria Kuhl
DZ ab € 147,00

Grundsätzlich könnte für dieses Upstalsboom eine uneingeschränkte Empfehlung ausgesprochen werden. Denn die Rahmenbedingungen in diesem Vier-Sterne-Superior-Hotel, sei es für einen Urlaub oder nur eine Wochenendauszeit an der Ostseeküste sind wirklich hervorragend. Hinzu kommt die Lage direkt an der Ostseeallee, der nur durch einen schmalen Hain von der Strandpromenade getrennten Hotelmeile, und könnte somit kaum besser sein, denn nach dem Überqueren von Allee und Promenade ist bereits der Strand erreicht. Obwohl das Zimmerprodukt mittlerweile erkennen lässt, dass dieses Haus schon seit mehr als elf Jahren am Markt ist und der Pflegezustand dafür größtenteils in Ordnung ist, dürfte in absehbarer Zeit die nächste Revision anstehen. Der 1.300 Quadratmeter große Spa des Hauses lässt sich selbst in Anbetracht der Tatsache, dass Wellnessbereiche in Urlaubshotels heute immer größer dimensioniert werden, zumindest als überdurchschnittlich bezeichnen. Er umfasst neben einem Schwimmbad zudem einen Saunabereich mit finnischer Sauna, Licht-Tepidarium, Dampfbad, Erlebnisdusche, Eisbrunnen, Ruheraum sowie Kneipp-Becken im Außenbereich. Der Beauty-Spa offeriert ein recht gutes Angebot an Schönheits- und Massageanwendungen. Buchbar ist eine 70 Quadratmeter große Private-Spa-Suite, in der die ausgewählten Anwendungen genossen werden können. Als À-la-carte-Restaurant steht den Gästen das Brunshaupten zur Verfügung. Geboten wird eine regionale und saisonale Küche unter teilweiser Verwendung von Bioprodukten. Die Preise haben allerdings teilweise stark angezogen, wobei sich offenbar das Grandhotel Heiligendamm zum Vorbild genommen wurde. Fleischgerichte ab etwa 40 Euro, ein klassisches Gericht wie die ganze Seezunge mit Kartoffeln und Gurkensalat zu 59 Euro und weitere nur zu Tagespreisen kalkulierte Fischgerichte deuten dies an. Dass sich diese Preise angesichts des aktuellen Inflationsgeschehens – gerade im Lebensmittelbereich – wahrscheinlich noch erhöhen dürften, ist absehbar. Alles hinnehmbar, wäre da nicht der schwächelnde Service, und dieser offenbart sich nicht nur im Restaurantbereich, sondern zieht sich durch alle Abteilungen des Hauses. Maria Kuhl, die hier seit Dezember 2016 die Verantwortung trägt, konnten wir bislang keine besonderen Gastgeberqualitäten attestieren. Bei allen Gästeanliegen und Beschwerden schickt sie Mitarbeiter vor. Ihr direkter Vorgänger, Thomas Peruzzo, der sich dann für die Position des General Manager im Grandhotel Heiligendamm empfehlen konnte und zwischenzeitlich das Armani Hotel in Dubai führte, war da von einem ganz anderen Kaliber. Mit Talenten wie Kommunikationsbegabung, Eloquenz und Charme reichlich ausgestattet, verfügte er über alle Attribute eines formvollendeten Gastgebers. Wichtig war für Peruzzo immer, mit den Gästen im Gespräch zu bleiben, Stimmungen aufzunehmen, um so Schwachstellen eruieren und abstellen zu können. Maria Kuhl hingegen, die zuvor für das Cliff Hotel in Sellin auf der Insel Rügen tätig war, scheint lediglich zu verwalten. Konnten wir zu Beginn der Pandemie die stringente Umsetzung des damals sehr guten Hygienekonzeptes vom Upstalsboom loben, mussten wir dieses bereits in der letzten Ausgabe wieder relativieren. Geben wir ein Beispiel: Im Sommer 2020 hatte der Gast für den Besuch des Spa-Bereiches einen festen Zeitabschnitt zu buchen. So war es möglich, die Besucherzahlen genau zu steuern, aber bereits im letzten Jahr wurde dann auf die Eigenverantwortung der Gäste gesetzt. Dass dies nur teilweise funktioniert, ist kein Geheimnis, wie jeder im täglichen Leben selbst feststellen kann. Die einen halten sich vorbildlich an Regeln und Hygienevorgaben, andere missachten sie bewusst. Nunmehr scheint man den organisatorischen Aufwand zu scheuen. Darüber hinaus werden die Timeslots für die Frühstückszeiten, die es wirklich erlaubten, den Morgen ganz entspannt im Frühstücksrestaurant zu beginnen, nicht mehr angeboten. Angeblich ginge sich das so aus, wie uns eine Mitarbeiterin der Rezeption erzählte! In diesem Jahr hat sich die Lage, nachdem ein großer Teil der Bevölkerung geimpft ist, trotz der noch hohen Infektionszahlen entspannt, sodass ein Verlassen auf die Eigenverantwortung der Gäste nun praktikabel ist, sei es hinsichtlich des Tragens einer Maske oder in Bezug auf untereinander einzuhaltende Abstände. Im Hinblick auf die Gastronomie gibt es seit Jahren noch Luft nach oben. Leider fallen solche Kriterien angesichts des allgemeinen Trends, den Urlaub im eigenen Land zu verbringen, immer mehr zurück, denn die Häuser an den deutschen Küsten sind ohnehin sehr stark nachgefragt. Die meisten sind froh, noch ein Zimmer zu bekommen, und sehen über ein unbefriedigendes Restaurantangebot und andere Dinge einfach hinweg. Zumal es keine Seltenheit ist, dass Hotels aufgrund von Personalmangel ihr Angebot reduzieren oder sogar ganz einstellen mussten. Ein geöffnetes Restaurant im eigenen Hotel ist somit keine Selbstverständlichkeit mehr. Im Upstalsboom scheint der Fachkräftemangel bereits seinen Tribut zu fordern, denn eine telefonische Kontaktaufnahme mit Mitarbeitern der Reservierungsabteilung blieb bei zahlreichen Versuchen leider erfolglos. Dabei ist eine solche Abteilung so etwas wie eine Visitenkarte, schließlich erfolgt über sie meist der erste Kontakt, der dann im besten Fall zu einer Reservierung führt. Die Mitarbeiter der Reservierungsabteilung im Upstalsboom machen sich offenbar genauso rar wie ihre Direktorin. Die unmittelbaren Mitwerber Europa Hotel und das Travel Charme waren zu den üblichen Zeiten hingegen gut erreichbar: Bei beiden war im Übrigen die Beratung wirklich hervorragend. Unserer Wahrnehmung nach gibt es in allen Abteilungen hinsichtlich Service- und Dienstleistungsbereitschaft deutlich Luft nach oben. Dass das etwas mit der Führungsschwäche von Maria Kuhl zu tun haben könnte, war bereits vor Beginn der Coronapandemie offensichtlich, aber die Krise hat diesen Eindruck nochmals verstärkt. Um es auf den Punkt zu bringen: Punkten kann das Upstalsboom im Hinblick auf Hardware, Lage und Wellnessangebot, schwächelt allerdings erheblich beim Service. Und Obacht: In diesem Sommer steht eine Schließung des Spa zu Renovierungszwecken an, sodass genau überprüft werden sollte, ob während des gebuchten Zeitraums überhaupt ein Wellnessangebot verfügbar ist.

Bewertung: ●●●

LEIPZIG Sachsen

BEST WESTERN CITY CENTER
(Zentrum-Nord)
Kurt-Schumacher-Straße 3
04105 Leipzig
Telefon: 03 41- 12 51-0
Internet: www.bestwestern-leipzig.de
E-Mail: info@bestwestern-leipzig.de
Direktor: Stefan von Heine
DZ ab € 63,00

Dass Direktor Stefan von Heine Häusern mit einem erhöhten Schwierigkeitsgrad führen kann, hat er während seiner beruflichen Laufbahn bereits mehrfach eindrucksvoll unter Beweis gestellt. Während seiner Laufbahn leitete er unter anderem über mehrere Jahre ein luxuriöses Leisurehotel auf der Insel Rügen und für Dorint ein großes Tagungs- und Kongresshotel in Potsdam, zusätzlich interimsweise ein klassisches Grandhotel und übernahm für den Konzern teilweise sogar übergeordnete Aufgaben. Stefan von Heine führte die ihm anvertrauten Häuser stets so, als seien sie eigene Betriebe, mit entsprechendem Engagement und unermüdlicher Entwicklung neuer Ideen. Übernimmt er ein Hotel, dann eruiert er möglichst zeitnah, mit welchen regionalen Partnern er zusammenarbeiten kann. Dieses Best Western in Leipzig aus dem Mittelklassesegment ist mit seinen 109 Zimmern und 6 Suiten dennoch durchaus eine Herausforderung, denn auf dem Leipziger Hotelmarkt gibt es zahlreiche Mitbewerber, die das gleiche Segment bespielen. Ein Standortvorteil ist sicherlich die direkte Lage am beeindruckenden Leipziger Hauptbahnhof, dem größten und sicherlich einem der schönsten in Europa, denn das Hotel kann nach Verlassen des Bahnhofs in nur wenigen Schritten erreicht werden. Erwähnenswert ist, dass das Haus während des Lockdowns geöffnet blieb, denn Stefan von Heine wollte Präsenz zeigen, im Gespräch bleiben und darüber hinaus den Kontakt zu seinen Mitarbeitern aufrechterhalten. Angesichts des Fachkräftemangels in der Branche eine gute Entscheidung. Den staatlich verordneten Shutdown hat er sinnvoll genutzt und sich über neue Vertriebskanäle und Vermarktungsstrategien Gedanken gemacht. Aus eigenem Vergnügen hat er als gelernter Koch und Küchenchef dann noch für seine Mitarbeiter gekocht, was wiederum durchaus der allgemeinen Stimmung im Haus zugutekam und das Gemeinschaftsgefühl der Mitarbeiter stärkte. Ebenso ist von Heine ein guter Kontakt zu den zahlreichen Stammgästen, die dem Hause eng verbunden sind, wichtig. Deshalb betreibt er ein hervorragendes Dialogmarketing, durch das er über Neuigkeiten in Bezug auf das Hotel und über Veranstaltungen, Events und generell Sehenswertes in Leipzig informiert. Mit einigen der Stammgäste hatte von Heine sich während dieser Zeit sogar zum Online-Live-Cooking verabredet. Da Leipzig zu den beliebten Destinationen für Kultur- und Städtereisende zählt, kann selbst in der Businesshotellerie von dieser Klientel profitiert werden, obwohl die Stadt mit ihren Besucherzahlen natürlich bei Weitem nicht an Dresden heranreicht. Dieses Best Western bietet in der Regel kein vollwertiges Restaurant, sondern offeriert ein Frühstück in einer außerordentlich guten Qualität. Neben dem üblichen Angebot an Käse, Wurst, Eierspeisen, Brot und Brötchen sind zudem selbst hergestellte Süßspeisen wie Kuchen und Gebäck sowie das Bircher Müsli auf dem Buffet zu finden. Auf besonderen Wunsch werden Eierspeisen à la minute zubereitet. Es werden zunehmend Produkte regionaler Erzeuger verwendet und generell alle Anstrengungen unternommen, mit Auswahl und Frische zu punkten. Während des Lockdowns, als nur Geschäftsreisende untergebracht werden durften, entschied sich von Heine dafür, den Gästen einen ganz besonderen Service zu bieten, nämlich das Frühstück direkt auf dem Zimmer zu servieren. Nachdem die Maßnahmen zur Eindämmung der Coronapandemie aufgehoben wurden, konnte der kleine Biergarten, der sich größter Beliebtheit erfreut, im Innenhof wieder in Betrieb genommen werden. Das fehlende Restaurant fällt nicht nur wegen dieses Angebotes nicht allzu sehr ins Gewicht, denn im direkten Umfeld existieren zahlreiche Alternativen mit einer großen Bandbreite von klassischer gutbürgerlicher Küche bis hin zu Fine Dining. Leipzigs bestes Gourmetrestaurant Falco im The Westin, das mit zwei Michelin-Sternen ausgezeichnet ist, kann von hier aus fußläufig in gut fünf Minuten erreicht werden. Dennoch wird seit Neuestem im Frühstücksbistro eine kleine Snackkarte geboten. In dieser sind etwa eine Tomaten- oder Zitronengrassuppe, eine Käseplatte, Pizza oder Flammkuchen zu finden. Die Zimmer sind zwischenzeitlich entweder vollständig renoviert worden oder erhielten

ein erweitertes Fresh-up. Alle Bäder wurden hingegen komplett saniert. Augenblicklich wird nach einem Wasserschaden der kleine Freizeitbereich renoviert und im Herbst dieses Jahres wiedereröffnet. Er umfasst neben einer finnischen Sauna und Ruhezone einen kleinen Gym mit einem Basisangebot an Trainingsgeräten. Obwohl es sich aufgrund der zentralen Lage am Hauptbahnhof geradezu aufdrängt, mit der Bahn anzureisen, ist es interessant zu wissen, dass Gäste, die mit dem Pkw reisen, diesen in einem benachbarten öffentlichen Parkhaus für äußerst preiswerte 5 Euro pro Tag einstellen können. Direkt vor dem Haus verkehrt die Straßenbahn, die Haltestelle liegt nur wenige Schritte entfernt. Mit der Linie 15 kann man beispielsweise direkt zum Völkerschlachtdenkmal gelangen, dem wohl bekanntesten Wahrzeichen Leipzigs.

Bewertung:

STEIGENBERGER
GRANDHOTEL HANDELSHOF

(Zentrum Mitte)
Salzgäßchen 6
04109 Leipzig
Telefon: 03 41-35 05 81-0
Internet: www.steigenberger.com
E-Mail: leipzig@steigenberger.de
Direktor: Guntram Weipert
DZ ab € 169,00

Leipzig wird in Bezug auf die internationale Aufmerksamkeit zwar etwas vom barocken Dresden in den Schatten der internationalen Aufmerksamkeit gestellt, aber das dynamischere und größere Leipzig hat dem Eindruck nach unter deutschen Gästen einen fast noch besseren Ruf. Die Stadt ist bedeutender Wirtschafts- und Bildungsstandort sowie geschichtsträchtiger Ort mit wichtigen historischen Ereignissen von der Völkerschlacht, die Napoleons Niederlage brachte, bis hin zu den Montagsdemonstrationen, die das Ende der DDR besiegelten, als in Ost-Berlin auf den dortigen Demos noch vielfach eine Reform des Systems herbeigesehnt wurde. Die Innenstadt hat seit dem Untergang der DDR eine derart umfassende Sanierung und Aufwertung nebst Rekonstruktionen alter Gebäude erfahren, dass sie heute als einer der lebendigsten Citybereiche deutschlandweit gilt. Im Mittelpunkt dieser auf der Rückseite des Alten Rathauses und gegenüber vom aus Goethes „Faust" bekannten „Auerbachs Keller" befindet sich mit dem Steigenberger Grandhotel Handelshof eines der schönsten Luxus-Businesshotels der Stadt. Das Fünf-Sterne-Haus in dem ehemaligen Messegebäude ist damit eine der ersten Adressen; in direkter Nähe zum Augustusplatz mit dem berühmten Gewandhaus und des majestätischen Leipziger Hauptbahnhofs. Bei einer Anreise per Bahn lässt sich also auf das Taxi verzichten und nach einem kurzen Spaziergang das Hotel erreichen, wobei gleichzeitig ein Eindruck vom sehenswerten Zentrum gewonnen werden kann. Leipzigs jahrhundertealter Ruf als Messestadt beschert Leipzig diesbezüglich auch heutzutage noch eine sehr gute Position, selbst im Vergleich zu großen Konkurrenten wie Hannover, Köln, Düsseldorf oder Nürnberg. Die Leipziger Buchmesse ist immer noch die Veranstaltung, welche bundesweit mit die größte öffentliche Aufmerksamkeit auf sich vereinen kann. Das moderne Messegelände und der ebenso noch als neuer Airport zu bezeichnende Flughafen Leipzig/Halle sind bedeutende Standortfaktoren für Leipzig und sein Umland, sodass ein Steigenberger mit anspruchsvollen Businesskunden als Zielgruppe auf viel Rückhalt zählen kann. Dass der ehemalige Direktor Hans Kauschke nicht zu den Fans dieses Hotel Guides zählt und uns einst per E-Mail mitteilte, dass „dieser Hotel Guide für Gäste wertlos" sei, da er zu sehr auf Direktoren eingehe, haben wir damals amüsiert zur Kenntnis genommen. Denn genau das ist das Konzept dieses Führers, der in der Hotelführung regelmäßig einen der größten Einflussfaktoren auf die in einem Haus vorzufindende Servicebereitschaft sieht. Aber wie dem auch sei, dieser Direktor ist mittlerweile Geschichte und wir können dem Haus dafür umso deutlicher unseren Rückhalt geben. Die Anreise gestaltet sich angesichts der Lage in einer Innenstadtzone ohne Autoverkehr allerdings schwierig, daher weiß man das Valet Parking zu schätzen, da das Auto in die benachbarte Tiefgarage verbracht wird. Die Zimmer und Suiten des Handelshofes erscheinen allesamt luxuriös und sind elegant-modern eingerichtet. Helle und dunkle ebenso wie gedeckte Farben schaffen eine wohnliche sowie behagliche und dabei zeitgemäße Umgebung, die durch einzelne Wohnaccessoires in leuchtendem Violett schöne Akzente erhält. Hier trifft man einen für die deutsche Businesshotellerie gehobenen Standard mit Kaffeekapselmaschinen, Klimaanlage und Minibar in jeder Kategorie inklusive einer Gratisflasche Mineralwasser an. Mit 26 bis 36 Quadratmetern in den unterschiedlichen Kategorien sind die Zimmerzuschnitte recht großzügig. Im Spa findet der Gast einen Saunabereich mit Eisbrunnen, einen Fitness- sowie einen Beauty- und Massagebereich auf insgesamt 320 Quadratmetern, wobei man in der Ruhezone besonders komfortable Wassermatratzen genießen kann. Im Handelshof sind neben dem erwähnten Valet Parking ein 24-Stunden-Zimmer-, Concierge- und Schuhputzservice als besondere Serviceleistungen im Angebot. Sechs mit modernster Technik ausgestattete Räumlichkeiten für bis zu 260 Personen sind als Tagungsbereich für ein Hotel in dieser zentralen Innenstadtlage durchaus vorbildlich. Der Handelshof bleibt somit eine Adresse für den Businesskunden mit gehobenen Ansprüchen, aber auch für Städtereisende, die in zentraler Lage mit modernem Komfort logieren möchten.

Bewertung: ●●●

THE WESTIN LEIPZIG
(Zentrum-Nord)
Gerberstraße 15
04105 Leipzig
Telefon: 03 41-9 88-0
Internet: www.marriott.com
E-Mail: info@westin-leipzig.com
Direktor: Andreas Hachmeister
DZ ab € 119,00

Im vergangenen Jahr sorgte das The Westin Leipzig ungewollt für bundesweite Schlagzeilen. Es ging um den Sänger Gil Ofarim, der von einem Rezeptionsmitarbeiter antisemitisch beleidigt worden sein soll. Dieser habe den Musiker aufgefordert, seine Kette mit dem Davidstern abzunehmen. Daraufhin verließ Ofarim das Gebäude und zeichnete vor der Tür ein Video auf, in dem er diesen Vorfall aus seiner Sicht schilderte, um so die Öffentlichkeit über das Geschehen zu informieren. Ofarim befand sich schließlich in einem renommierten Luxus-Businesshotel, das zweifelsohne in seinem Segment als die erste Adresse der Stadt gelten darf, und nicht etwa im Hotel zum röhrenden Hirschen. Selbstverständlich werden da, wo Menschen arbeiten, auch Fehler gemacht. Allerdings haben die Mitarbeiter Erfahrung im Umgang mit schwierigen und manchmal sehr fordernd auftretenden Gästen aus unterschiedlichsten Kulturkreisen. Wir, die seit mehr als zwanzig Jahren diesen Hotel Guide herausgeben, Hunderte Häuser besucht und dort somit wirklich eine Menge erlebt haben, sind natürlich unter anderem auf inkompetente, schlecht geschulte und manchmal arrogant auftretende Mitarbeiter getroffen. Die Ursachen hatten vielschichtige Gründe, darunter nicht selten strukturelle Probleme. In der Regel aber waren das rein fachliche Fehler. Von schwersten Ausfällen wie denen eines brüllenden Direktors in der Lobby, der sich darüber ärgerte, als wir ihn auf Serviceschlampereien hinwiesen und der uns dann verbieten wollte, an dieser Stelle darüber zu schreiben, einmal abgesehen. Gleichwohl stellt sich die Frage, warum der Konzern sich so lange Zeit gelassen hat, eine offizielle Stellungnahme herauszugeben. Am Abend des Vorfalls noch kam es zu einer Demonstration direkt von dem Hotel. Hilflos wirkte geradezu der Versuch einiger Mitarbeiter inklusive des Direktors, ein Banner zu zeigen, auf dem Israel sowie der Halbmond als Symbol des Islams zu sehen waren. Erst einmal stand Aussage gegen Aussage, zwischenzeitlich wurden Videoaufzeichnungen durch die Ermittlungsbehörden ausgewertet und ein Ermittlungsverfahren eingeleitet, das im Mai dieses Jahres abgeschlossen wurde. In einem Gerichtsverfahren wird dieser Vorfall nun endlich aufgearbeitet, sodass man der Wahrheit vielleicht ein Stück näher kommt. Und als ob das noch nicht genug wäre, meldete sich dann noch der Manager von Patricia Kelly zu Wort, der behauptete, er sei von Direktor Andreas Hachmeister im Oktober 2021 homophob beleidigt worden. Nach einer Beschwerde über Haare auf dem Bett und einen verstopften Abfluss soll ihn der Hoteldirektor aufgesucht und „an der Tür gepoltert" und ihn dann massiv beleidigt haben. Das wirkt wiederum, um es vorsichtig auszudrücken, doch sehr seltsam. Und zwar deshalb, weil Hachmeister für uns ein Manager ist, der sich mit banalen Gästeanliegen selten bis gar nicht beschäftigt, also das Gegenteil von einem eloquenten und bei den Gästen präsenten Gastgeber darstellt. Er scheint uns eher der Typus nüchternerer Technokrat, der es nicht für notwendig erachtet, bei seinen Gästen irgendwie in Erscheinung zu treten. Er führt sein Haus vom sprichwörtlichen Elfenbeinturm aus. Hinzu kommt, dass er für die Gruppe, die er vertritt, übergeordnete Aufgaben wahrnimmt und somit in zahlreiche Projekte außerhalb dieses Hotels eingebunden ist. Wenn es unvermeidbar ist, mit den Gästen in Kontakt zu treten, dann bleibt er im Gespräch sachlich und äußerst distanziert. Im Normalfall schickt er bei allen Gästeanliegen Mitarbeiter vor, etwa den Manager on Duty, die in seinem Sinne agieren. Die fehlenden Gastgeberqualitäten Hachmeisters fallen schon deshalb nicht so stark ins Gewicht, da dieses The Westin bekanntermaßen ein lupenreines Businesshotel ist. Also muss sich in diesem Zusammenhang vermutlich eine Menge ereignet haben, dass sich der General Manager genötigt sah, doch einmal persönlich beim Gast nach dem Rechten zu sehen. Dass Hachmeister seine Contenance verliert, ist äußerst unwahrscheinlich und überhaupt nur dann möglich, wenn er bis aufs Blut gereizt wird. Kommen wir aber zu den nüchternen Fakten dieses Hotels, etwa der Hardware. Es ist festzustellen, dass diese den Erwartungen an ein Haus dieser Klasse genügt. Insgesamt stehen drei Kategorien zur Auswahl: *Classic*, *Deluxe* und *Grand Deluxe*, zusätzlich natürlich Juniorsuiten und Suiten. Alle sind zwischen der 10. und 22. Etage untergebracht und haben eine Größe zwischen 24 und 26 Quadratmetern. Die Entscheidung für das Grand-Deluxe-Segment dürfte den meisten nicht schwerfallen, da sich diese Zimmer in den beiden oberen Etagen mit entsprechendem Ausblick auf die Stadt befinden. Zur Infrastruktur des Hauses zählt ferner ein Schwimmbad- und Saunabereich, für dessen Nutzung pro Aufenthalt 5 Euro fällig werden. Wir erinnern uns nur allzu gut daran, als diese Gebühr eingeführt und als eine Art Energiekostenpauschale deklariert wurde. Mittlerweile wäre diese erhobene Zusatzgebühr in Anbetracht der Energiekrise glaubwürdiger denn je. Auf absolutem Erfolgskurs ist man mit dem Restaurant Falco in der 27. Etage, mit dem zumindest durchweg positive Pressemeldungen generiert werden können. Starkoch Peter Maria Schnurr gelingt es, mit seiner kreativen und aromenintensiven Haute Cuisine seit 14 Jahren zwei Michelin-Sterne einzufahren. Somit ist das Falco nicht nur das beste Restaurant in Sachsen, sondern eines der besten in ganz Deutschland. Dass sich ein solches Prestigeobjekt überhaupt geleistet wird, ist in Anbetracht des Umstandes, dass das The Westin ein lupenreines Businesshotel ist, doch beachtenswert. Ansonsten wurde aufgrund der aktuellen Krise und des sich weiter verschärfenden Personalmangels aber mit dem GUSTO das À-la-carte-Restaurant im Haus geschlossen. Gäste werden auf die SHINTO Bar & Lounge verwiesen, die trotz einer etwas eingeschränkten Karte dennoch die meisten Gäste zufriedenstellen dürfte.

Bewertung: ●●●

LÜBECK Schleswig-Holstein

A-ROSA TRAVEMÜNDE
(OT Travemünde)
Außenallee 10
23570 Lübeck
Telefon: 0 45 02-30 70-0
Internet: www.a-rosa.de
E-Mail: info.travemuende@a-rosa.de
Direktor: Thomas Arndt
DZ ab € 188,00

Die beiden großen Hansestädte Lübeck und Rostock haben viele Gemeinsamkeiten, aber eine der offensichtlichsten ist ihre Lage einige Kilometer abseits der offenen Ostsee – im geschützten Hinterland der Küste. Beide Städte sicherten sich den Zugang zur Ostsee über die Einverleibung der Mündungsorte der Flüsse, an denen sie liegen: der Trave beziehungsweise der Warnow. So wurde Warnemünde 1323 Teil der Hansestadt Rostock, während Lübeck mit dem Lübecker Reichsfreiheitsbrief von 1226 die entscheidenden Rechte an dem 14 Kilometer von der Stadt entfernt liegenden Travemünde erwarb. Eine endgültige Eingemeindung erfolgte allerdings erst 1913. Dies war schon zu einer Zeit, in der Tourismus und Ferienhotellerie eine große Bedeutung beigemessen wurde, und vor diesem Hintergrund war der Zugang zu einem Sandstrand ein wichtiges Kriterium. Beide profitierten im Gegensatz zu anderen Badeorten vor allem von der hervorragenden Verkehrsanbindung, die sich auf ihren Status als wohlhabende Großstadt mit hanseatischer Tradition zurückführen ließ. In der Folge wurden vor allem Tagesausflügler aus diesen beiden Großstädten wichtige Einflussfaktoren für die Entwicklung von Gastronomie und Einzelhandel in den von Hafenstädtchen zu Badeorten mutierenden Kleinstädten. Für Hamburger wurde Travemünde zu einem per Bahn gut zu erreichenden Ferienziel für den Kurzurlaub oder die Sommerfrische. Zeichen des Aufstiegs Travemündes zum Urlaubsort waren unter anderem der Bau des Städtischen Kursaals, des späteren Spielcasinos, und der Umbau des alten Kurhauses aus dem Jahr 1820 in ein prächtiges Kurhaushotel, welche beide im Jahr 1913 eröffneten. In diesem Hotel logierten einst Persönlichkeiten wie Kafka, Dostojewski und die Gebrüder Mann, bevor es in den 1980er- und 1990er-Jahren verfiel. Erst 2005 wurde es nach Renovierung, Umbau und Erweiterung als A-ROSA Travemünde wiedereröffnet und bietet mit seinen neuen Anbauten nun 191 Zimmer und Suiten sowie einen exklusiven Wellnessbereich. Seit seiner Eröffnung ist das Luxushotel damit die erste Adresse in Travemünde. Das A-ROSA konnte über viele Jahre ein Gourmetrestaurant vorweisen, das vom Guide Michelin ausgezeichnet wurde. Offenbar möchte man sich mittlerweile ein solch prestigeträchtiges und gleichsam personalintensives Projekt nicht mehr leisten. Nun wurde das aus Hamburg bekannte Pop-up-Brasserie-Konzept Carls Brasserie implementiert, das französische Küche auf Basis hochwertiger norddeutscher Ausgangsprodukte verspricht. Der sich über zwei Ebenen erstreckende Spa mit seiner Gesamtgröße von über 4.500 Quadratmetern bietet alles, was das Herz des Wellnessenthusiasten begehrt, unter anderem verschiedene Meerwasserpools, darunter ein beheiztes Außenbecken mit einer großen Liegewiese. Schließlich wurde auch in der Spitzenhotellerie entdeckt, dass ein noch so schöner Poolbereich im Sommer etwas an Attraktivität verliert, wenn bei Sommerhitze und Ferienstimmung nicht unter freiem Himmel gebadet und relaxt werden kann. Die sieben zur Verfügung stehenden Thalasso-Wannen werden mit Meerwasser gespeist. Eine üppige Saunalandschaft mit elf unterschiedlich temperierten Trocken- und Dampfsaunen, Erlebnisduschen und Eisbrunnen steht ebenso zur Verfügung wie eine Beauty- und Massageabteilung mit insgesamt 26 Räumlichkeiten für unterschiedlichste Anwendungen. Die in ihren Anfängen auf das Jahr 1750 zurückzuführende Thalasso-Therapie als Anwendung von kaltem oder erwärmtem Meerwasser, Meeresluft, Sonne, Algen, Schlick und Sand zur medizinischen oder erholungsorientierten Behandlung kann auf Wunsch ärztlich begleitet werden. Auch eine exklusive Spa-Suite mit eigener Sonnenterrasse steht hierfür bereit. Abseits von Thalasso sind Anwendungen von der klassischen Rückenmassage über Lomi-Lomi-, Hot-Stone- bis hin zu Ayurveda-Massagen ebenfalls im Angebot. Eine Fitnesszone mit modernen Cardio- und Krafttrainingsgeräten ist auch im Portfolio zu finden. Zum Gesamtangebot wird externen Gästen der Zutritt via Tageskarten ermöglicht, welche in verschiedenen Konfigurationen erworben werden können. Die Zimmer im A-ROSA sind entweder im historischen Hauptgebäude oder im modernen Anbau verortet, wobei jene im Ersteren durch die hohen stuckverzierten Decken gefallen. Ein uneingeschränkter Seeblick ist nur von einigen wenigen Zimmern in den oberen Etagen aus möglich. Ein Großteil der Zimmer ist mit einem Balkon oder einer Terrasse ausgestattet, zumindest sind aber bodentiefe französische Fenster mit Geländer vorhanden, die sich ganz öffnen lassen und damit fast einen Freisitz bieten. Auch im Veranstaltungssegment ist das A-ROSA recht gut aufgestellt. So verfügt es über insgesamt neun Tagungsräume unterschiedlichster Größe und ermöglicht somit Veranstaltungen mit bis zu 250 Personen, etwa im Weißen Saal, dem größten Raum des Hauses, dem denkmalgeschützten Salon mit seinen stuckverzierten Decken, der zweifelsohne herausragt und noch auf das erste Kurhaus aus dem Jahr 1820 zurückgeht. Das A-ROSA ist also in Travemünde sicherlich die erste Wahl, wenn man moderne Luxus-Ferienhotellerie präferiert und dabei verschiedene Features wie ein interessantes neues Brasserie-Konzept, einen opulenten Spa und sowohl historisches Ambiente als auch modernste Ausstattung des Hotels voraussetzt.

Bewertung: ●●●◖

ATLANTIC GRAND HOTEL TRAVEMÜNDE

(OT Travemünde)
Kaiserallee 2
23570 Lübeck
Telefon: 0 45 02-30 8-0
Internet: www.atlantic-hotels.de
E-Mail: travemuende@atlantic-hotels.de
Direktor: Kay Plesse
DZ ab € 229,00

Ach, waren das noch Zeiten, als sich aus der ganzen Republik Gourmets hierher aufmachten, um bei Kevin Fehling, einem der besten Köche des Landes, zu speisen. Dieser hatte aber bereits, bevor die Atlantic-Gruppe die Häuser von Columbia Hotels übernahm, seinen Wirkungsbereich nach Hamburg verlegt und begeistert nun seine Fans in seinem mit drei Michelin-Sternen prämierten Restaurant The Table. Die Atlantic-Gruppe, zwischenzeitlich auf aktuell 17 Hotels angewachsen, leistet sich keine Sentimentalitäten und schon gar nicht teure Prestigeprojekte. Kosteneffizienz steht an erster Stelle, alles wird unter der Maßgabe des Return on Investment entschieden. Und da verwundert es kaum, dass bei den Direktoren nun auf den Typ unauffälliger Filialleiter gesetzt wird, der die Vorgaben der Zentrale vor Ort einfach nur eins zu eins umzusetzen hat. Das gastronomische Angebot ist solide. Erfreulicherweise lässt sich für das Restaurant Holsteins, in dem auch das Frühstücksbuffet offeriert wird, eine uneingeschränkte Empfehlung aussprechen. Geboten wird eine Mischung aus einer regional-saisonalen und einer internationalen Küche auf gutem Niveau. In den Sommermonaten kann auf der Terrasse mit Meerblick gefrühstückt, gelunchtet und diniert werden. Obgleich das Atlantic schon länger nicht mehr zu den kulinarischen Hotspots des Landes zählt, vereint es durchaus noch andere positive Attribute wie eine Eins-a-Lage direkt an der Strandpromenade auf sich. Ein Teil der Zimmer, die in einem eher klassischen Stil eingerichtet sind, bietet einen uneingeschränkten Seeblick, wofür die Kategorie *Komfort Seeblick* zu buchen wäre, andere wiederum erlauben zumindest einen seitlichen Ausblick auf das Meer. Schön gestaltet ist der 600 Quadratmeter große Spa mit seinem 20 Meter langen Pool, in dem sich nicht nur planschen, sondern dank seiner Größe auch richtig schwimmen lässt. Selbstverständlich umfasst dieser zudem einen Saunabereich mit finnischer Sauna, Sanarium, zwei Dampfbädern sowie einer Ruhezone. In der Beautyabteilung können verschiedene Massage- und Kosmetikanwendungen gebucht werden. In den vergangenen Jahren fanden regelmäßige Fresh-ups der Zimmer statt, weitreichendere Renovierungsmaßnahmen mit damit einhergehendem neuem Design stehen jedoch noch aus. Insgesamt sechs Kategorien gehören zum Portfolio, zusätzlich im Angebot sind Juniorsuiten und Suiten. Als größte darf die sogenannte Ostsee Suite gelten, die mit einer Größe von 45 Quadratmetern zwar über einen getrennten Wohn- und Schlafbereich sowie eine Terrasse verfügt, ansonsten aber doch eher enttäuscht, da so gar keine Luxusatmosphäre aufkommen mag. Grundsätzlich ist die Erfrischung aus der

Minibar bereits in die Zimmerrate inkludiert und außerdem sind die Zimmer standardmäßig mit einer Leysieffer-Kapselmaschine zur Kaffee- und Kakaozubereitung ausgestattet. Obwohl dieses Atlantic ein klassisches Leisurehotel ist, sind Events und Tagungen ebenfalls möglich. Ein absolutes Alleinstellungsmerkmal ist der imposante historische Festsaal, der bis zu 400 Personen fasst, sodass auch große Festbankette möglich sind. Es wundert kaum, dass bei dieser vom Atlantic gebotenen Kulisse hier zahlreiche „Hochzeiten am Meer" stattfinden.

Bewertung:

MAGDEBURG   Sachsen-Anhalt

MARITIM
(Innenstadt)
Otto-von-Guericke-Straße 87
39104 Magdeburg
Telefon: 03 91-59 49-0
Internet: www.maritim.de
E-Mail: info.mag@maritim.de
Direktorin: Andrea Imwalle
DZ ab € 80,00

Brancheninsider schauen sehr gespannt auf die weitere Entwicklung des Maritim-Konzerns. Schließlich ist dieser für sein solides Haushalten bekannt. Verbunden mit einem strikten Kostenmanagement stellte dies einen über viele Jahrzehnte erfolgreichen Kurs dar. Beim Führungspersonal, insbesondere ihren Direktoren, setzt Konzernchefin Dr. Monika Gommolla, oder einfach Frau Doktor, wie sie kurz und knapp genannt wird, auf Kontinuität. In Anbetracht dessen war davon auszugehen, Maritim würde weitaus besser durch eine solche Krise kommen als viele der Mitbewerber. Dass aufgrund der Pandemie, für die ja nun wirklich niemand Konzepte in der Schublade hatte, faktisch über Nacht das komplette Veranstaltungs- und Messegeschäft wegbrach, war auch für Maritim nicht vorhersehbar. Folglich war es ein Paukenschlag, als bekannt wurde, der Konzern werde sich vom Prestigehotel am Berliner Verteidigungsministerium trennen. Vermutlich deshalb, weil Gommolla Entscheidungen grundsätzlich immer im Interesse der gesamten Gruppe trifft, sodass dieser Schritt wohl unvermeidlich war. Wir erinnern uns nur allzu gut daran, als wir im Spätsommer 2020 dem Maritim proArte in der Berliner Friedrichstraße einen Besuch abstatteten und dieses wie ein „Lost Place" wirkte, wie ausgestorbene und ihrem Schicksal überlassene Orte bisweilen genannt werden. Eine bedrückende Stimmung, denn hier herrschte bislang geschäftiges Treiben – bei in der Regel hervorragender Buchungslage. Das Haus kannte auf der Erfolgskurve nur eine Richtung: steil nach oben. Das wiederum war bislang der Lage im Regierungsviertel und den exzellenten Veranstaltungs- und Zimmerkapazitäten geschuldet. Ähnlich das Magdeburger Maritim, welches in der Region ein wirkliches Schwergewicht ist, da den 18 Veranstaltungsräumen inklusive eines großen Ballsaals immerhin 501 Zimmer und 13 Suiten zur Seite stehen. Vielen Maritim-Häusern haftet der Charme der 1980er-Jahre an und einige schleppen den Renovierungsstau Jahr für Jahr mit. Auch im inoffiziellen Hotel der Landesregierung Sachsen-Anhalts ist der Leidensdruck hoch, da ferner in diesem Haus das Tagungs- und Kongressgeschäft zeitweilig vollständig zum Erliegen gekommen ist. Erfreulicherweise hat sich dies nach Aufhebung der Einschränkungen wieder deutlich entspannt, die Lage ist aber noch alles andere als zufriedenstellend. Dass der Erneuerungsbedarf – vor allem jener der Zimmer und Suiten – zeitnah behoben wird, ist daher nicht zu erwarten. Schließlich dürfte der Return on Investment, also der Gewinn im Verhältnis zum eingesetzten Kapital, in Magdeburg in absehbarer Zeit solche kostenintensiven Renovierungen nicht rechtfertigen. Daher werden sich die Gäste weiterhin mit den angejahrten Zimmern und Suiten begnügen müssen und sich stattdessen lieber über die freundlichen, sehr zuvorkommenden Mitarbeiter freuen. Da Magdeburg nicht gerade ein Hotspot für Städtereisen ist, lässt sich keine akzeptable Belegung mit Individualreisenden erzielen. Wäre dem so, würde sich das Haus durchaus für eine Wochenendauszeit anbieten, denn ein Schwimmbad- und Saunabereich zählt ebenfalls zum Portfolio. Der Besuch wird allerdings gesondert mit 6 Euro in Rechnung gestellt. Wie in den meisten Maritim-Häusern üblich, ist das gastronomische Angebot überdurchschnittlich gut. Das Frühstücksbuffet wird von den meisten Gästen ausdrücklich gelobt. Da es sich augenblicklich aufgrund der unzufriedenstellenden Belegung nicht lohnt, das Restaurant zu öffnen, werden die Gäste über den Zimmerservice verpflegt. Lobenswert, denn wir kennen selbst Luxushotels, die ihre Gäste lediglich auf Lieferdienste verwiesen haben. Vor vielen Jahren war Maritim eine der ersten Gruppen, die eine sehr umfangreiche Aufpreisliste erstellt hatte, beispielsweise zwei Early-Check-in- sowie Late-Check-out-Zeiten. Zuvor war es insbesondere gegenüber treuen Stammgästen eine nette Geste, ein spätes Auschecken – natürlich bei entsprechender Verfügbarkeit – kostenfrei zu ermöglichen. Für das Parken gibt es übrigens zwei zeitlich gestaffelte Preisklassen, unter der Woche werden 19 Euro berechnet, am Wochenende hingegen nur 14 Euro. Begründet wurde das von einer Mitarbeiterin damit, unter der Woche würden überwiegend Geschäftsreisende absteigen, deren Arbeitgeber in der Regel die Parkgebühren zahlen, und am Wochenende eben kostenbewusstere Privatreisende. Wir haben verstanden. Das war etwas unglücklich ausgedrückt, dafür aber sehr ehrlich. In Anbetracht der Tatsache, dass der Hauptbahnhof lediglich 200 Meter entfernt liegt, ist die Anreise mit der Deutschen Bahn ohnehin die bequemste Alternative.

Bewertung: ●●◖

MAINZ   Rheinland-Pfalz

HILTON
(Altstadt)
Rheinstraße 68
55116 Mainz
Telefon: 0 61 31-2 45-0
Internet: www.hiltonhotels.de
E-Mail: info.mainz@hilton.com
Direktor: Roland Rössler
DZ ab € 108,00

In der rheinland-pfälzischen Landeshauptstadt ist Hilton gleich mit zwei Häusern vertreten. Zum einen mit dem Hilton Mainz City sowie diesem direkt am Rheinufer gelegenen Businesshotel, das mit seiner Infrastruktur weitaus breiter aufgestellt ist. Obwohl es seit vielen Jahren – nicht zuletzt wegen des zunehmenden Wettbewerbs – längst nicht mehr als die erste Adresse der Landeshauptstadt gelten kann, ist dieses Hilton im Convention-Segment auf dem hiesigen Markt ein wirkliches Schwergewicht. Alle 414 Zimmer und 17 Suiten sind vor einigen Jahren einer vollständigen Revision unterzogen worden und können noch immer den Erwartungen an ein anspruchsvolles First-Class-Produkt entsprechen. Bei Hilton ist es generell so, dass die Zimmer fast ein wenig uniform wirken, dafür aber einen recht hohen Wiedererkennungswert haben. Letztlich unterscheiden sich die Zimmerkategorien in Mainz vor allem durch ihren Ausblick, wobei vermutlich der Rheinblick für die meisten Gäste von besonderem Interesse sein dürfte. Hierfür wäre zumindest die Kategorie *Deluxe River View* im sogenannten Rheinflügel zu buchen. Im Übrigen wurden zwischenzeitlich die Bäder komplett renoviert. Eigentlich ist bei Hilton eine Executive Lounge Standard, zu welcher der Gast bei Buchung der entsprechenden Kategorie kostenfreien Zutritt erhält. Trotz der Größe des Hauses ist eine solche erstaunlicherweise nicht existent. Es gab Zeiten, die liegen allerdings fast schon eine Ewigkeit zurück, in denen sich ein veritables Gourmetrestaurant geleistet wurde, welches zu den besten der Stadt zählte. Zwischenzeitlich ist das Restaurant Weinstube, in dem neben dem Frühstück zudem Lunch oder Dinner offeriert werden, lediglich als Komplettierung des Gesamtangebots zu verstehen. Bei sommerlichen Temperaturen lässt sich bereits zum Frühstück auf der Außenterrasse der herrliche Ausblick auf den Rhein genießen. In der Regel ist das Frühstück – wie bei Hilton üblich – im Hinblick auf Auswahl und Vielfalt hervorragend. Weniger Lob gibt es hingegen für den Freizeitbereich, der recht übersichtlich gestaltet, aber immerhin rund um die Uhr mit der Zimmerkarte zugänglich ist. Die Nutzung ist erfreulicherweise bereits in den Übernachtungspreis inkludiert. Dies ist mittlerweile keine Selbstverständlichkeit mehr, denn Hotels gehen verstärkt dazu über, hierfür zusätzliche Gebühren aufzurufen. Das Gleiche gilt im Übrigen für einen Early Check-in oder Late Check-out, der früher bei Verfügbarkeit nicht selten kostenfrei gewährt wurde. Zwischenzeitlich ist dieser Service gebührenpflichtig, es sei denn, man ist Mitglied bei Hilton Honors und hat bereits den Goldstatus erreicht. Für die Mitgliedschaft beim Kundenbindungsprogramm sprechen wir an dieser Stelle eine Empfehlung aus, zumindest für jene Gäste, die regelmäßig in Häusern der Gruppe logieren. Der Goldstatus beinhaltet interessante kostenfreie Mehrwerte, etwa ein Upgrade in eine höhere Kategorie, aber auch ein kostenfreies kontinentales Frühstück, und das selbst für eine Begleitperson. Dies dürfte somit vor allem Geschäftsreisende interessieren. Im Tagungs- und Veranstaltungssegment kann dieses Hilton ein Alleinstellungsmerkmal für sich verbuchen, nämlich die direkte Anbindung an das Congress Centrum Rheingoldhalle, das mit einer Gesamtfläche von 9.000 Quadratmetern, einem Ballsaal, der je nach Bestuhlungsanordnung Platz für circa 2.500 Personen bietet, sowie insgesamt 20 Meetingräumen punkten kann. Bei größeren Veranstaltungen und Kongressen kann eine Vielzahl der Gäste dank der Kapazitäten des Hotels direkt nebenan untergebracht werden. Zum Tagungsbereich des Hilton zählen noch einmal insgesamt 10 eigene Tagungsräume und im sogenannten Goldsaal wären Veranstaltungen mit bis zu 400 Personen möglich. Die Parkgebühren wurden inzwischen von 29 auf 34 Euro pro Tag angehoben. Die Anreise mit den öffentlichen Verkehrsmitteln wäre möglich, allerdings müsste dazu zunächst am Hauptbahnhof in den Bus umgestiegen werden. Nach acht Minuten Fahrzeit und fünf weiteren Gehminuten ist das Hotel dann erreicht.

Bewertung:

HYATT REGENCY
(Altstadt)
Templerstraße 6
55116 Mainz
Telefon: 0 61 31-73 12 34
Internet: www.hyatt.com
E-Mail: mainz.regency@hyatt.com
Direktor: Malte Budde
DZ ab € 155,00

Mainz blickt auf eine jahrtausendealte Geschichte zurück, denn bereits zu Zeiten des Römischen Reiches vor 2.000 Jahren war es praktisch die Hauptstadt der Provinz Germania superior. Vor dem Hintergrund dieses geschichtlichen Horizontes ist das 19. Jahrhundert natürlich noch nicht allzu ferne Vergangenheit. Als zwischen 1843 und 1873 Mainz zu einer Festung ausgebaut wurde, ging dies mit der Errichtung von Geschützstationen einher, unter anderem dem Fort Malakoff, das bis heute am Rhein steht und in den 1990er-Jahren in den Neubau des Hyatt Regency Hotels der rheinland-pfälzischen Landeshauptstadt integriert wurde. Die historischen Mauern sind teilweise im Inneren des Hotels sichtbar und sorgen dort, obwohl man sich in einem modernen Gebäude befindet, für ein besonderes Ambiente. Umso mehr gilt das natürlich für das Fort selbst, in dem die gewölbeartigen Räume

Behaglichkeit und Atmosphäre verströmen und als Veranstaltungsräume für Events von Familienfeiern bis hin zu Firmenmeetings dienen. Im Erdgeschoss befindet sich die direkt mit dem Hotel verbundene Malakoff Bar, darunter im Kellergewölbe der als Veranstaltungsraum dienende Weinkeller und im ersten Obergeschoss des Forts das „Le Petit Chef im Palatorium" mit Showküche und Restaurant- beziehungsweise Veranstaltungsbereich. Auf dieser Ebene wurde ein Trauzimmer eingerichtet, sodass geheiratet und gleich nebenan im Le Petit Chef gefeiert werden kann. 268 Zimmern und Suiten stehen dann im Hyatt Regency bereit, wenn die Gäste der Feier oder Veranstaltung untergebracht werden sollen. Der Innenhof des Forts zwischen historischem Bauwerk und Hotelgebäude dient mit seinem malerischen Ambiente und Außenbereich als Freiluftveranstaltungsfläche für private Veranstaltungen, aber auch für Firmenfeste oder Grillevents. Die Kette von Luxus-Businesshotels unter der Marke Hyatt Regency steht fast immer für eine moderne, edle Architektur, die auch in diesem Haus vorherrscht, aber das historische Fort mit seinen dicken Sandsteinmauern ist ein besonderes Feature. Hyatt-Häuser zeichnen sich vor allem durch eine perfekte Service- und Dienstleistungskultur aus, die weniger auf Leisuregäste als mehr auf Businesskunden und Individualreisende ausgerichtet ist, welche verlässliche Leistungen wie einen 24-Stunden-, einen Etagen- und einen Concierge-Service sowie auf Nachfrage Valet Parking schätzen. Der Club Olympus Spa & Fitness mit Pool sowie fünf Behandlungsräumen für Massage-, Beauty- und Wellnessanwendungen bietet zusätzlich mit Whirlpool, Dampfbad und Sauna fast alle Voraussetzungen für Erholung und Entspannung am Ende eines Arbeitstages. Wichtiger sind Professionalität und Internationalität des Service, denn das Haus ist eine Renommieradresse der Landeshauptstadt Mainz, die als Wirtschafts- und Wissenschaftsmetropole durch die hier ansässige Firma Biontech und den von ihr entwickelten ersten Corona-Impfstoff weltweit nochmals an Renommee hinzugewonnen hat. Vom Hotel aus ist nach wenigen Schritten die Mainzer Altstadt erreicht, was dem Haus natürlich einen erheblichen Lagevorteil beschert, denn auch Städtetouristen finden somit eine attraktive Logiermöglichkeit. Eine Business- beziehungsweise Clubetage mit eigens eingerichteter Lounge mit dem bevorzugten Check-in und Check-out sowie einem separaten kontinentalen Frühstück ist in dieser Hotelkategorie fast selbstverständlich und fehlt in diesem Hyatt Regency nicht. Die Lage der Zimmer – beispielsweise mit Rheinblick – ist neben dem Status der Clubetage ein weiteres Kriterium für deren Einordnung. Zwischenzeitlich nicht mehr zu übersehen ist, dass eine Revision der Zimmer und Suiten notwendig wird. Für das leibliche Wohl sorgt das Restaurant Bellpepper, das regionale Speisen und internationale Standardgerichte anbietet, sodass neugierige internationale Gäste sowohl authentische deutsche Gerichte als auch Klassiker wie Burger oder Clubsandwich genießen können. Hier wird zudem gefrühstückt und zusätzlich steht zu den übrigen Öffnungszeiten dieses Restaurants eine Showküche zur Verfügung. Was wir allerdings seit vielen Jahren vermissen, ist eine Direktorenpersönlichkeit, welche dieses Haus weitaus stärker nach innen wie außen vertritt.

Bewertung: ●●●

MANNHEIM Baden-Württemberg

DORINT KONGRESSHOTEL
(Innenstadt)
Friedrichsring 6
68161 Mannheim
Telefon: 06 21-12 51-0
Internet: www.dorint.com
E-Mail: info.mannheim@dorint.com
Direktor: Jörg Krauß
DZ ab € 81,00

Zweifelsohne ist dieses Dorint auf dem Mannheimer Hotelmarkt ein Schwergewicht. Alle Zimmer, deren Komplettrenovierung im Jahr 2018 abgeschlossen wurde, sind im gleichen Stil gehalten. Eingeordnet werden sie in die Kategorien *Standard*, *Komfort* und *Superior* und haben eine Größe von 26 Quadratmetern. Sie unterscheiden sich vor allem durch Ihre Lage. Entscheidet sich der Gast beispielsweise für ein *Superior*-Zimmer, bleiben die Getränke aus der Minibar ohne Berechnung, außerdem steht zusätzlich eine Kapselmaschine für die Zubereitung von Kaffee zur Verfügung. Ansonsten wird dem allgemeinen Trend der Branche gefolgt und darauf verzichtet, die Minibar zu bestücken. In der Kategorie *Standard* ist eine solche noch nicht einmal vorhanden. Wir erinnern uns in diesem Kontext, wie im letzten Jahr eine Mitarbeiterin der Reservierungsabteilung zum einen auf erhebliche Stromkosten hingewiesen hatte und darauf, dass diese zudem nicht besonders umweltfreundlich seien. In diesem Jahr hat diese Aussage in Anbetracht der Energiekrise einen anderen Stellenwert. Allerdings sind Energie- und Klimakrise Gründe, die zwischenzeitlich nicht nur für fast jede Preiserhöhung herhalten müssen, sondern auch für die Bitte an die Gäste, etwa während seines Aufenthaltes die Handtücher nicht täglich tauschen zu lassen. Die Nutzungsgebühren der Sauna oder des Fitnessbereiches geben diesen noch einmal eine ganz andere Wendung. Wir erinnern uns, als ein Hotelier eines Luxusbusinesshotels bereits vor vielen Jahren seine Zutrittsgebühr zum Wellnessbereich als Energiekostenpauschale etikettierte. All das ist nur eine Randnotiz, von wirklicher Bedeutung dürfte hingegen die Infrastruktur dieses Businesshotels wie die herausragenden Tagungsmöglichkeiten sein. Neben den eigenen 13 Tagungsräumen, bei denen der größte Raum Platz für bis zu 600 Personen Platz bietet, ist die direkte Anbindung an das Congress Center Rosengarten ein besonderes Feature. Dieses verfügt über 44 Säle und Tagungsräume, sodass Kongresse oder Konzerte mit bis zu 2.300 Personen möglich wären. Dorint hatte bereits zu Beginn der Coronapandemie ein sehr gutes Hygienekonzept erarbeitet und für die Umsetzung einen Hygienebeauftragten eingesetzt. Auch zu Zeiten, in denen ausschließlich Geschäftsreisende beherbergt werden durften, sind im Haus alle Anstrengungen unternommen worden, den Gästen weiterhin so viel Komfort wie möglich zu bieten. Interessanterweise war zu dieser Zeit die Bar geöffnet, die eine Karte mit einem recht guten Speiseangebot vorhielt. Dafür schon einmal ein Lob. Nach dem Lockdown, als es faktisch keine Beschränkungen mehr gab, hatte das Restaurant Symphonie streckenweise geschlossen; noch im Juni 2022 hatten die Mitarbeiter darauf hingewiesen, dass tagesabhängig geöffnet werde, da durch den krankheitsbedingten Personalmangel eine Bewirtschaftung nicht regelmäßig möglich sei. Dass dies kein vorgeschobener Grund ist, sondern bundesweit in allen Hotelkategorien zu beobachten ist, weiß der Vielreisende. Übrigens, an das Restaurant grenzt eine große Terrasse, auf der bei sommerlichen Temperaturen gefrühstückt werden kann. Zum Gesamtangebot zählt ferner ein Spa, der einen schicken Saunabereich mit finnischer Sauna, Sanarium und Ruheraum umfasst. Hervorragend mit modernen Cardio- und Krafttrainingsgeräten ausgestattet ist der 350 Quadratmeter große Fitnessbereich. Die Nutzung ist rund um die Uhr möglich. Direktor Jörg Krauss steht diesem Haus seit November 2017 vor. Bevor er etwas mehr als ein Jahr im Mannheimer Radisson Blu ein Gastspiel gab, war er schon einmal für Dorint tätig und führte das Schwesterhotel in Wiesbaden. Offenbar scheinen die Verantwortlichen in der Konzernzentrale mit seiner Performance sehr zufrieden zu sein. Nicht jedermann kommt mit seinem Auftreten, das zwischen Selbstbewusstsein und Selbstüberschätzung changiert, zurecht. Immerhin ist es ihm gelungen, dieses Haus relativ souverän durch die Krise zu führen. Positiv für ihn, dass sein Vorgänger mit seiner Personalpolitik ein gutes Team gefestigt hat, sodass zahlreiche Mitarbeiter seit vielen Jahren dem Haus verbunden sind. Für das Dorint Kongresshotel können wir aufgrund seiner Lage, der Veranstaltungskapazitäten sowie des Zimmerproduktes auch in diesem Jahr eine Empfehlung aussprechen.

Bewertung:

MARITIM PARKHOTEL
(Innenstadt)
Friedrichsplatz 2
68165 Mannheim
Telefon: 06 21-15 88-0
Internet: www.maritim.de
E-Mail: info.man@maritim.de
Direktor: Bernd Ringer
DZ ab € 66,00

Die Stadt Mannheim ist im Hinblick auf das Angebot an Vier-Sterne-Businesshotels hervorragend aufgestellt. Mit dem Dorint und dem Radisson Blu führt dieses Maritim gemeinsam die Spitze der Mannheimer Hotellandschaft an. Steht man vor dem großen trutzigen Gebäude, ließe sich glauben, im Inneren befände sich ein Grandhotel. Wobei jeder Branchenkenner weiß, ein solches würde schon aufgrund des erheblichen personellen Aufwandes nicht von Maritim betrieben werden. Schließlich ist Konzernchefin Dr. Monika Gommolla keine Träumerin, sondern Realistin mit jahrzehntelanger Erfahrung. Während die beiden Mitbewerber mit einer zeitgemäßen Hardware aufwarten können, bleibt sich Maritim treu, etwa im Hinblick auf den biederen Stil der Zimmer und Suiten. Bei dieser Kette können folglich bis zu einer Masterrenovierung nach einer Neueröffnung dabei gut und gern schon zwei oder drei Jahrzehnte vergehen. Immerhin wurde den Zimmern in diesem Maritim vor noch nicht allzu langer Zeit zumindest eine kleine Auffrischung gegönnt und vor allem Polsterer und Schreiner waren offenbar recht fleißig. Die Konzernzentrale genehmigte aber bislang größtenteils nur notwendige Erhaltungsmaßnahmen. Die *Classic*-Zimmer, kleiner als die nächsthöhere Kategorie *Comfort*, bieten einen Ausblick auf den Wasserturm, das Wahrzeichen Mannheims. Unter Umständen würde es sich lohnen, deshalb lieber die Kategorie *Comfort* zu buchen, da diese zum Innenhof oder der Seitenstraße ausgerichtet und somit ruhiger gelegen sind. Der Einrichtungsstil ist – für Maritim ganz charakteristisch – gediegen und konservativ. Vermutlich wird sich in absehbarer Zeit diesbezüglich auch in Mannheim wenig ändern. Denn zurzeit kämpft die Hotelgruppe mit den Auswirkungen der Coronapandemie, schließlich sind Tagungen, Kongresse und Veranstaltungen ihr Kerngeschäft. Auch hier scheint es Personalengpässe zu geben, weshalb die bisherigen beiden Restaurants augenblicklich nicht bewirtschaftet werden können. Die Verpflegung der Gäste erfolgt bis auf Weiteres über die Bar. Wie in den allermeisten Häusern von Maritim zählen zum Angebot für die Gäste ein Schwimmbad- und Saunabereich sowie zusätzlich ein überschaubarer Trainingsraum. Für die Nutzung der Sauna werden 5 Euro berechnet. In dieser sehr schwierigen Zeit zahlt es sich aus, dass Dr. Monika Gommolla bei ihren Direktoren auf Kontinuität setzt. Bernd Ringer, der dem Haus seit fast einer Ewigkeit vorsteht, kennt den Markt und verfügt vor allem über hervorragende Verbindungen und Netzwerke. Die gesamte Branche steht vor großen Herausforderungen, nicht nur auf die Auswirkungen der Krise angemessen zu reagieren, sondern zudem mit dem allgemeinen Fachkräftemangel umzugehen, der schon zuvor ein großes Thema war. Das Frühstück ist erwartungsgemäß wie in allen deutschen Maritim-Hotels sehr ordentlich. Dennoch bleibt die Zukunft für die Gruppe aufgrund ihrer starken Konzentration auf das Tagungssegment ungewiss, denn durch eine Pandemie inmitten eines Krieges in Osteuropa und bei galoppierender Inflation und unsicherer Wirtschaftslage sind die Aussichten gerade für spezialisiert ausgerichtete Hotelkonzerne nicht sehr rosig.

Bewertung:

RADISSON BLU
(Innenstadt)
Q7, 27
68161 Mannheim
Telefon: 06 21-33 65-00
Internet: www.radissonhotels.com
E-Mail: info.mannheim@radissonblu.com
Direktor: Florian Schindler
DZ ab € 126,00

Mannheims Wahrzeichen – neben der einmaligen Rasterstruktur dieser Planstadt des 17. Jahrhunderts und dem Barockschloss der ehemaligen Residenzstadt – ist sicherlich der Wasserturm am Friedrichsplatz. Am Rande dieses Platzes ist das Congress Center Rosengarten verortet und in dessen Umgebung versammeln sich zahlreiche Businesshotels der gehobenen Kategorie wie das Maritim oder das Dorint und eben seit einigen Jahren das Radisson Blu. Mit etwas mehr als hundert Metern Abstand vom Friedrichsplatz befindet sich der Neubau damit aber – anders als die beiden Konkurrenten – im historischen Stadtzentrum mit dem charakteristischen Raster aus quadratischen Straßenblöcken. Bei der Anfahrt kann das von Bedeutung sein, denn Straßennamen gibt es nicht. Die Benennung folgt aber nicht einer Matrix wie der eines Schachfeldes, sondern unterliegt ganz eigenen Regeln, bei der nicht etwa die Straßenblöcke als Ganzes, sondern deren einzelne Seiten mit einer individuellen Kombination aus Buchstaben und Ziffer versehen werden. Es empfiehlt sich folglich, auf das Navi zu vertrauen oder sein Schicksal vielleicht in die Hände eines ortskundigen Taxifahrers zu geben. Trotz der etwas „komplizierteren" Anreise sprechen viele Aspekte für das Radisson Blu selbst dann, wenn man zu einer Tagung im Kongresszentrum in Mannheim ist. Zum Beispiel überzeugt das innovative Haus in puncto Modernität und Originalität. Denn immerhin ist das Stammhaus der Hotelkette Radisson SAS in Kopenhagen von 1960 eine architektonische Ikone und gilt als das weltweit erste Designhotel, mit dem der dänische Stardesigner Arne Jacobsen 1956 bis 1960 ein Gesamtkunstwerk erschuf, in dem jedes Detail extra entworfen und für dieses Haus hergestellt wurde. Auch im Mannheimer Radisson existieren Anspielungen auf diese Tradition, da etwa die Lobby mit einer Kollektion unterschiedlicher Designersessel versehen ist, die bei aller Unterschiedlichkeit gemeinsam den Geist der Radisson-Hotels als Heimat klassisch-modernen Designs beschwören. Dass die Zimmer und Suiten im Radisson Blu daher ebenso modernistisch und wenig klassisch gestaltet sind, bedarf eigentlich keiner gesonderten Erwähnung. Klimaanlage, kostenfreies WLAN und 40-Zoll-Fernseher sind in allen Kategorien selbstverständlich, aber darüber hinaus sind die bekannten Radisson-Blu-Servicestandards unabhängig der gebuchten Kategorie ein Grund mehr, hier Logis zu beziehen. Der Late Checkout, den viele Radisson-Hotels hingegen bei Verfügbarkeit bis 18 Uhr als kostenfreie Serviceleistung anbieten, ist nunmehr aufpreispflichtig. Durch die Coronasituation ist es dabei durchaus möglich, dass einzelne dieser Serviceleistungen temporär entfallen, weswegen sich im Bedarfsfall vorher vergewissert werden sollte, wie sich der Status quo gerade gestaltet. Bei den Kategorien *Standard*, *Superior*, *Premium*, *Appartement* mit Kitchenette, *Junior Suite* und Suite variieren die Größe und auch die Ausstattung mit Annehmlichkeiten wie Nespresso-Maschine. In der *Superior*-Kategorie wurde sich in einigen Räumen eines architektonischen Kniffs bedient, denn in einem sogenannten Fensterkubus kann man auf einer Sitzfläche über der Straße direkt im Fenster Platz nehmen und sich ausstrecken. Ein idealer Platz, um mit Ausblick auf die Straße etwas zu lesen oder am Laptop zu arbeiten. Der Convention-Bereich umfasst neun Veranstaltungsräume mit modernster Tagungstechnik und Klimatisierung, sodass Veranstaltungen mit bis zu 210 Personen möglich sind. Das À-la-carte-Restaurant Square befindet sich ungewöhnlicherweise im sechsten Stock und offeriert die üblichen regionalen und internationalen Klassiker. Momentan ist es geschlossen und es wird dort lediglich das sehr reichhaltige tägliche Frühstücksbuffet geboten. Alle Gäste erhalten kostenfreien Zutritt zum Sauna- und Fitnessbereich mit finnischer und Biosauna, Ruheraum und Fitnessraum mit Geräten von Butterfly- bis Rudermaschine. Das Parken schlägt mit 15 Euro für 24 Stunden zu Buche. Im Übrigen stehen auch zwei Elektroladestationen zur Verfügung. Insgesamt bietet Radisson das modernste und aktuellste Businesshotelangebot in ganz Mannheim.

Bewertung:

MEISSEN Sachsen

DORINT PARKHOTEL MEISSEN
(Innenstadt)
Hafenstraße 27-31
01662 Meißen
Telefon: 0 35 21-72 2-50
Internet: www.dorint.com
E-Mail: info.meissen@dorint.com
Direktor: Mark Anton
DZ ab € 91,00

Meißen hat in Deutschland und international natürlich vor allem durch die hiesige Porzellanmanufaktur einen großen Namen, wurde in dem sächsischen Ort doch ab 1708 das erste europäische Porzellan in der Königlich-Polnischen und Kurfürstlich-Sächsischen Porzellan-Manufaktur auf Geheiß August des Starken hergestellt. Interessanterweise ähnelt diese totale Identifikation einer Stadt mit dem lokal hergestellten Porzellan derjenigen von Sèvres, der kleinen Stadt bei Versailles, in welcher der französische Königshof seit 1739 sein Porzellan produzieren ließ. Sèvres und Meißen stehen jeweils für die kostbarsten Porzellane, die im 18. Jahrhundert in

französischen beziehungsweise deutschen Gefilden produziert wurden, und haben diesen Ruf bis in die Gegenwart retten können. Dabei sind viele Besucher Meißens über dieses echte Kleinod unter den sächsischen Städten positiv überrascht. Das Panorama der Stadt wird von der Albrechtsburg mit ihrem Nebeneinander von Burggebäude und gotischer Kirche hoch oben auf einem Felsen über der Elbe gebildet. Dabei wurden die beiden Türme aber erst Anfang des 20. Jahrhunderts im neugotischen Stil erbaut, obwohl der Dom selbst mittelalterlichen Datums ist. Gut möglich, dass man sich bei diesem Bau also umgekehrt vom Geist der Romantik hat inspirieren lassen. Auch das Dorint Parkhotel in Meißen profitiert von diesem Panorama, denn es liegt auf der anderen Flussseite gegenüber der Albrechtsburg und bietet seinen Gästen den unverstellten Ausblick auf dieses einmalige Ensemble. Obwohl das Hotel über keinen Pool verfügt, kann es einen herrlichen Saunabereich mit Panoramasauna vorweisen. Darüber hinaus sind ein Dampfbad sowie ein Ruhebereich und ein Eisbrunnen vorhanden, ferner zählen Beauty-Anwendungen und Massagen zu den Offerten des Spa. Glücklicherweise gehört dieses Haus seit einigen Jahren zum Portfolio von Dorint, denn die bisherigen Brandings beziehungsweise Kooperationen haben nicht zu der ihm gebührenden Aufmerksamkeit geführt. Eine in Deutschland höchst renommierte Hotelkette wie Dorint, die für Häuser mit besonderen Konzepten, zeitgemäßer Ausstattung, elegant-modernem Stil und meist außergewöhnlicher Architektur oder Lage bekannt ist, stellt wirklich einen Gewinn für das Parkhotel dar, obwohl ein Teil der Zimmer noch auf ein Make-over wartet. Bezüglich der architektonischen Qualität von Dorint-Hotels kann dieses Haus aber mit der Villa Ohm punkten, einer besonders reizvollen Jugendstilvilla aus dem Jahr 1910, die im Auftrag von Dr. Felix Ohm, Eigentümer einer lokalen Chemiefirma, errichtet wurde. Sie wurde mit weißen und farbigen kachelartigen Elementen sowie bunten Dachziegeln geschmückt. Die Glasuren, die Ohms Firma dafür herstellte, lassen diese Kacheln bis heute in strahlenden Farben leuchten. Derzeit ist die Villa Standort des Hotelrestaurants Ohms, das sächsische Spezialitäten sowie internationale Speisen serviert. Der Wintergarten der Villa, der die gesamte Flussseite des Gebäudes einnimmt und auf den sich das Ohms erstreckt, bietet wiederum den schon mehrfach gelobten Panoramablick auf die Albrechtsburg. Die modern-eleganten Zimmer und Suiten gefallen und entsprechen mit den genannten Ausnahmen dem gehobenen und modernen Standard dieser Kategorie. Auf jeden Fall sollte sich nach den Segmenten und ihren individuellen Features erkundigt werden. *Superior*-Zimmer bieten zum Beispiel einen Blick auf Park und Elbe, während die *Deluxe*-Zimmer, so eine Mitarbeiterin, nicht mit dem Blick punkten können, aber dafür moderner seien. Sie befinden sich im Anbau des Hotels. Die übrigen Zimmer harmonieren eher mit der Jugendstilarchitektur der Ohmschen Villa. Meißen hat mit dem Parkhotel ein Dorint vorzuweisen, das weitere Gäste, die den nahen touristischen Hotspot Dresden besuchen, auf das wunderbare Meißen aufmerksam macht. Nicht wenige von ihnen werden den Standort als eine Alternative zu einer Übernachtung in „Elbflorenz" durchaus in Erwägung ziehen.

Bewertung: ●●●

MÜNCHEN Bayern

BAYERISCHER HOF
(Innenstadt)
Promenadeplatz 2–6
80333 München
Telefon: 0 89-21 20-0
Internet: www.bayerischerhof.de
E-Mail: info@bayerischerhof.de
Inhaberin: Innegrit Volkhardt
DZ ab € 460,00

Der Bayerische Hof ist nunmehr 125 Jahre im Besitz der Familie Volkhardt. In vierter Generation lenkt Innegrit Volkhardt die Geschicke dieses Luxus-Businesshotels, hat es in den letzten drei Jahrzehnten souverän durch bisweilen wirklich schwierige Zeiten geführt und konnte die Erfolgsgeschichte des Hauses fortschreiben. Vor allem die Coronapandemie stellte Volkhardt vor besondere Herausforderungen,

nicht zuletzt deshalb, weil das komplette Kongress- und Veranstaltungsgeschäft von jetzt auf gleich wegbrach. Erschwerend kam hinzu, dass internationale Gäste nicht reisen konnten und während des Lockdowns keine Privatreisenden beherbergt werden durften. Ein besonderer Kraftakt ist bis heute, ihr normalerweise 700 Mitarbeiter umfassendes Team zusammenzuhalten. Schließlich bedarf es der entsprechenden Personalstärke, um einen herausragenden Service bieten zu können. Aber auch dem Fachkräftemangel konnte Innegrit Volkhardt bislang recht erfolgreich begegnen und so sieht sie grundsätzlich optimistisch in die Zukunft. Als wir diesem Luxusbusinesshotel im Herbst letzten Jahres einen Besuch abstatteten, konnte fast der Eindruck

gewonnen werden, als sei alles schon wieder wie vor der Pandemie. An diesem Tag fand dort eine größere Veranstaltung statt, die Mitarbeiter waren offenbar hoch motiviert und es herrschte geschäftiges Treiben. Was fehlte, waren zu dieser Zeit noch die internationalen Gäste aus dem Nahen Osten oder den USA. In Anbetracht des großen Veranstaltungsbereiches mit insgesamt 40 Räumlichkeiten darf der Bayerische Hof im Segment der hochklassigen Business- und Tagungshotellerie als erste Adresse der Stadt gelten. Besonders beeindruckend ist der große und luxuriöse Festsaal mit seiner imposanten Freitreppe und den beiden Rängen. Auf einer Gesamtfläche von 1.700 Quadratmetern bietet er bis zu 870 Personen Platz. Obwohl vermutlich in diesem Jahr noch nicht das Niveau von 2019 wieder erreicht sein wird, ist doch davon auszugehen, dass der Bayerische Hof schon in Kürze wieder weitaus besser dastehen wird als andere Mitbewerber. Denn gerade wegen dieser herausragenden Tagungs- und Veranstaltungskapazitäten ist der Bayerische Hof in München vor allem für Großveranstaltungen und Kongresse dank der gebotenen Infrastruktur sicherlich die erste Wahl. Die internationale Sicherheitskonferenz, die unter normalen Umständen jährlich Mitte Februar hier stattfindet, hatte als Brennglas der internationalen Krisendiplomatie in Anbetracht der Ukraine-Krise in diesem Jahr noch einmal zusätzliche Aufmerksamkeit auf das Haus gelenkt. Der Bayerische Hof ist prädestiniert für solch logistisch herausfordernde Veranstaltungen. In den Gebäudekomplex sind fünf Restaurants, darunter ein mit Michelin-Sternen prämiertes Gourmetrestaurant, sechs Bars, ein eigenes Theater sowie ein Premiumkino integriert. Um unterschiedlichsten Erwartungen des internationalen Gästekreises zu entsprechen, wird mit den insgesamt 263 Zimmern und beachtlichen 74 Suiten – unter anderem im Hinblick auf den Einrichtungsstil – ein breites Portfolio angeboten. Das Spektrum reicht von klassisch-gediegenem Ambiente über einen edlen Landhausstil bis hin zu einem zeitlos-eleganten Look. Kulinarische Langeweile wird sich bei den Gästen in Anbetracht der bereits erwähnten fünf Restaurants selbst bei einem längeren Aufenthalt keinesfalls einstellen. Das Restaurant Atelier, das zu den deutschlandweit besten kulinarischen Adressen zählt, ragt heraus. Nach dem Weggang von Jan Hartwig, der sich selbstständig machte, konnte mit Anton Gschwendtner ein Hochkaräter unter den deutschen Spitzenköchen als passender Nachfolger verpflichtet werden, um weiterhin das hohe kulinarische Niveau halten zu können. Der Guide Michelin bewertet das Restaurant aktuell mit zwei Sternen. Äußerst beliebt ist das Restaurant Garden, in dem eine französische Küche mit asiatischen Anklängen geboten wird. Ein wirklicher Klassiker ist das polynesische Restaurant Trader Vic's. Größter Beliebtheit unter den Gästen erfreut sich der gemütliche Palais Keller mit seiner rustikalen bayerischen Küche. Voll des Lobes sind wir über den Zimmerservice, der es in der Regel ermöglicht, etwas aus einem der Restaurants – mit Ausnahme des Gourmetrestaurants Atelier – auf das eigene Zimmer zu bestellen. Dieser Service ist keine Selbstverständlichkeit. Wirklich begeistert hat uns das Champagner-Frühstücksbuffet in der Dachgarten Lounge mit angrenzender Außenterrasse in der sechsten Etage. Uns blieben die Mitarbeiterinnen in bester Erinnerung, überraschten sie doch mit vorbildlicher, individueller Aufmerksamkeit. Geboten wird ein Buffet mit einer großen Auswahl, darunter regionale Klassiker wie Weißwurst und Brezn. Dabei steht es dem Gast aber selbstverständlich frei, das Frühstück aus einem vielfältigen À-la-carte-Angebot zu wählen, angefangen von einem gesunden Vital- bis hin zum deftigen Weißwurstfrühstück. Zum 1.300 Quadratmeter großen Blu Spa, der sich über vier Ebenen erstreckt, haben alle Gäste kostenfreien Zutritt. Er bietet das ganze Spektrum eines anspruchsvollen und luxuriösen Wellnessbereiches mit einem 6,5 x 14,5 Meter großen Pool, dessen Glasdach bei sommerlichen Temperaturen geöffnet werden und im Winter mit einem dann befeuerten Kamin als besonders behaglicher Wohlfühlbereich mit Ausblick auf die bisweilen verschneite Münchner Dachlandschaft punkten kann. Im Sommer ist es hingegen möglich, ganz entspannt sowie unter freiem Himmel seine Bahnen zu ziehen. Die bodentiefen Fenster sorgen zusätzlich für viel Licht und somit für eine sehr offene und luftige Atmosphäre. In der fünften Etage befindet sich die Saunalandschaft mit finnischer Sauna, Aromadampfbad, Tauchbecken, Sonnenterrasse und Ruhebereich. Das Fitnessstudio ist hervorragend mit Cardio- und Krafttrainingsgeräten ausgestattet. Selbstverständlich lässt sich ein Personal Trainer buchen, der dann den Gast bei individuell angepassten Trainingseinheiten anleitet. Sehr breit ist der Beauty-Spa mit seinem umfassenden Angebot aufgestellt. Es können interessante Packages an Massage- und Pflegeprogrammen gebucht werden. Ein Schwerpunkt hierbei sind Ayurveda-Anwendungen. Übrigens erhalten auch externe Gäste Zutritt und können von einer Tages- über eine Monats- oder Halbjahreskarte bis hin zu einem Jahrespass verschiedene Zugangsoptionen buchen. Als Platinum Member kann der komplette Bereich während der Öffnungszeiten ohne zeitliches Limit genutzt werden, Bademantel- und Schuhe sowie 10 Anwendungen à 50 Minuten sind in den Gebühren von 3.290 Euro pro Jahr bereits inklusive. Der Blu Spa & Lounge mit der angrenzenden Terrasse ist daher in den Sommermonaten ein beliebter Treffpunkt von externen Gästen, die hier gern lunchen. Schließlich lässt sich ein herrlicher Ausblick über die Dächer Münchens bis zur Frauenkirche genießen. Es wird ein gutes Angebot an Speisen und natürlich eine große Auswahl an Getränken über Softdrinks bis hin zu klassischen Cocktails offeriert. Gern lassen die Besucher den Abend in der legendären falk's Bar – im beeindruckenden Spiegelsaal von 1841 – ausklingen. Als klassisches Luxushotel sind Serviceleistungen wie der Valet-Parking-Service, Hilfe beim Gepäck, der 24-Stunden-Etagen- sowie der klassische Schuhputz-Service selbstverständlich. Während des Aufenthaltes unterstützt das Team am Concierge-Desk den Gast bei großen und kleinen Anliegen, wo sich ganz dem Motto „Geht nicht, gibt es nicht" verschrieben wurde. Bei unserem letzten Besuch konnten wir während eines Aufenthaltes die Service- und Dienstleistungsqualität genau unter die Lupe nehmen und waren überrascht, wie aufmerksam und umsichtig beispielsweise die Mitarbeiter im Roomservice agierten und selbst Sonderwünsche erfüllten. Der Bayerische Hof bleibt weiterhin ein Ausnahmehaus an der Spitze der Münchner Hotellandschaft, ein internationales Aushängeschild der Landeshauptstadt und dabei immer noch ein Treffpunkt der Münchner Gesellschaft.

Bewertung: ●●●● ◐

HYPERION
(OT Mitte)
Truderinger Straße 13
81677 München
Telefon: 0 89-41 10 90-0
Internet: www.h-hotels.com
E-Mail: Hyperion.Muenchen@h-hotels.com
Direktor: Christian Rothbauer *(bis 03/22)*
DZ ab € 114,00

Dass in der Münchener Innenstadt kein Gebäude höher sein soll als die Frauenkirche, ist eine oft genannte städtische Vorgabe, wenn von der bemerkenswerten Silhouette der Landeshauptstadt Bayerns die Rede ist, die weitgehend von historischen Kirchen und Gebäuden geprägt ist. Diese Abneigung gegen Hochhäuser und die hierzu stellenweise neigende Nachkriegsmoderne in deutschen Großstädten verschaffte München im Zuge des Wiederaufbaus nach Ende des Zweiten Weltkriegs zunächst einen Ruf als „Millionendorf", wurde aber mehr und mehr zu einem Alleinstellungs- und Qualitätsmerkmal. Andere regionale Metropolen wie Köln, Düsseldorf, Hamburg oder Stuttgart, ganz zu schweigen von Hannover, und auch kleinere Städte hatten den Neuanfang als Chance zu einem Wiederaufbau genutzt, der sich in Städtebau und Architektur an den Idealen der Moderne orientierte. Städte sollten besser funktionieren als vor ihrer Zerstörung, was vor allem an störungsfrei fließendem Individualverkehr, Grünflächen, freier Durchlüftung zwischen Gebäuden und größtmöglicher Besonnung aller Wohnungen und Büros festgemacht wurde. Zeilenbauten und Hochhäuser waren hierdurch natürlich prädestinierte Bauformen. Das Fehlen größerer Hochhäuser in München wandelte sich in einen Bonus um, als im Verlauf der 1960er-Jahre der moderne Stil des Wiederaufbaus vieler deutscher Städte in Verruf geriet. Zu glatt, zu schlicht, zu reizlos für Auge und Gemüt, lautete die Kritik. München stand mit seiner nahezu Null-Hochhaus-Politik und seinem vergleichsweise hohen Anteil erhaltener oder wiederaufgebauter historischer Bausubstanz in der Folge sehr gut da und entwickelte sich zur beliebtesten und teuersten Stadt Deutschlands. Dennoch konnte sich München nicht ganz dem Druck entziehen, zumindest außerhalb der Innenstadt Hochhäuser zuzulassen. Der Bogenhausener-Tor-Komplex mit dem Hyperion-Hotel in einem der vier dort entstandenen Hochhäuser ist das jüngste Beispiel für eine solche Ausnahme. Die am Standort ehemaliger Büro- und Lagergebäude errichteten und als „Sky Tower", „Blauer Turm", „Weißer Turm" und „Star Tower" bezeichneten Gebäude mit jeweils fünfeckigem Grundriss mit abgerundeten Ecken und einer Höhe von 84 Metern, 72 Metern, 54 Metern und 46 Metern sind weithin sichtbar. Im Weißen Turm befindet sich das Hyperion, ein Haus der Premium-Business-Linie der H-Hotels Aktiengesellschaft. Neben Hyperion-Häusern in Hamburg, Berlin, Dresden, Leipzig und Basel ist mit dem Münchener Hotel eines der neuesten Häuser der Marke hinzugekommen. Es werden die Zimmerkategorien *Komfort*, *Business*, *Superior*, *Panorama* und *Studio* unterschieden, wobei Größe und Etage die Einordnungskriterien sind. Die letztgenannten Kategorien bieten Zugang zur Executive Lounge, in der morgens ein separates Frühstück geboten wird; in der übrigen Zeit stehen zum Arbeiten und Relaxen Snacks und Getränke sowie unter anderem große Sofas mit ohrensesselähnlichen Lehnen bereit. Der Tagungsbereich mit sechs teilweise kombinierbaren Räumen, die allesamt an der Gebäudeaußenseite liegen und daher Tageslicht bieten, befindet im ersten Obergeschoss. Bis zu 290 Teilnehmer können tagen und konferieren. Darüber hinaus ist ein Fitnessbereich mit einer kleinen Auswahl an Trainingsgeräten vorhanden und rund um die Uhr zugänglich. Die öffentlichen Bereiche mit dem Restaurant Gaumenfreund, der Rezeption und der Bar mit dem dahinterliegenden zweiten Restaurantbereich Zirbelstube gehen offen ineinander über. Die seitlich vom Eingang bereitgestellten Automaten zum Einchecken und zum Erhalt der Zimmerkarte bei zuvor getroffener Reservierung sind wie die Selbstbedienungskassen in Supermärkten und Drogerien ein noch neues, aber personalsparendes Konzept, welches vermutlich auf immer breitere Akzeptanz stoßen wird. Dieses moderne Luxus-Businesshotel mit seiner hervorragenden Verkehrsanbindung ist aber nicht nur für Geschäftsreisende, Tagungsteilnehmer oder Messebesucher geeignet, für touristisch interessierte Gäste ist das Hyperion gleichsam eine empfehlenswerte Adresse. Die Sehenswürdigkeiten in der Innenstadt sind mit der Straßenbahn in wenigen Minuten erreicht. Die Anfahrt mit dem eigenen Pkw gestaltet sich problemlos und das Parken in der Tiefgarage ist mit 18 Euro pro Tag günstiger als in einem Innenstadthotel. Insgesamt handelt es sich folglich um ein in vielerlei Hinsicht modernes, vielseitiges Konzept, zwar ohne den Charme einer Innenstadtlage, aber mit allen Vorzügen einer modernen Unterkunft.

Bewertung: ●●◖

KEMPINSKI
HOTEL VIER JAHRESZEITEN

(Innenstadt)
Maximilianstraße 17
80539 München
Telefon: 0 89-21 25-0
Internet: www.kempinski.com
E-Mail: reservations.vierjahreszeiten@kempinski.com
Direktor: Holger Schroth
DZ ab € 369,00

Neben dem Bayerischen Hof zählt das Hotel Vier Jahreszeiten direkt an der feinen Maximilianstraße zu den traditionsreichsten Luxushotels der Stadt. Nach wie vor ist es im Portfolio der renommierten Kempinski-Gruppe, die in Deutschland mittlerweile nur noch mit vier Häusern vertreten ist. Zuletzt haben sich drei der ehemaligen Kempinski-Spitzenhotels, unter anderem das Atlantic in Hamburg, der Autograph Collection angeschlossen. Wie bei einem klassischen Grandhotel erwartbar, sind im Münchner Vier Jahreszeiten Serviceleistungen wie Valet Parking, Hilfe beim Gepäck, Begleitung zum Zimmer, Schuhputz- sowie ein 24-Stunden-Etagenservice verlässliche Standards. Wer einmal selbst in der sehr beengten Tiefgarage eingeparkt hat, weil er das teure Schätzchen nicht einem Angestellten überlassen wollte, der wird diese Entscheidung vielleicht bereut haben, denn die Parkgarage ist wirklich sehr eng und darüber hinaus nutzen die Wagenmeister alle möglichen Freiflächen aus, was das Ein- und Ausparken zusätzlich erschwert. Vor diesem Hintergrund ist der Valet-Parking-Service weniger als optional, sondern unseres Erachtens unverzichtbar und sollte daher genutzt werden. Für große und kleine Sonderwünsche wenden sich Gäste vertrauensvoll an den Concierge, der innerhalb der Stadt bestens vernetzt ist und manchmal scheinbar Unmögliches möglich macht. Er ist ferner Ansprechpartner, wenn ein Limousinentransfer – etwa zum Flughafen oder Bahnhof – gewünscht wird oder ein Babysitter für den Nachwuchs organisiert werden soll. Die Zimmer und Suiten, die zwischenzeitlich zumindest teilweise renoviert wurden, sind je nach Renovierungsstand in einem klassischen oder modernen, immer aber eleganten Stil eingerichtet und bieten eine recht große Bandbreite hinsichtlich Einrichtung und Ausstattung, um unterschiedlichen Erwartungen der Gäste zu entsprechen. Während beispielsweise Zimmer der Kategorie *Grand Deluxe* zur Seitenstraße hin ausgerichtet sind, ermöglichen die *Executive-Deluxe*-Zimmer einen direkten Ausblick auf die Maximilianstraße. Mit einem Raumangebot zwischen 30 und 35 Quadratmetern bieten sie mehr als ausreichend Platz. Zur Infrastruktur zählt zudem ein Wellnessbereich, wobei es aber sicherlich weitaus größere, exklusivere und spektakulärere in der deutschen Luxushotellandschaft gibt als im Vier Jahreszeiten. Er umfasst neben einem Pool eine finnische Sauna, ein Dampfbad und einen Ruhebereich sowie einen Fitnessraum mit modernen Trainingsgeräten. Beauty- und Entspannungsmassagen sind ebenfalls buchbar. Die Gastronomie im Haus ist seit einigen Jahren auf einem recht hohen Niveau angesiedelt, besonders im Restaurant Schwarzreiter, das allerdings augenblicklich nur von Donnerstag bis Samstag geöffnet hat und sogar seit einigen Jahren mit einem Michelin-Stern ausgezeichnet wird. Chef de Cuisine Hannes Reckziegel begeistert mit einer modern interpretierten bayerischen Küche. Nach wie vor ein beliebter Treffpunkt der Münchner Schickeria ist die Schwarzreiter Tagesbar, in der eine Mischung aus einer regionalen und internationalen Küche geboten wird. Sie erfüllt zudem die Funktion des Hauptrestaurants. Sehr beliebt ist der täglich wechselnde Plat du Jour, welcher inklusive Beilagensalat und Espresso für faire 21 Euro angeboten wird. Ein kleiner Snack kann auch in der Halle eingenommen werden, denn hier lässt sich die besondere Atmosphäre dieses klassischen Grandhotels genießen und dabei das geschäftige Treiben an- und abreisender Gäste beobachten. Das Tagungs- und Veranstaltungssegment ist durchaus eine der tragenden Säulen des Vier Jahreszeiten, stehen insgesamt doch zwölf Räumlichkeiten hierfür zur Verfügung. Darunter edle Salons, die sich für Festbankette eigenen. Größtenteils verfügen sie über Tageslicht und sind selbstverständlich mit moderner Tagungstechnik ausgestattet. Ein Ballsaal, der Platz für bis zu 500 Personen bietet und unterteilbar ist, gehört ebenfalls zum Portfolio. Seit Holger Schroth die Verantwortung als General Manager trägt, hat das Haus unseres Erachtens nach zumindest ein wenig an Glamour verloren, denn sein unmittelbarer Vorgänger Axel Ludwig bescherte dem Vier Jahreszeiten dank seiner exzellenten Presse- und Öffentlichkeitsarbeit einiges an Aufmerksamkeit. Holger Schroth ist sozusagen der Gegenentwurf zum charismatischen Ludwig, eher zurückhaltend und distanziert und ein Verwalter des immer noch sehr respektablen Status quo.

Bewertung:

MANDARIN ORIENTAL
(Innenstadt)
Neuturmstraße 1
80331 München
Telefon: 0 89-2 90 98-0
Internet: www.mandarinoriental.com
E-Mail: momuc-reservations@mohg.com
Direktor: Dominik G. Reiner
DZ ab € 600,00

Wer ein Mandarin Oriental bucht, schätzt unter anderem die außergewöhnliche Service- und Dienstleistungskultur dieser Gruppe. Sie genießt in dieser Beziehung einen weltweit herausragenden Ruf, vor allem wegen des legendären Stammhauses in Bangkok. So viel Luxus hat natürlich seinen Preis und in der Regel wird die offiziell veröffentlichte Rate konsequent und ohne eine Verwässerung durch Tagesangebote umgesetzt. Sonderraten wie eine Low-Season-Rate gibt es nicht. Das liegt hauptsächlich daran, dass der Münchner Hotelmarkt relativ gesund und das Luxussegment in der Regel sehr gut ausgelastet ist. Das Mandarin Oriental darf mittlerweile nicht nur als das teuerste Luxushotel der Stadt, sondern sogar ganz Deutschlands gelten. Wahrer Luxus ist Service und dafür bedarf es der entsprechenden Personalstärke und natürlich gut geschulter Mitarbeiter. Bei keiner unserer unterschiedlichen Terminanfragen war es möglich, ein Standardzimmer mit einer Größe von 33 Quadratmetern unter 900 Euro zu buchen, während die offiziell veröffentliche Rate mit „ab 600 Euro" angegeben wird. Das zeigt die hohe Auslastung. Dabei ist eine solch restriktive Preispolitik, wie sie hier realisiert wird, deshalb konsequent umsetzbar, weil nur 48 Zimmer und 25 Suiten belegt werden müssen. Angesicht dieser kleinen Zahl stellt sich in diesem Kontext immer die Frage, ob die aufgerufenen Raten wirklich im Verhältnis zu den gebotenen Leistungen stehen. Was wir bei allem Service und Luxus aber vermissen, ist ein mit Michelin-Sternen prämiertes Gourmetrestaurant. Schließlich ist es schwierig, dass bei Service und Unterbringung zwar Spitzenleistung für sich reklamiert wird, dann aber gastronomisch und kulinarisch keine anerkannte Spitzenleistung vorgewiesen werden kann. Weder mit der Gastronomie, dem Wellnessbereich oder dem Zimmerprodukt noch den Suiten lässt sich unseres Erachtens dieser Preis derzeit rechtfertigen. Im vierten Quartal 2020 wurde die Masterrenovierung immerhin komplett abgeschlossen, das Interieur wirkt nun um ein Vielfaches frischer. Auf der gegenüberliegenden Straßenseite entsteht momentan ein weiteres Gebäude, mit dem man verbunden sein wird, welches aber zukünftig neben Hotelzimmern vor allem Luxuswohnungen beherbergt. Selbstverständlich kann den Gästen ein edler Spa geboten werden, er beschränkt sich allerdings auf eine finnische Sauna, ein türkisches Dampfbad sowie eine Ruhezone. Der 4 x 2 Meter große Open-Air-Pool auf dem Dach bietet zwar einen tollen Panoramablick über München, ist aber mehr Planschbecken denn Schwimmbad. Das Angebot der Roomservice-Karte begeistert hingegen. Neben den Klassikern wie Caesar-Salat, Clubsandwich, Wiener Schnitzel oder Filetsteak können beispielsweise eine Zitronengrassuppe, Saté-Spieße, Gelbes Curry mit Perlhuhnbrust oder gebackene Garnelen geordert werden. In München gibt es allem Anschein nach einen Überbietungswettbewerb unter den Luxushotels bei der Frage, wer wohl die größte, luxuriöseste und teuerste Suite vorweisen kann. Von diesem Wettbewerb konnten vor der Pandemie – vor allem in den Sommermonaten – beispielsweise arabische Gäste, die hier mehrere Wochen logieren, um der Sommerhitze ihrer Heimat zu entgehen, profitieren. Diese Klientel reist in der Regel mit großer Entourage, bucht Luxussuiten und nutzt intensiv die Infrastruktur eines Hotels. In München haben diese Gäste dabei dank der Wettbewerbssituation eine vergleichsweise große Auswahl unter entsprechend großen Suiten. Die 135 Quadratmeter große Präsidentensuite im Mandarin Oriental mit ihrer beeindruckenden Glaskuppel sowie dem wunderbaren Ausblick über die Dächer der Stadt, die sogar durch benachbarte Zimmer noch erweitert werden kann, entspricht den Erwartungen einer solchen anspruchsvollen Gästeklientel. Ausgestattet mit sechs Schlafzimmern, Wohn- und Essbereich, Terrasse und Wellnessbad mit Whirlpool und Dampfbad, bietet sie allen erdenklichen Komfort. Entscheidend ist aber in dieser Kategorie die Servicekultur, denn diese Gäste speisen in der Regel nicht im Restaurant, sondern bevorzugen den Zimmerservice. So viel Luxus hat dann auch seinen Preis und in der Regel werden 13.500 Euro pro Nacht für diese Suite aufgerufen. Eine gastronomische Bereicherung in München ist das Restaurant Matshuisa, das eine japanisch-peruanische Küche auf Spitzenniveau bietet. Bislang hat es der Guide Michelin allerdings noch nicht für würdig befunden, mit einem Stern auszuzeichnen. Unser Fazit lautet: Wer für seinen Münchenaufenthalt eher ein kleines, luxuriöses Boutique-Hotel bevorzugt und dabei eine hervorragende Service- und Dienstleistungskultur verlangt, für den dürfte das Mandarin Oriental München die erste Wahl sein.

Bewertung:

SOFITEL BAYERPOST
(Innenstadt)
Bayerstraße 12
80335 München
Telefon: 0 89-5 99 48-0
Internet: www.sofitel-munich.com
E-Mail: h5413@sofitel.com
Direktor: Gerhard Struger
DZ ab € 234,00

Derzeit befindet sich der Münchner Hauptbahnhof in einer umfassenden Neugestaltungsphase. Das für sein attraktives Stadtbild bekannte München hatte mit dem Hauptbahnhof bisher eine Schwachstelle, denn das Nachkriegsbauwerk aus den 1960er-Jahren wirkt doch sehr in die Jahre gekommen. Das Empfangsgebäude, der sogenannte Starnberger Flügelbahnhof, die Vorplätze und die Gleishalle erhalten innerhalb der kommenden Jahre ein neues Gesicht. Im Ergebnis wird sich dadurch die Pionierleistung von Dorint, direkt neben dem Hauptbahnhof das historische Neorenaissancegebäude der Bayerpost in ein modernes Luxus-Businesshotel umzubauen, als noch hellsichtiger erweisen. Bereits 2004 eröffnete der imposante Neubau als Dorint-Sofitel, der mit dem historischen Bayerpost-Gebäude verschmilzt, direkt neben dem Bahnhofsgebäude. Durch die Neugestaltung der Platzbereiche um den Bahnhof wird das herrschende großstädtische Verkehrsgeschehen sicherlich deutlich strenger geordnet als bisher, sodass sich die Erreichbarkeit der Bayerpost noch einmal verbessern wird. Dass das Umfeld eines Bahnhofs mit den bekannten Problemen lange Zeit als ungeeignet für die gehobene Hotellerie galt, dürfte angesichts dieser Entwicklung, die nicht nur in München stattfindet, bald endgültig der Vergangenheit angehören. Während im Nachbarland Österreich mit dem Bau des neuen Wiener Hauptbahnhofs gleich ein ganz neuer Standort gewählt wurde und das neue Umfeld durch städtebauliche Entwicklungsprojekte großen Maßstabs gleich mitgeplant und -gebaut wurden, war dies in München keine Option. Hier war das damalige Dorint und heutige Sofitel in der Bayerpost die Keimzelle einer Entwicklung, die nun mit dem neuen Bahnhof und seinem Umfeld unumkehrbar wird. Bahnhöfe werden wieder zum wichtigsten Tor der Stadt und Aufenthaltsort und sind nicht länger unangenehme Orte, die durchquert werden müssen, um in die Stadt zu gelangen. Schon der Vorteil, bei der Anreise mit dem Zug nach nur wenigen Schritten vom Bahnsteig an der Rezeption zu stehen, macht die Bayerpost zu einer beliebten und erfolgreichen Adresse. Der im Vergleich zum Altbau höhere Neubau bietet zudem mit den dort befindlichen Maisonette-Suiten mit jeweils zwei Etagen zumindest bei Föhnwetterlage spektakuläre Ausblicke in Richtung der nahen Alpen, da sie komplett verglaste Fensterfronten über die gesamte Höhe der Suiten besitzen. Mit der Marke Sofitel vermarktet der Accor-Konzern seine Luxushotels, obwohl dieses Hauses eher als Luxus-Businesshotel zu kategorisieren ist. Denn die sehr guten Tagungsmöglichkeiten, vor allem der zentrale Saal, in dem sich früher die imposante Schalterhalle des Postgebäudes befand, ist ein erstaunlich großzügiger Veranstaltungsort. Neben diesem Saal besticht das gesamte Interieur durch einen sehr modernen, eher dunklen Stil, wobei das Interieur sowohl durch dezente als auch markante Lichteffekte illuminiert wird. Mystisch und geheimnisvoll soll das wirken, so der einstige Plan der Architekten. Ein bis heute noch avantgardistischer Stil, der immer noch dahingehend bestens funktioniert, Gäste beim ersten Besuch zu verblüffen und nicht selten zu begeistern. Beim Spa wurde besonders weit gegangen, denn statt wie üblich einen luftigen, hellen Poolbereich mit einer möglichst großen Schwimmhalle zu bieten, besitzt die Bayerpost einen Pool mit schwarzen Bisazza-Mosaiksteinchen an den Wänden, in den man wie in eine Katakombe hineinschwimmt. Die Architekten bezeichnen diesen leicht beschönigend als Spa-Lagune. Statt Beckenrändern existieren nur Wände. Wer den ergänzenden, spiralförmig verlaufenden Schwimmkanal nutzen möchte, sollte gegen klaustrophobische Anwandlungen genauso resistent sein wie beim Schwimmen im eigentlichen Pool, denn hier schwimmt man einem gebogenen Tunnel folgend bis in die Mitte dieses spiralförmigen Kanals. Dadurch wird der Poolbesuch zum kleinen Abenteuer. Der ebenfalls dunkel-mystisch gestaltete Saunabereich bietet das Standardangebot: finnische Sauna, Dampfbad, Eisbrunnen und Ruhebereich. Nachhaltig beeindruckt waren wir vom hervorragenden Frühstücksbuffet, das hinsichtlich Qualität, Vielfalt, Anteil warmer und regionaler Spezialitäten vollumfänglich zu überzeugen vermag. Zu den verlässlichen Leistungen im Sofitel gehören Valet Parking, Hilfe beim Gepäck sowie ein 24-Stunden-Etagen- und Concierge-Service. Die Bayerpost ist nach wie vor eines der modernsten Häuser im Spitzensegment der Münchner Hotellerie und durch die Neugestaltung des Bahnhofs sowie seines Umfeldes wird sich die Beliebtheit des Hauses sicherlich auch zukünftig erhalten.

Bewertung: ●●●◐○

STEIGENBERGER
(OT Schwabing)
Berliner Straße 85
80805 München
Telefon: 0 89-15 90 61-0
Internet: www.steigenberger.com
E-Mail: muenchen@steigenberger.com
Direktor: Oliver W. Schäfer
DZ ab € 119,00

In München-Schwabing, in einem ehemaligen Bürogebäude des Konzerns Swiss Life, ist seit Dezember 2017 dieses Steigenberger beheimatet. Das gesamte Bauwerk wurde bei der aufwendigen Komplettsanierung an die Rahmenbedingungen für einen Hotelbetrieb angepasst. Bodentiefe Fenster sorgen für viel Licht und es ist sicherlich ein kleiner Luxus, dass einige Bäder sogar über Tageslicht verfügen. Bei der Planung eines komplett neuen Hotelgebäudes würden Architekten diese in der Regel immer nach innen legen, um so die maximale Anzahl an Zimmern zu erreichen. Denn anders als ihre Bäder benötigen Zimmer zwingend ein Fenster mit einer Mindestgröße und damit Tageslicht, um als Aufenthaltsraum genutzt werden zu dürfen. Für Bäder gilt das nicht, sodass sie rein elektrisch belichtet und belüftet werden dürfen. Die zu erzielenden Durchschnittsraten auf dem Münchner Hotelmarkt sind im bundesweiten Vergleich wirklich herausragend, was vor allem Häuser im Zentrum betrifft. Spitzenreiter ist sicherlich das Luxushotel Mandarin Oriental, das selbst außerhalb von Großveranstaltungen oder Messezeiten 600 Euro für ein Standardzimmer aufruft. Grundsätzlich sprechen diese guten Marktgegebenheiten für den langfristigen Erfolg dieses Steigenbergers, obwohl es nicht im Zentrum, sondern im Ortsteil Schwabing liegt. Das ist aber kein besonderer Malus, denn während der Rushhour muss sich nicht durch den dichten Verkehr gequält werden, was selbst geduldige Autofahrer mitunter die letzten Nerven kosten kann. Mehr noch, die A9 als direkter Autobahnanschluss ist in wenigen Minuten zu erreichen. Mit dem Design wird dem aktuellen Ausstattungsmainstream entsprochen, bei dem die Zimmer durch die Farbgebung in Erdtönen warm und behaglich wirken, was ebenso für die Echtholzparkettböden gilt. Zudem wurde sich dem Thema Schlafkultur gewidmet, denn es wurde auf ein hochwertiges Bettensystem gesetzt. Diesbezüglich gibt es zahlreiche positive Rückmeldungen der Gäste. Mit *Superior* und *Deluxe* stehen zwei Kategorien zur Auswahl, welche eine Größe zwischen 24 und 29 Quadratmetern haben. Juniorsuiten sind ebenfalls Teil des Portfolios. Teilweise verfügen die Zimmer zusätzlich zu den Duschen über Badewannen. Wir erneuern unsere Empfehlung für die zusätzliche Kategorie *Superior Plus*, da diese Zimmer sich in der sechsten Etage befinden und somit weitaus ruhiger sind. Beste Voraussetzungen bestehen in diesem Steigenberger zudem für Tagungen und Konferenzen, denn der 1.200 Quadratmeter große Veranstaltungsbereich umfasst 14 Räumlichkeiten. Wir hatten ja ein wenig Hoffnung, dass, nachdem Oliver Schäfer Thomas M. Fischer abgelöst hatte, dieser den Fokus verstärkt auf die Servicequalität im Hause richten würde. Immerhin ist

Schäfers Beschwerdemanagement nicht ganz so unverbindlich wie das seines Vorgängers. Schließlich sind Gäste, die sich beschweren, in der Regel grundsätzlich bereit, wiederzukommen. Wenn diese über einschlägige Bewertungsportale ihre Eindrücke schildern, dann ist während des Aufenthalts nicht alles rund gelaufen. Meistens fanden sie mit ihrer Beschwerde kein offenes Ohr und nutzten dann die Möglichkeit, dort ihrem Ärger Luft zu verschaffen. Letzte Chance, um dies zu verhindern, ist immer der Check-out. Da allerdings spulen die Mitarbeiter fast immer nur Standardsätze wie „Ich hoffe, Sie waren mit Ihrem Aufenthalt zufrieden?" ab. So formuliert ist das nicht einmal eine Frage, sodass vor allem weniger konfliktbereite Menschen lieber schweigen, um sich dann online vielleicht umso empörter auszulassen. „Hätten wir denn bei Ihrem Aufenthalt etwas besser machen können?", wäre zum Beispiel eine Frage, die echtes Interesse zeigen würde, bei Ersterer hingegen fühlt man sich ungefähr so sehr zu einer ehrlichen Antwort aufgefordert wie bei der Allerweltsfrage „Wie geht's?". Ebenso unverbindlich fallen auf einschlägigen Bewertungsportalen dann oft Antworten der Hotels aus, wie „Wir würden uns sehr freuen, wenn Sie uns nochmals eine Chance geben würden, Ihnen zu zeigen, dass wir es besser können". Solcherart in Höflichkeitsfloskeln verpackte Plattitüden kommen nicht gut an. Erfrischend, wenn stattdessen in solch einem Fall einmal Klartext gelesen werden kann: „Wir kämpfen gerade wegen der Pandemie mit einem niedrigen Personalstand und wissen, dass das manchmal zu Schwierigkeiten führt." Direktor Schäfer sollte sich auf jeden Fall einmal in allen Abteilungen gründlich umsehen, denn dann wird er bemerken, dass zahlreiche Mitarbeiter Schulungsbedarf zeigen und unbedingt erneut mit den Steigenberger-Standards vertraut gemacht werden müssen. Glücklicherweise ist es aber ebenso noch durchaus möglich, auf fachlich hervorragend ausgebildete, äußerst freundliche und zuvorkommende Mitarbeiter zu treffen, die nicht nur „Dienst nach Vorschrift" absolvieren. Zurzeit, das darf an dieser Stelle nicht unerwähnt bleiben, wirkt die Coronapandemie für den bestehenden Personalmangel in der Tat wie ein negativer Booster, denn vor allem während der Lockdowns haben zahlreiche, gut ausgebildete Mitarbeiter die Branche verlassen. Interessant, bevor man mit der Reservierungsabteilung verbunden wird, muss der Gast per Eingabe in die Tastatur angeben, ob der Aufenthalt geschäftlich oder privat veranlasst ist. Erst dann wird die voraussichtliche Wartezeit angesagt. Unpersönlicher kann mit einem potenziellen Gast in München, der erklärten Weltstadt mit Herz, kaum umgegangen werden. Offenbar haben verschiedene Luxushotels verabredet, nunmehr internationaler aufzutreten, denn in fast allen führenden Häusern wird der Gast per Sprachansage zunächst in Englisch begrüßt, und nur wenn er Glück hat, anschließend in Deutsch. Wenn der Mitarbeiter oder die Mitarbeiterin sich dann meldet, wird er wiederum in Englisch angesprochen. Immerhin bleibt der Bayerische Hof nach wie vor bei einem „Grüß Gott im Bayerischen Hof", welch eine Wohltat! Dabei hat gerade dieses Traditionshaus sicherlich die meisten internationalen Gäste. Wenn gleich der erste Kontakt vermittelt, dass Kostenoptimierung durch Automatisierung und Callcenter-Abwicklung im Vordergrund steht, ist jede Hoffnung auf ein individuelles und traditionelles Luxushotelprodukt schon zerstört. Es sollten deutlich andere Prioritäten gesetzt werden, denn es gibt doch weitaus wichtigere Problemstellungen, die es vorrangig zu lösen gilt, etwa den angesprochenen Personalmangel. Hinzu kommt, dass es in München immer weniger bezahlbaren Wohnraum gibt, sodass Fachkräfte aus anderen Regionen kaum eine Bleibe finden. Erschwerend kommt hinzu, dass die Hospitality- und Gastronomiebranche wegen sozial wenig verträglicher Arbeitszeiten deutlich an Attraktivität verloren hat. Zu lange Arbeitszeiten, zu hohe Belastung und schlechte Bezahlung, wer sollte sich da noch über die aktuelle Krise wundern. Dies alles wirkt sich leider zudem negativ auf das Service- und Dienstleistungsangebot eines Hotels aus. Es bleibt den Gästen in Anbetracht dieser Situation nichts anderes übrig, als sich vor einer Buchung genau zu informieren, welche Angebote uneingeschränkt zur Verfügung stehen. Während viele Hotels ihre Restaurants weiterhin geschlossen halten, gib es hingegen im Steigenberger keine Einschränkungen. Das Restaurant Valentinum Bar & Terrace steht den Gästen als Hauptrestaurant zur Verfügung. Nach wie vor wird ein „raffiniertes Kulinarik- und Genusskonzept", das mit einer bayerischen Heimatküche verbunden wird, offeriert. Beim Blick in die Karte stellt sich dann heraus, dass doch nur das Clubsandwich und der Burger, immerhin in zahlreichen Variationen, sowie der Caesar-Salat auf die bayerische Brotzeitplatte und das Fleischpflanzerl mit Kartoffelsalat treffen. Unterschlagen wollen wir keinesfalls die fünf unterschiedlichen angebotenen Bowls, ein aktueller Trend, dem man scheinbar ebenfalls folgen möchte. Unser Fazit: Für dieses Steigenberger sprechen das moderne progressive Zimmerprodukt sowie die guten Tagungs- und Veranstaltungskapazitäten. Abzüge gibt es hingegen sowohl bei der Servicequalität als auch der lediglich durchschnittlichen Professionalität der Mitarbeiter.

Bewertung:

MÜNSTER Nordrhein-Westfalen

ATLANTIC
(Innenstadt)
Engelstraße 39
48143 Münster
Telefon: 02 51-20 80 00
Internet: www.atlantic-hotels.de
E-Mail: muenster@atlantic-hotels.de
Direktor: Sascha von Zabern
DZ ab € 164,00

Im August letzten Jahres ging dieses First-Class-Hotel an den Start, das für eine gewisse Dynamik auf dem hiesigen Hotelmarkt sorgen dürfte. Eine sehr kluge Entscheidung seitens der Verantwortlichen war es, Sascha von Zabern als Direktor zu verpflichten, schließlich kennt er die hiesigen Marktgegebenheiten, um ein solches Haus bestmöglich positionieren zu können, war er doch zuvor für das hiesige Designhotel Mauritzhof tätig. Mit insgesamt 224 Zimmern und Suiten und hervorragenden Veranstaltungskapazitäten ist das Atlantic im Convention-Segment der Münsteraner Hotellerie ein wirkliches Schwergewicht. Die Zimmer, die in die Kategorien *Comfort*, *Comfort Plus*, *Deluxe* und *Executive* eingeteilt und durch *Studio* genannte Juniorsuiten sowie eine *Prinzipal Suite* ergänzt werden, sind im sachlich-modernen Stil eingerichtet. Durch ihre Farbgestaltung in Beige- und Brauntönen und das Parkett wirken sie warm und behaglich. Im Gegensatz zu vielen anderen modernen Häusern fehlen die farblichen Akzente, um die dunklen, erdigen Farbtöne der Grundausstattung aufzubrechen und aufzuhellen. Mit 28 Quadratmetern ist bereits die kleinste Kategorie recht geräumig. Zimmer der *Executive*-Kategorie, die mit 35 Quadratmetern etwas größer sind, befinden sich in der fünften Etage und sind daher ruhiger gelegen. Als Besonderheiten sind der Balkon und natürlich der hervorragende Ausblick zu nennen. Die Prinzipal Suite mit 80 Quadratmetern ist die größte und komfortabelste Kategorie des Hauses und verfügt über einen Wohn- und Schlafbereich und eine 34 Quadratmeter großen Terrasse. Sie könnte durch zwei weitere Zimmer nochmals erweitert werden. Mit insgesamt zehn Veranstaltungsräumen bestehen beste Voraussetzungen für Konferenzen und Events. Der schönste ist sicherlich der 380 Quadratmeter große „Engelsaal", der sich in der sechsten Etage befindet und sich selbst für Festbankette eignet. Durch die bodentiefen Fenster ist er zudem lichtdurchflutet und bietet somit einen Ausblick über die Dächer der Stadt. Zusätzlich verfügt er über eine Terrasse. Im Untergeschoss befinden sich zwei weitere Tagungsräume, von denen einer teilbar ist. Selbstverständlich wurden bei solch einem neuen Haus die notwendige Technik für Hybridtagungen eingerichtet. Somit können für Meetings und Kongresse weitere Teilnehmer online zugeschaltet werden. Gleich nebenan befindet sich die Skybar, die unter der Woche ab 18 Uhr und am Wochenende bereits ab 14 Uhr geöffnet hat. So lässt sich der Abend direkt im Haus ausklingen. Mal sehen, ob es wie im Kieler Schwesterhotel auch hier gelingt, der Bar zu so viel Renommee zu verhelfen, dass sie zum beliebtesten Treffpunkt der Münsteraner Gesellschaft avanciert und dann ebenfalls einen gewissen Kultstatus erreicht. Im Restaurant Atlantic Grillroom, in dem im Übrigen auch gefrühstückt wird, ist der Name Programm, denn auf einem Lavastein werden dort Fisch- und Fleischspezialitäten gegrillt. Gut zu wissen, dass bei schwächerer Belegung das Frühstück à la carte geordert werden kann, das dann auf einer Etagere serviert wird. Begründet wird dies damit, hierdurch im Sinne der Nachhaltigkeit zu agieren. Obwohl die Begründung ein wenig scheinheilig ist, sind wir der Meinung, dass es eigentlich weitaus angenehmer ist, nicht aufstehen und zum Buffet laufen zu müssen. Für viele Gäste ist das Frühstücksbuffet hingegen das Schönste am ganzen Aufenthalt, sodass der Hinweis auf die Nachhaltigkeit besänftigen soll, wenn man vermutlich auch aus ökonomischen Erwägungen bei wenig Betrieb das Buffet geschlossen lässt. Bei der Planung dieses Hotels musste offenbar lediglich die geringe Anzahl von 29 Stellplätzen nachgewiesen werden, weil sich im direkten Umfeld zahlreiche öffentliche Parkflächen befinden. Seinen Wagen kann der Gast für 18 Euro am Tag im nur wenige Meter entfernten Parkhaus Engelenschanze parken. Aufgrund der guten Lage unweit des Hauptbahnhofs können Bahnreisende das Hotel bequem fußläufig erreichen und benötigen somit kein Taxi.

Bewertung: 🔵🔵🔵

KAISERHOF
(Mitte)
Bahnhofstraße 14
48143 Münster
Telefon: 02 51-41 78-0
Internet: www.kaiserhof-muenster.de
E-Mail: hotel@kaiserhof-muenster.de
Inhaber: Anja & Kay Fenneberg
DZ ab € 94,00

Bislang durfte der Kaiserhof in Münster als das erste Haus am Platz gelten. Spätestens nachdem in unmittelbarer Nachbarschaft das Atlantic auf den Markt gekommen ist, dürfte sich das vermutlich geändert haben. Der Kaiserhof hat mit seiner Geschichte als ein über viele Jahrzehnte gewachsenes Hotel nach wie vor aber zumindest ein Alleinstellungsmerkmal vorzuweisen. Bislang galt er sozusagen als das Wohnzimmer der Münsteraner Gesellschaft. Obwohl, nachdem Eigentümer Peter Kremer die Verantwortung an das Ehepaar Fenneberg übergeben hatte, sich vieles leider nicht zum Guten verändert hat, kann der Kaiserhof nach wie vor von seinem einstigen Renommee profitieren. Beispielsweise wurde das prestigeträchtige, mit einem Michelin-Stern ausgezeichnete Gourmet 1895 geschlossen. Nach wie vor wird im Restaurant Gabriel's sowohl eine internationale als auch eine jahreszeitengemäße regionale Küche auf gutem Niveau geboten. Dieses Restaurant wiederum ist augenblicklich geschlossen und Gäste werden gastronomisch nur über die Bar verpflegt. In den vergangenen Jahren erhielten die Zimmer und Suiten entweder ein erweitertes Softlifting oder zumindest kleinere kosmetische Auffrischungen. Neben insgesamt 100 Zimmern, die in die Kategorien *Standard* und *Superior* eingeordnet werden, befinden sich zudem fünf Suiten im Portfolio. Sie verfügen über keine einheitlich Linie in Ausstattung und Design, was bei einem derartigen Traditionshaus natürlich oft der Fall ist. Eine Minibar ist in keinem Zimmer mehr vorhanden, dieser Service wurde abgeschafft. Der Ausblick aus diesen ist allerdings alles andere als spektakulär, denn entweder sind sie zur Straßenseite und dem Bahnhof oder zum Parkplatz ausgerichtet. Auf der Höhe der Zeit ist nach wie vor zumindest der schon gestaltete Spa, der außer einem Pool wenig vermissen lässt, umfasst er doch einen Saunabereich mit einer finnischen Sauna, einer Biosauna, einem Dampfbad und einem Whirlpool, aber auch Erlebnisduschen, Ruhezone und Eisbrunnen. Ein mit Geräten von Technogym ausgestatteter Trainingsraum ist ebenfalls vorhanden. Die gute Lage gegenüber dem Hauptbahnhof ist sicherlich ein Alleinstellungsmerkmal des Kaiserhofs, zumal die Innenstadt nach nur wenigen Schritten erreicht werden kann. Sehr gut hat uns der Hinweis einer Mitarbeiterin in Bezug auf die Parkmöglichkeiten gefallen. Hinter dem Haus seien einige Parkplätze vorhanden, für die jedoch keine Reservierung vorgenommen werden können, wenn aber einer frei wäre, dann dürfe dieser gern zu einer Gebühr von 16 Euro genutzt werden. Ein Stellplatz für E-Autos ist ebenfalls vorhanden, aber auch dieser kann leider nicht reserviert werden. Zusätzlich werden pro Ladevorgang noch einmal 10 Euro in Rechnung gestellt.

Bewertung:

MAURITZHOF
(Mitte)
Eisenbahnstraße 17
48143 Münster
Telefon: 02 51-41 72-0
Internet: www.mauritzhof.de
E-Mail: info@mauritzhof.de
Direktorin: Constanze Schrader
DZ ab € 187,00

Einer wahren Metamorphose hat sich dieses Münsteraner Traditionshotel vor wenigen Jahren unterzogen. Zuvor ein dreigeschossiger, ortstypischer Klinkerbau mit ausgebautem Dachgeschoss, fügte sich das Haus am Grüngürtel in die sehr ähnliche Architektur der Umgebung nahtlos ein. Die Ringstraße um die Münsteraner Altstadt, in diesem Abschnitt Eisenbahnstraße benannt, führt auf der dem Grüngürtel abgewandten Seite direkt am Gebäude vorbei und sorgt für eine gute Erreichbarkeit. Und da Münster zwar eine Großstadt, aber keine ununterbrochen pulsierende Metropole ist, ist die Straßenrandlage kein Nachteil. Im Herbst 2016 aber wurde ein so weitreichender Umbau abgeschlossen, dass das Gebäude heute fast nicht mehr wiederzuerkennen ist. Das ausgebaute Dachgeschoss mit seinen zahlreichen Gauben wurde abgerissen und das Hotel stattdessen um zwei weitere Obergeschosse aufgestockt. Das Nachbarhaus an der Eisenbahnstraße, ein spiegelsymmetrisch angelegter Zwillingsbau des ursprünglichen Gebäudes, verdeutlicht, wie sehr der Mauritzhof durch den Umbau an Höhe hinzugewonnen hat. Eine helle Sandsteinfassade, die vor das alte Ziegelmauerwerk gesetzt wurde, kaschiert diese Verwandtschaft zusätzlich – ebenso wie die hochformatigen Sandsteineinfassungen der Fenster in der ersten und zweiten Etage. Diese lenken davon ab, dass dahinter die gleichen kleinformatigen Fenster wie beim Nachbarhaus erhalten geblieben sind. Die beiden neu aufgesetzten Obergeschosse in der dritten und vierten Etage hingegen verfügen über bodentiefe Fenster. Da der Mauritzhof sich immer schon als Designhotel definierte, sich hierbei aber vor dem Umbau auf die Ausstattungsdetails der Zimmer und öffentlichen Bereiche beschränken musste, ist diese Metamorphose des Gebäudes nur folgerichtig, denn das moderne Äußere entspricht nun dem eines eleganten Businesshotels des 21. Jahrhunderts, als welches der mit vier DEHOGA-Sternen klassifizierte Mauritzhof immer schon am lokalen Markt positioniert war. Immerhin fügt sich das vormals überdimensioniert wirkende Vordach über dem Entree, das beim Umbau erhalten blieb, besser in das äußere Erscheinungsbild ein. Ferner wurde das Interieur, das zuvor einer 1990er-Jahre-Leder-und-Chrom-Ästhetik folgte, dem zeitgemäßen Designtrend eines großstädtischen Businesshotels angepasst. Dunkle, Behaglichkeit verbreitende Farben einschließlich elegantem Schwarz und Anthrazit bestimmen inzwischen das Ambiente, anstatt den Gästen weiterhin lichtdurchflutete Helligkeit und elegantes Chrom sowie schwarzes, gern auch mal knallig farbiges Leder als Merkmale eines Hotels der „Design"-Kategorie zu präsentieren. Die neuen der insgesamt 50 Zimmer zeichnen sich im Besonderen durch die modernen Bäder mit begehbaren Duschen und schwarz glasierten Kacheln aus, die sehr gut zu den gedeckten Farben und dunklen – teilweise hölzernen – Akzenten der übrigen Ausstattung der Zimmer und Suiten passen. An der rückwärtigen Gebäudeseite verfügen die Zimmer mitunter über einen balkonartigen Austritt ins Grüne, und ganz oben – in der Panorama-Suite mit Wohnbereich – kann neben separatem Schlafzimmer, Kamin und Luxusbad ein Ausblick auf die Türme der Stadt genossen werden. Restaurant und Bar sind als gastronomische Einheit koppelbar, sodass am Morgen ausreichend Platz für das Frühstück zur Verfügung steht. Das Angebot an Speisen ist in den übrigen Tageszeiten auf eine grundlegende Versorgung der Gäste ausgerichtet und leider nicht als kulinarische Spitzenklasse zu bewerten. Bei den Tagungsmöglichkeiten können nur maximal 100 Personen bei Empfängen untergebracht werden. Zwei koppelbare Tagungsräume mit dann Platz für 30 Personen und einer Bibliothek mit Raum für 8 Personen komplettieren das überschaubare Portfolio. Für mehr Personen zum Beispiel bei Stehempfängen müssen dann Restaurant, Bar und Terrasse hinzukommen. Dafür sind alle Tagungs- und öffentlichen Bereiche hinsichtlich Ambiente und Ausstattung aus einem Guss und bieten allesamt das gleiche, eher dunkel-behagliche Ambiente, wie es in vielen aktuellen Hotels und Restaurants seit einigen Jahren anzutreffen ist. Insgesamt ist der Mauritzhof damit zu einer Adresse geworden, die es – in seinem kleinen Rahmen – mit modernen Großstadthotels aus dem Businessbereich in eine Reihe stellt. Für dieses beliebte Traditionshaus eine gute Entwicklung, obwohl das nun sehr schlichte, steinerne Äußere – zumindest auf der balkonlosen Straßenseite – etwas abweisend wirken kann.

Bewertung: ●●● ↗

NEU-ISENBURG   Hessen

KEMPINSKI GRAVENBRUCH
(OT Gravenbruch)
Graf-zu-Ysenburg-und-
Büdingen-Platz 1
63263 Neu-Isenburg
Telefon: 0 69-3 89 88-0
Internet: www.kempinski.com
E-Mail: reservations.gravenbruch@kempinski.com
Direktorin: Karina Ansos
DZ ab € 197,00

Das in direkter Nachbarschaft zu Frankfurt am Main gelegene Neu-Isenburg, eine einst für französische Hugenotten gegründete Stadt, hat für Reisende vor allem durch seine unmittelbare Nähe zum Frankfurter Flughafen, mit dem es über die A3 verbunden ist, eine erhebliche Attraktivität. Nur knapp 8 Kilometer Luftlinie liegen zwischen dem Hotel und dem bundesweit berüchtigten Autobahnknoten des Frankfurter Kreuzes direkt am Flughafen. Als Hotel der renommierten Kempinski-Hotelgruppe hat es im

Stadtteil Gravenbruch in einem Waldgebiet am Stadtrand aber nicht nur einen guten Ruf aufgrund des nahen Flughafens. Ferner ist die Frankfurter Innenstadt auf kurzem Weg erreichbar. Ein großzügiges und ausgedehntes, halb um einen See angelegtes Luxushotel mit Fünf-Sterne-Komfort im Stil eines Country Clubs hat Frankfurt am Main selbst nicht zu bieten. Die Ruhe und Weitläufigkeit dieser Anlage sind daher eine echte Alternative, sowohl zu den Frankfurter Innenstadt- und Messehotels als auch zu den Flughafenhotels. Im Kempinski Gravenbruch kann man seit wenigen Jahren sogar einen in einer weitläufigen Rasenfläche liegenden Außenpool genießen, der neben dem ebenfalls noch als neu zu bezeichnenden Innenpool als Teil des „Country Club & Spa Frankfurt" den Gästen zur Verfügung steht. Auf über 2.000 Quadratmetern sind 8 Saunen, die benannten Pools, eine Außenterrasse zum See sowie diverse Ruhe- und Anwendungsräume mit einem breiten Angebot an Wellness-, Schönheitspflege- und Massageanwendungen versammelt. Mit den weitläufigen, miteinander verbundenen Gebäuden ergibt sich der Eindruck eines ausgedehnten Komplexes, der so ganz andere Vorzüge bieten kann als jedes innerstädtisch gelegene Luxushotel. Serviceangebot und Grandhotelatmosphäre der urbanen Fünf-Sterne-Hotellerie werden ohne den Lärm und die Enge von City-Lagen geboten, dazu tritt noch die angenehme Erreichbarkeit mit dem Pkw oder Taxi. Ein mit dem letzten Eigentümerwechsel 2012 verbundener radikaler Umbau, dem auch die Erneuerung und Erweiterung des Spa sowie ein mehr auf klassischen Luxus und Glamour abzielendes neues Interieur und eine komplett erneuerte Fassade an der straßenseitigen Gebäudefront zu verdanken sind, hat das zuvor in die Jahre gekommene Haus gänzlich neu aufgestellt. Der Landhauscharme des damaligen Äußeren ist unter anderem dank des beeindruckenden neuen Portikus dem Ambiente eines amerikanischen Country Clubs gewichen. Statt eines Parkplatzes empfangen nun Grünanlagen und ein Wasserspiel die vorfahrenden Gäste, was der Großzügigkeit des 15 Hektar umfassenden Geländes mit zugehörigem See viel stärker entgegenkommt. Die zweigeschossige Eingangshalle mit dem Rezeptionsbereich dient nur dem Empfang der Gäste, die Lobby mit der dazugehörigen Bar mit Ausblick auf den See erstreckt sich erst dahinter. Seit dem Umbau dominieren eine dunkle Holztäfelung und ein heller Steinboden, was Wohnlichkeit und konservative Eleganz ausstrahlt – ein Stil, der internationalen Gästen oftmals mehr zusagt als schlichte Modernität. Die Zimmer und Suiten sind allerdings durchaus sachlich-elegant gestaltet und setzen weniger auf ein konservatives Erscheinungsbild als die öffentlichen Bereiche. Die *Superior*-Zimmer als Einstiegskategorie sind allerdings noch nicht renoviert, daher empfehlen sich eher die der 2014 komplett neu gestalteten Kategorien *Deluxe* und *Grand Deluxe*. Unter den vier Restaurants befindet sich kein Gourmetrestaurant mehr. Auch hierin zeigt sich ein neuer Umgang mit dem Thema Luxushotellerie, das ursprünglich im Spitzensegment sehr direkt mit klassischer Gourmetküche verbunden war. Bereits Hotelmogul Rocco Forte hatte bei der Eröffnung der Villa Kennedy in Frankfurt auf ein Gourmetrestaurant verzichtet und war stattdessen mit einem hochklassigen italienischen Restaurant gestartet. Nun scheint man zudem – immerhin in einem Kempinski-Haus – auf Gourmetküche dauerhaft verzichten zu wollen. Das Restaurant EssTisch bietet internationale Küche, die Torschänke ist dank ihrer rustikalen Atmosphäre mit deutscher und insbesondere hessischer Küche vor allem für ausländische Gäste eine beliebte Location. Das NIU als „Asian Steakhouse" bietet daneben etwas hochklassigere Kulinarik, jedoch stellt das Levante mit einer authentischen, aber modernisierten libanesischen Küche auf jeden Fall das kulinarisch interessanteste Angebot dar. Derzeit ist die Öffnung der Restaurants aber noch immer durch die Pandemie eingeschränkt, sodass sich bereits vor dem Aufenthalt über Öffnungszeiten und Reservierungsoptionen informiert werden sollte. Im Moment steht lediglich das Restaurant EssTisch zur Verfügung, welches Mittwoch bis Samstag ab 18 Uhr geöffnet hat. Im Tagungssegment können Feste, Veranstaltungen, Meetings und Kongresse für bis zu 500 Personen realisiert werden. Das Parken unter freiem Himmel ist trotz des weitläufigen Grundstücks nicht kostenfrei, aber mit 12 Euro pro Tag vergleichsweise niedrig bepreist, wohingegen die mit 25 Euro in Rechnung gestellte Ladung des E-Fahrzeugs ungewöhnlich hoch ist. Schließlich betreiben derzeit viele Hotels und sogar Supermärkte mit kostenfreien Aufladungen Marketing. Somit kann festgehalten werden, dass dieses Kempinski eines der führenden Häuser der hiesigen Hotellandschaft bleibt.

Bewertung:

NÜRNBERG Bayern

BEST WESTERN HOTEL AM HAUPTBAHNHOF
(Südstadt)
Allersberger Straße 34
90461 Nürnberg
Telefon: 09 11-94 44-0
Internet: www.hotel-nuernberg.bestwestern.de
E-Mail: info@hotel-nuernberg.bestwestern.de
Inhaberin: Sabine Unckell
DZ ab € 94,00

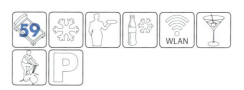

Herausfordernde Zeiten liegen hinter der gesamten Branche, die allen nicht nur viel Kraft sowie Flexibilität, bei sich verändernden Bedingungen umgehend zu reagieren, sondern vor allem Geduld abverlangt hat. Letzteres ist nicht gerade die Stärke der im besten Sinne umtriebigen Hotelchefin Sabine Unckell. Während der Pandemie konnte sie vor allem nicht dem nachgehen, was sie am besten kann, nämlich eine exzellente Gastgeberin sein. Aber als ein nach eigenem Bekunden grundsätzlich optimistischer Mensch blickt sie ungern zurück, sondern konzentriert sich darauf, wie sie ihre beiden Häuser, den Würzburger Hof in Würzburg sowie dieses Best Western, nicht nur auf Erfolgskurs halten, sondern auch weiterentwickeln kann. Dabei ist der Transformationsprozess von einem durchschnittlichen Mittelklassehotel zu einem kleinen, feinen Boutique-Hotel gelungen und sicherlich nicht dem Zufall entsprungen. Eine dermaßen erfolgreiche Veränderung setzte vor allem – neben einem guten, tragfähigen Konzept – auch die Bereitschaft voraus, entsprechende Geldmittel in die Hand zu nehmen. Während das Standardsegment der Zimmer nach und nach einem erweiterten Fresh-up unterzogen wurde, kam die Kategorie *Komfort* in den Genuss einer kompletten Renovierung und Überarbeitung. Leitmotiv blieb wie zuvor das Thema Reisen. Kein Zimmer gleicht dem anderen, sondern sie wurden mit unterschiedlichen Mö-

beln, Stoffen, Tapeten und Accessoires ausgestattet. Es vergeht eigentlich kaum ein Jahr, in dem Unckell uns nicht von neuen Ideen und Plänen berichtet. Zuletzt, unmittelbar vor Beginn der Coronapandemie, hatte sie in die nüchtern wirkende Halle eine Lounge implementiert und diese damit zu einer Art Livingroom für alle Gäste entwickelt. Es sollte ein Ort entstehen, an dem sich Gäste treffen, miteinander unterhalten, aber auch in Ruhe etwas trinken können. Getränke lassen sich einem Kühlschrank entnehmen und der Verbrauch wird dort ganz unkompliziert selbst notiert. Auch hier begeistert das Ergebnis, denn in jedem Fall ist die Lobby somit deutlich aufgewertet worden. Obwohl natürlich in ihrem kreativen Gedanken- und Entwicklungsprozess immer auch präsent bleibt, dass Kosten für ähnliche Neuerungen im Rahmen bleiben müssen, ist ihr klar, dass solche qualitativen Änderungen natürlich nicht immer direkt mit Kennzahlen wie einem Return on Investment zu bewerten sind. Dass an Unckell eine gute Innenarchitektin verloren gegangen ist, haben wir bereits mehrfach thematisiert und kann sowohl hier als vor allem auch im Schwesterhotel Würzburger Hof direkt überprüft werden, wo sie zahlreiche Zimmer und Suiten komplett neu gestaltet hat. Dieses Best Western ist als Drei-Sterne-Superior-Hotel klassifiziert und damit werden zunächst einmal keine allzu hohen Erwartungen geweckt. Der Gast wird daher positiv überrascht sein, dass er mehr geboten bekommt, als er erwarten darf. Auch wenn die 59 Zimmer, darunter auch Einzelzimmer, mit einer Größe von circa 11 Quadratmetern doch recht beengt sind, wirken sie durch Unckells „persönlichen Einrichtungsstil" sehr behaglich. Alle sind mit einer Tee- und Kaffeestation ausgestattet, zwei Erfrischungsgetränke aus der Minibar sowie Telefonate im deutschen Festnetz zählen zu den Inklusivleistungen. Einige verfügen sogar über einen kleinen Balkon. Ferner steht den Gästen ein Fitnessraum zur Verfügung. Und es sind vor allem die liebevollen Details, etwa das Glas Frankenwein zur Begrüßung, der in der gemütlichen, kleinen Lobbylounge genossen werden kann. Letztlich verleihen die herzlichen und zuvorkommenden Mitarbeiter diesem Haus das gewisse Extra. Sehr viel Lob gibt es für das reichhaltige Frühstück, das immer wieder optimiert wird. Ein Restaurant ist nicht vorhanden, was sich aber nicht negativ auf die Gesamtbeurteilung bei Gästen auswirkt, denn im unmittelbaren Umfeld finden sich zahlreiche gastronomische Angebote unterschiedlichen Zuschnitts. Gern sprechen die Mitarbeiter eine Empfehlung aus. Sabine Unckell, die wie erwähnt zusätzlich das Schwesterhotel Würzburger Hof führt, hält es für wichtig, mindestens einmal pro Woche nach dem Rechten zu schauen, um sich mit ihrer Direktorin Ramona Kellermann persönlich abzustimmen, die sich mit sehr viel Engagement um ihre Gäste – darunter viele Stammgäste – kümmert. Zu guter Letzt wäre noch darauf hinzuweisen, dass keine eigene  Tiefgarage vorhanden ist und lediglich einige wenige Parkplätze im Innenhof zur Verfügung stehen. In einem benachbarten Parkhaus wurden jedoch zusätzliche Stellplätze angemietet. Die meisten Gäste dürften mit dem Gebotenen angesichts der moderaten Klassifizierung sehr zufrieden sein, denn ein Haus mit so viel persönlicher Handschrift und kleinen individuellen Vorzügen ist in diesem Hotelsegment eine angenehme Überraschung.

Bewertung:

SCHINDLERHOF
(OT Boxdorf)
Steinacher Straße 6-10
90427 Nürnberg
Telefon: 09 11-93 02-0
Internet: www.schindlerhof.de
E-Mail: hotel@schindlerhof.de
Inhaber: Nicole & Klaus Kobjoll
DZ ab € 145,00

Der Schindlerhof – Deutschlands bekanntestes und preisgekröntes Tagungshotel in Nürnberg-Boxdorf – ist in den jetzigen Zeiten eine Art Gradmesser für den Zustand einer ganzen Hotelsparte. Wie wird sich das Veranstaltungssegment entwickeln, nehmen Kongresse, Konferenzen und Meetings wieder volle Fahrt auf, wie wird man zukünftig tagen? Nicole und Klaus Kobjoll sind absolut davon überzeugt, dass nur direkte Begegnungen Emotionen schaffen, und daher zuversichtlich, dass sich in naher Zukunft für das Tagungsgeschäft alles zum Besten wenden und wieder das Vor-Coronaniveau erreicht werden kann. Daher wurde zwischenzeitlich der Veranstaltungsbereich technisch weiter hochgerüstet, um hybride Tagungen und Seminare in hervorragender Bild- und Tonqualität zu ermöglichen. Zusätzlich existiert nun die Möglichkeit, dass bei Hochzeiten und Geburtstagsfeiern abwesende Freunde und

Verwandte sich live zuschalten können. Da die dafür notwendigen Server in München stehen, kann eine hohe Datensicherheit gewährleistet werden, sodass keine virtuelle Teilnahme im technischen Chaos enden wird, wie das während Pandemie und Homeoffice im beruflichen und privaten Umfeld ja nur zu oft der Fall war. Buchungen finden augenblicklich eher kurzfristig statt, langfristige Planungen jedoch  nur vereinzelt, da Veranstalter befürchten, dass die oftmals situativ reagierende und damit teilweise chaotische Pandemiepolitik kurzfristig alles wieder über den Haufen werfen könnte. Was wäre die Hotellerie froh darüber, wenn sich die Länderchefs wenigstens auf eine einheitliche, verbindliche Leitlinie festlegen würden, die dann für jedermann, und zwar in allen Bundesländern, ohne komplizierte und schwer verständliche Ausnahmeregeln Gültigkeit hätte. Das würde viele Diskussionen mit Gästen und Veranstaltern ersparen. Beispielsweise eine klare Definition, ob und wann in allen geschlossenen Räumen grundsätzlich eine Maske zu tragen und ein Mindestabstand zum Gegenüber einzuhalten sind. Dann wäre es möglich, sich hierauf einzustellen, entsprechende Vorkehrungen zu treffen und diese klar zu kommunizieren. Es ist allerdings wieder zu befürchten, dass, wenn der Herbst näher rückt, es bei vielen Bürgern wieder zu einem Déjà-vu kommt und dann erneut darüber diskutiert werden muss, wie steigenden Infektionszahlen begegnet werden soll. Für die Hotellerie sind solche verbindlichen Leitlinien schon deshalb wichtig, weil Gästen nicht erklärt werden kann, weshalb etwa in Mecklenburg-Vorpommern in einem Hotel das eine und in Berlin etwas grundsätzlich anderes gilt, obwohl in Hotels doch Gäste aus allen Bereichen Deutschlands aufeinandertreffen, sodass regionale Infektionszahlen nur wenig Bedeutung für eine Infektionsgefahr innerhalb des Hauses haben. Die Hoffnung stirbt zwar zuletzt, aber mit größter Wahrscheinlichkeit wird es bei einem Wunsch nach einer Vereinheitlichung bleiben. In all den Jahren und Jahrzehnten vor der derzeitigen Pandemie hatten die Kobjolls als Privathoteliers die Chance genutzt, zeitnah auf sich abzeichnende Trends zu reagieren und die eigenen Konzepte immer wieder zu modifizieren. So wurden die Schließzeiten während des Lockdowns für Veränderungen genutzt. Bekanntermaßen ist ständiger Wandel die einzige Konstante, auf die sich ein erfolgreiches Haus wie der Schindlerhof verlässt. Die Rezeption wurde direkt neben den Eingang des Tagungszentrums verlegt, die frei werdende Fläche in eine Chilloutlounge verwandelt. Hier kann der Gast in der Tagungspause, nach einem Lunch oder Dinner in bequemen, ausladenden Sesseln entspannen, einen Kaffee oder vielleicht sogar seinen Digestif genießen. Und nicht nur das, es wurde eine Art Außenlounge gleich neben der neuen Bogenschießanlage angelegt. Vielfalt statt Einfalt herrscht natürlich auch bei den

Zimmern vor, die unterschiedlicher nicht sein können. Etwa diejenigen im Ryokan, einem Gebäude in einer Art aktualisiertem Bauhausstil, das einst unter der Federführung von Nicole Kobjoll entstanden ist und in dem insgesamt 24 Zimmer im japanischen Stil nach dem Feng-Shui-Prinzip eingerichtet wurden. Darunter befinden sich Penthouses mit eigener Dachterrasse. Sie bieten einen attraktiven Ausblick auf  den Japangarten mit dem Koi-Teich. Nicht jeder mag sich mit dem minimalistischen Stil des Ryokan anfreunden, aber erfreulicherweise ist die Bandbreite an unterschiedlichen Gebäuden und Zimmertypen groß und reicht von den kleinen Einzelzimmern bis hin zu designorientierten Räumen, die beispielsweise den Themen Wein oder Automobil gewidmet sind. Obgleich der Schindlerhof nach wie vor seine Kernkompetenz im Tagungs- und Veranstaltungssegment hat, scheint es, als würden nunmehr verstärkt Privatreisende in den Fokus genommen. Dass hier zahlreiche private Festveranstaltungen ausgerichtet werden, darunter Hochzeiten, verwundert nicht, unter anderem wegen der hervorragenden Küche, der bereits erwähnten Servicequalität sowie vor allem der Atmosphäre und des besonderen Spirit dieser sehr außergewöhnlichen First-Class-Superior-Hotelanlage mit dem historischen Schindlerhof in ihrer Mitte. Übrigens, gleich am Eingang des Tagungszentrums fällt ein großer Stein mit einer Tafel ins Auge, auf dem sich der Hinweis befindet: „Wir garantieren Ihnen, dass niemand unsere Gastfreundschaft zu einem anderen Preis erhält als Sie!" Für Kobjoll ein unverrückbarer Grundsatz. In der jüngeren Vergangenheit fand in der gesamten Branche ein Paradigmenwechsel statt und immer mehr Häuser werben mit einer Bestpreisgarantie, die sie bislang eigentlich aus verschiedenen Gründen nicht für durchsetzbar hielten. Zu groß war die Versuchung, freie Kapazitäten mit Discount-Angeboten doch noch füllen zu können. Für Klaus Kobjoll ist die Abkehr von solchen Vermarktungswegen alter Wein in neuen Schläuchen, denn hier wurde schon immer zugesagt, dass niemand befürchten müsse, für ein frühzeitiges Buchen direkt beim Hotel noch bestraft zu werden, indem kurzfristige Buchungen von Restkapazitäten über Hotelportale vergünstigt werden. Alle Konzepte immer und immer wieder zu hinterfragen, neu zu denken und zeitnah zu modifizieren, ist dabei natürlich nach wie vor ein Muss, aber eine Abkehr von der erwähnten, buchstäblich „in Stein gemeißelten" Bestpreisgarantie war bisher noch nie ein Thema. Seit einigen Jahren klagt die Branche über einen grassierenden Fachkräftemangel, der sich durch die Coronapandemie noch einmal verstärkt hat. Zahlreiche Mitarbeiter haben sich außerhalb der Branche neue Aufgaben gesucht, da die Hotellerie durch Reiseverbote und Lockdowns besonders getroffen wurde. Wir erinnern uns an ein Interview von Klaus Kobjoll, das mehr als ein Jahrzehnt zurückliegt, in dem er feststellte, Fachkräftemangel gebe es immer dort, wo der Arbeitgeber zu unattraktiv ist. Er selbst hat verstanden, dass nur mit einem hoch motivierten Team eine Erfolgsgeschichte wie jene des Hotels Schindlerhof möglich gewesen ist. Und genau wegen seiner daraufhin entwickelten Führungskonzepte und der außergewöhnlichen Mitarbeiterführung steht er heute weitaus besser da als viele seiner Kollegen. Vor vielen Jahren hat er mit dem „MAX" (Mitarbeiteraktienindex) ein Messinstrument zur Selbstreflexion und vor allem fairen Mitarbeiterbewertung geschaffen. Jeder Mitarbeiter kann mithilfe dieses Index selbst erkennen, wo er steht und woran er arbeiten muss, denn dieser Mitarbeiterindex hilft vor allem ihm selbst bei der Stärken- und Schwächenanalyse. Hierbei waren verschiedene kreative Ansätze zu verzeichnen, wie die Mitarbeiter Einfluss auf die Bewertungskriterien genommen haben, etwa dadurch, dass gesundes Verhalten wie das Nichtrauchen zu Bonuspunkten führt. Unverzichtbar ist, dass dieses Messinstrument natürlich immer an aktuelle Trends und Entwicklungen angepasst und modifiziert wird. Flache Hierarchien und Eigenverantwortung der Mitarbeiter – verbunden mit dem entsprechenden Handlungs- und Entscheidungsspielraum – sind durch die Anwendung des MAX' möglich und zu Schlüsseln des Erfolges geworden. Mitarbeiter dürfen Fehler machen, entscheidend ist, diese zu erkennen und idealerweise einen Lösungsansatz zu finden. Es wird sogar der Fehler des Monats prämiert, denn letztlich geht es darum, wie ein solcher künftig vermieden werden kann. Jeder Gast kann sich selbst von dieser besonderen Unternehmenskultur vor Ort ein Bild machen. „Work-Life-Blending" ist dabei ein großes Thema dieser Zeit, denn es geht – vereinfacht zusammengefasst – um den fließenden Übergang von Arbeits- und Privatleben. Dass die Mitarbeiter nicht nur auf Befehl teamfähig sind, sondern sich alle untereinander bestens verstehen, ist offensichtlich und hat auch damit zu tun, dass das bestehende Team bei Neueinstellungen eingebunden werden und nicht – im Gegensatz zu vielen Unternehmen – durch einen Personalchef einen neuen Kollegen einfach vorgesetzt bekommt. Von dieser besonderen Unternehmenskultur profitiert am Ende vor allem der Gast. Im letzten Jahr hat uns Klaus Kobjoll, bekanntermaßen einer der renommiertesten Managementtrainer Deutschlands, verraten, dass er wieder verstärkt von Unternehmen gebuchte Seminartermine annehmen möchte. Dies zeigt, dass einmal getroffene Entscheidungen wie die zum eigenen Ruhestand nicht zwangsläufig in Stein gemeißelt sind, sondern durchaus neu bewertet und revidiert werden können.

Bewertung:

UNVERGESSLICH
(OT Boxdorf)
Steinacher Straße 6–10
90427 Nürnberg
Telefon: 09 11-93 02-0
Internet: www.schindlerhof.de
E-Mail: hotel@schindlerhof.de
Küchenchef: Michael Behr
Hauptgerichte ab € 19,00

Mit Hotelrestaurants ist das immer so eine Sache, nicht selten dienen sie der Komplettierung des Gesamtangebotes und treten ohne besonderen kulinarischen Ehrgeiz an. Für einige Hoteliers hingegen, etwa diejenigen der Althoff-Gruppe, ist die Spitzenküche in ihren Häusern ein Alleinstellungsmerkmal und eine Michelin-Sterne-Prämierung das Ziel. Die Gastronomie im Schindlerhof ist zwar nicht auf das Gourmetsegment konzentriert, aber zweifelsohne eine tragende Säule und unverzichtbarer Teil des Gesamtkonzeptes, dabei aber ein Umsatzbringer und somit nicht etwa nur ein notwendiger Appendix. Alle sieben Jahre – nach Ansicht von Seniorchef Klaus Kobjoll eine magische Zahl – erhält das Restaurant ein neues Designkonzept. Was sich dabei über die Jahre hinweg, in denen mehrfach der Küchenchef wechselte, nicht verändert hat, ist die überdurchschnittliche Küchenqualität. Seit einiger Zeit schon trägt nun Michael Behr die Verantwortung und sorgt erfreulicherweise für eine konstant gute kulinarische Qualität. Die meisten Gäste des Hotels speisen in der Regel während ihres Aufenthalts im Restaurant unvergESSlich im historischen Bauernhaus. Selbstverständlich ist täglich mittags und abends geöffnet. Das wiederum würden wir nicht explizit erwähnen, wenn es – in Anbetracht des zunehmenden Fachkräftemangels in der Hotellerie und Gastronomie – heute eine Selbstverständlichkeit wäre. Wir lieben es, bei sommerlichen Temperaturen im Innenhof mit dem großen Lindenbaum zu lunchen oder zu dinieren und die wunderbare Atmosphäre zu genießen. Es begeistern vor allem die herzlichen Mitarbeiter und mit welcher Aufmerksamkeit sie ihre Gäste umsorgen und sich bemühen, Extrawünschen nachzukommen. Die Karte des unvergESSlich zeichnet sich durch eine Mischung aus fränkischer und internationaler Küche aus, fast ein Cross-over also. Selbst umschreibt sie der Chef de Cuisine mit dem frech-fröhlichen Slogan „Franken geht fremd". Wann immer möglich, wird versucht, mit regionalen Erzeugern zusammenzuarbeiten, und beispielsweise bei Fisch und Fleisch auf Nachhaltigkeit geachtet. Immer mehr Gäste hinterfragen, woher die verarbeiteten Lebensmittel kommen, denn der ökologische Fußabdruck ihres eigenen Konsumverhaltens ist vielen nicht mehr gleichgültig. Dabei wird auf eine jahreszeitengemäße Küche gesetzt. Im Innenhof befindet sich eine Grillstation, die bei Bedarf geöffnet wird. Zu den beliebten Klassikern zählen die Jakobsmuschel und das hervorragende Tartar an Wachtelei, Senfcreme und Knoblauchbrot. Die Ente mit Apfelblaukraut und fränkischen Klößen ist ebenfalls ein Dauerrenner auf der Karte. Und zum Dessert können wir die wirklich köstlichen, hausgemachten kreativen Sorbets außerordentlich empfehlen. Aber was wäre ein exzellentes Menü gerade in Franken ohne die passenden Weine. Es darf auf die Expertise von Sommelier Walter Springer vertraut werden, der immer wieder mit der einen oder anderen Rarität überrascht. Nach einem Lunch oder Dinner könnte nunmehr der Digestif in der dankBar oder in der erwähnten neuen Lounge in den Räumen der ehemaligen Rezeption genossen werden, die als ein Ort der Kommunikation und Entspannung allen Gästen offen steht.

Bewertung:

SHERATON CARLTON HOTEL
(Innenstadt)
Eilgutstraße 15
90443 Nürnberg
Telefon: 09 11-2 00 30
Internet: www.carlton-nuernberg.de
E-Mail: info@carlton-nuernberg.de
Inhaber: Werner Rübsamen
DZ ab € 134,00

Ein klangvoller Name, eine zentrale Adresse und eine Fünf-Sterne-Klassifizierung – das klingt erst einmal nicht schlecht. Im Sheraton Carlton Hotel am Nürnberger Hauptbahnhof ist man jedoch nicht vor Enttäuschungen gefeit, wenn sich allein auf diese Attribute verlassen und ein Luxushotel erwartet wird. Vielleicht liegt es an den zahlreichen internationalen und vor allem amerikanischen Gästen, dass Sheraton hier vertreten ist. Für viele US-Bürger steht Nürnberg als berüchtigte Stadt der Reichsparteitage der Nationalsozialisten und der Nürnberger Prozesse ebenso auf der Reiseliste wie als pittoreske deutsche Großstadt mit Mittelalterflair, zumal viele US-Soldaten auch in diesem Teil Deutschlands stationiert waren. Aber warum dann noch der Zusatz „Carlton"? Denn mit dem legendären Hotel Carlton in Cannes, einer weltbekannten Luxushotel-Ikone, kann nur so weit mitgehalten werden, wie Globuli-Kügelchen dies mit einer Biontech-Impfung vermögen. Luxushotellerie ist bei bestem Willen nicht zu sehen und selbst dem Anspruch an ein First-Class-Superior-Businesshotel kann die Ausstattung kaum genügen. Ganz zu schweigen von der banalen und aufs Günstigste reduzierten Bauweise des Gebäudes. Hier ist offensichtlich ein Sparfuchs und Schlaumeier als Privathotelier am Werk, der mit einer Klientel rechnet, die zum großen Teil auf einmaliger Durchreise ist und es lediglich erfolgreich anzulocken gilt. Um es klar zu sagen: Das Haus scheint als Cashcow mit möglichst unverwüstlicher Hardware geplant worden zu sein, die ästhetischen Ansprüchen nur minimal genügen muss. Service und Dienstleistungen zielen auf die schnelle und möglichst reibungslose Abwicklung der Übernachtung ab und auch eine noch so freundliche Serviceleistung beim Einchecken dürfte bei unvorbereiteten Gästen die Enttäuschung über die Realität nach der Buchung eines Fünf-Sterne-Hotels nicht aufwiegen. Das Umfeld ist durch banale Büro- und Geschäftsbauten sowie einige andere Hotelgebäude gekennzeichnet, die in Nachbarschaft zum Hauptbahnhof ihr Dasein fristen. Eigentümer ist eine alteingesessene Nürnberger Hoteliersfamilie, deren Erfahrung im Geldverdienen mit durchreisenden Touristen offensichtlich die eigentliche Triebfeder war, dieses Fünf-Sterne-Hotel in der jetzigen Form zu realisieren. Individualität, Stil oder Atmosphäre sind diesen Eigentümern unserem Eindruck nach egal, allein Erreichbarkeit, Lage zur Altstadt und Klassifizierungsstatus sowie Namenhaftigkeit der Kooperation zählen. Die Zimmer wirken wie bei einem Möbeldiscounter ausgestattet, einschließlich banaler Kunstdrucke an den Wänden. Selbst eine Mitarbeiterin bezeichnete sie im Gespräch wohl versehentlich als „klassisch-altmodisch". In den Meinungsforen internationaler Hotelbewertungsseiten im Internet kann verifiziert werden, wie sehr diese Banalität des Hauses zu Enttäuschung bei den überraschten Gästen führt. Einzig Whirlpool und Schwimmbad in der 9. Etage über der Clubetage entsprechen immerhin dem Standard eines Vier-Sterne-Businesshotels. Parken in der Tiefgarage schlägt mit 18 Euro am Tag zu Buche, auf den gegenüberliegenden Open-Air-Stellplätzen sind es immer noch 15 Euro. Ansonsten ist das Haus eine Mogelpackung, der nur auf den Leim gegangen werden sollte, wenn einige Kommentare auf Bewertungsportalen studiert wurden und der tagesaktuelle Preis dann doch als angemessen empfunden wird. Wahrscheinlich ist das oft genug der Fall, denn anders ist die seit Jahren unveränderte Banalität dieses Hauses mit dem unverständlichen Fünf-Sterne-Status nicht erklärbar.

Bewertung:

OBERURSEL Hessen

DORINT
Königsteinerstraße 29
61440 Oberursel
Telefon: 0 61 71-27 69-0
Internet: www.dorint.com
E-Mail: info.oberursel@dorint.com
Direktorin: Sören Mölter
DZ ab € 116,00

Erst vor sechs Jahren eröffnete hier, nur wenige Kilometer vom legendären Schlosshotel Kronberg entfernt, ein weiteres großes Hotel in historischem Ambiente. Anders als Kronberg mit seinem beeindruckenden Schloss und authentischen Flair des ausgehenden 19. Jahrhunderts handelt es sich bei dem neuen Dorint-Hotel in Oberursel jedoch um eine komplette Neukonstruktion, die sich nur in Teilen an dem einst an dieser Stelle befindlichen historischen Gebäude orientiert. Entstanden ist ein Business- und Tagungshotel, das sich mit der rekonstruierten Villa Gans als zentralem Gebäude schmückt wie mit einer Brosche. Allerdings war der Weg bis zur Eröffnung ein stei-

niger. Denn im Fall der Villa Gans war ein jahrelanger Kampf mit dem Landesamt für Denkmalpflege Hessen vorausgegangen, das den Vorstellungen der Investoren über die Rekonstruktion des verfallenden Gebäudes nicht folgen konnte. Als nach mehreren Jahren gerichtlicher Auseinandersetzung endlich ein Vergleich erzielt wurde, hatte der Zahn der Zeit bereits so sehr am Gebäude genagt, dass ein fast vollständiger Abriss und Neuaufbau erfolgen musste. Da die Villa Gans aus dem 20. Jahrhundert stammt, aus der Zeit um das Ende des Ersten Weltkrieges herum, waren die Bemühungen um eine denkmalgerechte Behandlung des Originalgebäudes aber letztlich nicht so rigoros, dass selbiges um jeden Preis komplett und im Original erhalten werden musste. In der hier vorliegenden Epoche des sehr späten Historismus, als zeitgleich bereits erste Bauwerke der klassischen Moderne entstanden, war eine Architektur wie die der Villa Gans bereits mehr als veraltet. Viele Bauelemente wurden industriell hergestellt. Obwohl dieser Stil heute wieder als willkommene Abwechslung von der Schlichtheit der Moderne gesehen wird, so ist der bauhistorische Wert einer solchen Architektur letztlich geringer und denkmalrechtlich weniger geschützt als bei älteren Bauten. Somit konnte die Villa Gans daher fast gänzlich zurück- und neu aufgebaut werden, wobei die ehemalige Fabrikantenvilla letztlich viel freier und den Anforderungen des Hotels entsprechend umgestaltet werden konnte. Das immer noch historisch anmutende Kerngebäude, praktisch nun ein Neubau, wird durch einen modern gestalteten Neubautrakt flankiert. Es entstand ein zeitgemäßes und luxuriöses Business- und Tagungshotel der renommierten deutschen Hotelkette – direkt vor den Toren Frankfurts. Das Gros der Hotelzimmer und Tagungsräume sowie der Wellnessbereich sind nun im modernen Anbau untergebracht. Die Anlage liegt in bewaldeter Umgebung, in der ein großer Parkplatz und ein Parkhaus versteckt wurden, sodass die bauordnungsrechtlichen Grundlagen für den Betrieb eines Tagungshotels mit 140 Zimmern und Suiten in puncto Parkmöglichkeiten bei der Eröffnung im Jahre 2016 erfüllt werden konnten. Das Parken im Parkhaus wird derzeit mit 19 Euro pro Tag in Rechnung gestellt, ein Parkplatz unter freiem Himmel hingegen nur mit 9 Euro. Durch eine gemeinsame Unterbauung der Gartenterrasse, des Neubaus und der Villa mit einem durchgehenden Tiefgeschoss mit großen, bodentiefen Fenstern zum angrenzenden Park konnten 12 Tagungsräume mit viel Tageslicht realisiert und sogar ein 530 Quadratmeter großer Bankettsaal integriert werden. Der Wellnessbereich bietet zwar keinen Pool, ist aber immerhin

360 Quadratmeter groß und mit finnischer Sauna, Dampfbad, Ruhebereich und Fitnessraum mehr als angemessen ausgestattet. Das Villengebäude darüber ist das Aushängeschild, in ihm sind vier *Deluxe*-Suiten des Hauses, der Empfangsbereich sowie die Ludwig Wilhelm Bar mit Zugang zur Parkterrasse untergebracht. Die Mehrzahl der übrigen Zimmer, die durchgängig 26 Quadratmeter groß sind und alle eine Nespresso-Kaffeemaschine bieten, befindet sich aber im Neubau. Nachdem mittlerweile wieder in den Regelbetrieb nach der Coronakrise übergegangen werden konnte, ist auch den freundlichen und zuvorkommenden Mitarbeitern anzumerken, dass sie diesen Neuanfang geradezu genießen. Insgesamt ist dieses Dorint eine Bereicherung der Hotelszene im Umfeld Frankfurts, allerdings nicht unbedingt eine Konkurrenz für etablierte Größen wie das Schlosshotel Kronberg, das trotz einer ähnlichen Lage und des historischen Ambiente einen ganz anderen Teil des Hotelmarktes abdeckt. Das Haus in Oberursel ist letztlich eine Ergänzung des Angebotes in der Taunusregion, die insgesamt als Hideaway für die in der Finanzmetropole Frankfurt tätigen Akteure und Entscheidungsträger aus Wirtschaft, Finanzwesen und Politik dient.

Bewertung:

OLDENBURG Niedersachsen

ALTERA
(Stadtmitte)
Herbartgang 23
26122 Oldenburg
Telefon: 04 41-2 19 08-0
Internet: www.altera-hotels.de
E-Mail: oldenburg@altera-hotels.de
Direktor: Michael Schmitz
DZ ab € 98,00

In diesem Jahr droht dem Altera, bislang eines der wenigen zeitgemäßen Hotels der 170.000-Einwohner-Stadt, nun Konkurrenz durch ein neues 100-Zimmer-Hotel im First-Class-Segment im derzeit boomenden Bereich rund um den Oldenburger Stadthafen, wo zwischen Bahnhofsviertel, Yachthafen und historischer Eisenbahnbrücke über die Hunte derzeit nicht nur Hunderte exklusive Wohnungen in architektonisch attraktiver

Uferlage entstanden sind oder unmittelbar vor der Fertigstellung stehen, sondern auch letzte Baulücken durch Projekte wie das des neuen Hauses der neu gegründeten Hotelgruppe Hiive geschlossen werden. Der Standort liegt so nah zur Altstadt, dass man genauso zentral, letztlich aber ruhiger residiert als im unmittelbaren Stadtzentrum, wie es im Altera der Fall ist. Die Innenstadt Oldenburgs stellt eine Besonderheit in Deutschland dar, denn hier nahm ein Erfolgsmodell seinen Anfang, das in Zeiten des wachsenden Internethandels und der durch die Pandemie rückläufigen Umsätze in Einzelhandel und Gastronomie mittlerweile gefährdet zu sein scheint. Es geht um die seit den 1960er-Jahren wachsende Umfunktionierung deutscher Innen- und Altstädte in Fußgängerzonen. Die Verbannung des Autoverkehrs aus den engen Straßen historischer Innenstädte war damals kaum denkbar, trotzdem entschloss sich die 1967 ungefähr 130.000 Einwohner zählende ehemalige Residenzstadt dazu, weite Teile der Innenstadt für den Autoverkehr zu sperren und so die überhandnehmenden Verkehrsprobleme zu lösen. Ganz entgegen den Erwartungen wurde das Vorhaben zum deutschlandweit bewunderten Modell, denn mit dieser Umwidmung in ein Fußgängerparadies wurden vor dem Hintergrund des wachsenden Wohlstandes der Bevölkerung ganz neue Möglichkeiten zum Konsum geboten. Eine Innenstadt mit historischen Bauten und unregelmäßigen Straßenverläufen bietet eine ganz andere Kulisse für das Einkaufen als Shoppingzentren. Das Einkaufserlebnis wurde zum kleinen Urlaub, denn nicht nur die Kulisse war reizvoller, auch bereicherte Gastronomie in ganz neuer Art und Weise das Straßenleben. Straßencafés und -restaurants konnten nun hier im Sommer ihre Tische und Stühle – unbehelligt vom Autoverkehr – vor den Gebäuden platzieren und boten den Einkaufenden Gelegenheit zum Sehen und Gesehenwerden, während die Umsätze im Einzelhandel durch immer mehr auswärtige Besucher anstiegen. Auch der Herbartgang, ein ungewöhnliches baukünstlerisches Projekt, öffnete kurz nach der Fußgängerzone. Als Open-Air-Passage mit ihrer heute noch gefallenden Mischung aus damals modernen Architekturelementen des Brutalismus und dem Charme kleiner, individueller Boutiquen neben dem Fachwerkhaus, in dem Philosoph Johann Friedrich Herbart einst geboren wurde, schloss der Herbartgang ein Hotel ein, in dem sich heute das Altera befindet. Anfang des Jahrtausends hat die Eigentümerin des ganzen Komplexes, Unternehmerin Monika Schnetkamp, den Herbartgang mit allen Nebenanlagen und dem Hotel erneuert. Das malerische Geburtshaus Herbarts wurde zu einer gastronomischen Dependance des Altera, das seit einigen Jahren ein weiteres Outlet im zum Komplex gehörenden großen Modehaus Leffers gleich nebenan betreibt. Hotelmacher Michael Schmitz entwickelte gemeinsam mit seiner Frau das Altera seit der Eröffnung weiter und machte es zum lange Zeit einzigen größeren zeitgemäßen und anspruchsvollen Haus im Segment der Vier-Sterne-Hotellerie in Oldenburg. Die meisten übrigen ähnlich klassifizierten Häuser verharren währenddessen weiterhin im Mittelmaß. Übrigens könnte man meinen, der Begriff des Boutique-Hotels sei für das Altera erfunden worden, denn schon der Vorgänger, das Hotel Posthalter, reihte sich baulich in den Reigen von Boutiquen und kleinen Läden ein, die den Herbartgang bis heute auszeichnen. Das Altera verfügt zwar lediglich über 66 Zimmer, davon 11 Lofts, 7 Studios und 2 Juniorsuiten, aber seit Übernahme und Umbau der ehemaligen Stadtknabenschule auf der gegenüberliegenden Seite des Waffenplatzes werden zusätzlich auf 500 Quadratmetern umfangreiche Tagungsmöglichkeiten geboten. Das neue 100-Zimmerhotel Hiive am Stadthafen ist in weiten Teilen ein Konkurrent für das Altera, obwohl die Ausrichtung von Tagungen erst einmal kein Thema zu sein scheint. Im Kreativviertel rund um das Hiive gibt es jedoch in unmittelbarer Nachbarschaft große und kleine Veranstaltungsorte wie die Kulturetage und mehrere kleine Theater, zudem attraktive Szene-Gastronomie und Locations für Pop-up-Clubs, ein Cinemaxx-Kino und eine Promenade entlang des Wesernebenflusses Hunte. Gäste im Altera können dafür in modernem, aber behaglichem und wohnlichem Ambiente inmitten der Innenstadt und der Fußgängerzone mit ihrem übergroßen Angebot aus Shopping und Gastronomie logieren. Der Altera Gym bietet seinen Gästen einen kleinen Freizeitbereich mit Fitnessgeräten, einer Sauna, einem Sanarium und einer Whirlwanne sowie einem Ruhebereich für Ruhe und Erholung zwischendurch. Für den Abend sei Gästen das Programm des nahen Staatstheaters aus dem 19. Jahrhundert mit mehreren Bühnen und einem Repertoire aus den Bereichen Oper, Musical, Operette, Schauspiel und Tanz, aber auch eine im deutschlandweit renommierten Figurentheater Laboratorium gebotene Aufführung empfohlen. Das alternative Filmkunsttheater Casablanca und das erwähnte Großkino am Hafen bieten eine Auswahl an Filmkunst auf jeweils mehreren Leinwänden. Restaurants, Kneipen, Bars und Clubs offerieren darüber hinaus kulinarische Vielfalt, Vergnügen und Abwechslung, ergänzt durch saisonale Feste, Märkte und Veranstaltungen. Museen und Sehenswürdigkeiten wie das Oldenburger Schloss, die Lambertikirche oder der Schlossgarten stellen ein umfangreiches touristisches Angebot dar. Das Altera ist auf jeden Fall für jene Besucher die richtige Adresse, die die Stadt aus touristischen Interessen besuchen. Aber gerade in diesem Bereich muss sich das Altera mit der Konkurrenz durch das Hiive nun umschauen und sein über die Jahre etwas verblasstes Profil neu schärfen, denn beim neuen Mitbewerber können jetzt schon mehr Zimmer geboten werden.

Bewertung:

TREND HOTEL
**Jürnweg 5
26215 Oldenburg-Metjendorf
Telefon: 04 41-96 11-0**
Internet: www.trendhotel-ol.de
E-Mail: info@trendhotel-ol.de
Direktorin: Dr. Christiane Heyn
DZ ab € 104,00

Wir verfolgen die Entwicklung des Trend Hotels am Stadtrand von Oldenburg seit mehr als zwei Jahrzehnten. Aus dem anfänglichen Low-Budget-Hotel, das auf die Bedürfnisse von Handelsreisenden mit kleinem Budget ausgerichtet war, ist heute ein zeitgemäßes Mittelklassehotel entstanden. Der größte Teil der Zimmer wurde mittlerweile individuell neu gestaltet. Keines gleicht dem anderen. Sie werden nunmehr in die Kategorien *Business* und *Komfort* eingeordnet. Chefin Dr. Christiane Heyn, die sowohl die Planung als auch die Umsetzung leitete, konnte ihre Kreativität und Detailverliebtheit unter Beweis stellen. Wenn Innenarchitekten involviert sind und diese dann ein Designkonzept für ein Hotelzimmer entwerfen, wird zumeist nicht  aus Gastsicht geplant und bei der Auswahl der Stoffe, Möbel und Materialien nur zu gern ausgeblendet, dass diese einer intensiven Nutzung unterliegen. Da diese Schwerpunkte von individuellen Gegebenheiten wie den baulichen Umständen und dem Nutzungsverhalten der jeweiligen Gästeklientel abhängen, ist es daher immer von Vorteil, wenn Eigentümer beziehungsweise langjährig mit dem Haus vertraute Direktoren in die Planung involviert sind. Die 16 sogenannten Businesszimmer erhielten dabei bislang lediglich ein erweitertes Softlifting. Die Bäder hingegen wurden allesamt entkernt und komplett saniert. Für Langzeitaufenthalte bietet sich das komfortable und modern gestaltete Appartement im Hauptgebäude an, das mit einer eigenen Küchenzeile und zudem mit einer Klimaanlage ausgestattet wurde. Viele Hotels würden dieses zumindest als Juniorsuite ausweisen. Auch die Anlage selbst, die vor noch nicht allzu langer Zeit ein wenig nüchtern wirkte, wurde ansprechend gestaltet. Sehr schön ist die Außenterrasse direkt vor dem Eingang, die mit viel Grün an warmen Sommertagen bereits morgens von den Gästen zum Frühstücken genutzt wird. Selbst lässt man sich von der DEHOGA als Drei-Sterne-Superior-Haus klassifizieren, obwohl mit dem Zimmerprodukt längst das Mittelklassefeld verlassen wurde. Erstaunlich, dass sich das First-Class-Hotel Altera in Oldenburg, bislang die erste Adresse der Stadt, offenbar an das Preisniveau des Mitbewerbers Trend Hotel stark angenähert hat und versucht, mit einer Niedrigpreispolitik im Mittelklassesegment zusätzliche Belegung zu generieren. Chefin Dr. Christiane Heyn setzt hingegen auf eine stabile Preisstruktur ohne Abweichungen zur Ausnutzung nachfragestarker Zeiten und sichert sich damit das Vertrauen der Gäste. Der Entschluss, das À-la-carte-Restaurant bis auf Weiteres zu schließen, ist die Folge der Coronapandemie und der unter anderem mit dieser verbundenen Schwierigkeiten, entsprechendes Personal zu finden. Im Restaurant wird somit derzeit nur das tägliche Frühstücksbuffet geboten, das im Hinblick auf Auswahl und Qualität von den Gästen berechtigterweise gelobt wird. Meist ist es sogar möglich, Eierspeisen à la minute zu ordern, vorausgesetzt, die personelle Situation lässt das zu. Parken auf dem Gelände bleibt nach wie vor ohne Berechnung, ebenso Telefonate ins deutsche Festnetz. In die Zimmerrate sind grundsätzlich das Frühstück inkludiert sowie eine Flasche Wasser zur Begrüßung. Auf dem Zimmer sind Sky Cinema und Sky Family frei empfangbar. Gut zu wissen, dass aufgrund der guten Anbindung an den öffentlichen Personennahverkehr das Auto stehen gelassen werden kann, denn eine Bushaltestelle befindet sich unweit des Hotels. Die Taktzeiten während der Woche sind zufriedenstellend und die Innenstadt sowie der Hauptbahnhof sind bequem in gut zwanzig Minuten erreichbar. Auf das Fahrrad umzusteigen, bietet sich ebenfalls geradezu an, schließlich ist Oldenburg für seine gut ausgebauten Radwege bekannt. Ein Fahrrad lässt sich im Hotel für 10 Euro pro Tag anmieten. Unser Fazit: Nach wie vor kann das Trend Hotel mit einem ausgewogenen Preis-Leistungs-Verhältnis überzeugen.

Bewertung:

POTSDAM Brandenburg

DORINT SANSSOUCI
Jägerallee 20
14469 Potsdam
Telefon: 03 31-2 74-0
Internet: www.dorint.com
E-Mail: info.berlin-potsdam@dorint.com
Direktor: Marc Anton
DZ ab € 116,00

Potsdam bei einem Berlinbesuch nicht mit auf die Liste der in und um die Hauptstadt zu besuchenden Sehenswürdigkeiten und Orte zu setzen, wäre ein großer Fehler. Wer sich mindestens drei Tage in der deutschen Hauptstadt aufhält, sollte davon sogar wenigstens einen ganzen Tag für die Stadt und ihre Parks einplanen, denn das Zusammenspiel aus historischen Gärten, Parks, Palästen, Kirchen, historischen Stadtvierteln und schmückenden Torbauten, Denkmälern und öffentlichen Gebäuden aus vergangenen Jahrhunderten wird Jahr um Jahr faszinierender und vollständiger. Denn nach und nach wurden nicht nur Kriegs- und Vernachlässigungsschäden und städtebauliche Fehlleistungen aus DDR-Zeiten teilweise beseitigt, sondern zudem historische Großbauten wie das Potsdamer Stadtschloss und das benachbarte Palais Barberini rekonstruiert. Selbst die einst das Stadtbild prägende und 1968 abgerissene Garnisonkirche steht vor dem umstrittenen Wiederaufbau, denn Kritikern gilt sie als Monument eines preußisch-militaristischen Weltbildes. Gleichzeitig hat sich im historischen Rahmen der Innenstadt ein buntes Einkaufs- und Bummelparadies mit zahlreichen Restaurants und Cafés entwickelt, sodass sich die Stadt heute als ein kleines Paradies vor den Toren Berlins präsentiert. Idealer Ausgangspunkt ist natürlich ein Hotel inmitten der Stadt, von dem aus man sowohl zu Fuß zu den näher gelegenen Sehenswürdigkeiten gelangen als auch mit einem im Hotel geliehenen Fahrrad weiter entfernte Ziele ansteuern und somit all die Parks, Schlösser und Gärten direkt aufsuchen und erleben kann. Mit dem Dorint Sanssouci an der Jägerallee, über die nach ungefähr 500 Metern bereits das Jägertor und damit die Innenstadt Potsdams erreicht werden kann, findet sich genau so ein Hotel inmitten der sogenannten Jägervorstadt. Wer von Berlin aus zum Park von Sanssouci mit dem Pkw unterwegs ist, kommt fast zwangsläufig hier vorbei. An der Ecke Jägerallee/Voltaireweg einen Hotelstandort zu planen, lag daher nahe, und bereits im Februar 1998 eröffnete das zur renommierten Kette Dorint zählende moderne Business- und Tagungshotel, das daneben für Städtetouristen eine hervorragende Wahl ist. Etwas  mehr als 300 Zimmer und Suiten des Vier-Sterne-Hotels sorgen dafür, dass alle Serviceleistungen eines Großstadthotels jederzeit erwartet werden dürfen. Der Spa mit Schwimmbad, Saunalandschaft, Massage- und Beautyangeboten sowie Fitnessmöglichkeiten kann nach Zahlung der Zusatzgebühr von moderaten 5 Euro genutzt werden, während der Fitnessbereich kostenfrei zur Verfügung steht. Die Gastronomie, welche derzeit aber bis auf die Bar mit angrenzender Terrasse coronabedingt geschlossen ist, bietet dann hoffentlich bald wieder mit dem Restaurant Le Bistro mit einer Mischung aus mediterraner und regionaler Küche, der Kneipe Fritze mit dem Störtebeker-Bierkonzept und regionalen Gerichten sowie mit Jimmy's LA Bar mit klassischem Cocktailangebot sowie der Havanna Blue Lounge für Zigarren- und Spirituosenliebhaber das vollständige Portfolio eines First-Class-Hotels dieser Größe. Derzeit ist es jedoch wie erwähnt geboten, sich vor einem Besuch des Hotels über den Öffnungsstatus der Gastronomie zu informieren. Natürlich kann sich auch auf den Weg gemacht werden, um abends eines der zahlreichen Restaurants in der Stadt aufzusuchen. Angesichts der ausgedehnten Tagungs- und Veranstaltungsmöglichkeiten im Haus ist ein in Gruppen verbrachter Abend in der Gastronomie dann nach der Pandemie bestimmt wieder eher die Regel als die Ausnahme. Wer aktive Ausflüge bevorzugt, der mietet ein hoteleigenes Fahrrad und macht sich auf den Weg über den benachbarten Pfingstberg mit dem beeindruckenden Belvedere, einem herrlichen Schloss und Aussichtspunkt, über die Parklandschaft Potsdams zum sich anschließenden Neuen Garten mit weiteren Schlössern und Sehenswürdigkeiten. Die Vorteile der Lage und Ausstattung überwiegen die mittlerweile nicht mehr ganz neue Hardware. Hier wird sicherlich absehbar investiert werden müssen, denn zum Beispiel das Fehlen bodengleicher Duschen wird von vielen Gästen mittlerweile als nicht mehr zeitgemäß kritisiert. Die Zimmerkategorie *Komfort* liegt zur Hofseite und damit ruhiger; sie ist außerdem mit einer Tee- und Kaffeestation ausgestattet und der Aufschlag von der Kategorie *Standard* zu dieser beträgt derzeit nur 10 Euro. Davon abgesehen und im Vertrauen auf ein sich wieder normalisierendes gastronomisches Angebot nach der Pandemie bleibt das Haus aber unbedingt eine Empfehlung für die brandenburgische Landeshauptstadt.

Bewertung: 🔵🔵◗

ROSTOCK Mecklenburg-Vorpommern

NEPTUN
(OT Warnemünde)
Seestraße 19
18119 Rostock
Telefon: 03 81-7 77-0
Internet: www.hotel-neptun.de
E-Mail: info@hotel-neptun.de
Direktor: Guido Zöllick
DZ ab € 177,00

Das Hotel Neptun – mag es heute mit seiner Hochhausarchitektur etwas zu großspurig für das im Übrigen sehr pittoreske und kleinstädtische Warnemünde wirken – war im Jahr seiner Eröffnung 1971 ein zeitgemäßer Superbau und nahm es mit den Hochhaushotels an der westdeutschen Ostseeküste auf. Die Orientierung an westliche Standards war keine prestigeträchtige Verrücktheit der DDR-Regierung, sondern sollte zunächst ausschließlich ausländische Gäste anlocken und das Neptun so als Devisenbringer etablieren. Dass man das Hotel daher durch ein schwedisches Bauunternehmen auf der architektonischen Höhe seiner Zeit errichten ließ, entsprach also nicht dem mangelnden Mut, dies durch heimische Bauunternehmen erledigen zu lassen, sondern dem Bestreben, hier baulich westliche Standards sicherstellen zu können. Schließlich hätten sich ausländische Touristen, zu denen nach DDR-Verständnis gleichsam Westdeutsche gehörten, wohl kaum mit der Bauqualität der auf Schnelligkeit und Effizienz ausgerichteten ostdeutschen Wohnungsbauindustrie zufriedengegeben. Ein gigantischer Plattenbau stand also nie zur Debatte und so ist mit dem Neptun ein elegantes Hotelhochhaus mit weißer Fassade und einer durch schräg gestellte Balkone gegliederten Fassade entstanden, dessen Architektur heute noch beeindruckend wirkt. Abgesehen von der seit den 1970er-Jahren allgemein gewachsenen Ablehnung von Wohnhochhäusern an sich, welche durch den massiven Wohnungsbau in beiden deutschen Staaten entstanden, sind qualitativ hochwertige Einzelgebäude mit individuellen Qualitäten je nach Lage immer noch vielerorts geschätzte Beispiele für elegante und moderne Architektur. Dass dies vom Neptun behauptet werden kann, liegt unter anderem an der Tatsache, dass es das einzige Exemplar dieser Bauform in Warnemünde geblieben ist und daher immer noch fast wie eine Skulptur am Ostseeufer erscheint. Zudem hat die Ausrichtung auf einen Fünf-Sterne-Standard dem Haus gutgetan. Wo man Anfang der 2000er-Jahre noch einen nüchtern gehaltenen Lobbybereich mit starkem Brathähnchenduft vorfand, ist heute die veritable Lobby eines Großhotels entstanden. Mittlerweile ist die Geruchsproblematik im Griff und die Broilerbar nach wie vor ein DDR-nostalgisches Kleinod des Hotels, das sich nicht nur größter Beliebtheit erfreut, sondern längst Kultstatus hat. Insgesamt sind es immer noch viele ostdeutsche Gäste, die hierher gern zurückkehren und sich erinnern, wie es damals etwas ganz Besonderes war, im Neptun seinen Aufenthalt verbringen zu dürfen. Denn nachdem Erich Honecker als Staatsratsvorsitzender in Amt und Würden gekommen war, änderte sich die Beschränkung auf den devisenorientierten Betrieb, sodass auch DDR-Bürger im Haus unterkommen konnten, wobei die Kapazitäten begrenzt waren und Übernachtungen nach Kriterien vergeben wurden, die nicht selten im direkten Zusammenhang mit den Verdiensten für Staat und Wirtschaft der DDR standen. Es war damit schwierig, aber nicht mehr unmöglich, hier Urlaub machen zu können, auch wenn man vielfach nur über eine Warteliste zum Zuge kam. Das Haus ist daher bei vielen Ostdeutschen immer noch besonders positiv konnotiert und hat bei vielen Stammgästen einen festen Platz in der Familiengeschichte. Heute schätzen natürlich alle möglichen Gästegruppen den Ausblick aus den Zimmern und von den Balkonen des Hochhausturms, die durch geschickte Staffelung alle einen Meerblick bieten, ohne dass man von einem Balkon Einblick in die benachbarten nehmen kann. Ungestörtes Sonnenbaden ist also garantiert. Und ein besonderes Highlight heutiger Zeiten sind darüber hinaus die spektakulären Aussichten auf die Rostocker Hafeneinfahrt über die Warnow, die heute anders als zu DDR-Zeiten von riesigen Skandinavien-Fähren und noch majestätischeren Kreuzfahrtschiffen passiert wird. Diese Ozeanriesen bieten einen absolut spektakulären Kontrast zum kleinen Fischerort Warnemünde am Alten Strom, dem ehemaligen Hafen des Ortes. Gäste in den Zimmern auf der Südwestseite, somit auf der dem Hafen entgegengesetzten Seite, bekommen als Ausgleich spektakuläre Sonnenuntergänge geboten. Der riesige Wellnessbereich mit Anwendungen und Therapien rund um das Thema Thalasso – eine Behandlung unter anderem mit kaltem oder erwärmtem Meerwasser, Algen, Schlick und Sand – ist ein weiterer Grund, im Neptun zu logieren. Eine große Saunalandschaft mit finnischer Sauna samt Panoramafenster zur Strandpromenade, Sanarium, Dampfbad, separater Damensauna, Erlebnisduschen, Eisbrunnen und Ruheräumen sowie ein Fitnessbereich mit Cardio- und Kraftgeräten mit Ausblick auf die Ostsee bieten ebenso Gelegenheit zur Erholung wie das Meerwasserschwimmbad. Aufgrund der mittlerweile komplett renovierten 338 Zimmer und Suiten auf 19 Etagen ist und bleibt das Hotel Neptun daher immer noch eines der beliebtesten Großhotels an der Ostsee. Als Alternative zum in puncto Qualität und Vielfalt hervorragenden Frühstück bietet sich ausdrücklich das Frühstück in der Sky-Bar inklusive eines sensationellen Ausblicks an: Eine Auswahl an Brot, Brötchen, Croissants und Marmeladen steht am Tisch bereit, alles andere – Fisch, Wurst, Käse und warme Speisen – wählt man aus einem À-la-carte-Angebot selbst. Dieses spektakuläre Highlight am Morgen ist allerdings mit einem gesonderten Aufschlag von 20 Euro verbunden. In Anbetracht der Größe des Hauses ist man gastronomisch selbstverständlich breit aufgestellt. In diesem Jahr möchten wir den Fokus auf das Restaurant Weineck lenken, das mit seiner gutbürgerlichen regionalen Küche zu überzeugen weiß. Das Hotel Neptun zehrt nicht nur von seinem Renommee, sondern ist aufgrund des Gesamtangebotes auf der Höhe der Zeit und somit können wir eine uneingeschränkte Empfehlung aussprechen.

Bewertung: ●●●◐

PARK-HOTEL HÜBNER
(OT Warnemünde)
Heinrich-Heine-Straße 31
18119 Rostock
Telefon: 03 81-54 34-0
Internet: www.parkhotelhuebner.de
E-Mail: info@hotel-huebner.de
Direktor: Dietmar Karl
DZ ab € 173,00

Das Strand-Hotel Hübner als Traditionshaus im zur Hansestadt Rostock zählenden Seebad Warnemünde war bereits in der Kaiserzeit ein renommiertes und beliebtes Hotel direkt an der Warnemünder Promenade. Nach der deutschen Wiedervereinigung als Neubau wiedererrichtet, war es ein so einschlagender Erfolg, dass schnell eine Erweiterung zur Debatte stand. Dabei war eine Aufstockung des Gebäudes nicht nur baurechtlich praktisch unmöglich, denn zuletzt hatte man noch den Wellnessbereich auf dem Dach vergrößert und sogar ein Schwimmbad mit Panoramafenster zur Ostsee implementiert. Da eine Erweiterung im Gebäude also ausgeschlossen war, musste man mit einem anderen Standort vorliebnehmen und hier war glücklicherweise schräg gegenüber dem Strand-Hotel ein Standort für einen Neubau, das Park-Hotel, verfügbar. Natürlich ist dieser etwas weniger durch das maritime Flair der Promenade geprägt, denn ein direkter Ausblick auf das Meer ist von hier aus nur eingeschränkt möglich. Dafür ist er geprägt durch die schönen, alten Bäume der zum Kurpark führenden Parkstraße, die im Sommer kühlen Schatten spenden und der Straße einen eigenen Charakter verleihen. Es wurde sich für eine Fassade mit Klinkersockel im Erdgeschoss und abgerundeten Balkonen in den Geschossen darüber entschieden. Vom Warnemünder Kurpark ist das Gebäude zwar noch durch den Neubau eines zeitgleich entstandenen Mehrfamilienhauses auf dem Nebengrundstück getrennt, aber die Fläche zwischen beiden Gebäuden, wo sich auch die Terrasse des Restaurants befindet, ist durch mächtige Eichenbäume sowie Rasenbereiche durchaus parkartig geprägt. Naheliegend also, dass der Name „Park-Hotel" gewählt wurde. Einerseits, um Lage und Umfeld aufzugreifen, andererseits, um den eigenständigen Stil des neuen Schwesterhotels zu betonen. Das Park-Hotel war von Anfang als Alternative zum etablierten Strand-Hotel mit seiner über mehrere Etagen reichenden zentralen Lobby konzipiert. Im Park-Hotel ist diese sehr viel weniger raumgreifend, eleganter und insgesamt distinguierter. Im Park-Hotel befindet sich das

Restaurant Gutmannsdörfer, dessen gastronomisches Konzept zunächst an das der Weinwirtschaft der Rostocker Arcona-Gruppe erinnert. Bei keinem unserer Besuche wurden wir kulinarisch enttäuscht, wird doch ein beachtliches Niveau geboten. Die sattgrüne Umgebung ist erholsam für alle, die dem Strandtrubel am Ende der Straße ein wenig entfliehen möchten. Zum Hotel zählt ein kleiner Weinkeller, der für besondere Events zur Verfügung steht oder vom Restaurant für Weinveranstaltungen genutzt wird. Ebenfalls im Untergeschoss befindet sich der 500 Quadratmeter umfassende Wellnessbereich mit großem Innenpool und Saunen, welcher aber trotz der abgesenkten Lage von Tageslicht durchflutet wird. Die komplette Längsseite der Poolhalle besteht aus einer Fensterfront, die zum Gartenbereich hin ausgerichtet ist. Eine Stützmauer aus Naturstein sorgt einerseits für Stabilität der Geländeabsenkung und bietet andererseits Sichtschutz von außen. Der Saunabereich umfasst eine finnische Sauna, eine weniger heiße Biosauna sowie ein Dampfbad. Von einer klassischen Rücken- über eine Sanddornöl- bis hin zu einer Ayurveda-Massage wird eine Vielzahl an Anwendungen offeriert. Die 53 Zimmer inklusive 4 Juniorsuiten, die alle entweder über die erwähnten Balkone oder über Dachterrassen verfügen und deren Interieur sich durch helle Hölzer, lichte Farben bei Wänden und Böden und warme rote Stoffe und Möbel bestimmt, erweitern das Angebot der Marke Hübner wie geplant erheblich und bieten dabei ein ganz eigenes Ambiente. Die Mitarbeiter von Hoteldirektor Karl, der für beide Häuser zuständig ist, zeichnen sich durch eine besonders herzliche und unkomplizierte Servicequalität aus.

Bewertung: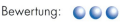

STRAND-HOTEL HÜBNER
**(OT Warnemünde)
Seestraße 12
18119 Rostock
Telefon: 03 81-54 34-0**
Internet: www.strandhotelhuebner.de
E-Mail: info@hotel-huebner.de
Direktor: Dietmar Karl
DZ ab € 230,00

Es scheint, dass auch eine weltweite Pandemie dem Strand-Hotel Hübner wenig anhaben kann. Nach wie vor belegt es einen Spitzenplatz unter den hiesigen Hotels. Einen großen Verdienst daran hat Direktor Dietmar Karl, der es souverän durch diese Krise führt. Der durch die Pandemie noch einmal verstärkte Fachkräftemangel macht der gesamten Branche sehr zu schaffen. Das hat natürlich vielfältige Gründe. Karl, dem wir bereits mehrfach an dieser Stelle eine hohe Sozialkompetenz bescheinigt haben, ist es gelungen, für ein hervorragendes Betriebsklima zu sorgen, was sich gerade in diesen Zeiten auszahlt. Mitarbeiter wertzuschätzen und ihnen einen eigenen Handlungs- sowie Entscheidungsspielraum zu geben, ist für ihn selbstverständlich. Vor allem konnte er ein Wirgefühl erzeugen, welches für das Teambuilding von größter Bedeutung ist. Letztlich profitieren vor allem die Gäste, wenn motivierte Mitarbeiter aufmerksam und zuvorkommend agieren und sichtbar Freude an ihrem Beruf haben. Es ist die besondere und familiäre, aber gleichzeitig sehr lebhafte Atmosphäre dieses Hauses, die von den Gästen geschätzt wird. Stets Lob fand bei  uns das von Karl perfektionierte und mit immensem Aufwand betriebene Dialog-Marketing, worüber er mit den Gästen im Gespräch bleibt, sie über Neuerungen informiert und an der Entwicklung des Hauses teilhaben lässt, um ihnen so wieder Lust auf einen neuen Aufenthalt zu machen. Regelmäßig gibt es Post, manchmal auch mit einem kleinen Geschenk, das meist in Bezug zum Hotel steht. Zur anhaltenden Erfolgsgeschichte des Hauses hat aber vor allem beigetragen, dass sich niemals auf dem bereits Erreichten ausgeruht, sondern durch kluge Investitionen in die Hardware immer auf der Höhe der Zeit geblieben wurde. Wir denken beispielsweise an die Erweiterung des Wellnessbereiches um einen Pool, der aufwendig nachträglich auf dem Dach implementiert werden musste, oder an die konzeptionelle Neugestaltung des Restaurants, wo geschickt ehemalige Ladenflächen eingebunden wurden, um so den gesamten Bereich zu vergrößern. Dabei wurde das Buffet um eine Showküche erweitert und 2018 das Restaurant um eine Kaffeerösterei ergänzt. Seitdem röstet man den Kaffee selbst. Davon sind die Gäste regelrecht begeistert, denn geschmacklich unterscheidet sich dieser von der Massenproduktion der Kaffeeindustrie erheblich, die eben schnell und bei hohen Temperaturen geröstet werden, um so für den Verbraucher ein Produkt zu erschwinglichen Preisen herstellen zu können. Hier hingegen rösten die Bohnen bei 200 Grad circa 20 Minuten und damit viel schonender. Der Hübner Kaffee ist somit geschmacklich ausgewogener und nicht zuletzt wegen der sanfteren Röstung weitaus bekömmlicher. Mittlerweile werden jedes Jahr circa 2,5 Tonnen Kaffeebohnen geröstet. Wen wundert es dann, dass sich zahlreiche Stammgäste ihren Lieblingskaffee, den es im Übrigen aus unterschiedlichen Anbaugebieten und in verschiedenen Qualitäten gibt, bequem nach Hause schicken lassen, um bei dessen Genuss unter anderem in Urlaubserinnerungen zu schwelgen. Somit zählt der Online-Kaffeeservice im weitesten Sinne zum Marketing für dieses Haus. Von den regelmäßigen Fresh-ups der Zimmer haben wir bereits mehrfach berichtet. Und während der Lockdownphase wurde die Zeit genutzt, um zahlreiche kosmetische Auffrischungen durchzuführen, auch durch Maßnahmen hinter den Kulissen, die für den Gast nicht sichtbar sind. Selbst außerhalb der Hauptreisezeiten hat das Strand-Hotel Hübner ebenfalls eine sehr gute Auslastung, vor allem deshalb, weil nach dem Touristentrubel der Hauptsaison der Erholungswert viel höher ist.

Ein Aufenthalt lohnt sich unseres Erachtens besonders zu Zeiten, in denen die Temperaturen nach unten gehen und das Klima rauer wird. Und nach einem längeren Strandspaziergang bietet sich der 500 Quadratmeter große und sich über zwei Ebenen erstreckende Spa zum Aufwärmen und zur weiteren Erholung an. Hier lässt sich herrlich im Pool mit Gegenstromanlage entspannen und der Blick vom Beckenrand auf die Ostsee genießen. Der Saunabereich umfasst eine finnische, eine Bio- und eine Dampfsauna sowie eine Infrarotkabine. Im Fitnessraum kann man sich mit Meerblick auf modernen Cardio- und Krafttrainingsgeräten in Form bringen. Da über insgesamt sechs Tagungsräume verfügt wird und somit Meetings oder Festbankette mit bis zu 100 Personen arrangiert werden können, ist man auch im Veranstaltungssegment nicht schlecht aufgestellt. Nach wie vor ist das Strand-Hotel Hübner wegen der ausgewogenen Mischung aus Lage, Zimmerprodukt, Wellnessangebot und Gastronomie eines der beliebtesten Leisurehotels in Warnemünde. Da das Haus nicht selten ausgebucht ist, empfiehlt sich eine frühzeitige Reservierung.

Bewertung:

WARNEMÜNDER HOF
(OT Diedrichshagen)
Stolteraer Weg 8
18119 Rostock
Telefon: 03 81-54 30-0
Internet: www.warnemuender-hof.de
E-Mail: info@warnemuender-hof.de
Direktor: Frank Martens
DZ ab € 114,00

Die Entwicklung des Hotels Warnemünder Hof in den letzten fünf Jahren ist wirklich beachtlich. Dieses in einem relativ ruhigen Wohngebiet im Ortsteil Diedrichshagen gelegene Haus darf sich mittlerweile zu den besten Leisurehotels in Rostock zählen. Dies ist der stetigen Weiterentwicklung des Hotels zu verdanken, die natürlich wesentlich auf die Investitionsbereitschaft der Eigentümergesellschaft zurückzuführen ist. Es wurden keine Trends verschlafen und rechtzeitig in die Hardware investiert, sodass sich vor allem das Zimmerprodukt in einem zeitgemäßen Zustand befindet. Die letzte Erweiterung – mit dem Torhaus – verschaffte dem Hotel 20 weitere Zimmer, alle mit Balkon. In diesem Jahr entstehen auf dem Parkplatz sieben Doppelelektroladestationen. Diese Investition finden wir sehr fortschrittlich, denn selbst im Luxussegment gibt es Häuser, die sich dieser Entwicklung noch sperren. Gut, dass seit vielen Jahren ein erfahrener Manager wie Frank Martens diesem Haus vorsteht, der zuvor unter anderem für den Arcona-Konzern tätig war und somit genügend Expertise

mitbringt, ein solches Haus souverän durch die augenblickliche Coronapandemie zu führen. Nicht ganz einfach natürlich, musste er sich doch zuletzt auf ständige Neuerungen einstellen und die Vorgaben der Landesregierung bisweilen von heute auf morgen umsetzen, welche für den betroffenen Gast manchmal jeder ersichtlichen Logik entbehren. Etwa als für touristische Gäste die 2G+-Regel und für Geschäftsreisende die 3G-Regel galt. Ein äußerst geschickter Schachzug ist die Kooperation mit der Ärztin Frau Dr. Christine Teichert, denn nunmehr ist es möglich, das Thema der präventiven Gesundheitsvorsorge stärker zu gewichten, unter anderem weil der Gesundheitstourismus nach wie vor ein Wachstumsmarkt ist. Obwohl augenblicklich der größte Teil der Patienten aus der Region kommt, zeichnet sich diesbezüglich eine positive Entwicklung ab. Für den Gast eröffnet sich durch die Zusammenarbeit die Möglichkeit, sich während seines Aufenthalts einem kardiologischen und internistischen Check zu unterziehen und somit in einer ganz entspannten Urlaubsatmosphäre das Angenehme mit dem Notwendigen zu verbinden. Auch sogenannte

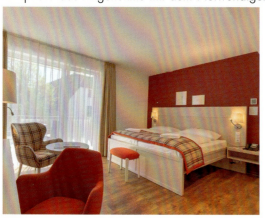

Medical-Wellness-Kuren zur Gesundheitsförderung und Verbesserung der Lebensqualität, die zudem eine Ernährungsberatung beinhalten, sind möglich. Dass die angebotenen Packages natürlich nicht über die gesetzlichen Krankenkassen abgerechnet werden können, dürfte jedermann klar sein. Zuletzt wurde im Warnemünder Hof der Wellnessbereich nicht nur renoviert, sondern erweitert sowie aufgewertet. Er hat nunmehr eine Gesamtfläche von 750 Quadratmetern und erstreckt sich auf drei Ebenen. Das Angebot des Beauty-Spa mit seinen acht Räumlichkeiten ist vielschichtig, es reicht von der klassischen Ganzkörpermassage über Ayurveda-Anwendungen bis hin zur traditionellen thailändischen Massage, die authentisch und mit viel Erfahrung von Frau Kung, einer Thailänderin, durchgeführt wird. Der Badebereich umfasst einen 11 x 5 Meter großen Pool mit Gegenstromanlage und Schwalldusche. Zudem zählen eine finnische Sauna, ein Dampfbad, ein Eisbrunnen, ein Fußbecken sowie ein neu gestalteter Ruheraum sowie im Außenbereich eine kleine zusätzliche Sauna inklusive eines Barfußpfades sowie einer Terrasse zum Angebot. In der ersten Etage befinden sich zusätzlich eine Salzsauna sowie eine Biosauna und ein Ruheraum mit Gradierwerk. Die dritte Ebene ist für das tägliche Fitnessprogramm der Gäste reserviert, denn hier steht eine kleine Auswahl an Cardio-Trainingsgeräten zur Verfügung. Der Warnemünder Hof ist auch unter passionierten Golfern äußerst beliebt, schließlich ist der Golfplatz nur fünf Autominuten entfernt. Das Haus ist heute ein erstklassiges Leisurehotel mit einem hervorragenden Freizeit- und Wellnessangebot, für das wir eine vorbehaltlose Empfehlung aussprechen können.

Bewertung: ●●◖

YACHTHAFENRESIDENZ HOHE DÜNE
(OT HOHE DÜNE)
Am Yachthafen 1
18119 Rostock
Telefon: 03 81-50 40-0
Internet: www.hohe-duene.de
E-Mail: info@yhd.de
Direktorin: Silke Glomm
DZ ab € 230,00

Für den ersten Eindruck gibt es bekanntlich keine zweite Chance. Bereits die telefonische Kontaktaufnahme mit diesem Luxusresort verlief – freundlich umschrieben – äußerst unglücklich. Es wird offenbar vorausgesetzt, dass sich der potenzielle Gast zuvor selbst umfangreich informiert. Denn der Frage, welche Zimmerkategorien zur Verfügung stehen, wurde mit „Kommt drauf an, was Sie wollen?!" gekontert, und das in einer so schroffen Art, die sich nur mit Wohlwollen als typisch norddeutsch abtun lässt. Das Gespräch war anfänglich so unangenehm, dass man die Gesprächspartnerin mehrfach auffordern musste, doch bitte höflich zu bleiben und sich ein klein wenig zurückzunehmen. Rückfragen waren bei der Dame offenbar nicht erlaubt. Die Bemerkung „Mich erst aussprechen lassen und zuhören, dann können Sie die Frage stellen!" sollte in dieser Oberlehrerhaftigkeit eigentlich keiner Mitarbeiterin – egal welches Segment sie vertritt – über die Lippen kommen. Nach einer klaren Ansage, dass sie bitte einen anderen Ton anschlagen solle, sammelte sich die Dame jedoch wieder, vielleicht war sie aber tatsächlich über sich selbst erschrocken, wie sie auf andere wirkt. Im weiteren Gesprächsverlauf gab es dann doch noch ein paar passable Auskünfte. Dennoch benötigt diese Mitarbeiterin ganz offensichtlich eine Intensivschulung in professioneller Gesprächsführung. Eine gute

Beratung ist bei einer Hotelanlage mit so einem breiten Angebot und einer derart komplexen Infrastruktur unverzichtbar. Detailfragen zum Zimmerprodukt, den Restaurationen und den Wassersportmöglichkeiten müssen eigentlich im Schlaf beantwortet werden können. Im Haupthaus haben die Zimmer schon in der Einstiegskategorie eine Größe von 27 Quadratmetern sowie ein luxuriöses Marmorbad inklusive Regenschauerdusche. Wer kurze Wege zum Spa bevorzugt, der sollte im Haupthaus logieren, wobei die anderen Zimmer in den übrigen Gebäuden über einen Laubengang zumindest trockenen Fußes erreicht werden können. Das Portfolio umfasst unter anderem drei Residenzen, in denen die Zimmer einen Ausblick auf Warnemünde bieten. Rostock, das über die Warnow mit der Ostsee verbunden ist, wurde bei der Wiedervereinigung etwas vernachlässigt, da es als größte Stadt Mecklenburg-Vorpommerns dennoch nicht Landeshauptstadt wurde. Im Jahr 2005 konnte ein großer Erfolg in puncto Stadtentwicklung für sich verbucht werden, denn im Rahmen der zur Jahrtausendwende eingereichten Olympia-Bewerbung Leipzigs wurde die Hohe Düne, ein Bereich des Stadtgebietes gleich neben Warnemünde, als Austragungsort für die olympischen Segelsportwettbewerbe vorbereitet und daher ein Yachthafen mit 750 Liegeplätzen und einer Hotelanlage in Hohe Düne verwirklicht. Die Yachthafenresidenz, so der Name des damals entstandenen Komplexes, war schnell in den Schlagzeilen, denn ein Alleinstellungsmerkmal war der von Anfang an geplante Luxusstatus nicht mehr, schließlich entstanden seit dem Ende der DDR in den Ostseebädern entlang der Küste Mecklenburg-Vorpommerns zahlreiche Resorts und Luxushäuser wie das Grandhotel Heiligendamm. Da für die gesamte Region als für Westdeutsche neu erreichbares innerdeutsches Urlaubsziel eine rosige Zukunft prognostiziert wurde, war die bereits entstandene Konkurrenz für ein Luxusresort wie die Yachthafenresidenz groß. Da sie weitgehend durch Subventionen vor dem Hintergrund der Olympiabewerbung in diesen Ausmaßen realisiert wurde, bezweifelten viele Kritiker die ökonomische Sinnhaftigkeit des Projektes und sahen sich durch den dann nicht erhaltenen Zuschlag für die Olympischen Spiele bestätigt. Das Fünf-Sterne-Haus und die in diesem Kontext geschaffenen Erholungs-, Sport- und Freizeitgestaltungsmöglichkeiten bestehen auf jeden Fall bis heute und maritime Sportarten wie Segeln, Tauchen oder Surfen sind nur ein Teil der wahrnehmbaren Angebote, zu denen auch eine Yacht gehört, die bei einem Aufenthalt gechartert werden kann. Ein 4.200 Quadratmeter großer Wellnessbereich bietet ganzjährig nutzbare Entspannungsangebote, zu denen ein 22 x 10 Meter großer Pool mit offenem Kamin nebendran sowie im Außenbereich ein zusätzlicher Pool für wärmere Jahreszeiten zählen. Die Saunalandschaft mit einer Biosauna, einer finnischen Sauna, Kelo- und Erdsauna, Caldarium und Laconium sowie einem Sole- und einem Aromadampfbad ist mehr als ausreichend ausgestattet. Regenduschen und Kneippbecken sowie mehrere Ruhebereiche ergänzen die Saunen in diesem Bereich. Ein Fitnessraum mit aktuellen Cardio- und Muskelaufbau-Trainingsgeräten steht ebenfalls zur Verfügung. Es war in jedem Fall gut durchdacht, sich breit aufzustellen und ein 3.000 Quadratmeter großes Kongresszentrum in die Anlage zu integrieren, denn eine attraktive Lage am Meer ist immer ein Argument, hier eine Tagung oder Veranstaltung zu buchen. Das Tagungsgeschäft ist bei den Wirtschaftlichkeitsüberlegungen für ein Hotel dieser Größe, das ganzjährig bespielt werden will, daher trotz der Ausrichtung als Luxus-Ferienresort sicherlich ein wesentlicher Aspekt. Ein 3.200 Quadratmeter großes Kongresszentrum mit 21 Tagungsräumen vom Boardingroom bis hin zum Ballsaal zeigt, dass in der Yachthafenresidenz dabei keine halben Sachen gemacht wurden, denn bis zu 750 Personen können gleichzeitig konferieren, tagen oder feiern. Die insgesamt sechs Restaurants, darunter das mit einem Michelin-Stern ausgezeichnete Gourmetrestaurant „Der Butt", zeigen ebenfalls, in welchen Dimensionen geplant wurde. Je nach Pandemielage muss jedoch davon ausgegangen werden, dass nicht immer alle geöffnet sind. Die Yachthafenresidenz Hohe Düne hat auf jeden Fall trotz dieser großen Maßstäbe bisher ihr wirtschaftliches Überleben sichern können. Die Qualität der Anlage sowie die gute Erreichbarkeit am Rand der Hansestadt Rostock überzeugen viele Gäste eben trotz der großen Konkurrenz.

Bewertung:

ROTTACH-EGERN Bayern

**ALTHOFF
SEEHOTEL ÜBERFAHRT**
Überfahrtstraße 10
83700 Rottach-Egern
Telefon: 0 80 22-6 69-0
Internet: www.seehotel-ueberfahrt.com
E-Mail: info@seehotel-ueberfahrt.com
Direktor: Vincent Ludwig
DZ ab € 284,00

Seit vielen Jahren ist das Althoff Seehotel Überfahrt eines der beliebtesten und erfolgreichsten Luxus-Leisurehotels der Region. Es genießt darüber hinaus bei an der deutschen Spitzengastronomie Interessierten große Aufmerksamkeit, denn das Restaurant Überfahrt gilt als kulinarische Institution und somit Pilgerstätte für Gourmets aus der ganzen Republik. Christian Jürgens, hoch dekorierter Spitzenkoch, sorgt mit seiner zeitgemäßen französischen Küche für Furore. Das Restaurant wird vom Guide Michelin seit vielen Jahren mit drei Sternen ausgezeichnet. Damit wird in der kulinarischen Champions League gespielt. Überhaupt ist das gastronomische Angebot mit den insgesamt fünf Restaurants beachtlich. Für die alltäglicheren Genüsse erfreut sich die Bayernstube großer Beliebtheit, in der regionale Klassiker geboten werden. Zudem ist das Il Barcailio mit seiner anspruchsvollen italienischen Küche zu empfehlen. Zum Portfolio zählt ferner das Fährhaus 14, ein Fischrestaurant, das in gut 15 Minuten Fußweg zu erreichen ist. Wirklich erfreulich ist, dass alle Restaurants derzeit bislang trotz Pandemie geöffnet haben, zumindest war das bei unserer Recherche Anfang Juni noch so. Keine Selbstverständlichkeit, denn der allgemeine Fachkräftemangel sowie ein hoher Krankenstand bringen viele Gastronomen und Hoteliers in Not und zwingen sie dazu, ihre Restaurants geschlossen zu halten. Es scheint jedoch so, als sei man wieder in Hochform und könne, wie es die Gäste von einem Althoff-Hotel im Allgemeinen und der Überfahrt im Besonderen erwarten, wieder alle Annehmlichkeiten bieten. Natürlich gibt es bisweilen Engpässe, aber man bemüht sich, dass diese vom Gast unbemerkt bleiben. Schließlich waren die beiden letzten Jahre mit genügend Einschränkungen verbunden. Der 3.000 Quadratmeter große „4 elements spa" lädt zum Entspannen ein. Er verfügt über alle Angebote, die der Gast von einem Wellnessbereich in einem Luxusresort erwartet, etwa einen großzügig gestalteten Badebereich mit einem 28 Meter langen Indoorpool, einem Außenschwimmbad mit Liegewiese und zusätzlich einem separaten Kinderbecken sowie jeweils im Innen- und Außenbereich einem Whirlpool. Außerdem eine große Saunalandschaft mit finnischer Sauna, Laconium, Sanarium, Salzsauna sowie einem Hamam. Zum Relaxen stehen verschiedene Ruhebereiche zur Auswahl – auch ein solcher mit Kamin oder mit einer gut ausgestatteten Bibliothek. Zusätzlich gibt es einen Privatstrand am Tegernsee mit eigenem Badesteg. Erwartungsgemäß hervorragend ausgestattet ist der Fitnessbereich, zu dem die Gäste rund um die Uhr Zugang haben. Auf Wunsch kann ein Personal Trainer hinzugebucht werden, der dann ein individuelles Fitnessprogramm erstellt. Die 123 Zimmer und 53 Suiten sind nach einem erweiterten Softlifting im Jahr 2015 nach wie vor und sicherlich unter anderem dank der guten Arbeit der Housekeeping-Abteilung in einem guten Zustand. Die Kategorie *Elegant Nature* hat eine Größe von 35 Quadratmetern, das Segment *Elegant Nature Deluxe* bietet 42 Quadratmeter, beide sind mit einem eigenen Balkon sowie einem Luxusbad mit Badewanne und separater Dusche ausgestattet. Alle verfügen ferner über eine Leysieffer-Kaffeemaschine. Entweder ermöglichen die Zimmer einen Alpenblick oder einen direkten oder zumindest seitlichen Blick auf den Tegernsee. Selbstverständlich sind ferner luxuriöse Suiten buchbar. Etwa die Tegernsee Suite, die mit 90 Quadratmetern zu den größten zählt und über einen separaten Wohn-, Ess- und Schlafbereich sowie drei Balkone mit Ausblicken in alle Richtungen verfügt. Es ist die Vielfalt des Gebotenen, seien es die exponierte Lage direkt am Tegernsee, die sehr komfortablen Zimmer und Suiten, die große kulinarische Vielfalt oder das exzellente Wellnessangebot und selbstverständlich das hervorragende Freizeitangebot der Region, welches für dieses besondere Haus spricht.

Bewertung: ●●●●

RÜGEN/BINZ Mecklenburg-Vorpommern

KURHAUS BINZ
Strandpromenade 27
18609 Binz/Rügen
Telefon: 03 83 93-6 65-0
Internet: www.travelcharme.com
E-Mail: kurhaus-binz@travelcharme.com
Direktor: Oliver Gut
DZ ab € 163,00

Das Kurhaus Binz ist sicherlich nicht nur denjenigen bekannt, die bereits zu Gast waren oder ihr Urlaubsquartier in einem anderen Haus in Binz bezogen haben. Denn der schlossartige Bau gegenüber der zentralen, 300 Meter langen Seebrücke prägt nicht nur das Bild des traditionsreichen Ostseebades selbst, sondern ist ein Symbolbauwerk für ganz Rügen und die Ostseeküste seines Bundeslandes. Das symmetrisch angelegte Hauptgebäude mit seinen beiden von Türmen gekrönten Seitenflügeln beherbergt dabei nur einen Teil der Zimmer und Suiten. Denn ein Großteil dieser befindet sich in einem Neubau, der – stilistisch an die Bäderarchitektur der deutschen Ostseeküste angelehnt – neben dem historischen Zentralgebäude errichtet wurde und mit diesem über ein Atrium mit weitgespanntem Glasdach verbunden wurde, welches insgesamt als Lobby dient. Innerhalb des Neubaus befindet sich der 1.000 Quadratmeter große Spa, der einen Innen- und einen beheizten Außenpool, eine finnische Sauna, ein Dampfbad sowie Räume für Beautyanwendungen und Massagen in allen denkbaren Varianten umfasst. Neben Zentral- und Nebengebäude ist die Anlage durch einen dritten, ebenfalls historischen Teil geprägt – den 500 Personen Platz bietenden Kurhaussaal, der sich als massiver Theaterbau hinter dem Hauptgebäude versteckt. Das über beide Weltkriege und die DDR-Zeit erhalten gebliebene Kurhaus war nach dem Ende der DDR naturgemäß ein attraktives Ziel für Investoren, aber dennoch überraschten die Geschwindigkeit und der Umfang, in dem in diese attraktive Immobilie investiert wurde. Besonders verwunderte die opulente Ausstattung des gesamten Hotels, bei der die Grenzen des guten Geschmacks überschritten wurden. Denn das Interieur erschien nach dem damaligen Abschluss der Bauarbeiten wie eine überladene Theaterkulisse mit leuchtend bunten Farben, gerafften Vorhängen und Gardinen und allgemein der kompletten Abwesenheit dessen, was schon damals als modernes Design in der Hotellerie galt. Heute noch ist das an der Ausstaffierung des Kursaals zu erkennen, die noch unverändert aus diesen Zeiten erhalten geblieben ist. In den meisten Zimmern, Suiten und öffentlichen Bereichen ist dieser Stil mittlerweile zum Glück Geschichte und durch ein eleganteres, schlichteres und zeitgemäßes Interieur ersetzt worden. Einzig die sogenannten Residenzen, große Suiten mit eigener Küche, die eher Ferienwohnungen gleichen, sind bisher scheinbar noch im alten Stil erhalten. Von der Fünf-Sterne-Klassifizierung der DEHOGA wurde sich verabschiedet, obwohl die Voraussetzungen für diese Einstufung immer noch vorliegen sollten. Aber um als Tagungslocation attraktiv zu sein und zum Beispiel den großen Kursaal für entsprechende Veranstaltungen zu vermarkten, ist eine zu hohe Klassifizierung bekanntermaßen nicht förderlich. Und auch normale Feriengäste haben bei einem angekündigten Fünf-Sterne-Niveau oftmals eher formelle Zwänge vor Augen, wenn sie dieses hohe Prädikat sehen. Herausragende Serviceleistungen, eine architektonisch tolle Umgebung und ein fürstlicher Spa sind heute auch ohne fünf Sterne an der Hoteltür zu vermarkten. Die Zimmer sind zwischen 22 und 30 Quadratmeter groß und entweder zur Land- oder Seeseite hin ausgerichtet. Zusätzlich sind auch luxuriöse Suiten Teil des Portfolios. Gut zu wissen, dass die Minibar mit alkoholfreien Getränken inklusive ist. Die Parkgebühren am Haus betragen 15 Euro, in der Tiefgarage 18 Euro. Ohne die kitschigsten Verfehlungen in der Ausstattung hat das Niveau mittlerweile insgesamt zugelegt. Das Kurhaus Binz hat sich mit seinem aktuellen Interieur als eine der ersten Adressen in Binz neu etablieren können und muss sich nicht mehr wegen des einstmals übertriebenen Interieurs belächeln lassen.

Bewertung: ●●●◖

RÜGEN/SELLIN Mecklenburg-Vorpommern

CLIFF HOTEL
Cliff am Meer 1
18586 Sellin/Rügen
Telefon: 03 83 03-80
Internet: www.cliff-hotel.de
E-Mail: info@cliff-hotel.de
Direktor: Peter Schwarz
DZ ab € 115,00

Das Cliff Hotel Rügen in Sellin ist nach wie vor davon überzeugt, mit seinem Produkt das Luxussegment bespielen zu können. Auf eine Klassifizierung wird vorsichtshalber verzichtet, denn somit kann man sich einer Überprüfung der notwendigen Standards entziehen. Auf Nachfrage teilen die Mitarbeiter mit, das Cliff Hotel sei „eigentlich" ein Fünf-Sterne-Hotel. Mag sein, dass der Hotel- und Gaststättenverband überwiegend die Hardware sowie das Serviceangebot überprüft und somit die Kriterien für eine solche Klassifizierung vielleicht erfüllt würden – wir sind jedoch der Meinung, dass es bereits im Hinblick auf die schwankende Service- und Dienstleistungsbereitschaft der Mitarbeiter keine allzu gute Idee wäre, sich von der DEHOGA klassifizieren zu lassen. Wir würden das Cliff Hotel wohlwollend in das First-Class-Segment einordnen. In den vergangenen Jahren haben wir im Cliff Hotel bereits mehrfach den Renovierungsstau moniert. Bislang durchgeführte Renovierungen waren allenfalls in die Rubrik Erhaltungsmaßnahmen einzuordnen, wenn beispielsweise alte Teppichböden gegen Laminat ausgetauscht wurden. Es könnte durchaus der Eindruck entstehen, dass die Dr.-Lohbeck-Hotelgruppe – wie in den meisten ihrer Häuser – erst dann renoviert, wenn die Beschwerdequote exorbitant hoch ist. Dabei lassen sich durchaus Parallelen zu den Häusern der Maritim-Gruppe erkennen. Dennoch, es geschehen noch Zeichen und Wunder, denn erfreulicherweise konnte sich die Konzernzentrale nun endlich dazu durchringen, eine weitreichende Renovierung der Zimmer zu veranlassen. Obwohl im Sommer dieses Jahres erst einmal nur 40 Prozent davon vollständig renoviert und endlich an einen zeitgemäßen Stil angepasst wurden, ist das eine gute Nachricht. Die neuen Zimmer sind eher sachlich-elegant gehalten, was zum Komplex aus den 1970er-Jahren passt. Die Mitarbeiterin der Reservierungsabteilung vermochte das neue Design nicht zu beschreiben und musste passen, ließ sich dann aber noch auf die Aussage „modern eben" ein. Über die Jahre war die Geduld der Gäste mit den sichtbar in die Jahre gekommenen Zimmern stark gefordert. Da ist es doch ein wenig unverschämt, dem Gast 19 Euro zusätzlich zur Rate zu berechnen, wenn er verbindlich ein bereits renoviertes Zimmer fest zugesagt haben möchte. Insgesamt fünf Kategorien stehen zur Auswahl. Einige Zimmer bieten einen Ausblick auf den Selliner See, andere einen Meerblick, wobei fast alle über einen Balkon verfügen. Die Einzelzimmer als „Kuschelzimmer" zu bewerben, ist fast schon sarkastisch in Anbetracht der Größe von 16,5 Quadratmetern. Unverzichtbar bleibt nach wie vor, zudem das gastronomische Angebot aufzuwerten. Wenn dann noch die Service- und Dienstleistungsqualität deutlich verbessert würde, dann könnte das Cliff Hotel Resort & Spa unter den besten Häusern der Insel rangieren. Eines ist klar, der Trend zum Urlaub im eigenen Land nimmt seit einigen Jahren deutlich zu und hat sich durch die Coronapandemie nochmals verstärkt. Auch wenn neuerdings der Fachkräftemangel gern als Generalausrede für alle Unzulänglichkeiten herhalten muss, hat in Anbetracht dessen, dass in der Hochsaison für ein Doppelzimmer 270 Euro aufgerufen werden, eine gewisse Erwartungshaltung an Servicequalität und Modernität der Zimmer durchaus ihre Berechtigung. Gefragt ist jetzt vor allem Direktor Peter Schwarz, der sich in seinem Haus häufiger umschauen sollte, denn nicht wenige Mitarbeiter offenbaren dringenden Schulungsbedarf im professionellen Umgang mit Gästen. Vor allem die Dame der Zimmerreservierung, mit der wir in diesem Jahr Kontakt hatten, benötigt dringend ein Intensivtraining. Lob gibt es hingegen für den Rülax Spa, den 2.000 Quadratmeter großen Wellnessbereich, der wirklich diese Bezeichnung verdient. Der Pool, noch zu DDR-Zeiten so groß dimensioniert wie in keinem Wellnessbereich heute üblich, hat fast die Größe eines städtischen Hallenbades und ist unterteilt in Schwimmer- und Nichtschwimmerbereich. Zum weiteren Angebot zählen eine finnische Sauna, Dampfbad und zahlreiche weitere Wellnessangebote. Hervorragend ist zudem das Angebot des Anwendungsbereiches. Nur als Beispiel sind Kreideanwendungen ebenso buchbar wie klassische Massagen. Eine 60 Meter lange Brücke führt direkt zu einem Aufzug, mit dem vom namensgebenden Cliff, auf dem das Hotel steht, hinunter zum Privatstrand des Hotels gefahren werden kann. Im guten Mittelfeld hat sich die Qualität der Restaurants eingependelt. Für Gäste, die mit den öffentlichen Verkehrsmitteln anreisen, wird ein Transfer vom Bahnhof Binz zu Sonderkonditionen angeboten. Alle andere dürfen sich darüber freuen, dass das Parken auf den Stellflächen vor dem Haus ohne Berechnung bleibt, Vorausgesetzt, sie haben das Zimmer direkt über das Haus gebucht. Unser Fazit ist, dass es in allen Abteilungen deutlich Luft nach oben bis zum Erreichen eines wirklichen Spitzenniveaus gibt. Insbesondere kann die Servicequalität nicht durchgängig überzeugen. Aber als ehemaliges Prestige-Gebäude für DDR-Obere hat das Hotel durchaus einen interessanten Charme der 1970er-Jahre, den man so auf Rügen nur hier findet.

Bewertung:

SCHWANGAU   Bayern

**AMERON
ALPSEE RESORT & SPA**
**Alpseestraße 21
87645 Hohenschwangau
Telefon: 08362-7030-0**
Internet: www.ameroncollection.com
E-Mail: info@ameron-neuschwanstein.de
Direktor: Mathias Weigmann
DZ ab € 204,00

Der Besuch von Schloss Neuschwanstein steht nicht nur bei chinesischen Reisegruppen, die Europa oftmals im Eiltempo und nicht selten in nur zehn Tagen bereisen, auf dem Programmpunkt, sondern ist auch für deutsche Urlaubern ein Must-see. Davon hat die hiesige Hotellerie über viele Jahrzehnte profitiert oder pointierter formuliert: Sie hat die Kuh bis zum Gehtnichtmehr gemolken. In Anbetracht der Abwesenheit ernst zu nehmender Konkurrenz wie Häuser großer Hotelkonzerne oder -kooperationen wie Best Western, die erst vor wenigen Jahren und aufgrund glücklicher Umstände hier Fuß fassen konnten, teilten sich die einheimischen Hoteliers im benachbarten Füssen den vorhandenen Markt untereinander auf. Bisweilen wurden Preise aufgerufen, bei denen von einem akzeptablen Preis-Leistungs-Verhältnis keine Rede sein konnte. Denn die Häuser waren allesamt in die Jahre gekommen, was besonders das Zimmerprodukt betraf. Vieles war den internationalen Touristen, die nur eine Nacht blieben, als Lokalkolorit zu verkaufen. Da konnte es schon einmal passieren, dass auf dem Teller statt selbst gemachter Semmelknödel, wie sie in Bayern selbstverständlich in jedem Gasthaus zu haben sind, Knödel aus dem Kochbeutel landeten, die innen noch trockenes Granulat enthielten. Und auf dem Zimmer, das irgendwann einmal angeblich kreativ von heimischen Amateurkünstlern gestaltet wurde, musste dann mit durchgelegenen Matratzen, abgenutztem, zusammengesuchtem Mobiliar und 40 Jahre alten Bädern vorliebgenommen werden. In Anbetracht der beschriebenen Lage war offensichtlich keine Eile geboten, in die Zimmer und Suiten sowie in die übrige Infrastruktur zu investieren. Ein Teil der Gäste empfand den gediegen-konservativen Stil oder amateurhaft gestaltete Zimmer sogar als urig-heimelige Gemütlichkeit, andere nahmen die Malaise einfach hin. Mittlerweile ist der Markt aber in Bewegung; alles begann mit dem erwähnten Best Western in

Füssen, einem Hotel, das eigentlich als Mittelklasseprodukt und einfache Unterkunft für vorwiegend chinesische Reisegruppen geplant wurde, dann aber letztlich entgegen dem vermuteten Plan der Lokalpolitik im Vier-Sterne-Segment verortet werden konnte. Das sorgte für eine Zeitenwende. Die Mitbewerber in Füssen begannen mit Investitionen. Mit dem AMERON Alpsee Resort trat dann ein Haus am hiesigen Markt an, das sich mit seinem Gesamtprodukt sofort an die Spitze der Hotellerie in Füssen und Umgebung setzte. Die erwähnte Eigendynamik mit gestiegener Investitionsbereitschaft der bereits bestehenden Häuser wird hierdurch noch verstärkt, obwohl Corona natürlich erst einmal etablierte wie neue Unternehmen im Tourismusbereich für zwei Jahre lähmte. Was vor der Eröffnung des AMERON wirklich fehlte, war ein Wellnesshotel der Spitzenklasse, das alle Erwartungen an ein Haus dieser Kategorie erfüllen kann, indem es neben einem hervorragenden Zimmerprodukt einen veritablen Spa-Bereich und eine hervorragende Gastronomie anbieten kann. Diese Lücke füllt nun das zur renommierten Althoff-Gruppe gehörende AMERON Neuschwanstein Alpsee Resort & Spa in Hohenschwangau, das vor allem um zahlungskräftige Gäste buhlt. Es liegt dabei direkt zu Füßen von Schloss Hohenschwangau und Schloss Neuschwanstein, sodass einige Zimmer sogar einen direkten Ausblick auf diese Sehenswürdigkeiten bieten. Als Besonderheit handelt es sich bei diesem Resort nicht um einen Neubau, der inmitten dieser spektakulären und mit den genannten Schlössern gleichsam nur verzierten Berglandschaft errichtet wurde, sondern um ein Ensemble aus fünf Gebäuden; drei davon sind historische, sodass lediglich zwei Neubauten – Galeria und Seehaus – ergänzt wurden. Denn an der Stelle eines damals bestehenden Amtshauses wurde bereits im 19. Jahrhundert das Grandhotel Alpenrose erbaut, in dem 2011 vom Wittelsbacher Ausgleichsfonds das Museum der Bayerischen Könige eröffnet wurde. Dieses zeigt rund 160 Original-Ausstellungsstücke vom Mittelalter bis in die Gegenwart. Kernpunkt des Museums ist der Saal der Könige, in dem die Erbauer von Hohenschwangau und Neuschwanstein, Max II. und Ludwig II., Thema sind. Seit dem Frühjahr 2019 beherbergt das ehemalige Hotel Alpenrose das Alpenrose am See Restaurant & Café sowie 14 Hotelzimmer des AMERON. Neue und historische Gebäude sind ober- oder unterirdisch miteinander verbunden und fügen sich wunderbar in die herrliche Szenerie ein. Die insgesamt 136 Zimmer werden in die Kategorien *Standard*, *Comfort* und *Deluxe* sowie *Juniorsuite* unterteilt und sind allesamt in dezenten Grau-, Creme- und Erdtönen gehalten und zeitlos-elegant ausgestattet. Auf jegliche Alpenfolklore wurde verzichtet, denn das würde nur vom eigentlichen Star ablenken: dem Ausblick auf diese einmalige Landschaft, die ja schon die bayerischen Könige dazu veranlasste, an diesem Ort die beiden nun so viel besuchten Schlösser zu errichten. Direkt am Alpsee, der zunächst von bewaldeten, niedrigeren Bergen und in weiterer Ferne von schneebedeckten Gipfeln der Alpen umgeben ist, bietet sich eine Aussicht wie für ein Bühnenbild gemalt. Das Interieur der hochwertig gestalteten Zimmer unterscheidet sich daher in Nuancen und je nach Grundriss, folgt aber einem gemeinsamen Gestaltungskanon, der sich in den öffentlichen Bereichen wiederfinden lässt. Im Haus Alpenrose wurden das Café und Restaurant sowie drei Tagungsräume in der ersten Etage untergebracht. Die Kategorien *Deluxe* sowie

Juniorsuite bieten einen Seeblick, die Einstiegskategorie *Komfort* ist hingegen zum Wald ausgerichtet. Da wie erwähnt drei der Gebäude historisch sind, gab es natürlich Denkmalschutzauflagen, weshalb es dort nicht möglich war, eine Klimaanlage zu installieren. Im Seehaus und der Galeria war dies wiederum erlaubt. Und mit dem „4 elements spa", einem sehr schön gestalteten, 850 Quadratmeter großen Wellnessbereich, befindet sich eine Einrichtung im Resort, in der auch bei unfreundlicher Witterung und im Winter Erholung und Entspannung in einem großen Pool mit integriertem Wasserfall oder einem Saunabereich mit finnischer Sauna, Dampfbad, Eisbrunnen, Terrasse und Ruheraum gefunden werden kann. Der Fitnessraum wurde mit Cardio-Trainingsgeräten von Technogym ausgestattet. Nach den im Jahre 2021 eingetretenen Hochwasserschäden musste der komplette Bereich geschlossen werden, um diesen zu trocknen und anschließend zu sanieren. Schloss Neuschwanstein ist fußläufig in weniger als 30 Minuten zu erreichen. Wer möchte, nimmt den Bus oder eine der Pferdekutschen. Wir empfehlen an dieser Stelle unbedingt, sich vor einem Besuch von den Mitarbeitern beraten zu lassen, um sich über das Prozedere des Zugangs zum Schloss zu informieren. Die Organisation der Besucherströme im Schloss ist hervorragend geregelt. Wer eine Anreise mit der Bahn ins Auge fasst, der sollte wissen, dass die Fahrzeit beispielsweise von Augsburg oder München über Füssen gut zwei Stunden in Anspruch nimmt. Vom Bahnhof in Füssen ist dann ein Taxi oder die Buslinie 78 zu empfehlen, mit dem das Hotel in gut 10 Minuten erreicht werden kann. In der Regel reisen die meisten Gäste jedoch mit dem Pkw an und parken auf dem Parkplatz am Hotel dann für 12 Euro am Tag. Der Erfolg dieses Hotels ist in Anbetracht der Lage, der Ausstattung und des Wellnessangebotes vorprogrammiert.

Bewertung:

ST. GOAR Rheinland-Pfalz

SCHLOSS RHEINFELS
Schlossberg 47
56329 St. Goar
Telefon: 0 67 41-802 0
Internet: www.schloss-rheinfels.de
E-Mail: info@schloss-rheinfels.de
Direktor: Jens Sebbesse *(ab 06/21)*
DZ ab € 185,00

Seit Februar 2020 betreibt die Privathotels Dr. Lohbeck GmbH nunmehr Schloss Rheinfels in St. Goar am Mittelrhein. Bei dieser Gruppe ist es integraler Bestandteil der Unternehmensphilosophie, dass die Häuser zentralisiert geführt und ihre Direktoren sozusagen an der kurzen Leine gehalten werden. Dem bisherigen Direktor Matthias Golze, der es bislang gewohnt war, die ihm anvertrauten Häuser autark zu führen, schien das entweder nicht bekannt gewesen zu sein oder er hatte diesen Umstand verdrängt und hegte die Hoffnung, dass es ihm mit seiner Persönlichkeit gelingen würde, letztlich doch einen größeren Handlungs- und Entscheidungsspielraum eingeräumt zu bekommen. Das Haus und seine Lage mit den damit verbundenen Herausforderungen ist eigentlich genau das Richtige für Matthias Golze, der sich während seiner beruflichen Laufbahn nie einfache Häuser herausgesucht hatte, welche ihn mit seiner dynamischen und anpackenden Persönlichkeit schnell langweilen würden. Hinzu kommt, dass die aktuelle Pandemie nach einem erfahrenen Manager verlangt, der pragmatisch und bisweilen unkonventionell entscheidet. Somit war er nach unserer Einschätzung geradezu eine Idealbesetzung. Golze aber scheint dann letztlich realisiert zu haben, dass ihm trotz seiner Talente und Befähigungen lediglich die Rolle des Verwalters ohne besondere Befugnisse zugedacht war – weshalb er sich dann nach einem immerhin anderthalbjährigen Engagement eine neue Herausforderung suchte. Obwohl Schloss Rheinfels über viele Jahre seine Kernkompetenz im Tagungssegment hatte, ist es vor allem wegen seiner Lage und des sensationellen Ausblickes auf den Rhein eine interessante Location für Individualreisende und bietet sich unter anderem für eine Wochenendauszeit – unter anderem wegen der guten Freizeitmöglichkeiten – an. Insgesamt sechs Veranstaltungsräume stehen zur Verfügung, und Meetings, Tagungen oder Veranstaltungen sind mit bis zu 120 Personen möglich. Der Burghof eignet sich als Eventlocation und bietet dabei Platz für bis zu 1.800 Besucher. In Anbetracht der romantischen Rheinkulisse ist das Hotel bei Hochzeitsgesellschaften äußerst beliebt. Die Gastronomie selbst hatte in der Vergangenheit zwar in kulinarischer Hinsicht nicht für Furore gesorgt, aber immerhin eine grundsolide Küchenqualität garantiert. Zwei Restaurants stehen zur Auswahl, zum einen das „Auf Scharffeneck", welches eine internationale Küche bietet, andererseits die rustikal geprägte Burgschänke „Der Landgraf" mit ihren regionalen Klassikern. Burg Rheinfels selbst ist im Übrigen Teil des Weltkulturerbes Oberes Mittelrheintal. Auf dem Gelände fand sich vor einigen Jahren sogar noch Platz für einen nachträglich implementierten, wirklich sehr schön gestaltetes Wellnessareal. Dieser erstreckt sich über drei Ebenen. Der Poolbereich ist durch die bodentiefen Fenster lichtdurchflutet, das Schwimmbad mit seiner Gegenstromanlage hat eine gute Größe, um wirklich zu schwimmen und nicht nur ein wenig zu planschen. Zur Saunalandschaft zählen eine außen liegende finnische Sauna im Außenbereich, ein Dampfbad, ein Tepidarium sowie eine Ruhezone. Da der Spa für externe Gäste zugänglich ist, denen sich mit Tages- bis Jahreskarten verschiedene Zugangsmöglichkeiten eröffnen, wird ihm ein wenig die Exklusivität genommen. Oft werden derartige Entscheidungen aus rein wirtschaftlichen Gründen getroffen, um einen solchen Spa zumindest halbwegs kostendeckend betreiben zu können. Die „Folterkammer" – der Name ist Programm – wurde als Fitnesszone mit modernen Cardio- und Krafttrainingsgeräten ausgestattet. Mit dem Weggang von Direktor Matthias Golze schwindet nunmehr ein wenig die Hoffnung, dass zeitnah das erhebliche ungenutzte Potenzial des Hauses ausgeschöpft und durch verbindliche Leitlinien das Serviceniveau weiter angehoben werden könnte. Über den Nachfolger können wir augenblicklich noch keine Einschätzung abgeben. Und dass das ein oder andere Zimmer zeitnah einer weitreichenden Renovierung unterzogen werden müsste, ist offensichtlich, um zumindest sukzessive den Renovierungsstau in diesem Haus abzubauen. Allerdings wagen wir zu bezweifeln, dass dies zeitnah geschehen wird. Falls doch, werden wir darüber selbstverständlich voller Begeisterung berichten. Denn obgleich der einzigartige Ausblick auf die Rheinkulisse das angejahrte Zimmerprodukt beim ersten Besuch in den Hintergrund treten lassen mag, stellt jeder Gast kurz darauf fest, dass dieses Hotel einen besseren Standard verdient.

Bewertung:

STUTTGART Baden-Württemberg

MARITIM
Seidenstraße 34
70174 Stuttgart
Telefon: 07 11-9 42-0
Internet: www.maritim.de
E-Mail: info.stu@maritim.de
Direktor: Alexander Buck
DZ ab € 112,00

Direktor Alexander Buck steht vor großen Herausforderungen. So muss es ihm gelingen, dieses Flaggschiff der Stuttgarter Tagungshotellerie durch die augenblicklich noch anhaltende Pandemie zu führen. Zugeschnitten ist dieses First-Class-Superior-Hotel vor allem auf Business- und Tagungsgäste. Aufgrund der hervorragenden Veranstaltungsmöglichkeiten sind sowohl große Kongresse und Konferenzen als auch Zusammenkünfte im kleineren Rahmen, etwa in den Salons oder Tagungssuiten möglich. Es besteht sogar ein direkter Zugang zum benachbarten Kultur- und Kongresszentrum der Stuttgarter Liederhalle mit seinen beachtlichen Kapazitäten. Ein Glanzstück unter den Tagungs- und Veranstaltungslocations ist sicherlich die „Alte Stuttgarter Reithalle", welche bis zu 750 Personen fasst. Aufgrund der Tatsache, dass insgesamt 477 Zimmer und 78 Suiten zum Portfolio dieses Maritim zählen, könnte eine große Anzahl an Teilnehmern von Veranstaltungen und Tagungen untergebracht werden. Zimmer und Suiten erhielten zwischenzeitlich ein erweitertes Softlifting, bei dem die Möbel aufgearbeitet, Teppiche und Tapeten sowie die Bäder komplett erneuert wurden. Erstaunlich, dass Maritim es versteht, so zu renovieren, dass die meisten, von den Stammgästen einmal abgesehen, die Renovierung vermutlich kaum bemerken werden. Nichts wirkt progressiv und modern, sondern alles ein wenig bieder und konservativ. Egal, ob sich für die Kategorie *Classic*, *Comfort* oder *Superior* entschieden wird, alle Zimmer haben eine Größe von 28 Quadratmetern und die Unterschiede ergeben sich aus der jeweiligen Lage. *Superior*-Zimmer beispielsweise befinden sich in den höheren Etagen und sind somit ruhiger gelegen, wesentliche Komfortmerkmale haben sie hingegen nicht zu bieten, sieht man von der Kapselmaschine zur Zubereitung von Kaffee oder Espresso einmal ab. Die Minibar wird seit Neuestem nicht mehr befüllt: ein sich abzeichnender Trend in der Branche, um so Personalressourcen einzusparen. Es wurden an der Rezeption Kühlschränke aufgestellt und der Gast muss die Getränke selbst entnehmen. Blicken wir auf die Gastronomie. Im Regelbetrieb steht den Gästen das Restaurant Bistro Reuchlin offen, in dem eine regionale Küche auf recht gutem Niveau geboten wird, sowie die Pianobar, die vor allem während der Schließzeiten des Restaurants den Gästen als Alternative zur Verfügung steht. Geboten wird eher eine Mischung aus regionalen und internationalen Snacks und Gerichten, wie sie in der Hotellerie Standard sind. Burger, Clubsandwich oder Salat mit Putenbruststreifen dürften ungefähr das Niveau umreißen, was erwartet werden darf, kleine regionale Spezialitäten sind aber nicht ausgeschlossen. Ferner kann ein Freizeitbereich mit Pool und Sauna vorgehalten werden. Standard ist bei Maritim seit einigen Jahren, dass bei Nutzung des Saunabereiches sowie des Gym, der im Übrigen recht ordentlich ausgestattet wurde, eine Eintrittsgebühr von augenblicklich 5 Euro in Rechnung gestellt wird. Nachvollziehbar, dass im „grünen Ländle" ein Hotel natürlich auch in der Tiefgarage eine Elektroladestation ausweist. Wir möchten an dieser Stelle in jedem Fall die Umschreibung der Zimmer loben. Sollte sie von Frau Dr. Gommolla höchstpersönlich stammen, was durchaus nicht abwegiger ist als die Vermutung, sie habe eine hippe Agentur vom Prenzlauer Berg aus Berlin beauftragt, so ist die kreative Umschreibung des konservativen, etwas aus der Zeit gefallenen Zimmerproduktes umso mehr zu bewundern: „Unaufdringlicher Komfort, edle Materialien und frische Gestaltung mit Beige- und Anthrazit-Tönen schmücken die 555 Zimmer und Suiten des Hotels." Besonders die Wortgruppe „unaufdringlicher Komfort" ist im Kontext mit diesem Zimmerprodukt einfach amüsant. Aber genug der kleinen Frotzeleien, immerhin erhielt das Hotel 2016 eine erweiterte Auffrischung, die Zimmer sind also für Maritim-Verhältnisse noch jungfräulich. Nur von ihren konservativen Lampenschirmen wollte die Chefin aber nicht Abstand nehmen, ebenso wenig von den Holzvertäfelungen an der Wand um das Bett herum. Wenig hält sie offenbar von Kopfteilen an den Betten, an die sich der Gast gemütlich anlehnen könnte. Gelegentlich ging die Chefin aber schon einmal mit der Zeit, etwa als sie sich von den Duschvorhängen getrennt hatte, die im Haus so lange gegen Kritik und Spott verteidigt wurden und die nun endlich gegen gläserne Duschabtrennungen als Badewannenaufsatz ersetzt wurden. „Es geht doch!", wird da so mancher Gast erleichtert seufzen.

Bewertung: ●●◖

**STEIGENBERGER
GRAF ZEPPELIN**
(Innenstadt)
Arnulf-Klett-Platz 7
70173 Stuttgart
Telefon: 07 11-20 48-0
Internet: www.stuttgart.steigenberger.de
E-Mail: stuttgart@steigenberger.de
Direktor: Holger Flory
DZ ab € 179,00

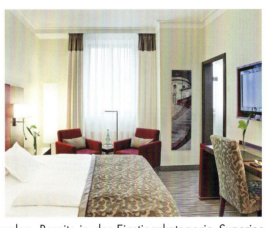

Nicht nur Bahnreisende schätzen die Lage dieses Luxusbusinesshotels gegenüber dem Stuttgarter Hauptbahnhof. Denn von hier aus können Innenstadt mit Königstraße sowie Schlossgarten bequem fußläufig erreicht werden. Obwohl sich die insgesamt 122 Zimmer und 33 Suiten des Steigenberger Graf Zeppelin in einem relativ guten Pflegezustand befinden, sollen sie aber trotzdem in naher Zukunft einer Masterrenovierung unterzogen werden. Bereits in der Einstiegskategorie *Superior* haben sie eine Größe von 26 Quadratmetern und bieten somit ausreichend Platz, während das Segment *Deluxe* großzügige 39 Quadratmeter umfasst. Steigenberger-Hotels – so unser Eindruck – sind offenbar krisenresistenter als Häuser anderer Hotelketten, denn der größte Teil konnte unmittelbar nach Aufhebung der Coronarestriktionen rasant wieder in den Regelbetrieb übergehen. Über viele Jahre lenkte Bernd A. Zängle die Geschicke des Hauses. Sein autoritärer Führungsstil sowie sein arrogantes und selbstherrliches Auftreten waren allerdings legendär und er ist dabei so manchem auf die Füße getreten. Ungeachtet dessen hatte er ein gutes Gespür, wann er Präsenz zeigen musste und zu welchem Entscheidungsträger aus Kultur, Politik und Wirtschaft es sich lohnte, beste Kontakte zu unterhalten. Aber alles hat seine Zeit und jetzt sind Manager mit hoher Sozialkompetenz gefragt, denn angesichts Personalnotstand und Fachkräftemangel ist heute eine hohe Mitarbeiterzufriedenheit der Schlüssel zu einer gegenüber dem Durchschnitt herausragenden Servicekultur und Dienstleistungsbereitschaft, die Gäste eines Luxushotels wie dieses Steigenberger erwarten. Die von einem guten Betriebsklima ausgehende Signalwirkung nach außen, ein attraktiver Arbeitgeber zu sein und Mitarbeitern ein angenehmes Arbeitsumfeld zu bieten, ist heute daher passender als Druck und Führung durch autoritäres Auftreten. Holger Flory, der Ende März letzten Jahres die Gesamtverantwortung für das Steigenberger Graf Zeppelin übernommen hat und zuletzt im Steigenberger Frankfurter Hof tätig war, ist nach unserer Einschätzung eine Idealbesetzung. Seine besonnene und vor allem verbindliche und freundliche Persönlichkeit, seine Expertise als langjährige Führungskraft in der Luxushotellerie und ferner die Bereitschaft, neue Prozesse zur Weiterentwicklung des Hauses in Gang zu setzen, werden sich letztlich positiv auswirken. Weiß er doch nur zu genau, ein Haus steht und fällt mit der Service- und Dienstleistungsbereitschaft seiner Mitarbeiter. Präsenz zu zeigen und auf Gäste zuzugehen, sind für ihn unverzichtbar, sind dies doch die Gelegenheiten, aus erster Hand zu erfahren, wo das Haus nach Meinung der Gäste in puncto Service steht und wo Optimierungsbedarf besteht. Er wird also die kommenden Jahre das Steigenberger Graf Zeppelin durch die bevorstehende Umbau- und Renovierungsphase begleiten und nach deren Abschluss dann die Repositionierung am Stuttgarter Markt vornehmen. Für ihn sind das spannende Zeiten, auf die er nach eigenen Aussagen so richtig Lust hat. Fordern werden ihn aktuelle Themen wie die weiterhin anhaltende Coronapandemie und der bereits erwähnte Fachkräftemangel. Obwohl Präsenztagungen noch nicht wieder in dem Umfang stattfinden wie vor der Krise, nehmen diese doch signifikant zu. Wie sich das Tagungsgeschäft in naher Zukunft entwickeln wird, bleibt abzuwarten, und auf eine neue Realität wird sich die Branche auf jeden Fall einstellen müssen. Denn das Virus, da sind sich renommierte Virologen sicher, wird ein ungebetener Gast bleiben. Der Digitalisierungsprozess, der über viele Jahre regelrecht verschlafen wurde, rückte bereits mit Beginn des ersten Lockdowns in den Fokus der allgemeinen Aufmerksamkeit und hat zwischenzeitlich richtig an Fahrt aufgenommen. Nicht nur die großen Tagungshotels haben technisch aufgerüstet, mittlerweile bieten sogar Landhotels in der Diaspora alle modernen Hardware-Voraussetzungen für virtuelle Konferenzen und digitales Arbeiten mit leistungsstarken Internetverbindungen. Selbstverständlich ermöglicht zudem dieses Steigenberger sogenannte Hybridtagungen, bei denen Teilnehmer digital zugeschaltet werden können. Für ein Businesshotel keine Selbstverständlichkeit ist die hervorragende und prämierte Gastronomie, wie sie hier seit mehreren Jahrzehnten geboten wird und wie sie zweifelsohne ein Herausstellungsmerkmal ist. Bislang standen dem Gast im Steigenberger Graf Zeppelin drei Restaurants zur Auswahl, darunter das OLIVO, ein vom Guide Michelin prämiertes Spitzenrestaurant. Anton Gschwendtner und sein Team konnten zuletzt sogar zwei Michelin-Sterne einfahren. Aufgrund der aktuellen Situation wurde die Entscheidung getroffen, das OLIVO bis auf Weiteres zu schließen. Für Gschwendtner Anlass, sich einer neuen Aufgabe zu stellen und im August letzten Jahres dann die Verantwortung für das Gourmetrestaurant Atelier im Hotel Bayerischer Hof zu übernehmen, um möglichst einen dritten Michelin-Stern zu erringen. Aufgrund der anstehenden Masterrenovierung im Graf Zeppelin wurde entschieden, das OLIVO erst mit der Beendigung der Komplettrenovierung im Jahr 2025 wiederzueröffnen, dann mit einem völlig neuen Designkonzept. Die Schließung war sicherlich eine wohldurchdachte Entscheidung. Zumal die Renovierung, die alle öffentlichen Bereiche wie Spa, Restaurants und Tagungsräumen umfasst, bei laufendem Betrieb durchgeführt wird. Zunächst wird im sogenannten Altbau begonnen, in dem die Bäder komplett entkernt werden. Im Anschluss folgt dann der sogenannte Neubau. Und wenn alle geplanten Abläufe zeitlich ohne Verzögerung aufeinanderfolgen, wird das Haus mit einem vollständig frischen Produkt zeitgleich mit dem Bahnhof Stuttgart 21 neu eröffnen.

Bewertung:

SYLT/Rantum Schleswig-Holstein

SÖL'RING HOF
**Am Sandwall 1
25980 Rantum/Sylt
Telefon: 0 46 51-8 36 20-0**
Internet: www.soelringhof.de
E-Mail: info.soelringhof@dorint.com
Direktor: Jan-Philipp Berner
DZ ab € 595,00

Wenn sich so etwas Abstraktes wie Behaglichkeit vorgestellt werden soll, dürfte bei nicht wenigen Menschen das Bild eines kuschelig warmen Heimes in stürmischer Umgebung vor dem inneren Auge entstehen. Soll dieses Bild noch intensiviert werden, ließe sich sogar ein sturmgepeitschtes Meer vor der Tür vorstellen und das geheizte Haus würde zu einem Friesenhaus, dessen dick gepolstertes Reetdach so weit heruntergezogen ist, dass der Eindruck entstehen könnte, es wolle sich selbst vor Wind und Kälte schützen, indem es sich so tief wie möglich unter sein wärmendes Dach duckt. Wenn das Haus dann noch inmitten des schmalen Dünengürtels weit vorn am kilometerlangen Strand der beliebtesten Nordsee-Urlaubsinsel der Deutschen steht, ist das Bild der ultimativen Behaglichkeit perfekt. Und genau dieses Bild bietet der Söl'ringhof in Rantum auf Sylt, der daneben als ein Bilderbuchexemplar der Hotelkategorie der Luxus-Hideaways gelten kann. Denn fast schon vor der Welt da draußen versteckt fühlt man sich nicht nur wegen der erwähnten Behaglichkeit, sondern weil mit insgesamt nur 15 Zimmern und Suiten in einem eher kleinen und daher unauffälligen Haus logiert wird. Die friesische reetgedeckte Architektur und Lage inmitten der grün bewachsenen Dünen fügt das Gebäude perfekt in die Landschaft ein. Die Ausstattung ist exklusiv und handverlesen, Allerweltsmobiliar vom Hotelausstatter ebenso wenig zu finden wie allzu minimalistische Ästhetik. Die geringe Zahl der Gästezimmer bedeutet Familiarität und Intimität, welche gepaart sind mit einem auf die individuellen Bedürfnisse der Gäste abgestimmten Service, der seinesgleichen sucht. Alles andere also als ein Ferienresort von der Stange erwartet die Gäste in den 13 Zimmern und 2 Suiten, neben denen sogar ein kleiner Spa mit Dampfbad, finnischer Sauna und Fitnessangebot nebst Ruhebereichen Raum im historischen Gebäude fand. Es versteht sich von selbst, dass eine solche Kombination aus Luxus,  Intimität und Spitzenservice ihren Preis hat, der jedoch, darin sind sich nahezu alle Gäste einig, seine Berechtigung hat. Denn über all die genannten Vorzüge hinaus ist dieses Preislevel auch nicht zuletzt durch das gastronomische und kulinarische Niveau gerechtfertigt, das sich zuallererst natürlich durch das „Sylter 2-Sterne-Restaurant" auszeichnet. Denn mit Johannes King war der Hotelchef gleichzeitig der frühere alleinige Küchenchef, der seit 2004 durchgehend für zwei Michelin-Sterne sorgte. Zu Beginn dieses Jahres hat King die Leitung und das Haus nun komplett an Jan-Philipp Berner übergeben, nachdem dieser schon seit 2013 Küche und Restaurant unter sich hatte. Die Michelin-Sterne dürften dank dieses sanften Übergangs also nicht wirklich gefährdet sein. Aber nicht nur die Spitzenküche bürgt für die Zufriedenheit der Gäste, auch das À-la-carte-Frühstück mit seiner ausgesuchten Qualität und Vielfalt ist immer wieder Grund für Lobeshymnen. Eine weitere Möglichkeit, sich „gastronomisch aufgehoben" zu fühlen, ist zum Beispiel die Buchung der optionalen friesischen Teestunde im Kaminzimmer. Sicherlich, in gewissem Sinne entsprechen die Atmosphäre und das Angebot dem Image Sylts als Insel der Reichen und Schönen, wie es in den 1970er- bis 1990er-Jahren in Deutschland kursierte und natürlich bis heute noch nachwirkt. Dass diejenige Oberschicht, die sich klischeehaft auf Sylt ihr Stelldichein gibt, sich aber verändert und in aktuellen Luxushotels Minimalismus und bewusste Stilbrüche schätzt, stößt im Söl'ringhof noch auf wenig Resonanz. Schließlich gibt es Stammgäste, die nicht durch zu viel Innovation gestört werden wollen. Diese gewisse Alterung des Konzeptes ist das Einzige, was dem Haus vorzuwerfen wäre. Auf jeden Fall hat man nach wie vor wirklich ein Stück Sylt für sich und der breite Sandstrand ist sowieso ein Refugium für Spaziergänge abseits jeglichen touristischen Andrangs. Service, Exklusivität und Individualität des Söl'ringhof machen ihn bei allen Möglichkeiten zur Erneuerung, die noch nicht genutzt wurden, zu einem idealen Urlaubsort für absolut ruhige und aufgrund des Seeklimas gesunde Erholung mit ausgesuchten kulinarischen Optionen und einem rundum perfekten Service. Party und Strandleben lassen sich an anderen Orten der Insel finden, hier gibt es eher die „splendid isolation" in einem kleinen, aber feinen Luxus-Resorthotel, das auf Sylt seinesgleichen sucht.

Bewertung: ●●●●

SYLT/Westerland Schleswig-Holstein

DORINT STRANDHOTEL & SPA
Schützenstraße 20-24
25980 Sylt/Westerland
Telefon: 0 46 51-8 50-0
Internet: www.dorint.com
E-Mail: info.sylt@dorint.com
Direktorin: Jasmin Kohlbrecher
DZ ab € 170,00

Ein Urlaub an der Nordsee bietet ganz andere Vorzüge und Erlebnisse als ein Aufenthalt an der Ostsee. Nicht nur ist der Salzgehalt des Wassers der Ostsee niedriger als in der Nordsee, sodass hier eine ganz andere Meeresfauna lebt, zudem sind die Auswirkungen von Ebbe und Flut gänzlich andere. Geschützt durch die Meerenge zwischen Skandinavien und Dänemark sind die Gezeiten viel moderater und der Tidenhub bewegt sich im Zentimeterbereich. Die Nordsee hat hingegen nicht nur damit zu kämpfen, dass sie praktisch direkt mit dem Atlantik verbunden ist und die durch die Mondanziehung bewegten Wassermassen daher aus Richtung Schottland direkt einfließen können. Ferner ist der Meeresboden in der Nordsee relativ flach und geht an den Küsten sogar in das noch flachere Wattenmeer über, sodass viel Wasser mit jeder Flut hoch aufläuft. Hinzu kommen vorherrschende Winde aus Westen bis Nordwesten, die das Wasser zusätzlich in die Nordsee treiben. Sylt liegt in vorderster Front vor der schleswig-holsteinischen Küste, und jedes Jahr machen Stürme und Hochwasserfluten Schlagzeilen, wenn wieder einmal Teile des Strandes der Insel weggespült wurden. Die Nordsee bietet dem Urlauber dafür aber auch das Erlebnis eines echten Ozeans mit bewegter Meeresbrandung und starkem Wind, sodass Windsurfen, Kitesurfen und Wellenreiten etablierte Wassersportarten sind, während sich an der Ostsee oft nur Badeseeatmosphäre einstellt. Das Dorint Strandresort & Spa Sylt mit seinem Standort direkt an den Dünen der Sylter Westküste ist somit der ideale Ort für alle, die in ihrem Urlaub die Nordsee wirklich erleben und genießen und sich den Kräften der Elemente nur zu gern bei einem stürmischen Herbstspaziergang aussetzen oder sich im Sommer in die Brandung stürzen wollen, um Abkühlung zu finden. Die Sonnenuntergänge sind hier – mit dem freien Blick nach Westen über das weite Meer – zu jeder Jahreszeit ein Erlebnis. Im Hotel in den Dünen über dem Strand ist man in der ersten Reihe für dieses Naturschauspiel, aber gleichzeitig so hoch über dem Strand, dass auch wilde Sturmfluten kaum Beunruhigung auslösen. Nur zwei Minuten vom Haus entfernt befindet sich die auf der Insel berühmte Himmelsleiter von Westerland, eine hölzerne Treppenanlage, mit der die 26 Meter Höhenunterschied bis hinunter zum Strand leicht überwunden werden können. Das Vier-Sterne-Superior-Hotel mit seinen 73 gemütlichen Suiten,

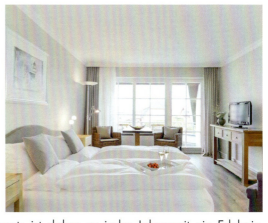

Maisonettes und Familien-Apartments ist daher zu jeder Jahreszeit ein Erlebnis, welches das Naturwunder Nordsee vor der Tür mit dem Luxus eines modernen Ferienhotels verbindet. Dabei muss bei sommerlichem Wetter nicht unbedingt an den Strand hinuntergestiegen werden, um das Reizklima und die frische Seeluft zu genießen, denn viele der Zimmer, Appartements und Suiten sind mit Balkon oder Terrasse ausgestattet. Sieben zusätzliche, exklusive Ferienwohnungen, die 40 bis 90 Quadratmeter groß sind, findet man in der benachbarten Strandvilla und dem klassizistischen Schützenhaus aus dem Jahr 1892. Es sind zudem Studios mit Schlaf- und Wohnzimmer sowie eigener Küchenzeile in der Größe von 28 bis 34 Quadratmetern im Angebot. Der 800 Quadratmeter große Wellnessbereich mit Pool, vier Saunen und Dampfbädern ist natürlich vor allem außerhalb des Sommers ein gutes Argument, im Dorint zu logieren. Mit der erst 2019 neu gestalteten Saunalandschaft und verschiedenen Beauty- und Massageanwendungen bietet der Spa attraktive Entspannungsmöglichkeiten. Der Nachwuchs kann, während die Eltern sich dort erholen, im Kinderclub Confetti nach Herzenslust toben und spielen. Kulinarische Erlebnisse bietet das Restaurant Ebbe & Food, in dem unter der Leitung von Küchenchef Oliver Bergerhausen fangfrischer Fisch und andere regionale Produkte nach der Leitlinie der Naturbelassenheit und Saisonalität verarbeitet werden. Eine Küche so klar wie Luft und Landschaft auf der Insel wird den Gästen folglich versprochen. Aktuell hat das Restaurant montags und dienstags allerdings Ruhetag, was dem derzeitigen Personalmangel geschuldet ist. Kulinarik sowie Hotel sind unverwechselbar friesisch, Letzteres natürlich dank der Architektur der Anlage. In den steilen Dächern, die an die reetgedeckten traditionellen Friesenhäuser erinnern, konnten drei Obergeschosse in jedem der Einzelgebäude untergebracht werden, sodass der gemütliche Charakter der Architektur trotz dieses Bauvolumens weiter im Vordergrund steht. Das Haupt- und die zwei Nebengebäude sind miteinander durch verglaste Wetterschutzgänge verbunden, mittels derer alle zusammen ein großzügiges Resorthotel der Vier-Sterne-Superior-Kategorie bilden. Sylt kann per Autozug mit dem eigenen Pkw erreicht werden. Parkplätze werden für 10 Euro am Tag angeboten. Vom Bahnhof sind es nur entspannte 15 Minuten Fußweg bis zum Dorint, wobei sich bei viel Gepäck, schlechtem Wetter oder weniger Mobilität trotz des kurzen Weges eher ein Taxi empfiehlt. Meeresluft und gemäßigtes Reizklima machen den Standort zu jeder Jahreszeit attraktiv. Gleiches gilt natürlich für den 40 Kilometer langen Strand der Insel Sylt direkt vor der Tür. Gäste bekommen in diesem Dorint ein Hotelerlebnis – inklusive hervorragender Service- und Dienstleistungsqualität – geboten, bei dem Anlage und umgebende Natur einen unverwechselbaren Aufenthalt versprechen, der weit mehr bieten kann als einen sommerlichen Badeurlaub mit Strandvergnügen und Badespaß. Denn das Naturerlebnis Nordsee mit Spaziergängen im Sturm und malerischen Sonnenuntergängen bietet zu jeder Jahreszeit Gelegenheit, sich einmal richtig den Elementen auszusetzen und den hierdurch bewirkten Erholungseffekt voll auszukosten.

Bewertung:

TIMMENDORFER STRAND   Schleswig-Holstein

GRAND HOTEL SEESCHLÖSSCHEN
Strandallee 141
23669 Timmendorfer Strand
Telefon: 0 45 03-6 01-1
Internet: www.seeschloesschen.de
E-Mail: info@seeschloesschen.de
Eigentümer: Familie von Oven
DZ ab € 239,00

Wir hatten in der vergangenen Ausgabe die Eigentümerfamilie von Oven ausdrücklich dafür gelobt, wie stringent sie die Vorschriften der Landesregierung zur Bekämpfung der Coronapandemie umgesetzt hatte. Nicht jeder Gast wollte das verstehen, aber die meisten haben dieses Vorgehen sicherlich als sehr umsichtig und verantwortungsvoll empfunden. Auch nach Aufhebung aller Maßnahmen bleibt die Hotelleitung äußerst vorsichtig und hat sich vor allem zum Schutz der eigenen Mitarbeiter dazu entschieden, dass diese in den öffentlichen Bereichen weiterhin Maske tragen. Einer unserer Kritikpunkte war bislang, dass sich offenbar nicht alle Mitarbeiter mit den Standards des Hauses vertraut gemacht haben und somit Schulungsbedarf zeigen. Unzufriedenheit gibt es ferner über die Gastronomie des Hauses, dies nicht nur im Hinblick auf das Frühstück, sondern zudem auf das Restaurant Gaumenfreuden – insbesondere auf die gebotene Qualität –, das eine Mischung aus regionalen Gerichten und internationaler Küche bietet. Das Angebot an Fisch- und Fleischgerichten ist dabei äußerst ausgewogen. Unbestritten ist die wirklich exponierte Lage direkt an der Strandpromenade. Von einigen der insgesamt 99 Zimmer und 23 Suiten ist daher ein direkter Meerblick möglich. Sie sind in den Kategorien *Classic*, *Comfort*, *Premium* und *Superior* buchbar und alle sind in einem geschmackvollen, nicht zu modernen Stil ausgestattet. Das Penthouse in der neunten Etage bietet mit 95 Quadratmetern recht viel Platz und wurde unter anderem mit einem getrennten Wohn- und Schlafbereich, einer eigenen Dachterrasse sowie mit einem Tageslichtbad mit Whirlpool ausgestattet. Allerdings gibt es im Seeschlösschen noch klassische Einzelzimmer, die mit 15 Quadratmetern doch sehr beengt sind. Für eine Nacht mag das vielleicht ausreichen, ansonsten ist doch ein Doppelzimmer zur Einzelnutzung zu empfehlen. Zweifelsohne erfüllt das Seeschlösschen gerade in der aktuellen Krise alle Voraussetzungen für einen entspannten Urlaub im eigenen Land. Der Spa bietet das Komplettangebot eines modernen Wellnessbereiches, zum einen eine Saunalandschaft mit finnischer Sauna, Sanarium, Dampfbad, Aromagrotte, Wärmebänken sowie einem Ruheraum mit Meerblick. Außerdem einen Innen- und Außenpool. Der Außenbereich mit dem 15 x 6 Meter großen Meerwasserschwimmbecken kann allerdings nicht ganzjährig genutzt werden, sondern nur von Ende April bis Oktober. Zudem finden die Gäste hier eine Liegewiese mit Strandkörben vor. Ebenso ist der Anwendungsbereich mit seinem sehr breiten Angebot an Massage-, Schönheits- und Wellnessbehandlungen hervorragend aufgestellt. In den letzten Jahren hat das Haus – vor allem in puncto Hardware – eine positive Entwicklung genommen, obgleich bei der Service- und Dienstleistungsqualität noch Luft nach oben ist.

Bewertung:

USEDOM/AHLBECK   Mecklenburg-Vorpommern

AHLBECKER HOF
Dünenstraße 47
17419 Ahlbeck
Telefon: 03 83 78-62-0
Internet: www.seetel.de
E-Mail: ahlbecker-hof@seetel.de
Direktor: Marco Fien *(ab 12/21)*
DZ ab € 151,00

Der Ahlbecker Hof, der sich durch den Hotel- und Gaststättenverband DEHOGA als Fünf-Sterne-Superior-Hotel klassifizieren lässt, konnte uns bislang im Hinblick auf die gebotene Service- und Dienstleistungsqualität nicht wirklich überzeugen. In Anbetracht des Umstandes, dass nunmehr die Messlatte selbst so hoch gelegt wurde, ist ein Vergleich mit den besten Adressen der Republik, zumindest im Leisuresegment der Hotellerie, nur legitim. Und dieser Vergleich sorgt dann bei uns für Ernüchterung. Vieles liegt im Argen und offenbar gibt es ein internes strukturelles Problem. Unter Luxus verstehen wir zumindest etwas anderes als das, was man im Ahlbecker Hof offeriert bekommt. Erstaunlich, dass Zimmer der Kategorie *Doppelzimmer mit Seeblick* mit nur 18 Quadratmetern recht beengt sind, dafür aber einen Meerblick bieten, während die der Kategorie *Doppelzimmer*

mit 28 Quadratmetern größer sind, dafür einen weniger spektakulären Ausblick gen Landseite bereithalten. Die Bäder sind mit Dusche und separater Badewanne ausgestattet. Zum Basisangebot zählen die Tee- und Kaffeestation. Vom Stil her würden wir die Zimmer als klassisch-gediegen umschreiben. Eine Mitarbeiterin der Reservierungsabteilung erklärte uns, es wurde sich bewusst entschieden, im Ahlbecker Hof den klassisch-konservativen Charme zu erhalten. Herrlich, mit welch eigentlich doch durchschaubarer Erklärung das zwischenzeitlich in die Jahre gekommene Zimmerprodukt schöngeredet und angepriesen wird. Angeblich wurden einige Zimmer einer Renovierung unterzogen, bei Lichte betrachtet beschränkten sich diese Maßnahmen aber lediglich auf eine minimale Auffrischung. Richtig große Luxussuiten befinden sich leider nicht im Portfolio. Die Kaiser Suite hat lediglich eine Größe von 50 Quadratmetern, dafür aber eine 35 Quadratmeter große Dachterrasse. Der 1.000 Quadratmeter große Spa mit Pool inklusive Gegenstromanlage und schickem Saunabereich mit Amethystensauna, Laconium, Tepidarium und Blüten- sowie Kräutergrotte wurde im Untergeschoss untergebracht, folglich muss dieser ohne Tageslicht auskommen. Der Beautybereich bietet ein breites Spektrum an Kosmetik- und Massageanwendungen, der Fitnessraum zumindest den Mindeststandard an Trainingsgeräten. Die Gastronomie garantiert hingegen Abwechslung, denn immerhin stehen drei Restaurants zur Auswahl. Das Gourmetrestaurant Blauer Salon überzeugt mit einer klassischen französischen Küche. Wir würden eher eine Empfehlung für das Suan Thai aussprechen, denn hier wird eine authentische thailändische Küche geboten. Keine Konstanz gibt es hinsichtlich der Direktoren, das Personalkarussell dreht sich so flott, dass wir uns in der Regel noch vor Drucklegung rückversichern müssen, ob der zuletzt amtierende Direktor nicht schon wieder Geschichte ist. Ein Grund dürfte sein, dass die Häuser der Seetel-Gruppe, zu der unter anderem der Ahlbecker Hof zählt, zentralisiert geführt werden. Eigentümer Rolf Seelige-Steinhoff legt den Kurs fest, der dann vor Ort ohne Wenn und Aber umzusetzen ist. Somit sind Direktoren eigentlich nur Statthalter ohne größere Kompetenzen. Wie gut, dass ein kurzes Intermezzo keine negativen Auswirkungen auf die Vita des jeweiligen Direktors hat, denn in der Branche ist die Personalpolitik des Ahlbecker Hofs hinlänglich bekannt. Und auch das Gastspiel von Falck von Hahn endete im Dezember des letzten Jahres. Immerhin war er fast zweieinhalb Jahre zu Diensten, was für einen Hotelchef im Ahlbecker Hof fast schon rekordverdächtig ist. Wir vermuten allerdings, dass dies der aktuellen Situation geschuldet ist und den Veränderungswillen beider Seiten offenbar etwas reduziert hat. Durch die Grenznähe zu Polen sind auch polnische Mitarbeiter tätig. Bei diesen fällt uns besonders auf, dass diese trotz der gelegentlich kleineren Sprachbarrieren wirklich äußerst freundlich und hilfsbereit agieren und bemüht sind, dem Gast einen guten Service zu bieten.

Bewertung: ●●●

USEDOM/HERINGSDORF Mecklenburg-Vorpommern

**STEIGENBERGER
GRANDHOTEL & SPA**
Liehrstraße 11
17424 Heringsdorf
Telefon: 03 83 78-4 95-0
Internet: www.steigenberger.com
E-Mail: heringsdorf@steigenberger.de
Direktor: Carsten Willenbockel
DZ ab € 174,00

Die Küste Mecklenburg-Vorpommerns ist heute eine Urlaubsregion, die auf einen erheblichen Anteil an Hotels der Spitzenklasse verweisen kann. Durch ihre Anzahl und die aufgrund der öffentlichen Investitionen seit der Wende neu errichtete Infrastruktur erscheint diese Region fast noch attraktiver als die Badeorte an der Nordsee oder als jene an der schleswig-holsteinischen Ostseeküste. Der Familienurlaub in Pensionen und Ferienappartements stand in der alten Bundesrepublik häufig im Vordergrund, schließlich hatte man mit steigendem Nachkriegswohlstand mit der Konkurrenz der immer günstiger und üblicher werdenden Fernreisen zu kämpfen. Der gleichzeitig an der Nordsee ausgebaute Küstenschutz mit Erhöhung der Deiche und demzufolge wenig Naturstränden an der ohnehin durch das Wattenmeer gekennzeichneten Küste führte dazu, dass nicht wirklich mit Fernreisezielen im Süden Europas konkurriert werden konnte. Für Westdeutschland blieben also diejenigen Urlauber übrig, die Wert auf eine verhältnismäßig kurze Anreise legten. So war der Tourismus an den Küsten der Bundesrepublik oft durch junge Familien und Reisende gesetzteren Alters gekennzeichnet. An der mecklenburgischen Ostseeküste wurde nach der Wiedervereinigung hingegen oft an Ferientraditionen aus der Vorkriegszeit angeknüpft, als mangels Ferntourismus, Autobahnen und Schnellzugverbindungen gerade wohlhabende Deutsche ihre Sommerfrische im eigenen Land verbrachten. Usedom als „Badewanne Berlins" und besonders Heringsdorf, mit internationalen Tennisturnieren und Pferderennen zur Kaiserzeit, war für zahlungskräftiges Publikum zu Beginn des vergangenen Jahrhunderts ein touristischer Hotspot. Seit der Wiedervereinigung konnte auf eine durch die historische Bäderarchitektur gekennzeichnete Infrastruktur zurückgegriffen werden, die in westdeutschen Badeorten nicht in vergleichbarer Qualität vorhanden, sondern von der eher schmucklosen

Nachkriegsmoderne gekennzeichnet war, die ihren Ausdruck in Kurzentren, Hallenschwimmbädern und Ferienanlagen fand. Das 2011 eröffnete Heringsdorfer Steigenberger Grandhotel und Spa ist eines der Beispiele für Hotelresorts, die in dieser Beziehung die Tradition des Luxustourismus an der deutschen Ostsee wiederaufleben lassen. Die Architektur und Lage weisen es ganz klar als ein Luxusresort aus.

Mit 169 Zimmern und Suiten, einer hervorragenden Gastronomie, einer Bar mit Davidoff Smokers Lounge, einem Kids- und Teens-Club sowie einem ungefähr 2.000 Quadratmeter großen Spa- und Wellnessbereich ist der strahlend weiße Komplex mit sieben Einzelgebäuden und einem begrünten, innenhofartigen Freiluftbereich mit großer Restaurantterrasse vollumfänglich auf anspruchsvolle Gäste zugeschnitten. Dazu zählen die unterirdischen Gänge, über welche die Einzelgebäude teilweise an das Haupthaus angebunden sind, sodass Gäste auch im Winter im Bademantel vom Hotelzimmer bis in den Spa gelangen können. Zu diesem gehören ein ganzjährig beheizter Außenpool, aber auch ein kleinerer Innenpool, ebenso wie ein Fitnessbereich, der mit modernen Trainingsgeräten ausgestattet ist, sowie Räume für Yoga sowie Massage- und Beautyanwendungen. Biosauna und finnische Sauna, Dampfbad, Erlebnisduschen, Vital-Hydropool und Ruheraum wurden ebenfalls in das umfangreiche Wellnessareal integriert. Die Zimmer und Suiten verfügen fast alle über eigene Balkone und Terrassen. Nur zehn haben stattdessen französische, also bodentiefe Fenster. Die Zimmer der Kategorien *Superior* und *Superior Deluxe* sind recht weit oben verortet, sodass man von ihnen über die mächtigen Bäume an der Strandpromenade vor der Hotelanlage hinwegblicken kann. Die Juniorsuiten sind 55 Quadratmeter groß, ebenso die Familien-Studios. Eine besondere Erwähnung sind die 39 Zimmer der Kategorien *Deluxe Studio* und *Executive Studio* wert, verfügen sie doch über ein Wellnessbad mit eigener finnischer Sauna und zusätzlich über eine Pantry-Küche. Insbesondere die sich dadurch ergebende Möglichkeit, gerade in den jetzigen Zeiten ungestört und ohne unsicheres Gefühl zu saunieren, ist ein Herausstellungsmerkmal. Ambiente und Weitläufigkeit der Anlage und die mit 700 Metern recht geringe Entfernung zur Heringsdorfer Seebrücke lassen das Steigenberger Grandhotel & Spa zu einer wirklichen Top-Destination auf Usedom werden, die zu jeder Jahreszeit für einen Urlaub geeignet ist. Dies liegt unter anderem am exzellenten Wellnessangebot und natürlich an der gebotenen Kulinarik. Insgesamt stehen drei Restaurants und Bars zur Auswahl. Im Restaurant Lilienthal Usedom, in dem auch das Frühstück zelebriert wird, kann sich ein individuelles Drei- oder Vier-Gänge-Menü zusammengestellt werden. Star des Hauses ist sicherlich das Seaside Thai Cuisine mit seiner authentischen und abwechslungs-

reichen thailändischen Küche. Das Bistro & Bar Waterfront verbreitet mit seinem Fokus auf Fischgerichte und der Farbgestaltung in Blau und Weiß maritimes Flair und ist auch bei Einheimischen beliebt. In der Delbrück Bar & Lounge kann man tagsüber hausgemachte Kuchen genießen und abends bei einem Cocktail den Abend ausklingen lassen. Was gibt es Schöneres, als im Sommer auf der sonnengeschützten Südterrasse zu chillen, ein Glas Champagner zu genießen und einen kleinen Snack zu sich zu nehmen? Zu der hervorragenden Infrastruktur passt auch das malerische Ambiente. Der kilometerlange Strand dient dabei nicht nur zum Schwimmen im Meer und Sonnenbaden, sondern kann als Wanderweg bis ins benachbarte polnische Swinemünde genutzt werden. Dank offener Grenzen ist es immer wieder ein schönes Erlebnis, die Einheit der europäischen Länder des Schengenraums ganz konkret „erlaufen" zu können, wenn zu Fuß und ohne Kontrollstellen die ehemalige Grenze passiert wird. An der Erfolgsgeschichte hat auch der Direktor einen großen Anteil: Carsten Willenbockel, der diesem Ausnahmehotel seit 2015 vorsteht und dabei auf seine Erfahrung aus der Luxushotellerie zurückgreifen kann, zeigt sich hier als exzellenter Gastgeber. Er hat Führungsstärke bewiesen, mit der es ihm gelang, gerade in den jetzigen Zeiten ein so komplexes Haus souverän zu führen und dafür zu sorgen, dass sich dieses Steigenberger für eine Wochenendauszeit oder einen Urlaub vorbehaltlos empfiehlt.

Bewertung: ●●●●

WEIMAR Thüringen

DORINT
AM GOETHEPARK
(Innenstadt)
Beethovenplatz 1-2
99423 Weimar
Telefon: 0 36 43-8 72-0
Internet: www.dorint.com
E-Mail: info.weimar@dorint.com
Direktor: Stefan Seiler
DZ ab € 130,00

Wenn sich die erstaunliche Motivation und der außergewöhnliche Qualitätsanspruch der Dorint-Expansions- und Erneuerungsinitiative vom Ende der 1990er-Jahre bis hinein in das neue Jahrtausend vergegenwärtigt werden soll, dann findet sich in Weimar ein Musterbeispiel dieser Epoche. Profiteure dieser etwas überambitionierten Investitionswelle waren die Gäste und der deutsche Markt, denn Dorint setzte Standards in puncto Modernität und Ausstattung, welche die Konkurrenten nicht ignorieren konnten. Und dass der damalige State of the Art noch heute trägt, kann in vielen Dorint-Häusern, insbesondere aber in Weimar überprüft werden.

Das Hotel ist ein Juwel, das sich perfekt in die Bebauung der Klassikstadt einpasst und gleichzeitig architektonisch eigene, ortsbezogene Akzente setzt. Es verbindet zwei historische Gebäude am Beethovenplatz und hält deren Höhe von drei Geschossen ebenfalls ein. Vermutlich als Referenz an die Italienverliebtheit Goethes wurde das diese beiden bestehenden Villen verbindende Dorint Gebäude mit einer abwechselnd  hell und dunkel gestreiften Fassade errichtet, die dadurch an die Architektur der italienischen Protorenaissance in Florenz und Pisa erinnert. Der dreiseitig bebaute Platz vor dem Dorint, der in den weitläufigen Landschaftspark an der Ilm übergeht, grenzt an einer Ecke des Platzes direkt an den Garten des Goethe-Hauses und fügt sich erstaunlich gut in diese historische Umgebung ein. Entstanden ist ein modernes Businesshotel mit allen Einrichtungen wie Spa- und Tagungsbereichen, die neben Restaurant und Bar für ein solches Haus den gehobenen Standard darstellen. Da bei Materialien und Gestaltung bedingungslos auf Hochwertigkeit gesetzt wurde, sind Fassade und Ausstattung bis heute weitgehend unverändert geblieben. Granit und hochwertige Holztäfelungen in der Lobby wirken nobel und solide wie am ersten Tag. Das helle und lichte Restaurant Bettina von Arnim im rechten historischen Nebengebäude setzt andere Akzente und überzeugt mit seiner leichten, historisch-klassizistischen Atmosphäre. Neben dem Restaurant hat der Gast noch die Wahl zwischen der Bar Belle Epoque am Rand der Lobby und der Bierstube Consilium. Der Neubauteil erlaubte zudem, im rückwärtigen Teil des Komplexes einen Convention-Bereich zu realisieren, sodass für diese innerstädtische und daher beengte Lage erstaunliche Tagungs- und Veranstaltungsräumlichkeiten entstanden sind, die sich gleich hinter der Lobby eröffnen. Und mit 143 Zimmern und Suiten sind selbst mehrtägige Veranstaltungen oder kleine Kongresse möglich, ohne die Teilnehmer in anderen Häusern unterbringen zu müssen. Darüber hinaus bietet sich dieses Dorint auch für an Kultur interessierte Besucher Weimars an. Dass die Ausstattung des Hauses von Anfang an hochwertig war, bedeutet jedoch nicht etwa, dass seit 25 Jahren nicht investiert wurde. Der 500 Quadratmeter große Ginkgo SPA wurde 2016 erneuert und dabei deutlich aufgewertet; er umfasst nun eine finnische Sauna, ein Sanarium, ein Dampfbad, eine Infrarotkabine, einen Eisbrunnen und einen Ruhebereich. Ebenfalls neu entstanden ist ein Fitnessbereich mit aktuellen Fitnessgeräten wie Laufband, Vario-Steppern, Fahrradergometer und Kinesis-Station. Ferner sind Massagen und Beautybehandlungen aller Art in eigenen Räumen buchbar, werden jedoch von externen Dienstleistern durchgeführt. Neben dem Hotel Elephant am Markt ist das Vier-Sterne-Haus Dorint in Weimar also eine uneingeschränkte Empfehlung für Individualreisende wie für Businesskunden wert.

Trotz der Zugehörigkeit zu einer Hotelkette fühlt es sich intim und exklusiv genug an, um auch einer privaten Familienfeier einen attraktiven Rahmen zu geben.

Bewertung: ● ● ●

ELEPHANT WEIMAR
Markt 19
99423 Weimar
Telefon: 0 36 43-8 02-0
www.marriott.de
info@hotelelephantweimar.de
Direktor: Stefan Schwind
DZ ab € 167,00

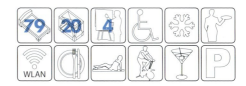

Mit Freude stellen wir fest, dass der Elephant, Weimars traditionsreichstes Hotel, wieder in Hochform ist. Nach einer Masterrenovierung, währenddessen das Haus sogar komplett geschlossen war, erstrahlt es seit Oktober 2018 in ganz neuem Glanz und wird jetzt als Boutique-Hotel der Autograph Collection der Marriott-Gruppe zugeordnet. Nun ist man in bester Gesellschaft, etwa mit dem Gewandhaus in Dresden oder dem Atlantic in Hamburg. Auch nach diesem Erneuerungsprozess zählt ein veritabler Spa noch immer nicht zum Portfolio. Schade, für ein Haus mit einem so hohen Anteil an Privatreisenden wäre ein solcher ein wichtiges Feature. Immerhin fand sich aber Platz für einen Fitnessraum. Der Haupteingang befindet sich am Markt. Wir empfehlen jedoch, direkt den ausgewiesenen Parkplatz anzusteuern, denn gelegentlich – mit viel Glück – bemerkt ein Mitarbeiter dann sogar die Ankunft des Gastes und eilt herbei, um Hilfe beim Gepäck anzubieten. Es wurde uns versichert, dass der sogenannte Kofferservice aber zu jeder Zeit auf Anfrage in Anspruch genommen werden kann. Die geschmackvoll gestalteten Zimmer wurden zeitlos-modern sowie hier und da noch mit Anklängen an den Art-déco- oder Bauhaus-Stil ausgestattet. In der *Classic*-Kategorie haben sie eine Größe zwischen 20 und 24 Quadratmetern. Alle verfügen über ein edles Designbad – in den höheren Kategorien mit Dusche und separater Badewanne, im untersten Segment ausschließlich mit Letzterer. Wenn der Aufenthalt etwas luxuriöser sein darf, dann bietet sich eine der Suiten an. Diese weisen im Übrigen sogar ein Tageslichtbad auf. Wirklich außergewöhnlich sind die *Executive*-Suiten, die eine Größe zwischen 70 und 100 Quadratmetern haben und nach großen Künstlern der Literatur-, Kunst- oder Architekturgeschichte benannt wurden, etwa Walter Gropius, Lyonel Feininger oder Thomas Mann. Im gesamten Hotel sind sich Gemälde, Drucke, Skulpturen, Radierungen und Fotografien renommierter Künstler aufgehängt, sodass der Elephant stellenweise beinahe wie ein dezidiertes Art-Hotel wirkt. Schade nur, dass die Zeiten vorbei sind, in denen Gästen sogar ein veritables, mit einem Stern prämiertes Gourmetrestaurant geboten werden konnte. Ein solches würde in einem Haus mit einem Selbstverständnis und Anspruch wie dem Elephant selbst heute noch mehr als passend sein. Das stattdessen etwas weniger exklusiv auftretende Restaurant AnnA verspricht nach eigenen Angaben „moderne, unkomplizierte Gerichte". Bei Lichte besehen handelt es sich hierbei um eine gehobene Cross-over-Küche. Für Tagungen, Konferenzen oder Festbankette stehen vier Salons zur Auswahl. Der fast 200 Quadratmeter große Lichtsaal bietet Platz für bis zu 120 Personen. Seit Februar 2020 trägt Stefan Schwind als Direktor die Verantwortung , von dem wir bislang eine sehr hohe Meinung hatten. Führte er doch zuvor Häuser an schwierigen Standorten, zuletzt ein Dorint in Meißen und davor ein Kempinski in Neu-Isenburg. Mit guten und tragfähigen Konzepten sowie einer sehr geschickten Presse- und Öffentlichkeitsarbeit hat er diese Häuser optimal am jeweiligen Markt positionieren können. Im Hotel Elephant, das mit seinem Gesamtprodukt alle Mitbewerber hinter sich lassen kann und gleich nach dem Neustart 2018 eine gute Entwicklung nahm, sind ihm die guten Ideen scheinbar ausgegangen. Vielleicht ist er aber der Meinung, dass in der Klassikstadt Weimar ein Haus wie dieses ein Selbstläufer ist und es völlig ausreicht, gelegentlich einmal die öffentlichen Bereiche abzuschreiten, um hierdurch Präsenz zu zeigen. Schwind ist leider sehr schwer zu erreichen, sodass wir uns fragen, von welchem Ort aus er das Hotel führt. Wann immer wir versuchten, mit ihm Kontakt aufzunehmen, war er entweder nicht im Haus oder schon hinfort. Bisweilen ein sehr schwieriges Unterfangen, mit diesem Direktor in Kontakt zu treten, was hoffentlich nicht für seine Gäste gilt.

Bewertung:

GRAND HOTEL
RUSSISCHER HOF
(Innenstadt)
Goetheplatz 2
99423 Weimar
Telefon: 0 36 43-7 74-0
Internet: www.russischerhof.bestwestern.de
E-Mail: info@russischerhof.bestwestern.de
Direktor: Albert Voigts
DZ ab € 140,00

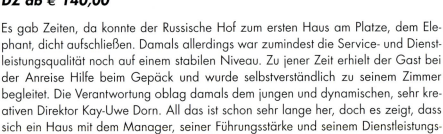

Es gab Zeiten, da konnte der Russische Hof zum ersten Haus am Platze, dem Elephant, dicht aufschließen. Damals allerdings war zumindest die Service- und Dienstleistungsqualität noch auf einem stabilen Niveau. Zu jener Zeit erhielt der Gast bei der Anreise Hilfe beim Gepäck und wurde selbstverständlich zu seinem Zimmer begleitet. Die Verantwortung oblag damals dem jungen und dynamischen, sehr kreativen Direktor Kay-Uwe Dorn. All das ist schon sehr lange her, doch es zeigt, dass sich ein Haus mit dem Manager, seiner Führungsstärke und seinem Dienstleistungsverständnis unterschiedlich ausrichten kann. Albert Voigts, so unser Eindruck, verwaltet nur noch. Es ist für uns jedenfalls traurig anzusehen, dass sich dieses Haus seit vielen Jahren nicht mehr weiterentwickelt, sondern, um es deutlich zu sagen, einen Rückwärtsgang eingelegt hat. Voigts, auch das gehört zur Wahrheit, gab noch vor rund zehn Jahren sogar einen Bildbuchgastgeber par excellence ab. Vor allem war er damals weitaus präsenter als heute. Zu dieser Zeit konnte fast schon der Eindruck entstehen, er sei der inoffizielle Kulturbeauftragte der Stadt Weimar, weil er sich mit verschiedenen künstlerischen Projekten beschäftigte, wovon das Hotel durchaus profitierte. Seit einigen Jahren drängt sich der Eindruck auf, er sei auf Tauchstation gegangen. Über die Gründe kann nur spekuliert werden. Dabei wäre seine Expertise gerade jetzt in den äußerst schwierigen Zeiten gefragt. Es ist leider augenblicklich eine unschöne Situation festzustellen, denn personelle Engpässe führen dazu, dass die Reservierungsabteilung bei all unseren Kontaktversuchen nicht besetzt war. Mittlerweile wird offenbar ein strenges Kostenmanagement gefahren, aber bereits vor der Pandemie war die Personaldecke doch sehr ausgedünnt. Nunmehr wird den Mitarbeitern der Rezeption zugemutet, neben dem Ein- und Auschecken der Gäste die Aufgaben der Kollegen der Reservierungsabteilung zu übernehmen und potenzielle Gäste vor einer Reservierung ausführlich telefonisch zu beraten. Mehr als unglücklich war die Antwort einer Mitarbeiterin auf unsere Frage, wann das Restaurant denn geöffnet habe: „In der Regel, wenn nichts passiert, ist es zumindest Mittwoch bis Samstag geöffnet." Auf die Rückfrage, wo im Haus denn zumindest eine Kleinigkeit zum Essen angeboten werde, antwortete sie dann etwas flapsig: „Wir sind doch hier nicht auf dem Feld. Man wird in Weimar doch gut versorgt und man muss nur vor die Tür gehen, da findet man so viele Restaurants, die geöffnet haben." Es habe sich noch keiner darüber beschwert, dass er darben musste, schob sie dann noch schnell hinterher. Den Gästen eine kleine Snackkarte anzubieten, wird daher offenbar nicht als notwendig erachtet. Der Herr Hoteldirektor hat es sich sehr einfach gemacht und kurzerhand das Angebot eingestellt. Und zu allem Verdruss sind weitreichende Renovierungsmaßnahmen unumgänglich. Der größte Teil der Zimmer befindet sich in einem modernen Anbau und ist in der Regel mit Stilmöbeln ausgestattet. In der Kategorie Exclusives Doppelzimmer haben diese eine Größe von 20 bis 25 Quadratmetern. Alle Bäder sind recht klein ausgefallen. Wir sprechen an dieser Stelle eine Empfehlung für die Zimmer im historischen Altbau aus, nämlich für die Kategorie *Historische Doppelzimmer*. In diesen finden sich zwar nur Stilmöbel, wirken aber größer und geschmackvoller. In gleichen Gebäude befinden sich im Übrigen auch die beiden Luxussuiten. Zum einen die historische Zarensuite, die eine Größe von 80 Quadratmetern hat und eigentlich eine große Juniorsuite ist, denn sie besteht lediglich aus einem kombinierten Wohn- und Schlafbereich. In das edle Marmorbad ist allerdings ein Whirlpool integriert. Die Liszt Suite mit 156 Quadratmetern, die bis zu vier Personen Platz bietet, ist die größte des Hauses und verfügt über einen Wohn- und Essbereich, zwei Schlafzimmer sowie über eine Kitchenette. Alles in allem sind die Rahmenbedingungen für anspruchsvolle Städte- und Kulturreisende eher ungünstig. Unverrückbar ist lediglich die gute Lage am Goetheplatz und somit können alle Sehenswürdigkeiten Weimars ganz bequem fußläufig erreicht werden.

Bewertung: ●●●

WIESBADEN Hessen

DORINT PALLAS
(Innenstadt)
**Auguste-Viktoria-Straße 15
65185 Wiesbaden
Telefon: 06 11-33 06-0**
Internet: www.dorint.com
E-Mail: info.wiesbaden@dorint.com
Direktor: Carsten Dressler
DZ ab € 90,00

Dank Carsten Dressler ist in diesem eleganten Businesshotel in Wiesbadens Zentrum Ruhe eingekehrt, nachdem es über Jahre hinweg als „Direktorengrab" bekannt war. Dies hatte vor allem strukturelle Gründe, die nun aber glücklicherweise Geschichte sind. Das Dorint ist mit seinen 13 Veranstaltungsräumen und -sälen unterschiedlicher Größe und mit den entsprechenden Rahmenbedingungen für Kongresse, Bankette und Tagungen der Branchenprimus in Sachen Tagungs- und Veranstaltungsmöglichkeiten. Seit Langem gelingt es Dressler, den hohen Standard eines First-Class-Businesshotels aufrechtzuerhalten. Denn in einem sachlich-modernen und in diesem Sinne schicken Umfeld wie hier, das somit über eine für sein Segment optimale Hardware verfügt, bleibt vor allem die Servicequalität die entscheidende Größe, von der das Renommee und der Status abhängen. Das Zimmerprodukt ist augenblicklich noch in einem recht guten Zustand, obgleich ein baldiges Make-over durchaus zu begrüßen wäre. Zum Angebot des Hauses zählt zudem ein kleiner Freizeitbereich inklusive Sauna. Da die Nähe zum RheinMain CongressCenter unter Normalbedingungen ein großes Plus darstellt und die Zahl von fast 300 Zimmern erklärt, ist der Einbruch des Kongress- und Tagungsgeschehens durch die Pandemie für das Pallas natürlich von besonderer Bedeutung. Die Nähe zu Wiesbadens Sehenswürdigkeiten ist gegeben, sodass touristisch interessierte Gäste Quartier nehmen könnten. Besonders attraktiv ist die Terrasse, die im Sommer eine für ein Innenstadthotel bemerkenswerte Aufenthaltsqualität bietet. Denn vor der Kulisse der alten Baumreihen entlang der Friedrich-Ebert-Allee mit dem kleinen Park der Herbertanlage im Hintergrund sitzt man auf dieser Terrasse fast wie im Grünen. Vom Hotel aus sind der Hauptbahnhof und auch das Zentrum rund um die Marktkirche und das Stadtschloss in kurzer Zeit zu erreichen. Im Juni dieses Jahres startete nun das Gastronomiekonzept

„Le Bistrot 99", das nach eigener Aussage mit einer „Mischung aus Kunst, Kultur und Kulinarik das Pariser Lebensgefühl vermitteln will". Flammkuchen, Jakobsmuscheln oder Coq au Vin vom Schwarzfederhuhn, begleitet von Champagner oder guten Weinen, verlautbarte man zur Eröffnung, soll Lebenskünstler, Genießer und Gourmets für das neue Gastronomiekonzept begeistern, das bereits in den Dorint-Häusern in Düsseldorf und Köln installiert wurde. Klingt nach genau der richtigen gastronomischen Idee für dieses hochklassige Businesshotel.

Bewertung: ● ● ●

NASSAUER HOF
Kaiser-Friedrich-Platz 3-4
65183 Wiesbaden
Telefon: 06 11-1 33-0
Internet: www.nassauer-hof.de
E-Mail: info@nassauer-hof.de
Direktor: Jakob Stöhrer
DZ ab € 239,00

Der Nassauer Hof am Kaiser-Friedrich-Platz, ein Traditionshotel mit einer über 200-jährigen Geschichte, darf nach wie vor als die unangefochtene Nummer eins in Hessens Landeshauptstadt gelten. Dies vor allem, weil die Service- und Dienstleistungsqualität auf einem außerordentlich hohen Niveau ist. Klassische Serviceleistungen wie Valet Parking, Unterstützung beim Gepäck und Begleitung zum Zimmer sind

verlässliche Standardserviceleistungen. Daneben überzeugt das gastronomische Angebot. Einen gewissen Kultstatus hat das Gourmetrestaurant Ente, das seit 1980 durchgehend mit einem Michelin-Stern ausgezeichnet wird. Chef de Cuisine Michael Kammermeier sorgt bereits seit 2006 mit seiner klassisch-französischen Küche für ein konstant hohes Level. Der Name ist Teil des Programms oder besser gesagt der Karte, in der auch der berühmte Klassiker „Heide-Ente in fünf Gängen serviert" zu finden ist. Erstklassig ist zudem das Frühstücksbuffet, das während der Lockdownzeit nicht angeboten werden konnte, dafür aber über den Zimmerservice durch ein hervorragendes À-la-carte-Frühstück ersetzt wurde. Selbstverständlich ohne Etagenaufschlag. Wir würden dieses nicht explizit erwähnen, wenn es in der Luxushotellerie selbstverständlich gewesen wäre, alle Anstrengungen zu unternehmen, um den Gästen auch während der Pandemie den gewohnten Service so weit wie möglich zu bieten. Lob auch dafür, dass, nachdem alle Coronaregeln zwischenzeitlich wieder aufgehoben wurden, im Nassauer Hof zumindest seit Juni ein vollumfänglicher Service geboten wird und die Restaurants wieder geöffnet haben. Klasse hat zudem der Spa, dessen Pool mit Thermalwasser gespeist wird und von seinem Beckenrand aus sich  ein hervorragendes Panorama über die Stadt eröffnet. Die Zimmer werden in die Kategorien *Superior* und *Deluxe* eingeordnet, alle verfügen über ein Luxusmarmorbad mit Dusche und separater Badewanne. Entweder ermöglichen diese einen Ausblick auf den Kaiser-Friedrich-Platz, auf die Wilhelmstraße oder zum Innenhof. Beachtlich, dass sich Carla Lopes so lange als Direktorin hatte halten können, schließlich gaben ihre unmittelbaren Vorgänger nur relativ kurze Gastspiele. Ihr Nachfolger Jakob Stöhrer, der wenig Erfahrung in der autonomen Führung eines traditionellen Luxushotels mitbringt, absolvierte nach einem BWL-Studium eine Ausbildung zum Hotel Management Trainee auf Schloss Elmau; er war dort in verschiedenen Positionen tätig, zuletzt als Executive Assistant Manager. Offenbar reicht dies aus, um sich für die Position des General Manager für das Traditionshotel Nassauer Hof, ein sicherlich sehr komplexes Haus, zu empfehlen. Aber am Ende des Tages zählt, wie er es aufstellen wird, wie seine Außenwirkung ist und ob er über hervorragende Gastgeberqualitäten verfügt, wie sie in einem solchen Hotel unverzichtbar sind. Zwei großen Themen dieser Zeit sind die augenblickliche Pandemie sowie der Fachkräftemangel, welche beide Flexibilität bei sich kurzfristig verändernden Gegebenheiten erfordern. Deshalb muss beim Anforderungsprofil eines Managers der Spitzenhotellerie mehr als früher die Sozialkompetenz ganz oben stehen. Wir haben uns noch keine abschließende Meinung über Stöhrer gebildet, warten noch ein wenig ab und versuchen dann einzuschätzen, wohin mit ihm die Reise geht. Bleibt zu hoffen, dass seine Expertise ausreicht, um ein so komplexes Haus durch diese nicht einfachen Zeiten in ruhige Fahrwasser zu lenken. Immerhin zählt der Nassauer Hof zwischenzeitlich zur Dorint Luxusmarke Hommage Hotels, die den eigens formulierten Anspruch verfolgt, „Wahrer Luxus ist nicht laut, sondern flüstert und erzählt dabei Geschichten". Sehr schön ausgedrückt, da sind wir der gleichen Meinung und würden aber gern noch ergänzen, dass wahrer Luxus sich vor allem durch einen herausragenden Service auszeichnet. Wollen wir nur hoffen, dass Stöhrer nicht zu leise auftritt und letztlich das Haus nach innen wie außen wirkungsvoll präsentiert, ihm ein Gesicht gibt und alles daransetzt, die große Geschichte des Hotels Nassauer Hof weiterzuerzählen.

Bewertung: 🔵🔵🔵🔵 🔵

RADISSON BLU SCHWARZER BOCK

(Innenstadt)
Kranzplatz 12
65183 Wiesbaden
Telefon: 06 11-1 55-0
Internet: www.radissonblu.com
E-Mail: info.wiesbaden@radissonblu.com
Direktor: Roland Szeremlei
DZ ab € 120,00

Vor fast 540 Jahren wurde das Wiesbadener Traditionshotel – das vermutlich älteste Hotel Deutschlands – als Badhaus eröffnet. Auch heute noch sind insgesamt 15 Thermal- und Mineralquellen in der Nutzung. Eine dieser heißen Quellen, der 66 Grad Celsius heiße Kochbrunnen, wurde bereits 1486 für den Betrieb des Badhauses verwendet und bis heute sind mit seinem – jedoch auf verträgliche Temperaturen heruntergekühlten – Wasser im Schwarzen Bock Heilbäder und Anwendungen zu genießen – mittlerweile im Spa „Das Badhaus". Die historischen Baderäume stammen zwar nicht aus dem 15. Jahrhundert, aber immerhin vom Anfang des 20. Jahrhunderts. Im Jugendstil gestaltet, dienen sie heute mit ihrer historischen Kulisse als attraktive Anwendungsräume. Darüber hinaus umfasst der Spa einen modernen Teil mit Dampfbad, Sauna, Wärmebank, Ruheraum und großem Innenpool, der mit dem Quellwasser des Kochbrunnens befüllt ist. Das Hotel Schwarzer Bock und einige benachbarte Häuser kultivierten noch bis in die 1980er-Jahre die Tradition klassischer Kurhotels mit Grandhotelcharakter. Und obwohl es seit 1995 Teil der heutigen Radisson-Blu-Kette ist, erkennt man noch einiges von dieser Tradition, unter anderem am internationalen Fahnenschmuck über dem Haupteingang, wie er bei typischen Grandhotels seit den 1950er-Jahren oftmals anzutreffen war und oft noch ist. Die Fassade weist heute weniger Stuck und Details auf als vor dem Zweiten Weltkrieg und das aufgesetzte Dachgeschoss mit Tagungsräumen wertet das Gebäude nicht unbedingt architektonisch auf, aber der in der Ecke des Hotelbaus gelegene Haupteingang mit dem halbrunden Vorbau und dem schlichten Neonschriftzug „Schwarzer Bock" gibt dem Haus zusammen mit der erwähnten Beflaggung eine gewisse Eleganz. Eingangshalle und die benachbarte EckBar sind innerhalb der historischen Substanz neu gestaltet worden und orientieren sich in puncto Design und Ästhetik an modernen First-Class-Businesshotels. Die Service- und Dienstleistungsqualität auf einem überdurchschnittlich hohen Niveau zu halten, war das Ziel vieler hier wirkender Direktoren wie Florian Meyer-Thoene und Wolfgang Wagner. Zum Basisangebot zählen Etagenservice und kostenfreies Highspeed-WLAN. Ein Renovierungsstau muss mittlerweile nicht mehr beklagt werden, denn alle Zimmer und Suiten wurden 2019 einer weitreichenden Renovierung unterzogen, in deren Rahmen die Zimmer und Suiten mit gedeckten Farben in Braun-, Beige- und hellen Grautönen dezent und behaglich neu gestaltet wurden. Für Tagungen stehen unter anderem edle historische Räumlichkeiten wie das „Ingelheimer Zimmer", ein mit beeindruckenden Schnitzereien und hölzernen Täfelungen ausgestattetes und ursprünglich aus dem Ingelheimer Schloss stammendes Zimmer zur Verfügung. Das ehemalige Restaurant Le Capricorne wird seit einigen Jahren nur noch als Frühstücksrestaurant genutzt. Die EckBar versorgt heute die Gäste mit den üblichen Klassikern wie Salat, Clubsandwich, Burger und Schnitzel. Der Schwarze Bock bleibt eine Wiesbadener Institution und ist heute für alle Besucher der Stadt eine zentral gelegene und dank Radisson-Standards in allen Servicebereichen verlässlich funktionierende Logisadresse – sei es für den privaten oder geschäftlichen Aufenthalt in Hessens Landeshauptstadt. Dennoch operiert es zumindest augenblicklich weit unter seinen Möglichkeiten.

Bewertung:

WILHELMSHAVEN Niedersachsen

ATLANTIC
Jadeallee 50
26382 Wilhelmshaven
Telefon: 0 44 21-7 73 38-0
Internet: www.atlantic-hotels.de
E-Mail: wilhelmshaven@atlantic-hotels.de
Direktor: Florian Schönwetter
DZ ab € 174,00

Von außen betrachtet hat dieses First-Class-Superior-Hotel die Anmutung eines großen Kreuzfahrtschiffes. Einem hiesigen Unternehmer ist es zu verdanken, dass in Wilhelmshaven ein solch prestigeträchtiges Projekt überhaupt realisiert werden konnte. Bis dato gab es im Hinblick auf die Hotellerie lediglich gepflegtes Mittelmaß, viele Häuser waren sichtbar in die Jahre gekommen. Der erwähnte Unternehmer konnte seinen Freund, den Reeder und damaligen Eigentümer der Columbia-Gruppe Heinrich H. Schoeller, davon überzeugen, nicht nur an diesem Standort zu investieren, sondern auch das Haus durch seine Gruppe betreiben zu lassen. Zeitweise haben alle vier Columbia-Häuser in Deutschland mit ihrem jeweiligen Gourmetrestaurant den Ritterschlag durch den Guide Michelin erhalten. Eines steht fest, die Lage der Marinestadt ist alles andere als exponiert, die Infrastruktur eher bescheiden und die Anreise aus größeren Städten zeitaufwendig. Leider ist Wilhelmshaven nach wie vor kein ICE-Haltepunkt und die Anreise mit dem Zug etwas umständlich. Ein schwergewichtiges Argument war zu Zeiten der Planung, dass der JadeWeserPort, der 2012 an den Start ging, einen großen Standortvorteil darstellen würde. Dieses prestigeträchtige Hotelprojekt blieb aber zunächst hinter den Erwartungen zurück, weil man vom JadeWeserPort geschäftlich profitieren wollte, sich dieser bis zum Beginn der Ukraine-Krise jedoch nicht so wie erhofft entwickelte. Nun hat sich die Ausgangslage geändert, denn dringend benötigte LNG-

Terminals sollen in kürzester Zeit eingerichtet werden. Letztlich ist und bleibt dieses Haus ein Leuchtturm in der Hotellandschaft im Nordwesten Niedersachsens. Dann kam die Schifffahrtskrise und Schoeller trennte sich von seinen deutschen Häusern. Die Atlantic-Gruppe aus Bremen übernahm im November 2015 – passte das Haus doch bestens in ihr Portfolio. Allerdings, darauf weisen wir seit vielen Jahren hin, werden die Häuser sehr zentralisiert geführt, sodass die Manager, denen eher Statthalterfunktion zukommt, zumeist aus der zweiten und dritten Reihe rekrutiert werden, um sie offenbar zu besseren Konditionen unter Vertrag nehmen zu können als etwa erfahrene Direktoren aus der Spitzenhotellerie. Kostspielige Projekte wie ein Gourmetrestaurant werden sich grundsätzlich nicht geleistet. Das verbliebene Hauptrestaurant HARBOUR VIEW steht für eine internationale Küche mit regionalen Akzenten. Beliebt ist der tägliche Lunch. Regionalität hat nach eigenen Angaben eine hohe Priorität, da mit lokalen Produzenten zusammengearbeitet wird. Dass ursprünglich nicht durchgängig nach dem Gesichtspunkt der Rentabilität geplant wurde, lässt sich an der hochwertigen Innenausstattung erkennen. Ganz offensichtlich trägt diese die Handschrift des damaligen Eigentümers, der Einfluss auf das Innendesign genommen hat. Die Zimmer, welche in die Kategorien *Comfort*, *Superior* und *Executive* eingeordnet werden, haben bereits im untersten Segment eine Größe von 30 Quadratmetern und bieten somit reichlich Platz. Als Faustregel gilt, je höher die Kategorie, desto höher die Etage und besser der Ausblick – etwa auf den Großen Hafen oder die Kaiser-Wilhelm-Brücke. Selbstverständlich sind ferner exklusive Suiten buchbar. Erfrischungen aus der Minibar bleiben grundsätzlich ohne Berechnung. Im Erdgeschoss befinden sich insgesamt neun Räumlichkeiten für Tagungen und Veranstaltungen. Die Räume „Wilhelmshaven" und „Travemünde", die jeweils teilbar sind, haben sogar einen Terrassenzugang und durch ihre bodentiefen Fenster sind sie lichtdurchflutet. Der größte Raum bietet Platz für bis zu 220 Personen. Mit dem 1.000 Quadratmeter großen Wellnessbereich, der neben einem Pool über einen Saunabereich mit finnischer Sauna, Dampfbad sowie eine Frischluftterrasse verfügt, kann auch der Individualreisende angesprochen werden, was für die belegungsschwachen Zeiten an Wochenenden von Vorteil ist. Im Beauty-Spa werden Kosmetik- und Massagetreatments in großer Velfalt angeboten. Ferner wurde ein kleiner Fitnessraum eingerichtet. Im Übrigen bietet es sich an, bei einem Aufenthalt eine der Nordseeinseln zu besuchen, denn von Wilhelmshaven und den nahe liegenden Sielhäfen aus gibt es Verbindungen auf die Ostfriesischen Inseln und nach Helgoland. Somit ist man in der Lage, sich mit dem Gesamtprodukt für Geschäftsreisende, Tagungsgäste und Touristen relativ breit aufzustellen.

Bewertung: ●●●◐

WÜRZBURG   Bayern

BEST WESTERN PREMIER REBSTOCK
(Innenstadt)
Neubaustraße 7
97070 Würzburg
Telefon: 09 31-30 93-0
Internet: www.rebstock.com
E-Mail: rebstock@rebstock.com
Inhaber: Christoph Unckell
DZ ab € 188,00

Die Bischofsstadt Würzburg bietet bekanntlich ein breites Angebot an Hotels unterschiedlicher Kategorien. Darunter finden sich zahlreiche Häuser, die dem Vier-Sterne-Segment zugeordnet werden. Die Marktspitze führt dabei zweifelsohne das Best Western Premier Rebstock an. Wer jetzt auf die Idee kommen sollte, diese Einschätzung sei eine reine Sympathiebekundung und eine Vier-Sterne-Klassifizierung lege schließlich nahe, andere Häuser dieser Kategorie hätten Ähnliches zu bieten, der sollte sich die jüngere Vergangenheit des Hauses mal näher betrachten. Was Christoph Unckell in den vergangenen zehn Jahren an Beachtlichem geleistet hat, verdient Respekt und Anerkennung. Er hatte den Willen zur Veränderung, die Risikobereitschaft, weitreichend zu investieren, und nutzte die sich ihm bietende Gelegenheit, dieses Haus durch eine beispiellose Erweiterung in eine erfolgreiche Zukunft zu führen. Es gibt zahlreiche Kollegen, gerade in Traditionshotels, die sich weigern, neue Realitäten anzuerkennen und sich auf veränderte Erwartungen der Gäste einzustellen, und stattdessen auf dem erreichten Status quo verharren. Dass Unckell über die Jahre seine Zimmer und Suiten immer wieder und sukzessive renoviert oder sogar konzeptionell neu gestaltet hat, ist angesichts der jüngsten Veränderungen fast nur eine Randnotiz. Der aktuelle Riesenschritt in der Entwicklung begann, als sich Unckells langjähriger Küchenchef in den wohlverdienten Ruhestand verabschiedete und Ersterer die Entscheidung traf, für den Rebstock einen kulinarischen Paradigmenwechsel einzuleiten. Er entschloss sich, mit einem neuen Restaurantkonzept und einem Sternegaranten als Küchenchef in die kulinarische Spitzenklasse aufzusteigen. Mit dem bald eingefahrenen Michelin-Stern erwies sich dieser Entschluss als der richtige. Sehr klug, den designierten Chef de Cuisine in den Planungsprozess zu involvieren, um diesem ohne Wenn und Aber die notwendigen Rahmenbedingungen für eine Sterneküche zu schaffen. Zuvor hatte es Gespräche mit mehreren renommierten Spitzenköchen gegeben. Letztlich entschied sich Unckell dann für Benedikt Faust, der mit seiner dekonstruierten fränkischen Küche in Würzburg letztlich dann für das Erfolg und Aufsehen sorgte. Entstanden ist das Gourmetrestaurant Kuno 1408, mit dem sofort der Aufstieg zu den besten Restaurants der Stadt gelang. Mittlerweile hat Faust, der dem Restaurant über Jahre einen Michelin-Stern bescheren konnte, das Haus zwar verlassen, um seinem Drang nach neuen Projekten nachzugeben. Mit dem Nachfolger Daniel Schröder hatte Unckell aber erneut das richtige Gespür, denn dieser konnte den bislang erreichten Status quo nicht nur halten, sondern das Niveau noch einmal steigern. Wir sind sogar davon überzeugt, dass es ihm gelingen könnte, einen zweiten Stern zu erlangen. Und als sei die gastronomische Neuausrichtung nicht schon beachtlich genug, hat Christoph Unckell dann ohne Zögern die sich ihm bietende Chance genutzt, durch einen Erweiterungsbau seine Zimmerkapazitäten deutlich zu erweitern. Für viele Würzburger war undenkbar, dass das benachbarte Kloster hierfür Teile seines Grundstückes verpachten würde. Auf dem Klostergelände der Franziskaner-Minoriten ist nun ein Neubau, der sogenannte Hof Engelgarten, entstanden. Ein spannender Entwicklungsprozess, denn bevor mit dem Bau des Gebäudes überhaupt begonnen werden konnte, fanden zunächst archäologische Grabungsarbeiten statt, die noch einmal das geplante Budget stark belasteten und in einem solchen Umfang nicht zu erwarten gewesen waren. Aber auch diesbezüglich galt für den Hotelchef, dass der Weg das Ziel ist und man sich von diesem nicht abbringen lässt. Entstanden ist ein Gebäude mit insgesamt 54 Zimmern, darunter drei große Suiten, das mit dem Haupthaus unterirdisch verbunden ist. Alle Räumlichkeiten wurden mit hochwertigen Materialien, Möbeln und Stoffen sehr zeitgemäß ausgestattet. Das Design spiegelt nicht nur Modernität, sondern Behaglichkeit und Gespür für den historischen Boden wider und lässt sich als Gestaltungsleitlinie erkennen. Ferner wurde sich intensiv mit dem Thema Schlafkomfort beschäftigt und letztendlich für ein hochwertiges Bettensystem mit Boxspringmatratzen entschieden. Die bodentiefen Fenster sorgen für viel Tageslicht. Ein Teil der Zimmer bietet einen Ausblick auf die historische Klosteranlage, andere sind zur Neubaustraße zwischen Haupthaus und Hof Engelgarten ausgerichtet. Darüber hinaus konnten mit dem Gebäude die Tagungskapazitäten erweitert werden, denn mit dem Kapitelsaal, der unterteilbar ist und nach den drei Frankenaposteln Kilian, Kolonat und Totnan benannt wurde, ist ein moderner, multifunktionaler Veranstaltungsraum entstanden. Ferner verfügt das Hotel über eine eigene Tiefgarage. Die Besonderheit ist der Lastenaufzug, mit dem die Parkebene erreicht wird. Dank der 49 Stellplätze ist das Hotel unabhängiger von der öffentlichen Parkgarage hinter dem Stammhaus geworden. Diese beiden sehr komplexen Projekte waren große Kraftakte, die Christoph Unckell zu stemmen hatte. Schließlich steht hinter ihm kein Konzern, der in der Lage ist, finanzielle Risiken um einiges sorgloser anzugehen als ein Privathotelier. Alle Entscheidungen, die Unckell trifft, stehen am Ende des Tages unter dem Damokles-Schwert der persönlichen Verantwortung und etwaiger direkter Konsequenzen. Aber alle Konzepte für den Rebstock gründeten bislang auf einem soliden Fundament. Auch im Haupthaus werden die Zimmer und Suiten sukzessive einer Auffrischung oder einer grundlegenden Renovierung mit einhergehendem neuem Designkonzept unterzogen. Zuletzt wurden die Betten aller Zimmer analog zum Neubau mit einer Boxspringmatratze mit Topper ausgestattet. Der Rebstock verfügt über ein breites Spektrum an unterschiedlichen Ausstattungsmerkmalen und Stilen, vom klassischen bis hin zu einem sachlich-eleganten und modernen Designkonzept. Somit ist es möglich, unterschiedlichsten Gästeansprüchen an Ausstattungs- und Komfortmerkmalen zu entsprechen. Was uns im Hotel Rebstock stets beeindruckt, sind die äußerst freundlichen Mitarbeiter, die dem Gast das Gefühl vermitteln, ein Freund des Hauses zu sein. Mag dieser Satz wirklich etwas abgedroschen und sehr bemüht wirken, weil viele Häuser ihn gern als Werbebotschaft nutzen, deckt er sich hier jedoch mit der Realität. Nicht nur der hohen Sozialkompetenz Unckells ist es zu verdanken, sondern auch seiner ruhigen und besonnenen Persönlichkeit, dass es ihm über all die Jahre gelungen ist, ein Team hinter sich zu versammeln, das seine Vorstellungen, Ideen und Konzepte mitträgt und umsetzt. Der vorbildliche Service beginnt direkt bei der Anreise, denn in der Regel ist der Meldeschein bereits zur Unterschrift vorbereitet und Hilfe beim Gepäck ist ebenso selbstverständlich wie die persönliche Begleitung bis zum Zimmer. Das große Herz mit dem Namen des Gastes sowie die Begrüßungskarte sind ebenso schöne Gesten. Aufgrund des fehlenden Wellnessbereiches besteht eine Kooperation mit einem Fitnessclub, der in gut zehn Minuten fußläufig erreichbar ist. Die Gebühren für den Besuch werden freundlicherweise vom Hotel übernommen. Christoph Unckell hat sich während des nun erst einmal abgeschlossenen Planungs- und Entwicklungsprozesses letztlich dagegen entschieden, einen Spa zu integrieren, da ein veritabler Freizeitbereich nach seinen Vorstellungen selbst nach der Erweiterung aus Platzgründen nicht zu realisieren gewesen wäre. Wenn Unckell etwas macht, dann eben richtig und vor allem nachhaltig, halbe Sachen und faule Kompromisse sind für ihn keine Option. Wir sind gespannt auf das kommende Jahrzehnt und darauf, mit welchen Konzepten und guten Ideen Christoph Unckell dieses Haus weiter bereichern wird. Würzburg darf in jedem Fall stolz sein, Gästen der Stadt mit dem Hotel Rebstock ein solch erstklassiges Hotel bieten zu können.

Bewertung: ●●●◐○

KUNO 1408
**im Hotel Rebstock
(Innenstadt)
Neubaustraße 7
97070 Würzburg
Telefon: 09 31-30 93-0**
Internet: www.restaurant-kuno.de
E-Mail: info@restaurant-kuno.de
Küchenchef: Daniel Schröder
Menü ab € 112,00

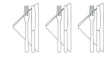

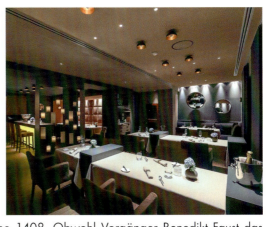

Dass Daniel Schröder seit 2020 die kulinarische Gesamtverantwortung für das Hotel Rebstock trägt, hat sich mittlerweile in Würzburg und unter Gourmets über die Stadtgrenzen hinaus herumgesprochen. Das Gourmetrestaurant Kuno 1408 ist unter seiner Führung nach wie vor eine der ersten kulinarischen Adressen Frankens. Dieser Sichtweise schloss sich der Guide Michelin ebenfalls an und blieb bei seiner Sterne-Klassifizierung für das Kuno 1408. Obwohl Vorgänger Benedikt Faust das Haus im gegenseitigen Einvernehmen verließ, so hatte sich sein Beharren auf der reinen Lehre seines kulinarischen Konzeptes in einer veredelten, klassischen fränkischen Küche im Laufe der Jahre als zu unflexibel erwiesen. Anspruchsvolle Gäste lassen sich gern von neuen Konzepten und Ideen wie Fausts dekonstruierter, modern interpretierter fränkischer Küche begeistern, aber daneben müssen diejenigen angesprochen werden, die neben einer von Innovationen und Konzepten geleiteten Haute Cuisine die Klassiker der internationalen Spitzenküche als eine Option erwarten. Nicht jedes Restaurant der Spitzenklasse kann sich wie die beiden berühmt-berüchtigten Kopenhagener Gourmettempel Noma und Geranium, beide Anführer der internationalen kulinarischen Charts, darauf verlassen, ihre Gäste ausschließlich mit Rentierpenis und Moossalaten zu begeistern. Diese Art der Spitzenküche bietet einmalige Erlebnisse bei einem Besuch, den Gäste nach langem Warten auf einen Tisch als ein singuläres Ereignis akzeptieren und feiern. Abseits dieser elitären und kapriziösen Kulinarik müssen die meisten Gourmettempel aber damit leben, dass ihre Gäste erwarten, sich bisweilen nur an Bekanntem erfreuen zu dürfen und nicht mit einem durchkonzeptionierten Menü konfrontiert zu werden, das ihnen diese Option nicht oder nur unzureichend bietet. Wie oft in der Kunst und im Kunsthandwerk und somit eben auch in der Kulinarik geht es darum, nicht in Schönheit zu sterben und gegenüber den Gästen eine gewisse Kompromissbereitschaft zu zeigen. Mit Daniel

Schröder ist nicht nur die berechtigte Hoffnung verbunden, weiterhin auf Michelin-Stern-Niveau zu bleiben, sondern zeitnah einen zweiten Stern zu erreichen. Denn Schröders Küche ist weniger auf das Konzept seines Vorgängers ausgelegt, sondern bietet unter Beibehaltung der Verbindung zur fränkischen Küche mehr Varianz und Mut zu Klassikern, mit denen er mittelfristig einen weitaus größeren Gästekreis begeistern

könnte. Schröder umschreibt seine Kochkunst als „feine fränkische Küche, französisch inspiriert" und es wäre töricht, die fränkischen Wurzeln des Kuno 1408 über Bord zu werfen, wenn es doch eigentlich nur darum geht, klassische Produkte wie Hummer, Jakobsmuschel oder Thunfisch ebenfalls in die Karte zu integrieren. Und, wie erwähnt, nach unserer Meinung sind Schröders unprätentiöse Art und die neue Energie im Restaurant zu verspüren. Der aufmerksame und dennoch unaufdringliche Service trägt nach wie vor das Erlebnis eines Besuches, bei dem jeder Gang mit einem kleinen Aufsteller angekündigt wird. Angenehm und originell, dass einfach eine Idee umgesetzt wird, die in anderen Restaurants vielleicht als zu profan abgelehnt würde. Geblieben ist dabei die klare und minimalistische Formulierung der Gänge und Speisen in der Karte, die neugierig macht, denn sie beschränkt sich auf die Nennung des Hauptproduktes und der wichtigsten Zutaten und Beilagen. Beispielsweise als Entree: Thunfisch, Pfirsich, Speck, Walnuss. Oder beim Hauptgang: Taube, Topinambur, Weintraube. Schröder bietet ein Menü mit sieben Gängen, aus denen bei Belieben nur einzelne ausgewählt werden können – auf Wunsch mit korrespondierender Weinbegleitung. In jedem Fall fühlt man sich während des Abends von Serviceleiterin Tanja Mieskes hervorragend betreut. So kurz wie die Gangfolge auf der Tafel, wird von ihr der ausgesuchte Wein vorgestellt. Sie erklärt, warum er für die folgende Komposition ausgewählt wurde, verzichtet dabei jedoch auf wortreiche Umschreibungen. Der Küchenchef sucht gern das Gespräch mit seinen Gästen und freut sich dabei offenbar über Anregungen und Detailkenntnisse mehr als über einfaches Lob. Mit ihm bleibt das KUNO 1408 ein kulinarisches Highlight der Region und Hotelchef Christoph Unckell kann sich sicher sein, nach dem Weggang des früheren Küchenchefs auf einen würdigen Nachfolger gesetzt zu haben, mit dem die Erfolgsgeschichte fortgeschrieben werden kann.

Bewertung: 🔴🔴🔴 🌀

WÜRZBURGER HOF
(Innenstadt)
**Barbarossaplatz 2
97070 Würzburg
Telefon: 09 31-5 38 14**
Internet: www.hotel-wuerzburgerhof.de
E-Mail: info@hotel-wuerzburgerhof.de
Inhaberin: Sabine Unckell
DZ ab € 129,00

Während der Coronapandemie, genauer während des zweiten Lockdowns, hat Hotelchefin Sabine Unckell die Zeit genutzt, um – wie bereits in den Jahren zuvor – weitere Zimmer zu renovieren. Wir haben ihr an dieser Stelle bereits mehrfach bescheinigt, dass sie durchaus auch eine hervorragende Innenarchitektin abgeben würde. Mittlerweile übernimmt sie die konzeptionelle Neugestaltung der Zimmer höchstselbst und wählt Möbel, Bodenbeläge, Tapeten sowie Stoffe aus. Das Ergebnis begeistert, denn die Rückmeldungen der Gäste sind durchweg positiv. Als sich ihr vor gut zwei Jahren die Gelegenheit bot, einen Mitarbeiter mit Allrounder-Talenten für handwerkliche Arbeiten einzustellen, nutzte Sabine Unckell sie und kann ihre Ideen jetzt noch schneller umsetzen lassen. Denn es ist kein Geheimnis, dass eine Zusammenarbeit mit externen Unternehmen in der Regel Nerven, Zeit und dazu noch eine Menge Geld kostet. Nunmehr lässt sich ein großer Teil der anfallenden Renovierungsarbeiten sozusagen just in time ausführen. In der Privathotellerie wird bei diesen Aufgaben ohnehin mehr Flexibilität an den Tag gelegt als in der Kettenhotellerie, wo Renovierungen meist nach einem festen Zeitplan erfolgen. Hier hingegen werden die Zimmer im laufenden Betrieb entweder schrittweise aufgefrischt oder erhalten sogar ein komplett neues Interieur. Manchmal entscheidet sich Sabine Unckell ganz spontan und situationsabhängig für ein Projekt. Da sie Stagnation mit Stillstand gleichsetzt, befindet sie sich fortwährend in einem steten Planungs- und Entwicklungsprozess. Trotz der augenblicklich doch sehr fordernden Pandemiezeiten hat sie sich entschieden, auf der schräg gegenüberliegenden Seite des Platzes vor dem Würzburger Hof das Hotel Vier Jahreszeiten mit seinen insgesamt 16 Zimmern zu übernehmen. Im Vertrauen darauf, dass sich die neue Aufgabe, der Aufwand und die notwendigen Investitionen in die Hardware letztlich in jeder Beziehung für beide Häuser lohnen werden. Das Vier Jahreszeiten ist ein Haus, das sichtbar in die Jahre gekommen ist, aber nach Unckells Ansicht erhebliches Potenzial birgt. In jedem Fall kann sie ihr Gesamtkontingent so erweitern und ist in der Lage, in nachfragestarken Zeiten besser gewappnet zu sein. Natürlich werden alle Zimmer in absehbarer Zeit erst einmal auf „Unckell-Niveau" gebracht, schließlich ist ihr Name in der Hospitality-Branche zwischenzeitlich so etwas wie ein Qualitätssiegel. Vermarktet wird es dann vom Würzburger Hof aus, sozusagen als dessen Dependance. Die Gäste haben die Möglichkeit,  dort direkt im Haus ein kleines französisches Frühstück zu bekommen oder auf Wunsch im Würzburger Hof das reichhaltige Buffet zu genießen. Damit zeigt die Hotelchefin wieder einmal eindrucksvoll, dass ihr die guten Ideen nie ausgehen. Die eloquente Gastgeberin, die auf ihre Gäste zugeht und Stimmungen direkt im Gespräch aufnimmt, um so Rückschlüsse auf den Status quo des Hauses ziehen zu können, lebt von ihren vielen Stammgästen, darunter sehr viele Prominente aus Politik, Kunst und Kultur. Und gerade der Vielreisende, der vielleicht aus beruflichen Gründen regelmäßig unterwegs ist, schätzt die sehr persönliche Atmosphäre und Betreuung im Würzburger Hof mit seinen 34 Zimmern und Suiten, die alle unterschiedlich, aber immer liebevoll eingerichtet wurden. Alle Zimmerdesigns haben einen direkten Bezug zu Würzburg oder der Region. Unckell hat, das kann nicht oft genug betont werden, den Würzburger Hof, unmittelbar nachdem sie vor gut zehn Jahren die Verantwortung übernommen hatte, aus der Mittelmäßigkeit herausgeführt und sehr schnell zu einem kleinen, feinen Boutique-Hotel entwickelt. Längst ist es im First-Class-Segment verortet und zählt zu den drei besten Häusern der Stadt. Ein Restaurant ist nicht vorhanden, allerdings wird dies von den meisten Gästen nicht moniert, schließlich eröffnen sich direkt vor der Tür zahlreiche Möglichkeiten, von klassischer regionaler Küche bis hin zum Fine Dining, darunter augenblicklich sogar zwei Michelin-Stern-prämierte Restaurants. Gern sprechen die Mitarbeiter an der Rezeption eine Empfehlung aus und nehmen auf Wunsch die Reservierung vor. Im feinen Salon in der ersten Etage wird das tägliche Frühstück zelebriert; geboten wird ein Buffet mit einer sehr guten Auswahl an Brot, Brötchen, Aufschnitt, Käse, frischem Obst und Cerealien. Zwischenzeitlich wurde das Frühstücksbuffet weiter aufgewertet und es gibt nun frisch gepressten Orangensaft, hochwertigen Schinken, eine französische Käseplatte und einen selbst gemachten Obstsalat. Selbstverständlich können Eierspeisen nach den Wünschen der Gäste à la minute zubereitet werden. Lob gibt es erneut für die sehr zuvorkommenden und freundlichen Mitarbeiter. Vorteilhaft ist auch, dass der Würzburger Hauptbahnhof ein ICE-Haltepunkt ist und in weniger als zehn Minuten fußläufig erreicht werden kann. Einen Besuch der Bischofsstadt, etwa zu den Mozartfestspielen, würde sich mit der Bahn geradezu anbieten und wäre von Nürnberg aus in weniger als einer Stunde oder von Frankfurt aus in gut 90 Minuten zu realisieren. Kurzum, der Würzburger Hof ist ein Hotel in einem stetigen Wandlungs- und Erneuerungsprozess, welches sich durch die Detailverliebtheit dieser Gastgeberin zu einem wirklichen kleinen Juwel auf dem hiesigen Markt gewandelt hat. Für ihre diesbezüglichen Leistungen und herausragende Expertise hatten wir Sabine Unckell bereits 2019 zur Hotelmanagerin des Jahres ausgezeichnet.

Bewertung:

IMPRESSUM

Trebing-Lecost Verlag
Oldenburg

Postanschrift
Postfach 31 10 24
10640 Berlin

Verlagsanschrift
Siebenbürger Straße 56 A
26127 Oldenburg
Telefon: 0441- 24 80 798
info@trebing-lecost-verlag.de
www.trebing-lecost-verlag.de

Verlagsleitung
Olaf Trebing-Lecost

Redaktion
Olaf Trebing-Lecost (V.i.S.d.P.)
Oliver Janßen Buns

Bildnachweis
Foto Titelbild:
Oetker Collection – Brenners Park-Hotel & Spa
Foto Dr. Michael Peterson: Deutsche Bahn AG
Foto Axel Matzkus: Privat

Lektorat
Dr. phil. Helge Missal

Korrektorat
Dr. rer. nat. Gotlind Blechschmidt
Oliver Janßen Buns

Umbruchkontrolle
Dr. phil. Helge Missal

© Trebing-Lecost Verlag
Jede Verwertung des urheberrechtlich geschützten „Trebing-Lecost Hotel Guide" oder der darin enthaltenen Beiträge, besonders die Vervielfältigung oder Verbreitung gleich welcher Art, ist ohne schriftliche Genehmigung des Verlags grundsätzlich nicht gestattet, soweit sich aus dem Urheberrechtsgesetz nichts anderes ergibt.

Hinweis:
Geschlechtsneutrale Formulierungen
Im Interesse einer besseren Lesbarkeit wird ausschließlich das generische Maskulinum verwendet. Die gewählte Form gilt uneingeschränkt für alle Geschlechter, hat ausschließlich sprachliche Gründe und beinhaltet keinerlei Wertung.

Die Deutsche Nationalbibliothek verzeichnet diese Publikation in der Deutschen Nationalbibliografie; detaillierte bibliografische Daten sind im Internet unter http://dnb.d-nb.de abrufbar.
Oldenburg: Trebing-Lecost, 2022   ISBN: 978-3-937516-22-6